勝った中国・負けた日本

―記事が映す断絶八年の転変（一九四五年〜一九五二年）―

田畑光永 著

御茶の水書房

まえがき

本書は一九四五年、第二次世界大戦で日本が敗北した後、連合国の占領下におかれて外交権を失い、当然、中国大陸とも実質的に往来が途絶えた時期に、日本人には中国がどう見えていたか、日本人は中国をどう考えていたか、逆に中国から日本はどう見えていたかを、当時の報道から探ろうとするものである。

なぜそれをするか。

第二次大戦での敗戦を契機に日本人は世界観を大きく変えた。たとえば敵国として「鬼畜」呼ばわりしていた米国はもっとも頼りになる同盟国に変わった。敵国時代も同盟国時代もそれで特に大きく世論が分裂することはなかった。

しかし、中国となるとそうはいかなかった。そもそも敗戦時から中国に負けたのか否かで国民の受け止め方は一様でなかったし、その後、内戦を経て誕生した中国の新政権に対する見方、さらにその新政権が朝鮮戦争に介入して米国の敵対国となるに及んでは日本自身のあり方ともからんで、中国への対し方で世論は分裂した。

この中国に対する対し方の分裂はその後もいずれかへ収れんすることなく、時にその懸隔が狭まることはあっても、三分の二世紀余が経過した今も、なお続いていると言っていい。それが何に由来するものか、容易に結論を出せる問題ではないが、敗戦の衝撃の中で日本が往来断絶という環境もあって、それまでの中国との関係をきちんと考え直す余裕もなく自らの生存にかまけているうちに、中国が大きく転変したというめぐり合わせは無視できないだろう。

ユーラシア大陸の西端に位置するヨーロッパでは、古来、民族の移動、衝突によって土地と民族の関係は流動的であった。それに引きかえユーラシア大陸の東端では中国大陸、朝鮮半島、日本列島における土地と民族の関係は有史以来、基本的に変わっていない。

日本列島とせまい海を隔てて向かい合う中国大陸（朝鮮半島を含めて）との関係はあたかも終わりのない大河小説のごとくである。

もちろん、その間には干戈《かんか》を交えることもあったが、いずれもそう長期にわたるものではなかった。白村江の戦い、元寇、そしてもっとも長かったのは豊臣秀吉が明国を目指して朝鮮半島に出兵した、いわゆる文禄の役と慶長の役であるが、いずれもヨーロッパの名だたる長期の戦争に比べれば、短期の戦いであった。

この地域は圧倒的に広大な面積を擁する中国大陸が文化的にも朝鮮半島と日本をリードし、濃淡の差はあるにしても「華夷秩序」のもとに比較的平穏な時間が流れていたと言っていいだろう。

この関係に西欧が登場してくるのは一六世紀である。アジアに現れた西欧は当初は貿易とキリスト教の布教を求め、それは一定の影響をアジア社会に及ぼした（秀吉の朝鮮出兵も宣教師がもたらした世界情勢についての知見と無関係ではあるまい）が、極東アジアの三国はそれぞれ西欧が自国内部に浸透するのを防ぐ措置を講じたために、しばらくはこの地域の構造を変えることはなかった。

しかし、一九世紀に入り産業革命を経て欧米の国家権力がアジア諸国に強く「開国」を迫るようになると、それへの対応で三国の間には大きな差が生まれることになった。日本が明治維新という権力交代を機にいち早く欧米への同化を目指したのに対し、中国、朝鮮は極力従来の体制を守ろうとした。

その差が国力の差を生み、一九世紀末からの半世紀、日本は武力で中国を攻めて領土の一部（台湾、東北部）を奪い、朝鮮半島を植民地とした。三国の歴史的構造を覆す行為であった。日本の行動は欧米諸国の反発を買って、日本は中国を含む連合国と戦うこととなり、一九四五年、日本は無条件降伏して、歴史始まって以来初めて被占領国となった。

しかし、日本人はこの敗戦を明治以来のアジア観の敗北と見るよりは、米国をはじめとする連合国の物量に負けたと受け止め、また占領軍が主として米軍であったこともあずかって、敗戦と同時に海外へ向ける目は太平洋の彼方にそそがれ、中国に残された邦人の引揚問題を除いて、ほとんど中国は視界から消えた。占領期間中、日本人は外国への渡航が原則としてできなかったために、その間は中国との人的往来も途絶えた。

こういう時期は中国と日本の歴史の中でいまだかつてなかった。そしてその間に中国では国民党と共産党との間に内戦が起こり、日本との講和もすまないままに政権が変わった。日本は日本で敗戦国の立場が変わらないうちに、東西対立の中で西側陣営の一員としての役割が割り振られることになった。

こうして一九五二年、サンフランシスコ講和条約が発効して、日本がともかく独立を回復した時には、中国は対立する陣営の一員であり、近未来に講和を結ぶ条件がないままに、日本は内戦の敗者で、かつての日本の植民地、台湾に立てこもった国民党政権と講和を結ぶという変則的な戦後処理をせざるを得なかった。

その一九五二年、日本の三人の現・元国会議員が戦後初めて中国を訪れ、断絶状態は終わるが、国交正常化までにはこの後、さらに二〇年の歳月が必要であった。

本書はその断絶期間中に新聞報道を通じて日本人の目に触れた「中国」を集めたものである。それを通覧することでなにが得られるというわけではないが、日本と中国が織りなす大河小説の空白の一章を不完全ながら埋めておきたいというのが作者の願いである。

本書をお読みいただく前にお断りしておかなければならないのは、引用した当時の新聞記事についてである。記事はいずれも国立国会図書館の新聞資料からの引用であるが、縮刷版のあるものはそれから、ないものはマイクロフィルムを利用した。しかし、年月が経っているためにどうしても判読できない文字は「□□（不詳）」とした。引用に当たっては旧仮名遣いなど原文に忠実に書き写したが、漢字については現行の活字を使用した。また当時の新聞記事は、現在から見ると句読点が非常に少ない。文末が行端に来たような場合は句点が省略されている場合もある。そのため読者の便宜を考えて、最小限の句読点を補ったところがある。また多くの記事は一部分の引用であるが、全文を引用した場合は文末に（全文）と記した。

『読売報知』『読売』は中国人名にカナでルビを振っていたが、他社との兼ね合い、また煩雑さを避けるためにルビは省略した。

また一部に文字を太字体にしたところがあるが、これは当時の雰囲気を示す言葉や注意を喚起したい語句である。読者の便を図ったつもりであるが、煩わしいと感じられればお許し願いたい。

最後に本書に収録した文章の初出は、序章が「日本人の中国観　『敗戦』はそれをどう変えたか」のタイトルで神奈川大学経営学部『国際経営論集』第三一号（二〇〇六年三月）に、以下の各章は「戦後断絶期の中国観　一九四六〜一九五二」のタイトルで『神奈川大学評論』第五七号（二〇〇七年七月）から第七一号（二〇一二年三月）に一五回にわたって連載したものである。ただし、いずれも本書に収録するにあたって大幅に加筆あるいは削除した部分がある。

勝った中国・負けた日本

―記事が映す断絶八年の転変―

（一九四五年～一九五二年）

目次

目次

勝った中国・負けた日本

――記事が映す断絶八年の転変――

（一九四五年〜一九五二年）

序章　日本敗戦の衝撃　一九四五年

一　はじめに

「檣花林森」を前に

一六世紀中葉に欧米諸国との接触が始まるまで、日本にとっての外国は朝鮮半島をもその一部とする中国世界のみであった。すくなくとも歴史時代に入って以降、自分たちとは違う他者として意識されたのは中国世界のみであったと言っていいだろう。

それがいつの時代に、どのように始まったかは明らかではないが、中国の史書に初めて日本が登場するのは、前漢・武帝の時代（前二世紀中葉）を描いた漢書地理志の次の記述である。

「夫れ楽浪海中に倭人あり、分かれて百余国をなす。歳時を以て来献す、という」

「来献す」とある以上、中国大陸の人間たちからは自分たちよりも下位に立つものと見られていたのであろうし、当時の倭人たちも同様の位置感覚で大陸に対していたことも十分考えられる。

以来、中国世界は日本人にとって先進文化の供給地、学びの対象として存在してきた。時にそれに反発することがあっても（平安の国風文化、元への反抗）、基本的にその関係は変わらなかった。

そういう二者の関係に欧米という第三者が登場するのは、一六世紀中葉以降のことである。その新たな接触が織田信長を経て、豊臣秀吉の朝鮮半島への出兵（一六世紀末）という破天荒な行動を生んだのは、後の歴史を考える時に示唆的であるが、欧米との関係をどのように構築するかが具体的、かつ緊急な課題となった一九世紀中葉以降、日本人の中国世界に対する見方は劇的に変化する。

一八六〇年、徳川幕府は米国へ初めて使節を派遣するが、米艦ポーハタン号に乗った正使、副使とは別に咸臨丸で同行した福沢諭吉は「日本を出るまでは天下独歩、眼中人なし怖いものなしと威張っていた磊落書生も、初めてアメリカに来て花嫁のように小さくなってしまったのは、自分でも可笑《おか》しかった」(『福翁自伝』岩波文庫、一一五頁)。

一方、一八六二年、西洋諸国との交易の可能性を探る幕府の千歳丸《せんざいまる》に同乗して、清国の上海に渡った長州藩の高杉晋作は、日記の『遊清五録』に「欧羅波諸邦の商船軍艦数千艘碇泊す。檣花(注:帆柱)林森として津口を埋めんと欲す。陸上は則ち諸邦の商館粉壁千尺、殆ど城閣の如し」と書き、港に林立する欧米商船のマストとどこまでも連なる商館の白亜の壁に圧倒された。同時に「支那人の外国人の役する所と為るは憐れむべし。我邦遂に此の如からざるを得ず。務めてこれを防がんことを祈る」と、外国人に力で押さえつけられている清国人の姿を見て、危機感を募らせた。

そして幕末の動乱期、薩長土肥を中心とする勢力は「尊王攘夷」を表看板にして幕府軍を破り、明治維新政府を成立させるが、新政府は成立直後から掌を返したように「外国ト和親」(勅諭)を掲げ、欧米式の近代化にまい進する。その際の重要な課題であった不平等条約の改正を実現するための前提として近隣諸国との条約関係の整備を進める。

清国との交渉では欧米諸国から押し付けられた不平等条項を互いに相手に課そうとし、結果的には双方が領事裁判権を認め合った「日清修好条規」(一八七一年)を締結した。一方、鎖国政策と対日警戒感から交渉に応じない朝鮮王朝に対しては、政権内部に「征韓論」さえ台頭したが、結局、軍部による朝鮮に対する武力挑発(江華島事件、一八七五年)を導火線として、高圧的な態度できわめて不平等な「日朝修好条規」(一八七六年)を締結させる。

この段階で中国世界を文化先進国として振り仰ぐ伝統的な観念は欧米文化の強力、華麗さの前にすっかり色褪せてしまい、欧米への接近の度合いを清国、朝鮮との優劣争いの基準として日本は自らのうちに建てるにいたったと言える。

それを世論の上でリードしたのは、もっとも早く欧米文化に直接触れた一人である福沢諭吉であった。福沢は言論で国内をリードしたばかりでなく、朝鮮に対しても改革派の金玉均を通じて実力行使をともなう政変の企画、実行に深く関わり（甲申政変、一八八四年）、そのことが破れるや、一転して朝鮮、清国を文明に取り残され、いずれ亡国にいたるべき遅れた存在と位置づけ、それと同列に見られることを拒否するばかりでなく、日本は自らも欧米の手法に倣って朝鮮、清国に対すべしという「脱亜論」を世に問うたのであった（一八八五年）。

戦いの五十年

そうした風潮の中で、朝鮮を清国の支配下から奪い取って、自らの支配の下に置き、南下するロシアへの防壁とすることが当然の政策方向として定着し、伊藤博文内閣は朝鮮における東学党の乱（一八九四年）に際しての強行出兵、さらに清国軍との強行開戦（日清戦争）へと突き進んでいく。

この戦争に勝利した後、国内では清国を軽蔑の対象とする見方が知識人のみならず、庶民のレベルにおいても定着する。福沢諭吉は自伝の最後でこう喜ぶ。

「ところで顧みて世の中を見れば堪え難いことも多いようだが、一国全体の大勢は改進進歩の一方で、次第々々に上進して、数年の後その形に顕われたるは、日清戦争など官民一致の勝利、愉快とも難有《ありがた》いとも言いようがない。命あればこそコンナことを見聞するのだ、前に死んだ同士の朋友が不幸だ、アア見せてやりたいと、毎度私は泣きました」（『福翁自伝』岩波文庫、三一六頁）

また、明治、大正期のジャーナリスト、生方敏郎は日清戦後の庶民の心理をこう描いている。

「あまりに脆く敗北したという事実が、日本国民をしてすつかり支那を安く値踏みさせた。爪の長いこと、足の小さいこと（注：纏足）、齒いこと、滑稽な豚尾（注：辮髪）等が、すつかり漢人や唐人の絵を見て胸に描いていた我々のイリウジョンを打ち破つてしまつた。……支那なんぞ地図の上にばかり大きくても実力がない。憎くはあるが、これからの若い者は西洋から物を学ばなければならない。漢文より英語を、という考えが、自分の将来ばかり見つめている神経質な少年たちの頭へ来た」（『明治大正見聞史』中公文庫、五八頁）

日清戦争の勝利で、清国から当時の国家予算の四年分もしくはそれ以上にも相当しようかという巨額の賠償金を得た日本はそのほとんどを軍備拡張につぎ込み、アジアで唯一の軍事国家へと成長する。そしてその軍事力を一九四一年の太平洋戦争突入までは、一九一八年にロシア革命に干渉してシベリアへ出兵した以外、もっぱら中国大陸で行使した。義和団事変への出兵（一九〇〇年）、日露戦争（一九〇四～五年）、第一次大戦での青島占領（一九一四年）、山東出兵（一九二七、二八年）、満洲事変（一九三一年～）、日中全面戦争（一九三七年～）である。

このいずれにおいても日本は軍事的に敗北することはなかった。前の三度の相手はそれぞれ義和団であり、ロシア軍であり、ドイツ軍であって、中国軍ではなかった。次の二度の相手は北伐途上の国民革命軍と満洲の張学良軍で、中国の軍隊ではあったが、いずれも日本軍と戦うことを想定していない時に、日本側から軍事行動をしかけたものであった。

したがって、満洲事変までは日本は中国と戦争して勝ったというより、中国領内で日本が軍事力を行使、その時々に敵対勢力と見た相手と戦ったのであった（ロシア軍には完勝したとは言いがたく、また北伐軍は日本軍との衝突の後、戦闘を避けて北上した）が、とにかく敗北しなかったことが、日清戦争後に生まれた中国蔑視をより強固なものとした。それが一九三七年に戦わなければならない理由もないままに「**暴支膺懲**」の掛け声のもと、日中全面戦争へと突っ込んでいく無謀さを生んだと言える。

しかし、この戦争においては、中国側はそれまで十年間にわたって「掃討」対「抵抗」の争いを続けていた国民党と共産党が矛盾をはらみながらも抗日統一戦線を結成して抵抗した。となれば、たとえ個々の部隊の戦力において有利であろうと、自国の領土の二十五倍もの広さを軍事力で制圧することは所詮不可能であり、結局、日本軍は広い大陸で点と線だけを抑えたまま、戦局終結の方途を見出せない状況に陥ったのは必然であった。

その局面を打開するために、資源を求めて東南アジアへの南進を図るが、それが米国その他を警戒させた結果、米国から「日本軍は中国から撤退せよ」という要求を突きつけられ、日米交渉決裂、太平洋戦争へと、破局へのシナリオに進むことになる。

こう見てくると、十九世紀末から二十世紀半ばにいたる日本の対外関係の歴史は中国との関わりを主軸に展開してきたのであり、それは日清戦争で生まれた中国蔑視にもとづく軍事力優先主義で事にあたった歴史であった。

一九四五年、日本は主要都市を爆撃で焼かれ、さらに開発されたばかりの原子爆弾の投下実験場とされるという、まさに完膚なきまでに叩きのめされた形で無条件降伏した。物的損害は言わずもがな、軍民あわせての犠牲者は三一〇万人に達したとされる。勿論、そこにいたるまでに日本軍によって中国はじめアジア諸国がこうむった物的、人的被害は日本のそれに数倍するであろう。

このような戦争終結は、明治以来日本が抱いてきた、自分がいち早く欧米への接近を果たしたゆえに中国をはじめアジア近隣の国々より優れているのは自明のことという中国観、アジア観の破綻にほかならなかった。

本章では断絶期に入る前に、敗戦という衝撃を日本はどう受け止めたか、それが中国報道にどう表れたかを見る。敗戦直前の一九四五年前半における中国報道は意外に少ない。戦局の焦点はすでにフィリピンから硫黄島、沖縄、さらに本土へと迫ってくる太平洋戦線であったからである。

ところが敗戦となった後、中国関係の記事は増える。まず負けないはずの戦いに負けたことについて、なんとか辻褄を合わせなければならなかったし、現実的には中国に残された邦人の安否情報、国民党と共産党の間の緊張関係にも世界の関心が集まったからである。

二　敗戦直前・直後の中国関係記事

どう書くか

日本はアジア解放のために戦っているのだが、米国が蒋介石を助けることでそれを妨げているのだから、真の敵は米国である、という戦争中の宣伝方針を顔に張り付けたような記事を見ておこう。

一九四五年一月三日の『朝日新聞』（以下『朝日』と記す）に「明朗敢闘大陸版」という中国戦線の軽い話題を集めた企画があり、その中に「**敵鬼の〝皇軍慰問〟**」という記事がある。

『けふは皇軍慰問はまだかいな』『雨天順延だらう』ある警備隊で耳に挟んだこの珍問答、皇軍慰問とは毎度やつて来る米空軍にわが将兵が奉つた別名である。敵の落下傘爆弾のナイロンは冷いのさへ我慢すれば結構褌になるし、焼夷弾の蓋はちよつと細工すればスキ焼鍋として、重慶軍十八番の地雷の容器と甲乙を決し難い逸品。『皇軍慰問』の名前も決して負惜しみとのみはいはれない。真の敵が在支米空軍といふことが将兵一人々々の骨の髄まで滲み込んだ苦しい大陸の一面ではあつたが、呑敵の気魄はかくのごとく、大陸の将兵は明朗に敢闘してゐる」（全文）

負け惜しみでないと言いつつ、ふんどしや鍋にも事欠く状況であることが、問わず語りに明らかにされ、「真の敵が在支米軍」という当時の公式戦争観がきちんとはめ込まれている。

たまたま次も『朝日』だが、二月一日の紙面にこんな記事があった——

（**敵陣を指さす住民、昂まる皇軍への信頼**」〈英徳にて中澤（本社特派員）報道班員卅日発〉

「英徳に近い螺藤というふ部落に入ったときのこと白梅の咲きこぼれる庭先で一人の老婆が落着いた顔でニコ〳〵見送ってゐた。われ〳〵の傍にいた情報班の中尉が広東語で挨拶をしたら、『どうしてこんなに同じやうな顔をしたもの同士が戦争をしなければならないのか』と反問するではないか。『アメリカ軍がゐるからだよおばあさん』若いその将校はこんな田舎でしかもこんな田舎でしかもこんな眼に一丁字もないやうな老婆から意外な言葉を聞かされてもう感動してしまつた。兵隊さんもみんなびつくりしてゐた。……」

戦争末期、中国での軍事行動の意味がまったくわからなくなり、それを米軍の存在に転嫁するのが指導方針であったことがうかがわれる。しかし、それは同時に中国と戦争を始めたことがすべての発端であることを曖昧にしている。その間にも戦局はますます悪化した。四月には沖縄に米軍が上陸し、五月にはドイツが無条件降伏。七月には対日ポツダム宣言が発表され、八月六日に広島、九日に長崎に原爆が投下される。敗色いよいよ濃厚となる中で、日本人は敗戦という現実と戦争で掲げた大義とをどうつなげるかを模索しなければならなくなった。新聞記者もなにかを書かなければならない。

八月八日の『毎日新聞』（以下『毎日』と記す）に［上海特電七日橘支局長発］で「〃**大国〃支那の悲哀　米ソの玩弄物　我は驀進　真の東亜解放へ**」という記事が載っている――

「襲ひかゝる敵の本土侵寇を前にして遠征久しい派遣軍将兵とわれ〳〵在留邦人がひたすらに願ってやまないのは『祖国の同胞よ、断じて勝ち抜いてくれ』といふことだ。この一戦に勝つためには如何なる困難も来らば来れ、大陸接岸もよし、敵機の爆撃とも戦はう、たゞそれによつて多少でも祖国保衛戦の負担を軽くすることが出来たらといふのがわれ〳〵の心からなる願ひである」

と書き出す一七〇行弱、約二五〇〇字という当時としてはかなり長文のこの記事は、なんとしても敗戦は避けたい、あってはならない、頑張ってくれ、と訴える。

日本も苦しいが、連合国側も今は苦しいのだ。とくに蔣介石の重慶政権は戦後を見越したソ連によって中国唯一の中央政権と認められたとはいえ、共産党との対立は各地ですでに衝突を生んでいる。中国は戦後、「重慶的統一か、延安的統一か、いひかへればソ連型か、アメリカ型かの政治的、思想的相克の修羅場と化する外はないのだ」と将来を予想する。この見通しは結果として正しい。

しかし、記事の結論は――

「だがわれ〳〵が忘れてならないのはわれ〳〵の直面する本土決戦のテンポはそれよりも更に急速だといふことだ。日本なくして何んの支那ぞ。たゞこの最終決戦に天晴れ勝ち抜くことだ。勝抜けばそこに祖国の新しい途は必ずや開ける。日本ばかりではない。支那も東亜もそれによつてのみ正しい意味での解放を獲得するのだ。インドも、タイ、東インドもフィリピンも固唾を呑んで日本の本土決戦を見守つてゐるのである」

と、言葉を重ねても「東亜の解放」の大義がなぜ敗れるのか、その説明ができず、ほとんど祈りである。中国に対して言葉で強がってみても、現実には「真の東亜解放」はもはや雲散霧消し、「日本なくして何んの支那ぞ」と息巻ける時代が終わった現実を見たくない気持が抑えきれない正直な記事である。

敗戦！

一九四五年八月九日、ソ連が満洲に進攻した。

「［**大本営発表**］（昭和二十年八月九日十七時）一、八月九日零時頃よりソ連軍の一部は東部及西部満ソ国境を越え攻撃を開始し又其の航空部隊の各少数機は同時頃より北満及朝鮮北部の一部に分散来襲せり　二、所在の日満両軍は自衛の為之を邀へ目下交戦中なり」（八月一〇日『読売報知』）

この記事には満洲北部の地図が付けられていて、戦争の原点を改めて思い起こさせたが、この記事の下には前日の九日に東北各県（青森、秋田、山形、福島）、新潟県、立川基地、帝都工場地帯、福山市、北九州の各地にB29を含む延べ一〇〇機が飛来し、爆撃が行われたことが大きなスペースで報じられている。

そして八月一五日、各紙は戦争終結についての前日付けの「詔書」を大きく載せて、戦後が始まる。

八月一六日の『毎日』は再び橘上海支局長一四日発の原稿を、「祖国よ、聡明に　無の中から雄々しく起上れ」という見出しで掲載している――

「来るべからざる瞬間が突如として来た。万事窮す。原子爆弾の暴威はもはや戦争といふ概念で計ることの出来ない不可抗力である。中立関係にあつたソ連の不思議な参戦もありきたりの常識で考へることは出来ない。何れも人間のなせる業には違ひない。けれどもそれは今や人智と人力とをもつてしては如何ともし難いものとしてわれ〳〵を否全人類を重圧してゐるのだ。……

わが大和民族にとつて文字通り有史以来最悪の日が来たのである。しかし事態が如何に悪からうと尊き国体の護持と民族の栄誉を保持するためには感傷的なあらゆる執着を越へて、あくまで勇敢に、聡明に対処しなければならぬ。

四年前の十二月八日以来、いや満州事変、さらに遡れば日清、日露両戦役以来、三代にわたつて、われ〳〵はたゞそのために戦つて来た。思へばこの五十年にわたる長い戦ひは実はそのための自衛戦争であつたのだ。……しかもわが国家民族の存亡には今や大東亜十億民族の死活の運命がかゝつてゐる。重慶は依然として『最後の勝利』を狂喜してゐるが、心ある支那人は、早くも来るべき支那の運命を深憂してゐる。……われ〳〵は断じて無意味な戦ひはしなかつた。この信念あればこそ、われらは祖国の危局に処して為政者が堂々たる終戦を戦ひとることを固く信じ、かつ神かけて祈ってゐる。……」

負けるはずのない戦争がいよいよ敗戦となって、筆者は二つの論理を編み出して現実に形をつけている。一つには原爆投下とソ連参戦という最終局面に起こったことを特別の事態として、日本の敗戦は普通の敗戦ではない、不可抗力のしからしめるところだとする論法。二つには日清戦争にまでさかのぼって日本の戦争を「尊き国体の護持と民族の栄誉を保持するため」の自衛戦争だったとする論法、である。

つまり満洲事変、日中戦争、太平洋戦争と続けた戦争で負けたのでなく、特別の事態に遭遇して、国を守る戦争に負けたことにするのである。これなら満洲事変以降の国策が誤りであったかどうか、に触れずに、新しい事態としての敗戦を受け入れることが出来る。こうした考え方は現代の日本でも時に声高に叫ばれる、「日本は侵略していない。日本は被害者だ」といういわゆる「歴史修正主義」に通ずるものがある。

八月一六日の『朝日』には「**死せず『亜細亜の魂』　東亜解放の途へ団結**」と題する約八〇行の記事が載っている。一面の左下、「阿南（惟幾）陸相自刃す」の記事の隣に置かれたこの文章は、日本の敗戦がアジアの前途にどう影響するかを論じたものだが、これもまたそれまでの政策になんとかつじつま合わせをして、新事態につなげようとしている。『毎日』の先の二本の記事の戦後版と言っていい。

記事はまず、一連の戦争は米英からの「アジア解放の戦い」であり、不幸にして敗れはしたが、戦争の目的は正しかった、との立場は崩さない――

「大東亜戦争の終結とゝもに、大東亜解放の理想も潰えた。日本国民の辿るべき道が筆舌を絶する苦難に満ちてゐるやうに、大東亜諸民族のそれも同じく荊棘の途であらう。しかし大東亜戦争によつて点ぜられた有色人種覚醒の火は不滅なものである。……」

このように戦争を肯定した後、中国に目をむける。

「現在こそ勝利国家群の末席に列つてゐる重慶支那であるが、その延安に対する関係は、支那の内部問題たると同時に国際的性格をもち、この狂瀾怒涛に翻弄される支那民衆の姿は、勝利国の名とはおよそ縁遠いものであらう。いな、同胞相殺戮する凄惨は、国外から、国内から操る糸がはつきりしてゐるだけ、一層目を蔽はしめるものがあるのだ。……」

中国を勝利者と認めたくない気持を匂わせながら、中国内部の国共の対立が大きな混乱をもたらすことを予想する。

「率直にいつて、わが大東亜政策は過去幾多の重大な誤謬を犯した。にもかゝはらず大多数の東亜諸民族が我々に協力を惜しまなかつたのは、自由と解放への熱望がいかに強かつたかを明示するものにほかならない。また米英がいかにアジアの団結を怖れたかは、かれら伝統の分割統治政策に渾身の努力を傾け、いやしくも買弁的性格を有するものに対してはあらゆる援助を与へて惜しまなかつた一事にも露呈してゐる。……」

ここでもまた戦争の図式を、解放を求めるアジア諸国対米英ととらえ、日本と戦った蒋介石の中国を米英の「買弁」と位置づけている。

『朝日』は八月二三日にも「対外政策の座標　道義に立つ国際協調　血で学んだ対支新政策」という一三〇〜一四〇行の評論風記事を掲げた。

「大戦の結果、世界はアメリカ的勢力圏とソ連的勢力圏に分割された。この両者からの激浪がわが国土を侵すことを覚悟せねばならない」（要旨）

と指摘した後、「対支政策の急転換」という小見出しを立てて、次のように論じる——

「この際われらは支那の現実をかゝる意味に於いて冷静に直視し、現在支那の耐えつゝある同じ苦悩が明日の日本に激しい渦となつて訪れることをはつきり知らねばならない。かかる視野に立つて考えうる第二の点は対支政策の急転換である。われらは過去において支那に対し幾多の過誤ををかした。いま最も緊要なことは対支政策に対する痛烈な反省であらう。支那事変は血をもつてわが国民に支那を学ばしめた。一昨年一月廟議決定を見た対支新政策の基本は、当時の情勢において、不徹底なる表現を免れなかつたし、かつその後その実行は文字どほりには不可能であつたが、その根本精神が支那の民族的自主権を認め、一切の租界並びに不平等条約を撤廃することによる支那の解放といふ方向に従つて新たな日支友好の関係を設定せんとする精神に根ざしてゐたことは認められてよいであらう。しかもかゝる精神は数多の彼我国民の血潮を流した戦野から芽生えたことは明かである。支那はいまわが国に戦勝者として臨んでゐる。しかしわれらの解するところでは、世界史発展の過程において、日本と支那は今や同一の陣列に立つ基盤を得たと見るのである」

ここでも八月一六日付け記事の「重大な誤謬」と同じように「幾多の過誤」「痛烈な反省」といった言葉が連ねられているが、反省して頭を垂れるというより、それは「対支政策の転換」が不徹底であったためのようである。敗戦国になお「対支政策」があると考えているようなのは現実離れしている。

ここで言う一九四三年一月の「対支新政策」とは、日本が南京に打ち立てた傀儡政権である汪精衛政府との間に結ばれた「戦争完遂についての日華共同宣言」のことである。それは前年一〇月、米英が蒋介石政権に対して不平等条約の撤廃を発表したために、対抗上、汪政権に同じことを認めたにすぎない。筆者自ら「不徹底」と認めながら、「新たな日支友好の関係を設定せんとする精神に根ざしてゐた」という説明は苦しい。

それより分からないのは最後の一段、日本と中国が「同一の陣列に立つ」である。ともに米ソ対立の「激浪」に洗われるという意味での「同一の陣列」のように読めるが、「世界史発展の過程において」とあるからにはもっと別の意味があるのか。いずれにしろ中国は「勝った」つもりでいるようだが、負けた日本と別にそう変わらないのだ、と言っているように見える。

ここに取り上げた『毎日』『朝日』の記事は戦争に協力してきた新聞社の苦心の自己弁護であるが、それは国民の中に生まれた「こんなはずではなかったではないか、騙された」という感情のもって行き場を用意したものとも言える。

中国から目を背ける

ここで注意したいのは、敗戦の衝撃の中で書かれた記事の論理に共通するのは、太平洋戦争は中国との戦いが拡大したものである経緯にことさら目をつぶっていることである。負けたのは米の原爆投下とソ連の参戦のゆえとすれば、それ以前の戦争の是非をとりあえずは問わずにすませるのが、書き手にとっては有難かったのは分かるが、そもそもが日中戦争であった事実から目を背けていることは指摘しておかなければならない。

敗戦を真珠湾以降の戦争に限る考え方は、終戦についての天皇の詔書が「交戦已に四歳を閲し」と述べて、交戦期間は一九四一年以降の四年としていることにも見られるのであるが、詔書に限れば国は連合国に戦宣布告をしたのが一九四一年一二月であることに対応する記述とすれば、「戦争は四年」というのは形式的には納得できる。

中国問題について沈黙していた『読売報知』は八月一九日に社説「支那問題の変化」を掲げた。これは『毎日』『朝日』両紙とはいささか違う組み立てである。両紙が敗戦を太平洋戦争での敗戦として、その導因としての「支那事変」に触れようとしなかったのに対して、タイトルに見られるように「支那問題」を正面から取り上げている。

まず大戦における中国戦線をこう位置づける。蒋介石の重慶政権も汪精衛の南京政権も中国の統一と独立をめざし、近代国家建設を目的とすることにおいては全く同じであった。ただそのための方法として汪政権が対日和平方式を採用したのに対して、蒋政権は対立徹底抗戦方式を採ったのだ、と。

「しかしながら国民政府（注：汪政権）もこれを助けた日本も終極において中国の統一と独立とを希求し来ったのであるから、今後ともこの根本理念においては不変であり、その目的への協力方針は依然としてつゞけられるであらう。顧みれば明治以来日支の関係は漸次険悪を加へ、遂に支那事変となりそれの発展として大東亜戦争となつたのであり、いまこの機会を捉へて、かゝる悪化関係を御破算として日華両国ともに過去を反省し、汪主席の標語とした己を罪するの精神をもつて相互に互譲し、協力して新しき関係の設置に向つて万全の努力を傾くべきであると信ずる。

欧米帝国主義は東から西から支那の大陸をめがけて殺到し来つた。時には直接武力をもつて、時には文化の形式をもつて、或は平和や自由の標語をもつて、しかしながらその背後には恐るべき資本の魔力をかくして、列強帝国主義は東洋ことに支那瓜分への道を拓きつゝあつた。かゝる先進欧米列強の対東亜分割の野望を牽制しえたのは実に日本の勃興であつた。

日本の対支政策には過去において反省すべき多くの点あることは認めるけれども、同時に日本を始めとして朝鮮、支那その他の東亜に存在する諸国が欧米に分割せられなかつたのは日本の力であり、それは孫文自らも明瞭に認識し、蒋介石もかつては明治維新による日本の勃興力を礼賛したのである。

いま大戦終結によつて、この日本の力が東亜殊に支那から撤退することになれば、従来東洋を守る牽制力として働いた力は弱くなり、その結果として支那大陸は、従つて東洋全体は、直接それら列強外力に支配される危険にさらされるのである。……」

引用がやや長くなったが、『毎日』『朝日』が「戦争はアジア解放のため」という建前を金科玉条として、残念ながら日本はそれを果せずに敗れたが、戦争には意義があったということで、敗戦を自らにも読者にも納得させようとしたのに対して、この『読売報知』社説はその建前が建前に止まらず、歴史の現実としてそれまでアジアを守ってきたとしている点で特異である。日本の中国に対する進攻を米が止めようとし、それを日本が拒絶して、日米開戦となったのはわずか四年足らず前のことであるのに、ここに描かれている戦争の見取り図は実際とはまるで別物である。

戦争の結果についても、「かゝる悪化関係を御破算として日華両国ともに過去を反省し、……協力して新しき関係の設置に向かって万全の努力を傾くべきであると信ずる」と、日本が無条件降伏したことはどこかに置き忘れて、あたかもそこには勝者も敗者もなく、両国は対等の関係にあるかの如くである。もっとも「中国との戦争には負けていない、中国は連合国の一員として戦勝国に名を連ねているだけだ」という考え方は、当時、かなり根強いものがあり、中国に対しては「勝敗は度外視して」とか、「勝敗を問うことなく」といった表現が用いられることがよくあった。

この後、『読売報知』は八月二四日に「日華両国の国民的諒解」、八月二八日に「中国独立の構想と現実」とたて続けに中国問題で社説を発表する。前者は中国に残っている日本人に対して不法行為をしてはならないと中国各紙が説いていることを歓迎し、「軍事、政治の消長如何に拘わらず、日華両民族こそ東亜民族の中軸的存在でなければならない」と論じている。

ただ内容はともかく『読売報知』で注目されるのは**「支那」から「中国」**への呼称の切り替えの先陣を切ったことである。八月二八日の社説はタイトルに「中国」が登場し、本文では「中国」が十二回使われたのに対して「支那」は一回である。その一回も「支那」でなければならない文脈ではないので、おそらく筆者の頭の中の変換ミスであったろう。

三　戦後の両国首脳は

「謝罪使」を東久邇首相

戦争終結直後に日中両国政府はそれぞれ相手国にどういうメッセージを送ったかを見ておきたい。

日本の新聞各紙は敗戦という事態に苦心の論理で対応したが、新聞よりいっそ吹っ切れていたのは鈴木貫太郎内閣総辞職を受けて、一九四五年八月一六日、皇族として初めて後継内閣の首班に指名された陸軍大将、東久邇宮稔彦首相であった。同首相は八月一七日、ラジオ放送を通じて施政方針を明らかにしたが、そこには戦争終結の詔書が日中戦争に触れていなかったことを補うかのように以下のくだりがある。

「殊に曾て『兄弟墻《かき》に相鬩《あいせめ》ぐ』とのお言葉をすら拝した、我国と中国との過去における悲しむべき問題をこの機に一掃し互に勝敗を問ふことなく、『朝みどり澄み渡りたる大空』の如き大らかな気持をもつて唇歯輔車、相携へて積弊の打開と新社会の建設に進みたいと念ふのである。兄弟互に相敬し互に相手の長所を認め合うことに努力するならば再び相争ふが如き不幸を繰返すことはないと思ふ。かくすれば八年に余る支那事変数万の大犠牲を償ってなほ余りあるものと信ずるのである。これこそ最もよく聖旨に副ひ奉る所以だと思ふのである」（八月一八日『読売報知』から）

「互に勝敗を問ふことなく」がここにも登場する点は、新聞論調と同工異曲とも見えるが、終戦の詔書が触れなかった日中戦争に正面から向かい合い、とくに当時、一般的に使われていた「支那」でなく、中華民国の略称である「中国」を用いているところに（呼称としての「支那事変」はあるが）、敗戦による一つのけじめを示した気構えがうかがえる。この後、『読売報知』を先頭に新聞紙面での「支那」から「中国」への切り替えが始まる、切り替えの遅い社もあったが。

もっともこのラジオ放送では、同首相の言葉自体は「これからは仲よく」ということに止まっているが、真意は中国へ「**謝罪使**」の派遣を検討したところに現われる。

九月一九日『毎日』　「東久邇首相宮殿下には組閣直後の放送において日華関係の調整に言及せられ、『我国と中国との過去における悲しむべき関係をこの機に一掃し互に勝敗を問ふことなく大らかな気持をもつて積弊の打開と新世界建設に進みたいと思ふ』旨を述べさせられ、その後終戦措置の遂行と相俟つて支那問題に対処する根本方針を確立するため殿下の政治幕僚たる田村真作氏等を中心に検討立案中であるが、十八日午後首相官邸にて中国中央通訊社特派員宋徳和氏を御引見あらせられ、調整の第一着手として先づ中国へ謝罪使を特派したき意向を有する旨を述べられ注目された」（全文）

一国の責任者が「謝罪」を口にすることには相当の勇気を必要とするはずであるが、この人が首相に指名された翌日、八月一七日の『読売報知』の紹介記事にはこんなくだりがある——

「支那事変には現地部隊長として中支の野に赫々たる御武勲を輝かせ給ひ特に十三年秋武漢攻略作戦においては隷下部隊とともに大別山系の峻嶮難路を突破せられ漢口に御入城、不朽の大戦果と御殊勲を打ち樹てられたことは国民のひとしく欽仰し奉るところである」

東久邇首相は皇族であっても日中戦争の現地を体験して、その実態を知るだけに、「謝罪」という言葉が自然に胸に湧き出たのではあるまいか。そして謝罪使として盧溝橋事件当時の首相で東久邇内閣に入閣していた近衛文麿国務大臣の名前が挙がる。

九月二〇日『毎日』「東久邇首相宮殿下には中華民国との今後の関係につき御配慮になり特に積弊の打開と両国の新世界建設への第一歩として謝罪使を派遣される御意向であるが、これが特使として日華国交上最も関係の深い現国務大臣近衛文麿公が特に派遣される模様である」（全文）

名前を挙げられた近衛文麿は九月二〇日、連合国記者団と荻窪の私邸で会見した際、特使問題を問われ、次のように答えている――

「自分はなにも聞いてゐないがこの様な使節を送ることは日本的に考へてすこしも不合理ではないと考へる」（九月二四日『読売報知』）

しかし、この謝罪使を派遣する話は、東久邇内閣が占領軍総司令部からの政治、宗教などの制限撤廃についての覚書を実行できないとして、一九四五年一〇月五日に総辞職したために立ち消えとなってしまった。はるか後の一九七二年の国交回復時、さらに一九九〇年代にも、戦争についての日本の謝罪が両国間で大きな政治問題となったことを考えると、もしこの時、首相の謝罪特使が実現していたら、その後の両国関係はあるいは違ったものとなったかもしれない。

一〇月九日に幣原喜重郎内閣が成立した。同首相は一二月六日の衆議院予算総会（注：予算委員会の当時の呼称）で、対中政策を問われ次のように答えた。

一二月七日『毎日』「私は多年にわたつて終始一貫この日華親善を祈願してをつたものである。……不幸にして事志と違ひしば〳〵時の中国政府とわが国内の世論の一部の両方面から挟撃ちとなりその的となつたのである。これ全く私の真意が両方面に徹底してゐなかつたためであつて私の微力のいたすところである。……日華間に唇歯歩車の正常関係が一日も早く回復せられ速かに両国国交が本然の姿に還らんことを偏へに祈つてゐる。

過去十数年間わが国内には両国互に心から融け合つて信頼し提携するの必要に目覚めて盛上らんとする機運に対

し重大なる妨害となつた特殊の勢力は今や全く根底から消滅している」

日中間に和平を求めようとした「幣原外交」がしばしば軍部から軟弱外交と攻撃を受けた過去を引き合いに出しながら、そういう「特殊の勢力は今や根底から消滅」したという言葉には実感がこもっている。

「暴をもって暴に報いるな」蒋介石主席

一方、中国国民政府の蒋介石主席は一九四五年八月一五日に「暴をもって暴に報いるな」という有名なラジオ演説を行う。『蒋介石秘録』（サンケイ新聞社、上、三二頁、）によれば、この放送は蒋介石自身が前夜に原稿を書き、同日の午前一〇時から一一分間、国内向けの中波と同時に国外向けの短波でも行われたという。

しかし、この演説は重慶の奥地からの放送であったためか、すぐには日本には伝わらなかった。日本では九月一三日の『朝日』が九日に南京で行われた日本軍の降伏調印式の記事と同時に紙面に要旨を載せたのが最初のようである。以下がその要旨全文——

「現在われわれの抗戦は勝利を得た。しかしまだ最後の勝利といふことはできない。余は全世界の人類及び我が全国の同胞がひとしく必ず今次戦争が世界の文明国家が参加する最終の戦争であることを希望するものであることを信ずるものである。若しも今次の戦争が人類の歴史上最終の戦争となるならば、われわれの同胞は、曾て筆舌に尽くし難い残酷と陵辱を加へられたとはいへ、われわれはわれわれの凡ては決してこの代価の大小とその収穫の遅速とを比較しようとはしないであらう。

余は今後土地は東西の別なく、人間は皮膚の色の論なく凡そ人類は一様に日一日と加速度的に密接に連合し、全く一家の兄弟以上たるべきことを信ずるものである。われわれ中国の同胞は『旧罪を念はず』『人に善をなす』といふことが、わが民族伝統の至高至貴の徳性であることを知らなければならない。

われわれが一貫して叫んできたことはただ日本の好戦的軍閥を敵とし日本の人民を敵とは認めなかつたことである。今日敵軍はわれわれ盟邦の共力によつて打倒された。われわれは当然彼が一切の投降条件を忠実に履行するやう厳重にこれを求めるものである。併しわれわれは決して報復を企図するものではない。また敵国の無辜の人民に対してはなほ更汚辱を加へんとするものではない。若しも暴行を以て従前の暴行に報い、奴辱を以て従前の誤れる優越感に答へるならば、冤と冤を相報い永に止るところはない。これは決してわれわれ仁義の師の目的ではない」

また同日の九月十三日『朝日』の降伏調印式の記事中には――

「蔣主席は接収地進駐を前にして進駐各部隊に十ケ条の守則を発し、その中で日本軍人を侮辱せざること、接収物件を毀損強奪せざること、日本人商社に侵入し日本居留民の私有財産を強奪せざることなど日本軍民に対し深い配慮を示してゐる」

というくだりもある。

このほか九月二四日の『朝日』の在留邦人についての記事にも、蔣介石がラジオ放送に加えて――

「更に北京において直ちに飛行機上より伝単（注：ビラ）を撒いて日本人に対してはキリスト教の『敵を愛する』精神に則つて行動せよと注意し、その他重要地点には特殊工作班を出してまで邦人の身に害の加はるのを防止する等の具体的措置を施したことが、支那民衆に効果的に作用して沈着な態度をとらしめるのに役立つた点を指摘しなければならない」

とある。

昨日まで敵国軍民であった日本人に危害を加えるなという指令を徹底させた蔣介石の態度は立派であった。おかげで国民党支配地域からの邦人の引揚げは概してスムーズに行われた。それはソ連軍の進攻に追われて悲惨な逃避行を余儀なくされた満洲地域、とくに北満地域の状況とは対照的である。それまでの日本における蒋介石イメージは奥地の重慶に逃げ込み、米英の援助にすがって辛うじて持ちこたえている敵将というものであったのが、戦後には一変し、後に日本の国会では感謝の意を伝えようという話まで持ち上がった。（七二頁参照）

しかし、日本に対する戦後の処罰については、蒋介石は必ずしも寛大であったわけではない。米UP通信社のヒュー・ベイリー社長がこの年の一〇月一七日に重慶で蒋主席と会見し、その内容が一〇月一九日の『毎日』に掲載された。「蒋介石主席と日本を語る　**処罰は日独同様に**」［重慶特電一七日UP社長ヒュー・ベイリー発］。

「……記者は十七日中華民国国民政府主席蒋介石氏と特別会見を行ったが、その席上蒋介石氏は今次第二次世界大戦の責任問題と日本の国体問題に言及し、責任問題については『日本とドイツは戦争誘発に対し同等の責任を有するものであるから両国の処罰は同じ見地からなされなければならないと信ずる』と述べ、国体問題については『それは日本国民の自由意思に基づく決定に委ぬべきである』と言明した。蒋主席は日本に対する報復といふ点についてはドイツと対照して何等特別の手段を示唆せず『長い目で見る必要がある』といひ、日本を深淵から救ひ上げるために何らかの援助が日本に与へられるべきか否かといふ問題について自ら公然と意見を開陳し、この問題に対しては米国が人道主義的立場から進むべきだと述べて『繰り返していふが日本はドイツと同じ見地から取扱はるべきである』とつけ加へた。

記者は蒋主席から次の印象を得た。即ち彼は日独に対する〝寛大な和平〟には決して賛成しないが、その態度は復讐的であるより寧ろ実際的であるといふ印象である。……」

ここで言う「日独同様」の意味を蒋介石自身は明言を避けているが、ヨーロッパ戦線の状況から見て、交戦国がドイツに寛大であるはずはないという前提の上で、その程度の処罰は日本も受けるべきであり、中国に残された日本軍民の扱いと日本という国に対する戦後の処罰は自ずから別という原則を明らかにしたものであろう。

四　過去の誤りと敗戦の現実

反省と原因究明

敗戦から一か月、政府が謝罪使派遣を検討している頃になると、新聞も起こりえなかったはずの敗戦をなんとかつじつまを合わせて説明しようとした敗戦直後の苦肉の論理探しからようやく脱して、現実に目を向けるようになる。

一九四五年九月一五日『毎日』は［上海特電一四日橘支局長発］で「**対支策惨敗の反省**」と題する記事を掲載した。この人の過去の二本の原稿に比べるとトーンは大分変わった、「支那」は相変わらずだが――

「敗戦は遂に夢ではなかつた。終戦後早くも一ケ月、米軍の東京進駐を伝え聞き、支那にあるわれらもまた『蔣介石万歳』の嵐の中に勝ち誇る重慶軍を迎へねばならないのである。無条件降伏を誓つたわれら、いまや米英を睨み、ソ支を恨む資格なし。憎悪の代わりに深い反省を、復仇の代わりに厳しい自己批判を敢てせねばならぬ」

そこで反省点として挙げているのは、一、日中戦争の初期、近衛内閣が「蔣介石を相手とせず」に戦争を解決しようとしたこと、二、汪精衛政権を立てながら、それを尊重せず、ないがしろにしたこと、三、一九四三年の「新政策」が遅すぎたこと、などである。

「支那が勝つたといふ事実はいまや何人も動かし得ないのである。すべては日本の政治の悲しむべき貧困であり、国際政治に対する致命的な無知といふことに帰するほかはない。しかも大東亜戦争は支那に始まつて支那に終わつた。日清戦争以来われらの祖先が血をもつて贖つた遺産は悉く支那において失はれたのである。……
国民総懺悔といふやうな不徹底な段階にいつまでも停滞してはならない。正しい政治なくしては戦争にも平和にも勝てない。日本に新しき政治出でよ、これが帰るに帰れない現地軍民の祖国に望む悲しい願ひである」

九月二三日『毎日』の社説「日華関係の根本的調整」――

「率直に言うと、既往のわが大陸政策は、武力を背景とする押しの一本槍であつた。事変直前、中国人の間に、中国が一歩譲れば日本は十歩、十歩譲れば百歩出てくる。一体、日本は中国に何をたくらみ、何を欲してゐるかといふ対日疑惑が深刻化して来たことは、まだわれらの記憶に新しい。そして遂に日本は武力征服を試みつゝあるといふ判断に徹し、『日本の好戦的軍閥の打倒』を目標にかゝげ、それがいよ〳〵抗戦気勢を煽つたのは周知の通りである。……

かく見てくると、中国の日本に対する不信感は一朝一夕のものでない。原因は深く、執拗である。したがつて容易に解消しないであらう。しかしながら、戦ひは日本の敗北に終わつた。東亜の情勢は自ら一変した。われらはこの厳たる事実を直視せねばならぬ。そして過去の誤れる対華態度や認識はいさぎよく清算し、全然新なる構想で出発すべきである。……」

『朝日』も九月二八日に「対支態度の究明」と題する、中国について戦後最初の社説を載せた。

「これまで対支政策の上で犯されて来たもろもろの誤謬の究明は、敗戦の諸因の検討のうちで極めて重要な部分を占めるであらう」

という書き出しで、日本の「誤謬」の究明と自己批判が必要だと論じる――

「近年における日本の対支政策の顕著な一般的特徴といはれる帝国主義的大陸政策は、日本の資本主義経済が第一次世界大戦を基盤として一応の身づくろひを整へるとともに急速に推進され、二十一個条要求を頂点とする一連の強硬政策が採用されたのである。この新たなる事態は、北京学生の五四運動の抗争を発火点として熾烈な反発を受け、やがて支那全域を通ずる深刻な反日運動の展開となり、日支の結びつきの本来の姿は次第に崩れてゆくのを避け得なかったのである」

次いで歴史的経過を述べ、日中戦争の大義名分とした「**東亜新秩序**」がひとりよがりにすぎなかったことを認める――

「支那事変に入って以来、東亜新秩序建設の戦争目的が掲げられ、アジア民族の解放が説かれ、東亜経済ブロックの結成が主張されたけれども、これが支那民族を抗戦から協調へ転換させる上に動力の役割を果たし得なかったことは注目すべきである。それは要するに、日本の主観的な特殊性を強調することだけに急であって、その理念の上に普遍妥当的な客観性を持たなかったことが致命的な欠陥であったし、しかも、多くの場合、その政策の裏づけとしての支那に関する認識ないし理解が実に低調であったことも指摘されなければならない。……

戦争の終結によって、この長い伝統をもつ大陸政策も日本の国際的地位の転落と共に完全に終止符を打たれたのであるが、この大陸政策が犯した誤謬を精細に検討し率直に反省し、そして最も謙抑な態度をもって日支の関係の本質のありかたを探求することに真摯に努力するのでなければ、日本の今後の進むべき途は拓かれようはずはないのである」

「武力を背景とする押しの一本槍」「帝国主義的大陸政策」「主観的な特殊性を強調」、つまりは身勝手な侵略であったことを「誤り」「誤謬」と認めたのである。

この段階における『読売報知』は『毎日』『朝日』より一歩進んで、たんに誤りを認めて反省するにとどまらず、過去の対中国政策について近衛文麿元首相、及び政府は率先して自己批判すべしと主張した。

『読売報知』一〇月四日の社説「対華新認識運動の提唱」は中国への謝罪特使派遣が進まないことを遺憾としつつ――

「いふまでもなく中国への〝謝罪〟とは政治的用語をもってすれば事変以来のわが対華政策に対する自己批判の表

明であると解される。……大東亜戦争はその当初より語られたごとく日華事変の延長であり拡大であつた。したがつて大東亜戦争に示された武断政策に対する批判は、それより前すでに支那大陸において歴年に亘って強行せられてゐた同じ政策に対する批判なくしては意味をなさないのである」

と述べる。そして具体的には――

「われ〳〵は従来のわが対華政策に最も指導的な役割を演じてきた近衛公が、このさい率先してその従来の対華認識と対華政策に対する自己批判を国民の前に公開すべきであると思ふ。……すなはちわれ〳〵は、政府が率先して過去の対華政策に対する率直詳細なる自己批判を国民の前に闡明《せんめい》し、同時に国民的規模の下に対華新認識運動を展開すべきであると考へる」

と主張する。ともかく「戦争は誤りだった」と言う認識が敗戦から一か月半にしてようやく定着した。

もっともこうした論調の変化はたんに時日の経過によるだけではなく、九月初旬、占領軍当局より報道のあり方に対するきびしい指示が出されたことが旧来の論理にとらわれる思考の転換を迫ったと言えるだろう。九月一七日『朝日』の

「**対等感を捨てよ　マ元帥　言論統制の具体方針**」によれば――

「連合国最高司令部は十日新聞記事その他報道取扱に関する具体的な指示を我方に通告して

一、事実に反しまたは公安を害すべき事項を掲載しないこと

二、日本の将来に関する論議は差支へないが世界の平和愛好国の一員として再出発せんとする国家の努力に悪影響あるが如き論議を掲載しないこと

三、公表せられざる連合国軍隊の動静および連合国に対する虚偽の批判又は破壊的批判乃至流言を掲載しないことの三点を指令して来た。……」

見出しにある「対等感を捨てよ」というのは、通告の中にそれまでの報道姿勢を批判して――

「日本は文明諸国家間に位置を占める権利を容認されてゐない。敗北せる敵である。諸君が国民に提供して来た□（不詳）色されたニュースの調子は恰も最高司令官が日本政府と交渉してゐるやうな印象を与へてゐる。交渉といふものは存在しない。さうして国民が連合国との関係における日本政府の地位について誤った概念を持つことは許されるべきではない。最高司令官は日本政府に対して命令する。しかし交渉するのではない。交渉は対等のものの間に行はれるのである」

というきびしい一節があることを受けている。

『朝日』は同日の九月一七日、この記事と並べて「**東條軍閥の罪過**」という社説を掲載した。

「まことに恥多き戦争であつた」と始まるこの社説は――

「政治と軍事の指導の甚だしき誤謬を端的に指摘することを急務と感ずる」、「第一点は支那事変の名分が浮動的だつたこと」、「第二に、かやうに暗闇の如き事態に、木に竹をついだやうに起こつた大東亜戦争であつたことを忘れてはならぬ。驕慢と無智と独善と虚栄がそれを敢てした。而してその代表的なものが東條軍閥であつたのだ」（そして）「（東久邇）総理宮も『軍閥からの解放』を説かれた。宜なる哉、いまこそ戦争責任を事実に立脚して究明しなければならぬ」

と結ぶ。

占領軍の報道規制ばかりでなく、新聞社内でもこの頃から新聞の戦争責任を問う声が上がり、各社それぞれに幹部の交代など新体制へ向けての動きが始まった。それは当然、各社の論調に反映し、中国に対する見方もそれまでとは違うものとなっていった。

旧軍人が口を開く

この時期、旧軍人に外国記者が戦争についてインタビューし、それが日本国内の新聞に載ることがあった。インタビューに応じたのは、少なくとも戦争途中からは当時の国策に批判的であった人だが、一九四五年一〇月七日『朝日』には満洲事変の立役者、石原莞爾が中国人記者に語った内容、「日本の満州独占遺憾　石原中将、中国記者へ回顧談」が掲載された。短いので全文を採録する――

「重慶中央通訊社記者宋徳和氏は満洲事変勃発当時関東軍参謀であつた石原莞爾中将と会見した。同盟通信によれば石原中将は満洲国独立前後の事情に関し左のごとく語つた。

私は満洲の独立を主張した一人である。それは二つの見解からなつてゐる。その一つは東亜防衛の根拠地としての満洲といふ考へ、他の一つは当時中国と日本とは連続的に紛争が絶えず中国本部では屡々《しばしば》日本との政治的、経済的親善が反対された。従つて満洲を中国本部から切離すことは日華間の紛争を少くし、更には日華提携を促進すると考へたからだ。

断つておくが、自分の考へとしてはそれが実現すれば在満諸民族は全く平等とし満鉄、旅順、大連は即時満洲国に返還し、中国にある日本のあらゆる政治的権益は無条件で中国に返還する意向であつた。しかし私のこの主張は実現しなかつた。

満洲国独立の結果は日本人が満洲を独占して他民族を圧迫するし、産業開発もまた期待を裏切つた。私はこれら独立に協力した在満中国人に対し甚だ済まなかつたと考へてゐる。

支那事変解決の癌が依然満洲問題にあつたことは周知の事実だ。中国側は満洲の主権を飽くまで主張してゐる。私も私達の当初の約束が実行されなかつた以上その後東亜のためには満洲の独立を取消すべきであることがわかれば取消してもよいと思ってゐた」

満洲事変の中心的な首謀者であり、満洲独立のイデオローグであった石原は、本来なら十五年戦争の発端を自ら作り出した人間として重要な戦争犯罪人となってもおかしくなかった。しかし、その後、東條英機首相と対立して閑職に移され、太平洋戦争には関わらなかったために、GHQの目では戦犯とならず、東京裁判開廷後は検察側証人として証言台に立ってさえいる。

その石原の回顧談であるが、満洲を独立させて日華間の紛争を減らそうとした、という説明は意味不明である。他人の領土を切り取って、どうして提携を促進することが可能なのか。なるほど一九三五年ころ、一時、日本と蒋介石政権との関係が改善に向かうかに見えた（大使の交換など）こともあったが、それは「**安内攘外**」（抗日より共産党掃滅が先）政策をとる蒋介石の戦略によるものであって、その間にも一般民衆の抗日運動は激化したのであった。

提携が促進されれば、中国にある日本の権益を無条件で返還する意向であったと言い、また「五族協和」が画餅に終わったことを「**甚だ済まなかった**」と謝るが、どうもこの談話は中国人記者への自己弁護の感が強い。

一九四五年一〇月二四日の『朝日』には「**避け得た日支事変**　本当の日本は道義の国、信義の国　宇垣大将、米記者に語る」という写真つきの記事がある。宇垣一成元大将がAP通信記者のインタビューを受けたものである。

「支那事変および大東亜戦争を通じて終始『反戦の態度を崩さなかつた要人』として米国側から可なり高く買はれてゐる宇垣一成大将をAP記者は二十二日四谷内藤町の自邸に訪れた。（注：以下は一問一答の抜粋）

記者―閣下は支那事変も反対だつたときいてゐますが

大将―左様、昭和十三年第一次近衛内閣に外相として入閣するとすぐ支那事変の解決に努力したが、軍部のある勢力に妨げられて目的を果たし得なかつた。四、五箇月して退職したのちは完全に政局外に退いたので、その後は何も知らない

記者—その軍閥の妨害といふと
大将—例へばその前年の一月に組閣の大命を拝したが、この時もストライキ的の妨害にあつて放棄を余儀なくされたほどだつた
記者—日支紛争の和平解決はほんとに可能だと信じてゐたのですか
大将—固く信じてゐました。日支の利害が衝突する道理がない。支那は物資と人的資源は豊富にもつてゐるが資本と技術に欠けている。日本にはその資本——今はなくなつたが当時の話です——と技術がある。この両者の有無相通によつて立派に日支は合同してゆけたはずだつた。私は入閣と同時に確信をもつて日支を本然の姿にかへさうとしたのです
記者—しかし支那事変の背後には日本の過剰人口を大陸に放出する意図があつたのでは……
大将—いや過剰人口の排口《はけ》は朝鮮と満洲だけで三十年や五十年は大丈夫です。だから支那に対する領土的野心はなかつたのが本当です
記者—しかし満洲国の場合は技術的には侵略行為だと思ふ。そこで閣下と支那側の折衝で満洲問題は了解がついたのですか
大将—日本側では満洲に皇帝をおき独立国とするが如何と突込んだが、外相当時の支那の回答は満洲問題には触れてくれるな、自然の成り行きに委せたいと思ふとのことでした。それでこの交渉は必ず成功すると思つてゐたところ、軍閥の一派が大東亜省の前身たる興亜院を設置し、外相から支那問題の交渉権を奪ひ、私の発言を封じてしまつたのです
記者—では日米戦争は何が不可避的な誘因となつたのですか
大将—戦争不可避の原因は全くなかつた。戦前貴国は支那に関心を有つてゐたやうだが、これも話合ですんだ事だ

し、日本の南方資源に対する関心にしても全部独占する必要はなく、話合で英、米、日間に平和解決の途はたしかにあつたはずである

記者―閣下は戦時中も重慶に対して直接に折衝なさつたときいてゐますが

大将―去年の秋個人の資格で北、中支を旅行し、折衝の可能性について下調査の目的で北京、上海方面で支那の実業家、政客多数と意見の交換を行ひました。これは見込があるといふ確信を得たので、すぐ引返して小磯（国昭）内閣に打つべき手を進言した。しかしこれも簡単に素気なく却下されてしまつたのでした。貴方は支那を見て来ましたか、是非大東亜ことに支那をよく研究して下さい。そして本当の支那を、日本を貴国に紹介していたゞきたい。本当の日本は道義の国、信義の国で、これまでのは真の日本の姿とはいへません」

この宇垣インタビューは説得力がある。周知のことだが、補足すれば、「ストライキ的の妨害にあつて（組閣）放棄を余儀なくされた」というのは、一九三七年一月、政党と軍部の対立から広田弘毅内閣が総辞職した後、一月二五日、宇垣に組閣の大命が発せられた。しかし、宇垣に反対の陸軍は陸相を推薦せず、組閣断念（二九日）に追い込まれたことを指す。その後、一九三八年五月二六日、近衛改造内閣で宇垣は広田の後任として外相に就任するが、その年の九月三〇日、興亜院問題で辞職、在任四か月余であった。

ここで宇垣は日中戦争も日米戦争も不可避ではなかったと強調している。このうち南方資源を英、米、日の話し合いで分け合えば、日米戦争も避けられたというのは、日米交渉の最大の難関が中国からの日本軍の撤退であったことから見て、日本が中国撤退を決意しない限り、交渉が妥結したかどうかには疑問があるが、日中戦争については宇垣の言うとおりであろう。むしろ主戦派でさえ、当初から全面戦争をするつもりではなく、蒋介石に一撃を加えて威力を誇示し、屈服させようという意図からの作戦行動であったわけだから、もし一九三七年一月に宇垣内閣が出来ていたら、盧溝橋事件以降の歴史はちがったものになっていた可能性は大いにある。

五　中国からの報告

満洲・上海・南京では

ここまで敗戦が中国、あるいは戦争についての見方に何をもたらしたかを見てきたが、先へ行く前に敗戦当時、中国にいた記者たちは現地の変化をどう伝えたかを見ておきたい。

一九四五年八月二〇日『朝日』は［新京特電一七日］で満洲国の首都・新京（注：現長春）から「**五族協和十三年　転換する満洲　日本人居留民会も結成**」という報告を掲載した——

「十五日正午万斛《ばんこく》の涙の裡にラジオ放送によりポツダム宣言受諾の大詔を百五十万在満日本人は直立不動千万無量の感慨の裡に謹んで拝した。建国十三年世界に比類なき急速なる画期的発展を遂げた満洲国、それは日本人の参画した前史未曾有の大建設事業であったが、遂に青年国家満洲に終止符を打つ悲痛な時が来たのである。顧れば満洲事変によって誕生しノモンハン事件、第二次欧洲大戦、独ソ戦、支那事変から遂に大東亜戦争に至るまでの世界動乱のさなかに撓《たゆ》まず生々発展を続けてきたが遂にその怱忙《そうぼう》の幕を閉ぢることとなつたのである。満洲国は今や短命にして亡びるとはいへ道義国家建設を理想として十三年の建国過程に培われ来つた民族協和の理想、偉大なる産業建設、農業交通等の国家的諸建設、中央地方を通ずる政治的組織は四千五百万国民の幸福のために直ちに停頓から前進へ整備されつゝあり、東方道義の新社会は新たなる政治機構のもとにおいても当然逞しく建設さるべく、日満系を中核とする各民族の営々たる建設努力は決して蔑ろにするものではない。

記者は多くの日本人が続々疎開する中に踏みとどまって国都新京の歴史的瞬間を目撃し生まれ変らんとする満洲の姿を凝視しつゝあるが、歴史的な十五日の日から日本の敗戦といふ現実の事実に基く混乱は掩ふべくもなく、新京に若干の満洲国軍の発砲事件があり、さらに満人街方面に不秩序なる暴民の暴動が惹起したがその気勢も最小限にとどまったのは幸ひであった。またハルピン、奉天その他全国各地とも平穏なことが判明した。戦争終了の第三日を迎へ今や新京は第一日の混乱から起上り、一部満人街を除いて市民は極めて平静である。……」

敗戦直後であるだけに状況報告に先立って記者本人の満洲国に対する思いが悲壮感を漂わせて綿々と綴られている。記者として国策遂行の尖兵を務めた人間の未整理のさまざまな感慨がこう書かせたものであろう。

八月二三日『読売報知』の「**儲備券堅調　上海の経済不安感去る**」という［上海特電廿一日発］は冷静に商都・上海の様子を伝えている――

「突如たる停戦の報に中支在住邦人並に支那側民衆も多大の衝撃を受け、一時は食糧雑貨類物価の一層の値上り、銀行への預金引出し人の殺到現象が見られたが、爾来一週間にして我が軍官民の冷静なる措置と相俟って重慶側においても上海特別市長周仏海氏を上海行動総隊長に電命して治安の維持を付託するの処置をとるに至ったため邦人、華人とも極めて平穏裡に新事態に対処せんとしてゐる。殊に一時懸念された儲備銀行券（注：汪精衛政権が発行した通貨）の暴落は儲備銀行当局において同銀行の存続について重慶側の承諾を得た旨と同銀行の準備金として日本より送られてある現金保有高を公表したため却って堅調を示し、また食糧、雑貨等の物価も奥地との交通再開、上海港への物資流入予想の下に急速に低落しつつあり、これがため華人民衆の経済不安感も鎮静化し在留邦人も差し当っての生活の不安なく現地当局指示の下に平静なる生活を送ってゐる」（全文）

記事中に登場する周仏海とは中国共産党員から中国国民党員に転じ、蒋介石の側近となったが、一九三八年一二月、汪精衛とともに重慶を脱出して、親日の汪政権の要職を歴任した。戦後は再び蒋介石に協力して上海の管理に当たったが、その後、「漢奸」（注：裏切り者）として裁判にかけられ、死刑判決を受けたまま獄死という波乱の人生を送った人物である。

一九四五年八月二九日『朝日』でも「**上海　胸を打つ爆竹の音　粛然たる十万居留民**」［上海にて磯山特派員発］が上海を伝えた――

「上海は新しい歴史の歯車と共に転がり始めた。何処へ何を運ぶのか夥しいトラック、人力車の群が品物を満載して昼夜ぶっ通し疾走する。上海の治安確保に任ずる帝国陸海軍兵士の銃剣が街角にきらめいてゐる。さうかと思へば目抜通りといはず路地の隅々に至るまで中国人の商店、会社そして黄浦江にうかぶ戎克（ジヤンク）にまで青天白日旗が翻り、蒋委員長の肖像が飾窓の中に掲げられた。上海の居留民という居留民がラジオの前に端座して嗚咽した十五日の正午を境としてその前後の上海の様相を、市内のすみずみから起った出来事を、そして十万居留民がいま一体どうしてゐるかを、記者は祖国へ出来るだけ確かにお伝へしよう。（中略）

かなしい面持を消さうと努力しつつ街の様子を見に行った。もう商店は戸を下し青天白日旗が南京路をはじめどんな狭い路地にも一軒々々掲げられた。爆竹が鳴る、テープが飛ぶ、群衆が四辻に集って歓呼した。外人達は微笑みながら握手を交してゐる。爆竹の音が胸を打ってくる。涙が出る程のいやな気持が私を襲った。市政府から上海弘報部へ、はやる記者は黄包車（注：人力車）からすげなくことわられた。あゝこれが和平地区（注：親日汪政権支配地区）の民衆なのだ。……」

九月に入ると、四日の『朝日』に南京の状況を伝える記事が登場した。「**見当らぬ〝日本の悪口〞　徐々に変り行く南京の町々**」［南京三日発同盟］

「在華同胞が涙のうちに母国の降伏を聞いた日から半月がたつた。南京では正式接収にいたるまで日本軍が厳重な警備についてゐるためか極めて平穏に経過してゐるが、重慶軍の正式進駐とそれに続く国民政府の南京遷都を控へて徐々ではあるが重慶化が進んでゐる。休戦に関する日華両軍間の取極めでは行政機関を含める一切が日本軍を通じて接収されることになつてはゐるが、旧南京政府系の要人も四散し重慶側の指導で暫定的に業務を継続してゐるものは市政府警察機関、新聞通信社などである。

各新聞論調も旧南京政府（注：汪政権）の政治に対する批判が主で、日本の悪口を書き立てるといふことはない。一斉に勝利を讃へ、街が喜びに沸くのは第六軍主力の進駐後と思はれ青天白日旗がしきりに売れてゐる。日本居留民が敗戦国民としていろ〳〵な苦しみを嘗めなければならないのもこれからだが、現在居留民の大多数が引揚げを予想して家財を売り出してゐるのが目に着く。八年の事変史とそれ以上におよぶこれら日支の交渉がこの瞬間にかかる形で終末をつけるのかと邦人の誰もが深い感慨にうたれてゐる。

中国側知識人はいひ合はしたやうに『本当の日支の関係はこれから始まるのです』といふ。中国側でもこの予期せぬ勝利に驚き気味であるのは争へない。一時一旦二百万元まで高騰した米価も連日続落して三十余万元となり、一般の物価も米に伴れて低落を見せてゐる」（全文）

九月五日『毎日』の「**青天白日旗の下　滾々湧く祖国愛　繁栄取り戻す『虹口』**」「上海にて藤田特派員発」は、上海の邦人は敗戦後も祖国愛に燃えているというのが記事の主旨だが、街の雑感をかなり詳しく描写しているので、その部分を抜き書きする――

「上海の目抜き通り南京路には数日前からネオンが輝きアーチが街々に建ち、建設東亜新秩序の文字を消した壁や街頭の看板に『慶祝抗戦勝利』『蒋主席万歳』の大文字が踊るやうに書かれてゐる。広い南京路を覆いかくすやうに軒並みの店舗は青天白日旗を飾り立てた。

大場鎮の飛行場に飛来するＢ17やＣ54などの大型機が低空で飛ぶと支那人は一斉に拍手し、青天白日旗を打ち振り日本人の顔をふり返つてニッと笑ふ。ガーデン・ブリッジの向ふから邦人は続々と荷物を積んだ車に寄り添つて虹口側に帰つて来た。惨めといへば惨めだ。いままで敵産だつた香（港）上（海）銀行、サッスーン（注：英財閥）所有の建物、黄浦江岸に櫛比した大建築物などから出て来た邦人達は『身丈に合はない着物を着てゐたやうなもので、虹口に帰つて来てかへつて落着きましたよ』等と淋しく笑つて見せる。

だが虹口にはおでん屋がある。浴衣がけの日本人が散歩する風景も昔のまゝだ。食物も豊富にある。瓦斯、水道の出る家もある。戦火を受けた内地の人達の生活とは比べものにならぬ豊かさだ。……

虹口はかくして以前の『繁華』をとり戻した。支那人の対日感情が好転するわけはないが、さりとてまた支那人の眼の色が急に敵意に燃えて来たわけでもない。……」

記事中の「ガーデン・ブリッジの向ふ」とは英、仏の租界のあった地区のことで、戦中は日本の占領下にあったが、敗戦後、そこにいた日本人が本来の日本人居留区、「虹口」（ホンキュウと呼んだ）へ引き上げて来た情景を伝えている。

右の記事ではまだどことなく余裕のある雰囲気を伝えてきた『毎日』の藤田特派員だが、十日ほど後の九月一七日の紙面では「**悩む厖大生活費　故国の救援待つ居留民**」〔上海特電十六日藤田特派員〕と訴える――

「故国が惨憺たる苦境にありながらしかもなほ外地居留の同胞を救はんとする親心に在外邦人は深く感激し期待してゐる。議会が満鮮支の居留民救助について政府を鞭撻したといふ報道、東京各紙の同胞救助に関する論説はいづれも上海邦字紙に大々的に転載され居留民は大きな感謝と切実な関心をもつてこれを読んだ。

中国陸軍総部の発表した『偽幣（注：汪政権時代の通貨）処理弁法』によつて十二日から政府の収支、一般銀行取引は一切法幣（注：国民政府の通貨）で行はれることになつた。居留民の生活はます〳〵この『偽幣処理弁法』の影響をうけることになつた。……

わが大使館筋では邦人の引揚げはこゝ六月間位は全く不可能と見てゐるが、生活費はいくら切詰めても一人三百万元を要するのである。果たして向ふ半年間生活を維持し得るものが上海在留十万の居留民中幾割あるだらうか。……

上海居留民といはず在支同胞は全く八方塞がりの中に深刻な懊悩を続けてをり、たゞ故国の救援の手を待つてゐる」

在中国邦人数

敗戦当時、軍隊を除いていったいどのくらいの日本人が中国各地にいたのか。一九四五年七月一日現在で中国各地の外務省公館が調べた在中国邦人数が九月二四日の各紙で報じられた。

それによると、総数は三九万三〇八三人、うち婦女子が二五万五人である。地域別では張家口、大同など蒙疆地区が四万四九三人（うち婦女子二万五二一一人）、北京、天津など北支地区が二三万一九六八人（うち婦女子一五万三二五五人）、南京、上海など中支地区が一一万九三二一人（うち婦女子六万六四五一人）、厦門、広東など南支地区が一万一四〇一人（うち婦女子五〇八八人）である。（この数字には満洲国関係は含まれていない）

翌日の九月二五日の『毎日』はこの数字とともに外務省が明らかにした各地の邦人の状況を伝えている。主な都市についての概略は――

北支地区・北平（注：北京）方面

「邦人の状況は一般的に良好である。……一般居留民は当初財産引揚げ等について不安を抱いたが軍の指示により一応落着いたものの、その後ソ連軍の南下によつて再び不安の兆あり、……邦人の食糧は当初六ケ月分を用意したが、その後激増したため手持ちの収容設備、食糧、資金等の状況から見て漸次生計を維持することは困難となりつゝあり、二、三ケ月間内に内地還送の要ありとせられる。……」

北支地区・天津方面

「治安は静穏、華側の人心は良好で、蒙疆地区からの引揚者二万六千人が加はり収容設備、食糧、資金の関係から数ケ月に亘る生計維持は困難で、給与は軍に依存しても副食物がなければ餓死の虞もある」

北支地区・山海関方面

「八月卅一日外蒙軍がこの地を占領、領事以下男子邦人はソ連軍、共産軍に殺害又は拉致された。邦人婦女子約十人は秦皇島に避難、男子は領事館に集結の趣きであるが詳細は判明しない」（全文）

北支地区・開封方面

「新郷市内は治安悪化し和平軍下層分子の邦人家屋侵入、物品略奪頻発し、また□□（不詳）沿線地区の形勢も緊迫している。……」

中支地区・上海方面

「九月一日の報告によると八月十五日以降大規模な事故によつて列車運行は停止のやむなき事態が頻発、また不逞分子が鉄道従業員に暴行を働く等鉄道の運行は困難な状態である。寧波三百人、南通五百人は上海に向け引揚中、邦人は終戦当時三ケ月間の食糧を保留してゐたが住宅問題等憂慮すべきものがあるので情勢の許す限り海上輸送によつて内地に還送せしめる方針、早急引揚を要する婦女子三万七千、うち上海より出港予定の者三万三千、連雲港四千人」（全文）

南支地区・厦門方面

「在留邦人は定着を原則とするが老幼婦女子、希望者は速に内地または台湾に撤退する方針で、二ケ月内に引揚げを予定するものは内地行、台湾行各四百人」

交戦国にいて敗戦を迎えた邦人がきびしい環境に置かれたのはやむをえないが、その状況は時の経過とともに悪化していった。一一月一九日の『毎日』は外務省が発表した一一月一日現在での各地の在華邦人の状況を報じた記事に以下の前書をつけている。

「その後の在華邦人の動向に関しては全国民の等しく重大関心を寄せてゐるところであるが、終戦直後の状況については北鮮、満洲方面の邦人に比し比較的安泰の状況下に置かれ暴行、掠奪などの事件も局部的発生を見たとはいへ全般的にはそれほど憂慮すべき事態に至らず、多少愁眉を開いた形であつた。しかるに最近に至り蒋介石主席の『在華邦人に対する保護』に関する屡次の訓令にも拘はらず、日本軍の武装解除に伴ひ、邦人に対する治安は漸次悪化の一途を辿りつゝあり、一方邦人の生活維持の基盤は根底から失はれ重大な脅威に曝され金なく職なき在華邦人の前途は今や暗澹たるものがある。外務省では去る九月五日以降十一月一日現在における接収および在華邦人の状況を左の如く発表したが、在華邦人の中にはすでに女は醜業婦、男は洋車夫に転落し辛うじてその日の糧を得てゐるものもあるといふ悲惨な事態を現出してをり、この際わが政府当局の緊急なる援護対策が要望されてゐる」（全文）

その後、外務省は一一月二〇日現在の在外居留民数を改めて公表した。一一月二四日『朝日』によると、中国は九月の発表より七万人強増えて四六・六万人となり、新たに満洲が一一三万人と明らかにされた。中国以外の南北朝鮮、台湾、樺太千島、さらにフィリピンなど東南アジア各地を加えた総数は三三四万三六〇〇人であった。

同日の一一月二四日『朝日』は居留民数のほかに、特に満洲からの帰国者が現地の状況を伝えているので、その部分「**望郷の南下　飢ゑ漸く募る**」を採録しておく。

「その後の満洲―共産八路軍の進入、ソ連軍の撤退開始等、歴史の冷厳な回転の中に、同胞卅万が戦死と凍死に直面し、邦人の還送促進懇願のため特に中国共産党遼西行政督察員（省長）張士毅氏の認可を得て廿二日錦州から帰国した元満洲国興農部某氏により左の如く明かにされた。

終戦直後の混乱と掠奪の満洲は既に去つた。ゲー・ペー・ウーの粛清工作、中国共産党の公正な態度により、錦州付近では十月中の迫害事故は僅か四件に過ぎなかつた。全満従業員は中国長春鉄路公司の従業員として従前通り生活してゐる。この他錦州紡織、同パルプ、東綿紡織、日満製粉、伏見醸造等も操業を続けてゐる。永い間地盤を持つてゐる人々は大して心配はないが終戦直前の大動員で夫や父を部隊にとられた人々、終戦の混乱期に掠奪を受けた人々等は、酷寒下に衣服代用の麻袋を腰に巻き望郷の一念でハルピンから新京へ新京から奉天へと集つて来る。日本人居留民会が各都市に収容所をつくり、必需品を募集してゐるが極端に個人主義化しなか〳〵集らない。

ハルピンに七万、奉天は二十万、錦州に四万人の避難民がコンクリートの床上にごろ寝し、朝夕二回一椀づつの高粱の粥に露命をつなぎ幼児は錦縣の収容所だけで一週間に二百名死亡した。全満で三十万人の避難民の一月の食費には百二十万円要る。この儘で行けばこの冬中にこの人々は倒れてしまふだらう。一日も早く船を、金を、と死んで行く子供等を見つめて絶叫してゐる母親達のことを政府や国民は真剣に考へてほしい」（全文）

海外在留邦人に加えてアジア各地に復員を待つ軍人が約三八〇万人（うち中国には約八〇万人）を数えたので、いわゆる引揚げ対象者は総数七〇〇万人にも達した。一一月二四日の『朝日』によれば、当時の日本の保有船舶数は海軍艦艇約十万五〇〇〇総トン、商船約一三万五〇〇〇総トン、建造中のもの一二二隻（三七万二〇〇〇総トン）、修理中のもの二八四隻（六一万二五〇〇総トン）であった。総司令部の指示でこのうち海軍艦艇は復員軍人用に、商船は原則として国内の生活物資の輸送用に向けられることになり、一般邦人の引揚げが遅くなることが心配されたが、米軍からＬＳＴ（大型上陸用舟艇母艦）や輸送船が「相当数」提供されたことで、概して予想より早く引揚げは進んだようである。ただソ連地区（樺太、千島）、中国東北地区（満洲）は他と比べて困難が多かった。

六　投書での応酬

「チャンコロまで来るのか」

ここまで報道に現れた日本敗戦の衝撃に対する発言を見てきたが、この時期、日中両国人の本音のぶつけ合いが新聞の投書欄を舞台に行われている。ここで合わせて紹介しておきたい。新聞記者が目をそらした問題が率直に取り上げられている。

一九四五年一一月二六日の『朝日』「声」欄に「**中国人より**」と題する投書が載った。筆者は高玉樹という技術評論家。全文を紹介する。

「◇日本人よ、諸君は数々の罪悪を犯した。諸君の指導者達の幼稚な指導原理によつて、諸君は大東亜諸民族の盟主たる資格を享受し得るとの錯覚に陥つてゐた。諸君は今日敗戦及び中日関係の不幸な顛末の責任を軍部官僚に帰し、自ら顧みるに謙虚の心を失つてゐる。

諸君に警告する。今日でさへ諸君の心の奥深く巣食つてゐる対中国感情はいかなるものであるか。満州事変後、軍部の尻について大陸に進出したいはゆる一旗組はかの地で何をなしたか。諸君によつて迎えられてゐる復員兵士は、かつて我等の国土でいかなる行状記を残したか。

◇我等の国土を見てくれ。かくも諸君の子弟によつて丹念に破壊され、無辜の民衆は虐殺され、そして目ぼしい物は掠奪されたのである。

　我等は今日、既往を問ふ程、けちな根性を持つてゐない。我等は諸君の暴兵の行状を発表してゐないし、また我等の委員長（注：蒋介石）は諸君の指導者達を憎んでも、諸君に対する復仇の心を持つてはならぬと厳重に戒めた。
◇我等は今日以後を問題にする。私は日本で教育を受け、長年在住し、日本人に多数の知己を持ち、その生活、習慣を知り、そして日本人の持つ幾多の長所に傾倒するにも拘らず、なほ日本人に直言するもの多きを遺憾とするものである。
　八月十五日の歴史的な放送を知人の日本人宅で聞いた私は、我等と諸君との前途にとつて実に暗澹たるものを示唆する片言を耳に挟んだ。諸君の中の無思慮な一女性は、チヤンコロまで来るのか、と言つて慟哭した。借問す、諸君の中の幾人が、この片言によつて窺はれる優越感を払拭し去つたであらうか。
◇諸君は言ふであらう。諸君は米国に対してのみ敗戦したものであり、文化的に見ればむしろ我等の先進国を以つて任じ得ると。我等はもとより単独で日本に勝つ公算は信じなかつたが、例をイギリス、ソヴエートに借りるに、この二国は単独でナチスドイツに勝ち得ると信じた者は、それ程多くなかつたであらう。
　日本人よ、この理を弁へよ。諸君がわが国土で得た勝利は単に戦術的なものにすぎなかつた。戦争がフランスの領土で終結を見た前大戦に於て、誰がドイツは敗戦国でないと断定したか。
◇諸君は嘗て強大な軍備をもつて、世界の三大強国の一、東亜の最高文化国であると自認した。軍備のみが一国の格式を決定する尺度ならば、日本はある時期には米や英よりも優等国であつた。然し諸君の自大的自負を世界中で誰が認めたであらう。軍備は国民の犠牲において出来るものだが、文化の創造は真にそれに値する国家のみ可能である。
　諸君の自讃する文化は借り物であり、模造品である。諸君の国粋論者は、今でも無理な姿勢をもつて固有の文化を誇示する。その固有文化とは何ぞや。神道は最原始的宗教の一つであり、建築の簡素美や茶道、華道等は中国から渡来したものである。

◇諸君は今こそ完全に心を空しうしなければならぬ。我等に対するいはれのない優越感こそ、嘗て諸君の軍閥をして便乗せしめた最大因子ではなかつたか。諸君はつねに、当の権力者に対して極力頭を垂れ、専ら恭順の意を表するに汲々としてゐる。しかしこれは実に危険千万である。このやうな娼婦的従順こそ、嘗て諸君の軍閥に易々と制御せられ、そして将来も新しい暴力によつて統御される可能性を暗示するものである。やがて諸君の国土を踏むであらう我等の軍隊は、決して諸君にかかる従順を強要しないであらう。その代り我等に対して正しい認識を持ち、節操ある独立の批判力を持った諸君に見《まみ》える事を期待するものだ。要するにすべての不幸の遠因は諸君の中に胚胎し、諸君のすべてが責任を負わなければならぬことを、この際徹底的に銘記すべきである」

この投書に対して、二人の日本人からの返書とも言うべき投書が一二月四日の『朝日』「声」欄に「**中国人に答ふ**」「**他を軽侮せぬこと**」として掲載された。これも全文を引用する。

「中国人に答ふ」（林克己＝東北帝大医学部講師）

「◇中国人よ、われわれは敗れた。敗れた民に語る資格は無いかも知れぬ。しかし高玉樹君の一文に対して少くとも私は心からの誠意を以て応へる義務を感ずる。われわれは卿等の国土に兵を起し、卿等の民を塗炭の苦しみの中に陥れ、しかもなほ傲然として、卿等の土地に表忠塔を建設して憚らなかつた。われわれは潔くわれわれの『錯覚』を深い呵責のうちに認めよう。少くとも、われわれは高君のいふ如くその責任を軍部官僚にのみ帰し、自ら晏如としてゐるものではない。中日関係の過去の不幸な顛末は、われわれ一人一人のうちに巣くつた対中国感情に基いてゐたことを率直に認める。わが軍閥をかくも野放しにしてその非を鳴らさず、況やある時期には中華民国大地図を前に、その戦況を楽しむが如き傾向さへあつた事をわれわれは忘れてはゐない。更に東亜を指導する役割をもつ筈であつた日本文化についての、仮借なき反省も常に怠らぬ所であつた。鎖国の殻を脱してからの八十年の歳月は、真の日本文化の育成には短すぎた。

◇かくして日本は敗れた。われわれは高君の『直言』の前に、中国民衆の前に、さらに卿等の聡明なる委員長の前に潔く帽を脱ぐものである。しかし、中国人よ、われわれは高君の敢て触れることのなかつた点について暫らく考へなければならぬ。われわれが過去に卿等の上に抱いて来た『優越感』は高君の言ふ如く、はたして『いはれなき』ものであつたであらうか。中国人の過去の歴史と精神の上に、更に一層の毅然たる何物かを加へてゐたならば、日本人は『いはれなき優越感』を卿等の上に持して譲らなかつたであらうか。

近頃悲しくも学ばねばならなくなつた『没法子』（注：「しかたがない」「どうしようもない」というあきらめの感情を表す語）といふ言葉は、実に卿等の民衆の間の所産ではなかつたか。この一語にこそ、卿等の郷土の政治と経済の混乱が如実に表現されてゐるのではなからうか。

◇日本軍の全面的武装解除と共に、卿等の国土は再び内乱の危機に立つてゐる。それは思想の粧ひを新たにした古き歴史の繰返しでなければ幸である。われわれは中国のかかる事態を新たなる東亜首国建設の構想の前に、新たなる意味で心から悲しむものである。

過去の中日両国の間の悲劇について、われわれはその全責任を負ふであらう。しかし中国人も亦、われわれの軍閥に跳梁を許す基となつた感情上の遠因について三思するところあらねばならぬ。さうして、中国人自身が確固たる地盤の上に、毅然たる精神と、誠意ある政治と美しき文化とを築き上げるやう努力せねばならぬ。

かゝる敗戦国民の回答を高君並に中国人は意外とするかも知れぬ。しかしかくの如き相互間の誠実なる直言と、反省とにこそ、新しき東亜設立の命題の鍵があることを信じて疑はぬものである」

「他を軽侮せぬこと」（長井真琴＝文学博士）

「◇『中国人より』を見て、私も今更ながら慙愧の念に冷汗を覚えたのである。私はかの偏狭固陋の国粋論者を好まないが、貴国民が中国、中国と誇つてゐるやうに、各国民が一つの誇を持つことを悪いこととは思はぬ。個人としても独尊の信念あつて他に対せば、互尊の信念も生じて来る。他を軽侮することは、やがて自らを軽侮することになる。日本にも固有の文化があつたればこそ、古く支那の文化も、印度の文化も、近く欧米の文化も、容易に受容出来たので野蛮国にはそんな力は無い筈である。

◇儒教にしても孔子やその書は貴国人に劣らず崇められ読まれたもので、その科学的研究に至つては他の追随を許さないものがあると信ずる。またその実践においてもその発祥地よりも我国民の日常生活により多く実現されてゐると思はれるものもある。

我国は今後文化日本として立上るより外に道はない。貴国は古来文武といつて、文を先としてゐるのであるから、相互親善協力して世界の文化のために寄与しようと念ずる次第である」

この投書の応酬は双方が十分な率直さと節度を持って日本の敗戦という事態を論じており、前掲の論説や社説より読みごたえがある。とくに林克己氏が日本の非を認めた上で、中国の歴史的な混乱と次なる内戦の予兆を挙げて、日本人の中国に対する優越感が必ずしも「いはれなき」ものではなかったと論じているのは、その後、中国共産党による建国、文化大革命による混乱といった大きな変動のたびに日本人の中国観が揺れ動いたことを思うと、なかなかに示唆に富む発言といえる。

異例の二度掲載

次の投書は年をこして一九四六年に入るがここで一緒に紹介しておきたい。まず一九四五年二月一四、一五の両日、

『読売報知』に掲載された「**中国少女より**」という投書である。敗戦直後とそれから数か月を経た後では、前述したように新聞報道に現れる中国観にはそれなりの変化が見られるが、日本人一般の意識においてはどうであったか。この投書は当時の一つの情景を蘇えらせる。それにしてもなぜ二日間にわたって掲載されたのか。二月一五日の同紙投書欄の冒頭に次のような断り書きがついている。

「記事訂正　十四日付本欄中国少女よりの記事中、誤謬多きため原文のまゝ掲載致します（係）」

ここでは全文を採録する。

「▽長い間の血みどろの戦争はやうやく終わり、わが中国は勝利を得た。そして蒋主席は直ちにわれら中国人に対し『暴に報ゆるに暴を以ってするなかれ』との指令を発したことは周知の通りである。所が、日本人は果して中国人を戦勝国民と見てゐるだらうか。私は〈日本人を母に持つ一中国少女だが〉戦争中に日本人より『チャンコロ』だの『支那ポコペン』だのと散々いぢめられて来た。けれども私は必ずわが中国が輝かしい最後の勝利を得る日の到来することを確信し、その暁にはこんな侮辱を受けることはないと思つて一切の辛苦を我慢して来た。そして昨年八月十五日遂に輝かしき黎明は到達した。

▽しかし豈計らんや私は日本敗戦後に何度も『チャンコロ』との侮辱の声を聞いた。何と云ふことであらうか。その上或る日電車の中で私の着けてゐるバッヂを見て一人の日本人が連れの人に『支那人も戦争に勝つたと思つて威張つてゐるんだな』とささやくのを聞いた。私は限りなき憤懣に駆られて抗議しようとしたがそんな認識不足な馬鹿者を相手にしてもつまらぬのでぐつとこらえた。私はあへて特権意識を振り廻すのではない。中国人が青天白日のバッヂをつけるのは当り前ではないか。日本人の大部分は米国には負けてゐるが、中国に負けてゐないつもりなのであらうか。私は中国人として日本人の態度には全く呆れる。或ひは『中国人台湾省民は乱暴を働く』と云ふかも知れぬ。それはことごとく戦争中の悪辣なる圧迫の反撥である。と云つて、それが悪くないと云ふのではない。

▽だが、それは極く一部分であり、戦後中国人に対する日本人の相も変わらぬ傲慢不遜の態度がいやが上にもそれを助長させるのである。《それを根に持つて日本人の不良団が巷に横行し、罪無き吾れ等中国人の女子供までも迫害しようとする。殊に近頃は警察までが不良団をそそのかしてゐるさうだから益々呆れる。反発的に乱暴する中国人一部の青年の気を鎮めようとするならば、》先づ日本人の中国人に対する態度から改めれば好い。前にも述べた如くわれらの蒋主席は、極めて寛大であるにもかゝはらず、日本政府は戦後日本国民の中国人に対する態度に関する何らの指令をも発してゐない。如何に無力な政府であつてもそれくらいの礼儀は尽すべきである。全く日本政府の不誠意には驚いた。一番好く中国を理解してゐる野坂氏（注：この年の初めに中国から帰国した日本共産党の野坂参三氏）は懸命に中日提携を叫んでゐるではないか。それなのに、一般日本人には少しも反省の色が見られぬ。私は無理解なそして認識不足な日本人を見るたびに将来の日中関係を想ふて暗然とせざるを得ない。〈私の一家は父が台湾の国立大学教授として赴任するため二月十六日出発する。〉私は日本を去るに当つて日本人に忠告する。（陳蕙貞・〈日本〉女学校一年生）」

「全文」と断わった意味は、文中〈 〉で括った部分は二月一四日付けにあって、一五日付になく、《 》の部分は一五日付けにあって、一四日付けにない文章だからである。文面で見る限り再度掲載した理由が「誤謬多きため」というのには首を傾げさせられる。《 》の部分の削除を復活させるために再掲載したということであろう。

じつはこの投書者は後に北京放送局の日本語アナウンサー、日本語教師として長年活躍し、日本にも知己の多かった陳真（二〇〇四年没）である。後年のやさしく穏やかな彼女を知るものには、この投書の激しさは驚きであるが、彼女の生涯を描いた野田正彰氏の『陳真　戦争と平和の旅』（岩波書店、二〇〇四年）には、この投書の経緯について本人は「十四日に載った文章は改竄がひどく、父とともに新聞社に抗議に行くと、翌日、『誤謬多きため原文のまま掲載します』と弁明をつけた上で、次の文章が載った」（三三〜三四頁）と回想しており、同書には二月一五日付けの文章が採録されている。

投書が掲載にあたって一部をカットされることは珍しくないが、それに対する筆者の抗議で再度掲載されるというのは異例である。この当時、新聞は一枚の表裏の二頁しかなかったから紙面の貴重さは今とは比べものにならない。そして《 》の部分をカットした編集者の気持も想像がつく。それに対して十四歳の中国人少女とその父親から「あのカットは文章の改竄だ」という抗議を受け、そこで新聞社側もそれを認めたから、「誤謬多きため」という理由をつけることになったのだろう。この投書の一件は当時の一般社会の中国人を見る目と新聞社の中国人に対する態度をうかがう上で興味深い。

戦後の情景

あと二通、投書を紹介する。一九四六年中の三紙への投書で中国人に関するものは、私の見た限りこれだけだからである。

一九四六年三月七日の『読売報知』の投書欄。西多摩郡福生町、大岩姓の男性の「**真の日華親善**」と題する一篇。

「▽私は先日出張先からの帰途、青森から乗車したが、例のごとくすゞなりの列車は、文字通り立錐の余地もなく悲鳴をあげるもの、どなるもので、全くの地獄相を呈してゐた。この列車が出発してまもなく、一隅に席を占めた青年がすつくと立ち上がつたとおもふと

『乗客の皆さん、私は中国に帰国するものであります。この車両は貸切で私と同じ中国にかへる中国青年隊が乗車してゐるのでありますが、現在の日本の交通事情はこの車両を貸切車として私達が専用するに忍びないものがありますので、皆さんのご便利を計るために同車していただいたものなのであります。しかし車中を一見しますと青年団員の一行は皆さんに席を奪はれた形で立つてゐるものが多数見受けられますが、せめて交替にでも腰掛けさせていたゞきたいと思ひます』

とのべた。いまゝで喧騒を極めた車内は一瞬しんとなり、たちまち感激の拍手によつて埋められたが、これら中国青年隊の人々と、席を譲り合ふ光景が各所におこつた。敗戦日本の道義が地におちんとする現在、戦勝国民のこのあたゝかい寛容と謙虚な心はなにものにもましてわれわれを反省させずにはおかないのである。

▽日華善隣の標識を仮面にかぶり中国を侵略せんとした日本の帝国主義者たちと、中国人を劣等視してきた一部日本人はいまこそ帽をとつて謝罪すべきである。敗戦日本に対して寛大なる態度と、友誼とを寄せる蒋主席の精神が、これら中国青年隊の人々を通して、真実の日華善隣をわれわれに示したのである」

続いて同じく『読売報知』五月三〇日間欄。「**この中国人を見よ**」という前橋市に住む田村姓の復員軍人の文章には、日本敗戦後の中国での一つの情景が見える。

「▽敗戦後の復員業務に天津で多忙な日を送つてゐた私は、突然中隊長から北京の方面軍司令部に連絡を命ぜられた。武装解除後なので何一つ兵器なく、軍服のまま空手で行かねばならなかつた。中国人のわれ〳〵に対する目は厳しく、私は兵一名とともに決死の覚悟で部隊を出発した。津浦線天津北站の改札口を米軍発行のパスポートを見せて通過せんとした時、中国軍憲兵の訊間を受けた。周囲にいる中国人達はさも愉快さうに物見高く、われ〳〵を取りまいて何か口々に叫び始めた。

▽憲兵は私のパスポートを手にしながら聞いてゐたが急に私と兵の身体検査をやり始めた。しかし私も兵もこのことを覚悟して身には何も持つてゐなかつた。たゞ私の背のうの中にいざといふ場合の自決用にと、入れておいた強ナルスコ注射液十個入りが一箱あるのを発見して取り出した。群集はわあ!とかん声を挙げ、手をたゝいて喜んでゐる。幾百の眼が私に注がれ、今にも私を揉みつぶさんとつめ寄つて来た。一瞬私は支那語と日本語とをまぜて、懸命に弁明した。憲兵は無愛想に、群集を制することなく、容易に私等を通してくれなかつた。もう列車の入る時刻も迫つて来た。私は気が気でなくなつた。

▽その時、一人の中国軍の将校が群集をどなり飛ばしながら私と憲兵の間に立つた。その優しげな容貌は忘れもしない二年前、北京の部隊にをつた時、私がボーイとして使つてゐた中国人だつた。彼は実に真面目に私のために働いてくれた。私も弟のやうに思つて誰よりも可愛いがつた。或るとき、私の同年兵が腕時計が盗まれたといつて、その疑ひを彼にかけた時、彼を信じてゐた私は憤然としてこの疑いを解いてやつたことがある。それからといふものは彼は私なしには部隊にゐないとまでいつて、私をたより親密の度を加へて来た。

▽しかも今は彼は中国軍の大尉である。私は懐かしさの余り「あゝ孫、孫」と彼の名を呼びつゝ手を取り合つた。私は簡単に事情を話すと、彼は眼に涙を浮かべつゝ「ミンパイ、ミンパイ」と深く私に同情して、憲兵に二言三言いふと私の手をとつて、発車直前の列車に案内してくれ、涙にむせびながら、別れを惜しみつゝ一路北京に向つた。

▽このやうに、中国軍の将校でありながら敗戦国の兵隊である私の昔のさ少の恩義を忘れず救つてくれた。私はこの嬉しさをまだ中国を本当に理解してゐない方々に伝え、はたまた現在の誤つた日本人の反省を促したいと思ふ」

（全文）

第一章　内戦へ向かう中国を見る目　一九四六年

一　平和を願う善意

停戦合意への期待

一九四五年八月、日本人は戦火から脱したが、戦勝国である中国では戦後まもなく国民党と共産党の対立が激化し、華北から東北（満洲）にかけて、軍事衝突が続発する。この時期、中国に関する情報は大半がこの国共対立をめぐるものである。それらは『中央社』（国民政府の『中央通迅社』）、『新華社』（共産党の『新華通訊社』）、あるいは『上海放送』、『重慶放送』などの中国のメディア、AP、UPなどの米通信社によって伝えられたが、当時の表裏二頁だけの新聞紙面上では、ほとんどが断片的な情報にならざるをえず、それらを注意深く読んだとしても、全体を正確に把握することは困難であったろう。

現実の情勢は日本の敗戦直後から国共両党の対決に向かって動いていた。国民党は日本軍との戦いの中で首都を重慶に移し、西南の辺境地区に勢力を後退させていたが、戦後の主導権を握るために、共産党軍が日本軍の武装解除にあたることを禁じ、駐屯地を動かないよう命令した。

一方、陝西省北部の延安に本拠を持ち、山西、河北、河南、チャハル各省に解放区を擁していた共産党はいち早く東北、内蒙古に軍隊を送って、そこを支配下に収めるとともに、日本軍の武装解除にもあたった。これに対して国民党は米軍の艦船、航空機で部隊を華北、東北の各地に空輸したために、両軍の間で衝突が頻発することとなったのである。

もちろん、長い戦争に疲れた中国の国民は内戦に反対していたし、国民党を支えてきた米国は中国から手を引くこともできず、さりとて国民党に手を貸して共産党をつぶすことにも踏み切れず、マーシャル特使を派遣して両者の調停にあたった。結局、それは最終的には実を結ばず、国共両党は内戦に突入することになるわけだが、当時の日本にはそうした情勢を正確に判断する材料が乏しく、両党間の調停のために米が派遣したマーシャル特使の行動に大きな期待をつないでいた。そこには中国共産党に対する非常に好意的な見方もうかがわれる。

一九四六年一月四日の「**民主化に於ける中共の役割**」と題する『読売報知』社説――

「ここに問題としたいのは中国民主化過程における中国共産党の演じた役割である。一言にしていへば中共のこの役割は非常に大きかつたといへる。従来の国共の相剋、中共の国民政府にたいする攻勢は、これを分裂政策または内乱政策といふ方面に重点を置いて考へるべきでなく、中国の民主化、それを通じての中国の近代国家化においてほんとの民主主義を実現すべきための攻勢であつたと解すべきである」

そしてこの社説は蒋介石の国民党独裁維持という主張を批判して、共産党の連合政権論を支持し、さらに毛沢東の論文「連合政権について」（ママ）を紹介しつつ、「中共の最近の政策は決して中国に共産主義革命を実施して中国をソヴェト化することにあるのではない」と断じ、こう結論する――

「中国を民主化することを目的とする中国の近代民族運動、その線に沿つた最近の中国民主化運動における中共の役割はかくて高く評価されなければならず、それを理解することなくしては、最近の中国の民主化動向も正当に捕捉出来ず、今後の対中国政策も正しくは行はれえないであらう」

翌日の一月五日、マーシャル特使の斡旋により両党間に「停戦交渉が妥結」したとの報が米通信社（ＡＰ）によって伝えられた。これを一月七日の一面に四段で報じた『朝日』は、翌日の一月八日、「**中国統一の基礎**」と題する社説を掲げる――

「……今回の会談の成功によって、今直に中国に低く垂れこめてゐた暗雲が一掃されたとはいへないとしても、平和の曙光はすでに赫々と射し初めたのである。やがて中国の前途には偉大な光明が齎されるであらう。我等はかく信ずるが故に、何よりも先づ隣邦のために大いに慶賀の意を表したい。

……中国が八年に亙る事変によく最後の勝利を収め得たのは、国共の合作によるところ最も多いとしなければならぬ。分裂は前進を阻み統一は発展の基礎を為す。国共の和解によって協力の精神が復活したことが具体的に立証されたことは、中国の将来に偉大なる光明を与へるばかりではない。延いて国際間の平和建設に向って顕著な進展を齎すであらう。我等が平和の勝利として、心から祝福する所以である」

しかし、「停戦交渉が妥結」というのは、この段階ではじつは停戦に向けて両党が会談に応じることになったというのが実際であった。それを受けて一月七日から重慶で国民政府代表・張群、共産党代表・周恩来にマーシャルを交えての三**人委員会**が開かれた。それも一時は妥結が危ぶまれたが、一月九日、両党は「東北地区を除いて」停戦合意にこぎつける。

一月一二日の『読売報知』はそれをこう伝える――

「〔重慶十日発UP〕（共同）　国共停戦交渉は去る七日以来マーシャル特使、張群、周恩来三氏の間で連日協議を続けて来たが、政治協商会議開会の直前十日朝に至って漸く妥協点に到達し、直ちに蒋介石、毛沢東国共両主席（ママ）の名による正式停戦命令が発せられた。かくて日本降伏の八月十五日以来中国の十一省に亙って続けられた国共の内戦はマーシャル特使の斡旋によってここに停止されるに至り政治協商会議進行上の最大の難関は克服され和平中国再建の第一歩が踏み出された」

一月一二日『朝日』は停戦命令の内容や一〇日から重慶で始まった国民政府召集の**政治協商会議**を伝える記事の冒頭に次のようなリードをつけた。

「……かくて昭和二年の国共分裂以来幾度か血みどろの相剋を繰返し、戦争中もたえず地方的相剋を惹起し、終戦後は一時全面的内戦への危機さへ伝へられた国共軍事対立もここに全く終止符が打たれ、東亜における世界恒久平和への重大基礎が確立されたわけであり、政治協商会議開会直前に本命令が発せられたことは和平建国の前途に偉大な光明を齎すものとしてその意義は重大である」

「東北地区を除いて」の停戦合意ではあったが、政協会議で国民政府の蒋介石総統は「我国民主憲政実現のためにはあらゆる努力を捧げ、重大なる譲歩をなす用意がある」として――

「一、人民は言論、信仰、出版、集会、結社の自由を享有する。二、各政党は法の前に一律に平等である。三、地方自治政府は人民の自由意思に基づき推進される。四、政治犯は悉く釈放される」

との四項目を声明した（重慶放送）。また共産党を代表して出席した周恩来も、

「中共は停戦を希望するのみならず、今後再び中国に内戦が繰返へされぬやう希望する。ここに中共は民主政府の樹立、国民軍の建設、各政党の平等と合法化を提唱する」

と述べた（UP=共同）。

対中態度の変化

こうして平和への望みは膨らんだが、『読売報知』にしろ『朝日』にしろ、この停戦合意が中国に平和をもたらすだろう、もたらしてほしいと願う善意は一貫している。敗戦直後の、中国に負けたとは素直に認めたくない心情とはだいぶニュアンスが異なるが、この変化をもたらしたのは直接的には前年秋の各新聞社内における戦争責任追及とそれに伴う幹部の交代、また時間が経つにつれて敗戦国日本と戦勝国中国という現実が徐々に国民の中に定着していったことによると見ていいであろう。

それにしても敗戦日本が中国の平和を願うこの善意はいかなる論理的筋道によるか。二月一二日『朝日』に載った「本社前上海総局長・宮崎世龍」署名の「日華関係の将来」と題する、約二五〇行という長文の論説風記事がそのひとつを示している。

「我々には目下のところ発言権はないのである、とはいへ中国に対しては、その他の戦勝諸国に比べて、歴史的に、地理的に、文化的にそして人間的に身近かなものを日本人は感じてゐる」

と、まず伝統的な親近感を挙げた上で、将来の日本にとっての中国の存在を次のように述べる――

「日本が今日のやうな有様で今後五、六年も経過するならば、如何なるだらうか、民主々義国家として再生せんとする大いなる希望はあるにしても、国土は著るしくせばめられ、食糧は不足し、対外貿易は自由にならず、剰《あまつさ》へ社会不安の増大と道義の低下は、遂には植民地と化し、亡国の憂目を見るかも知れないといふ不安もある。そこで中国と提携することによつて日本の活路を海外に見出さうと考へるのである」

国土が狭く、食糧にも事欠く恐れがあるので、中国に活路を見出すというのは、満洲事変以来の中国政策とその限りにおいては変わらない。しかし、だからと言って、侵略主義の本性がそのまま残っていると見てはいささか酷だろう。むしろ、わが国は国土と人口の比率の面で戦前から戦後まで一貫して、生存の面で不安を感じていたということか。

この記事は中国に活路を求めるとしながらも、戦後の対中国政策のあり方をこう論ずる。

「将来の対華政策は日本が過去において暴力の下に獲得した諸権益と優越感の一切を先ず御破算とし民主主義新日本の基盤の上に再出発さるべきである。このことは単に中国だけを切り離して考へらるべきものではなく、世界各国との関係においても同様であらう。……

過去数十年間中国に対して常用した恫喝的、武断的政策は実施しようにも実施しえない。また今日継続的に実施されてゐる日本財閥の解体の結果は、最早帝国主義的搾取を中国に対して行ふには無力すぎるであらう。さらに過去における日本の対外政策は主として財閥、軍閥、官僚といふ一部特権階級の利益のために行はれ、国民大衆の利益は敢えて問ふところではなかつた。かかる対外政策も国内における民主主義政治の徹底によつて是正され、国民大衆の利益のための外交が公明正大に行はれ得よう」

民主主義の徹底によって、過去の武断的外交を国民的利益のための外交に代え、その上であらためて中国との提携によって活路を見出そうというのが「日華関係の将来」であり、そのためには中国にも平和が回復されることが望ましいことになる。

一九四五年一二月二六日の「**中国統一への期待**」というタイトルの『読売報知』社説は、トルーマン米大統領が一二月一五日の声明で、それまでの国共交渉が共産党の政権参加が先か、中共軍の国軍への統一が先か、の順序をめぐって膠着していたことについて、広範な連合政府の樹立と中共軍の改変を同時に行うよう求めたことを的確な解決策と受けとめ、次のように期待を述べる。

「かくてトルーマン声明とマーシャル特使の来華によつて、中国統一への途は一段と希望に充ちたものとなつた。いまや東亜問題における中国の指導力を疑ふものはないが、したがつて中国の統一達成と民主化こそ東亜各国における民主主義運動の最大の推進力でなければならない。われわれはかかる観点より来るべき協商会議の円満なる妥結により中国統一の大道が開拓され東亜諸国の民主主義革命に強力なる精神的指導を与える事に大なる期待を注ぐものである」

ここではアジア各国における戦後改革のリーダーの役割を中国に期待し、それを積極的に受け入れようとする姿勢が見える。そのためにも中国には平和的に統一を達成してもらわなければならないというのである。

二　もたらされた辺区の状況

野坂参三帰国

敗戦時、軍民合わせて約二五〇万人もの日本人が中国大陸にいたが、そのほとんどは自らが日本へ帰ることに全力を注いだであろうことは想像に難くない。新聞紙上に「その後の中国」についての見聞が彼らから語られた例はほとんど見当たらない。

その中で例外的だったのが延安から帰国した日本共産党の野坂参三である。一九四六年一月一三日の『読売報知』の野坂帰国の記事はこう書き出す。

[福岡電話]「かつて日本共産党の闘将として活躍、最近は中国延安にあつて日本帝国主義に抗して日本人解放連盟を組織その主宰者となり、民主主義日本の建設に不屈の闘争をつづけた日本共産党野坂参貳（ママ）氏は十二日正午過ぎ博多入港の〝こがね丸〟で朝鮮からの引揚邦人八百余名に混つて十六年振りに焦土と化した敗戦の故国日本に第一歩を印した。……

胡麻塩まじりのオールバックに鼠色のジヤンバーを着て一見大学教授風の野坂氏は記者団の質問に次の如く語つた」

として、次の談話を掲載している。これは共産党地区についての戦後最初のファーストハンドの報告なので、全文を再録しておく。

「◇延安を語るといつても政治、軍事、社会施設などあつて話は大きくなるが現在延安ではすべて穴居生活をしてゐる。そのため自分も現在はリューマチスを患つてゐる。しかし穴居生活は夏涼しく冬暖く住みよいものだ。

経済の面では封建的でもなく資本主義的でもなく**新民主主義経済**の形式で行はれてゐる。政治の面では辺区政府が共産党への強力な協力の下に樹立されてゐるが、その閣僚は総て民主的な選挙で選ばれてをり東洋では他に類がない。そして代議士は三三制で、共産党三その他三で十八歳以上の者は選挙権がある。

◇特に特色あるものは土地所有権に限度はない　併し大地主はゐない。地主も百姓も共産党に参画しまた小作料は日本のやうに半分といふ高いものではなく一割五分乃至二割を納めてゐる。

現在国民軍は北平（注：北京）、天津の大都市は確保してゐるがその周りは第八路軍が包囲してゐる。

◇自分は今、政治的機運がみのりつゝあり、人民が軍閥とか封建的とか財閥の犠牲になる苦しさもこの犠牲からいま人民全体が自覚しつゝあると思ふが、この危機存亡の日本人民を救ふものは民主主義であり、政府のやつてゐるやうな政策では解決出来ない。政治的経済的に断固として改革を行はねばならぬ。これを行ふものは共産党であり、それには主義政策を同じくするものとの共同戦線が現政治の下においては必要である。その大きな共同戦線が日本の今後を左右するものである。日本に私の帰つてきたのは古い一党員としてである。大いにやるつもりである。この先頭に立ちうるものは共産党であり、共産党だけではまだ不十分だ。この方向にあつて政党、政派などと共同戦線をやらねばならぬ。民主主義を行はんとする真面目な政党政派が握手することである。

天皇制については日本共産党と主義を一致するものである。

今後更に延安にゐる同志が二、三ケ月後に約三百名が日本に帰つてくることになつてゐる」

談話の後半は日本における民主改革のための共同戦線結成の呼びかけだが、これは政界に大きな反響を呼び、一月一六日の『読売報知』のトップ記事は「民主戦線全国的に急進展」との見出しを掲げ、「社共歩み寄り有望」など各党の反応から、山川均、荒畑寒村の見解などを伝えている。野坂参三も新聞紙上では二月一三日の『朝日』に「民主主義革命の展開」と題する長文の評論を寄せ、「現存の一切の民主主義諸勢力を結集する民主人民戦線」の結成をよびかけている。これらは戦後日本政治の一つの挿話ではあるが、ここでは立ち入らない。

ただ、天皇制についての野坂の所説を紹介しておくと、その『朝日』の評論で問題は三つあるとして、天皇制、皇室の存廃、現天皇の処遇を挙げ、専制的独裁制度としての天皇制は「無論、即時撤廃」、皇室の存廃は「人民の意思によって決定」、そして現天皇は「**即時退位**」を主張している。

共産党地区の情況報告

野坂参三の帰国談話に続いて一月一七日の『読売報知』は「満鮮同胞に飢餓なし」という記事を掲載して、張家口、長春、奉天（注：瀋陽）、平壌各地の在留邦人の状況を伝えている。これは野坂に同行帰国した三人（梅田昭文、森健、山田一郎）が、前年（一九四五年）九月八日に延安を出発して前記各地を経由して四か月かけて帰国した際の見聞談である。

各地の在留邦人は八路軍、ソ連軍の管理下で安全に暮らしているというのが全体の基調である。張家口では共産軍の進攻を受けて旧日本軍、公使館は邦人を置き去りにしてさっさと逃亡してしまった、とした上で――

「八路軍は現在この邦人たちに対して食糧を配給し技術者にはすゝんで就職を斡旋するといふやり方だから居留民は感謝して全員このまゝ残りたいといってゐる。何故八路軍が日本人をかく遇するかといへば従来八年間も日本軍と戦つたのはたゞ侵略者を憎むからで、この戦争に駆り立てられた人民たちは気の毒なわれらの友だといふ観点からである」

とある。また長春については――

「終戦直後満州国軍が泥棒したり暴行したりで一時不安状態に陥つたさうだが現在は全然なくソ連軍の統治下にあつて整然たるものがある。こゝでも居留民に会つたが一様に軍部に欺かれたといつてゐた。……こゝには開拓団で行つた農民の引揚者が多いので日本人会はこれの救済に主力を注ぎ食糧、医薬をあたへてゐる。……街にはもんぺ服の婦人などが歩いてゐるし日本人専門のキャバレーもあり屋台店も開かれてゐた。小野寺という医師が日本人会長で一生懸命やつてゐた。小学校教育も行はれてゐる。帰国希望者と残留希望者は約半々であり飢餓と寒気に悩むなどといふ噂の流布されるのが不思議でならない」

とある。しかし、これはその後明らかになった実際の状況とは大きな開きがある。語り手自身が話の内容を加減したのか、実際に目に触れたとおりを語ったのかは判断しようがないが、結果として話の内容には党派性がかなり強い。

さらに一月三〇日には『朝日』が二面の四割ほどを割いて、同じく野坂に同行して帰国した日本人解放連盟の四人（岡田文吉、吉積清、佐藤猛夫、香川孝志）に「**中国解放地区の実情**」を語らせている。ここでは四人が解放連盟に参加したいきさつなどは省略して、彼らが語る当時のいわゆる解放地区の実情を再録しておく。おそらくこれが先の簡単な野坂談話を除いて、この種の報告としては戦後初のものだからである。

「本社　中共の辺区政府の実情について

岡田　……辺区政府の下に数県から成つてゐる分区があり、その下に県、さらに郷、鎮（村、町）の行政機関がある。行政機関の長はそれぞれ選挙で、例へば郷長が仕事を熱心にやらぬとか、不適当な点があれば郷民大会を開いて辞めさせるといふやうなこともやる。政策の決定は参議会で行はれるが、その参議員（代議士）には吉積、佐藤両君も選出されてゐた。

本社　それでは選挙の方法と三三制について

吉積　議員の選出は地方の議員と各学校、工場とかいふ特殊な機関からの選挙は別に行はれる。工場のことはそこの労働者が一番よく知つてゐるし、学校のこともその関係者がよく知つてゐるといふ建前からだ。

また選挙に落ちても特殊な人例へば技術者などで参議会に参加して貰つた方がよいと認められる人は代議士となる場合がある。私もこの特殊な者の一人として代議士になつたのだが。

その選出は所謂三三制がとられ、共産党員が三分の一、国民党その他の各党各派が三分の一、無党無派が三分の一といふ制度を設けて、共産党の独裁でなく全人民の意思を代表するやうにしてある。無党無派といふのは、どの政党にも入つてゐない例へば普通の農民のことだ。

そして共産党員が仮に過半数選出されたとすると、得票の下の者から順に三分の一にまで減らし、党以外の者を以つて補充する方法がとられてゐる。選挙の方法は立候補者が自己の政見を述べるだけでなく、選ぶ者自身が集つて討論会をやり誰がいゝかを議論する。あの人はどういふ長所があるが、かういふ欠点もある、誰はどうだといふ風に。

香川　……選挙の一箇月まへから立候補者の肖像画を街にはり出し、街頭の選挙演説やパンフレットなどの文書宣伝をやり、選挙場でも立候補者が二十分間、応援弁士が十分間の演説をしたが、われわれは延安の抗日政府を支持すること、そして日本軍隊に働きかけ、帝国主義戦争を廃絶させるんだといふ意味を述べて人気を博したやうだつた。

本社　三三制は参議会だけか

岡田　三三制は議員の数だけでなく辺区政府から郷、鎮の末端にいたるまで政府の機関は共産党、その他の政党、無党無派が大体同じ比率でポストをふり分けて一党独裁を避けている。

本社　辺区の政策について

香川　先づ**土地政策**についていふと中共が最初に延安にやつて来た一九三五年から六年にかけては瑞金政府でやつてゐたやうな土地革命をやり、地主の土地を無償没収してゐたが、抗日戦線結成後はこれをやめて地主の利益も擁護し、地主であつても中共の政策を支持するならば、身分を保障して重要な地位にもつけるといふ風にやつてゐる。
　但し全般を貫く政策は貧農をなくするといふことで小作料も一割五分から二割までといふ軽いものだし、貧農には次第に土地を与えて中農程度の生活に引上げる政策をとつてゐる。土地を与へるといつても未耕地を開拓させることで耕作面積を増すことが出来るし、農具や人手の足りないところでは共同耕作を奨励して非常に巧く行つてゐる。

吉積　要するにあらゆる階層の生活者を向上させ生産力の向上をはかるといふことが主眼で、その間の調和をはかりつゝ貧富の懸隔を少くしようといふのだから、共産主義といへば持つている物を何でも取り上げるといふ観念は間違ひだ。……

本社　合作社は――

岡田　全般的に言つて中国の農村の発展段階は非常に立ち遅れてゐるが、それに対応した共産主義的政策をやらうといふのが今の中共の目標だ。だから中共は資本主義そのものを頭から否定するといふ公式主義的立場を取つてゐないばかりでなく、今の段階では封建主義経済を脱け切るため資本主義経済への発展過程を承認するといふ立場をとつてゐるといへると思ふ。……

本社　中共の首脳者についての感想を

香川　毛沢東主席も朱徳中共軍総司令も一、二回工農学校に来て講義をしてくれましたが、毛沢東氏は如何にも物柔かな感じの、どんな人にでも頭の低い丁寧な人で、いつも紺の綿服を着てゐる。
街頭演説もよく聴きましたが、その調子は獅子吼とか大雄弁とかいふ感じではなく、どんな百姓がきいてもよく判り、納得し共鳴するやうな演説で、われわれのやうな中国語のわからない者でもその親しみのこもつた調子に聞きほれるのですから、これが真の雄弁家かも知れない。
吉積　朱徳氏となるとこれはまた本当の田舎の好々爺といつた感じで、戦術家だとか、将軍だとかいふ感じはどうしても起らない。
岡田　日本の官僚や軍閥の様に威厳を保つたり、民衆をおどかして得意になつたりするのとは大きな違ひだ。中共の首脳部は実際に民衆に親しまれてゐる。
本社　共産軍の実情について
佐藤　……私のゐた山西省東南部の或る兵器工場は一日に小銃二挺といふ小規模なものだつたが、しかも日本軍との戦闘に威力を発揮したのは民衆の協力によるゲリラ戦法であつたし、日本軍からの鹵獲兵器で武装することが出来たからだ。私は前線で八路軍がソ連製の兵器を持つてゐるのを見たことがないが、優秀な兵器は殆ど日本軍からの鹵獲品で菊の紋章の入つた小銃は実に沢山使用してゐた。……
　うらやましいと思つたのは兵隊と将校との関係で、昇進は実力本位だから若い連隊長、旅団長も出来るが、部下に威厳を加へるといふやうなこと殊にビンタなど私的制裁は全くなかつた。また師団から小隊に至るまで政治委員がゐて党の政治委員は部隊長と同格で作戦に責任を持ち党と軍は一体となつてゐた。……」

やや長い引用になったが、この座談会は共産党統治地区の状況が知らされた嚆矢であり、ここに語られている事柄、民主的な政治、共産主義イデオロギーにとらわれない経済政策、素朴な指導者像、中共軍の強さの秘密などはこの時期の中国共産党観を形成するのに大いに影響したと思われるからである。
もっとも野坂参三をはじめとするこうした帰国者の現地報告は反感も呼び起こしたようで、『毎日』の投書欄では奇妙な応酬が行われた。五月一五日に陳雲階という在日中国人が「一中国人より」として――

「かりそめにも敵なるわが中国に走り、日本を敗戦に導くことに力を注いだ人達が果して真の日本人なのか。反逆者、売国奴、鉄面皮、我々から見ても一応さう眺められる。それが真の愛国者だ、デモクラシーの第一人者なりと時局に便乗して、英雄的進出を企図してゐる。敗戦まで必勝を堅持した軍人の方が立派だ」

と投書した。そして四日後、五月一九日付同欄はこの陳氏の投書に対する三人の日本人の投書を掲載し、末尾に――

「(陳氏に対する賛成二十九通、反対十二通、純然たる批判二通がきました。本問題に関するものはこれで打ち切ります。係り)」

という但し書きを加えて、論争を打ち切った。

三　中国女性からの声、政治家、国民は

鄧穎超

戦後間もないこの時期、日中間には言論のやり取りはなかったが、たまたま中国の著名な三人の女性からの寄稿が新聞に載った。それぞれ立場の違う鄧穎超、謝冰心、宋美齢である。

まず一九四六年五月一日の『読売新聞』(この日から『読売報知』は『読売新聞』に題号を変更、以下、『読売』)には、「中国共産党の周恩来副主席夫人、鄧穎超の日本婦人へのメッセージ」が載った。

[重慶特電(INS特約)卅日発]「日本婦人が参政権をわがものとしたのはファシズムにたいする世界的勝利の結果であり、ほうはいたる民主主義の潮流によるものである。特に日本の場合これはファシストの敗北と民主主義への人民の熱烈な努力の結果によるものであつた。ところが総選挙には婦人の有権者は男子よりも多かつたにも拘らず、結果はファシスト反動勢力にとつて絶対有利な情勢となつたのには、私はがつかりさせられてしまつた(注：この年四月一〇日の総選挙で保守系の自由党、進歩党が多数を占めたことを指す)。これは日本婦人が一票を投じたのにも拘らず彼女らにとつて有利などんな結果ももたらされる見込みのないことを端的に示してをり、さらにこの選挙に参加した婦人たちがいまなほファシスト反動の勢力下にあることを物語つてゐる。

選挙の結果示されたやうに日本のファシスト勢力は敗戦で打ちのめされたとはいへまだ完全には一掃されてゐな

い。彼らは今でも復活の機会をねらつて悪あがきをつづけてゐる。とくに被選挙者中に多数の戦犯者が存在してゐたことは重大である。

一方、日本の民主主義勢力はまだ微弱であり、今度の総選挙もファシスト反動勢力の支配とその優位性の雰囲気のなかで行はれたため、結果は日本国民および日本民主主義に利益をもたらさないだけでなく、かへつてファシスト反動勢力にその勢力維持の便ぎを与えることになつた。私は日本の婦人が現在日本に発展しつつある民主主義運動に積極的に参加し、民主主義的組織を支持し、当然享受すべき人民の権利をわが物とするために頑強に戦つていくやう切望してやまない。……」

この鄧穎超の発言は中国共産党からの最初の日本、あるいは日本人へのメッセージであるが、その内容はこの年の日本の総選挙の結果についての失望の表明であった。第二次大戦における反ファシスト陣営の勝利は世界の政治地図に地殻変動をもたらしたが、ドイツと並んで敗戦国の筆頭に挙げられるべき日本において、戦後の選挙で東欧諸国のような政治的大変革が起きなかったことがよほど意外であったのではないだろうか。

謝冰心

中国の著名な女流作家、謝冰心は夫の呉文藻が駐日中国代表団第二組長として日本に赴任したのに同行して、一九四五年一一月から東京で暮らすようになった。そして一九四六年一二月九日の『朝日』の学芸欄に「日本の女性へ」と題する一文を寄せた。やや長いので中心部を抜き出す。

「この世界の中で、いちばん力をもっているのは、旋風のような飛行機ではない、巨雷のような大砲でもない、ふかのような戦艦でもない、そのほか一切の残虐な武器でもない。それは飛行機や大砲の背後にあって、これを駆使し操縦する血あり、肉あり、感性をもち、知性をもつ人間である。

機械は知をもたない。人間は愛をもっている。そして人間をはじめ一切の生物の愛の起点は、母親の愛である。『母親』が、空に満つる火焔を見、地に満つる瓦礫を見、山に谷に満つる枯骨残骸を見、街に村に満つる哀れな子供たちを見るとき、彼女のめぐみ深いまなざしは、電光のごとくひらめくであろう。彼女のあたたかい声は晴朗な天風となるであろう。彼女の正義感は天がけって天空に達し、はげしくきびしい絶叫となるであろう。

なぜだろうか—戦争のあいだじゅういちばんの痛苦を受けたのはほかでもない偉大な女性なのだから。戦争のあいだじゅう、彼女は千辛万苦して愛した夫君を、育てあげた息子を、あのおそろしい戦場に送らせられた。彼女の涙は流れ尽きた。彼女の血はそゝぎ尽きた。戦場の悲惨な地面が、涙を血を、吸いつくしたのである。……　全人類の母親、全世界の女性、いまこそ起ちあがろう。

私たちは過去のあやまちを、いいかげんにごまかすことはできない。また私たちの責任をのがれることはできない。私たちを信じてくれる子供たちが、頭をあげて私たちの教示をもとめるとき、私たちはなにものをも恐れない精神をもって、子供たちに告げねばならない。—戦争は不道徳である。……

私たちは手をたずさえて起ちあがろう。私たちは、私たちの天真純潔な子供たちを導いて、満目荒涼たる瓦礫場と化した東方アジアの地に、明るく豊かな街々、村々を築きあげよう。海原を越えて同情と愛の情感が、海風のように永遠にやわらかく吹き交う日のために。（須田訳）」

宋美齢

宋美齢は周知の蒋介石夫人。日本の社会党代議士、加藤シヅエが出した手紙に返書を寄せ、それが一九四六年一二月一七日の『朝日』に載った。見出しは「手を取り合って献身――宋美齢女史より温い忠言」である。

「親愛なる加藤夫人へ

私はあなたのお手紙を拝見し戦争に対するあなたの御気持をわからせていたゞいて大へんうれしく思います。私はそれが世界全体の利益に反するという理由で、自己の政府の政策が擁護出来ないということが、だん〳〵わかって来たため、極めて苦しい立場に置かれた人々が、どの国にもいるということを知っています。その結果、伝統的愛国主義と本来の正義感との間に闘争が起ります。

今日の世界が直面している戦争のもたらした混乱と不安から回復するという大きな仕事は、その目的を達成するために、全世界の婦人の健全な、そして献身的な奉仕をいまほど必要としている時はありません。中国の女性はこの骨は折れるが、名誉ある仕事において貴国の同じ考えの女性と喜んで手をとりあつて行きたいと思っています。

なお私は新生活運動の婦人諮問委員会に、中国における婦人達のいろ〳〵の活動に関する資料を送るよう依頼しておきました。宋美齢」

この時期、外国人の文章が新聞に載るのはけっして多くはない。中国人の寄稿がすべて女性であったというのは、偶然にしても興味深い。テーマも平和、男女同権と共通している。

蒋介石に感謝を

それでは日本の政治家はこの時期、中国について何か発言したか。

一九四六年七月二九日の衆議院予算総会で進歩党の犬養健代議士と、この年五月に幣原内閣の後を受けて内閣を組織した吉田茂首相との間で興味深いやり取りが行われた。翌日の七月三〇日『朝日』の報道を引用する。

「二十九日の衆院予算総会で犬養健氏（進）は

終戦当時蒋介石主席が中国々民に対し、百八十万の在華邦人の取扱ひについて〝暴をもって暴に報ゆべからず〟との声明を発し、これによって幾多の惨事を避け得たことはそのよって来るところ深く、誠に四千年の中国文化が、この声明に結実したもので、寛容と信義に現れた中国々民文化の栄誉であった。わが国の中国九年間における失敗に鑑みて吾人としても深い反省を促されるのであり、中国にあったわが国官民、将兵の家族としても深い感慨があったことと思ふ。わが国は現在国際社会に入らず、わが全国民の蒋主席の声明に対する感謝が必ずしも十分に伝はらぬと思ふが、中国文化と日華永遠の友誼のため、政府は何とかしてわが国民の気持を伝へねばならない

と述べたのに対し、吉田首相は

蒋主席の声明には誠に日本国民上下をあげて感激してをり、また国民政府治下の地域、ことに華中方面から帰還した官民の報告によるも、この声明が単なる声明に終らず着々実行されつつある例も多く、たとへ納得できない措置があったやうな時も国民政府に正式に訴へた場合は、その処理は妥当で適当な方法がとられてをり、在外同胞および政府も誠に感謝してゐるが、何分にもわが国の現状は外交が軌道に乗らず、外交的な交通の途が開けてゐないので、政府声明その他の措置で、心中の感謝を公にする途のないことは遺憾であるが、あらゆる方法を通じて、わが意のあるところを表明する機会を逃さぬやうに努力したい

と**国民的感謝**を表明した」

報道人の罪

この吉田発言を受けて七月三一日の『読売』は「中国人に謝意」という社説を掲げている。この社説は冒頭で南京虐殺

事件を引きながら、そうした「皇軍」の「蛮行」にみずから目隠しをしていた「**報道人の罪**」に言及しているのが異例である。

「敗戦後一年――ポツダム宣言受諾無条件降伏のあの日からすでに満一年にならうとしてゐる時、われわれの眼前には反省の痛烈な材料が提供されてゐる。

東京裁判における南京虐殺事件の証言がそれである。さうしてこれに対比されるものとして、廿九日の予算総会における犬養健氏の質問に対する『蒋主席の声明に国民的謝意を表す』といふ吉田首相の答弁がある。

南京暴行事件は、当時従軍したものならば多かれ少かれその事実を知ってゐるであらう。『聖戦』といひながら侵略戦争を強行し、一時的な『勝利』ののちに行はれたかず〳〵の蛮行を目撃しながら、しかもなほ『皇軍』といひ、そのやうな蛮行が戦争には不可避なものとして、高いヒユーマニテイにみづから目隠しをし、敢て直言し得なかつたわれわれ報道人の罪はけつして軽いものではない。……

南京暴行事件のたゞ一つをとり上げてみても、敗戦後の日本人が何等の集団的、計画的な暴行を受けずに引き揚げられたといふことは、戦争中の中国民衆の対日敵意に想到して、むしろ奇蹟にちかい感じがする。これは、蒋介石主席の中国国民に対する統御力と政治力の偉大さを証するものであり、同時に中国人それ自身が、本質的には平和愛好の伝統をもち、些々たる報復の念は、これを偉大なる目的の前にはたちまちに放棄するといふ襟度をもつ大国民であり得た証拠といはなければならない。

われわれは、南京暴行事件のただ一つだけにも、つぐなひきれぬ罪悪感をもつ。同時に、終戦直後の蒋介石の声明に限りなく深い感謝の念をもたざるを得ない」

この社説は最後に中国に対して国民的な謝意の表明を終戦一年を機として行うよう吉田首相に求めて締めくくりとしている。

『読売』はさらに八月九日の投書欄に「中国へ国民的謝意を捧げん」という新潟県在住、田方姓の復員兵の一文を掲載している。

「▽過日の本紙、中国人に謝意の社説に全面的賛意を表します。私は昭和十九年秋より北支河南省の某地に駐屯し、歴史的な終戦の大詔を同地で拝し、本年四月復員するまで中国人と交り彼等の生活状態を見聞し、われ〳〵の学ぶべき幾多の点を想起致します。

▽あらゆる文化的施設は永年の戦禍のために荒廃し、厖大な土地と豊富な資源大□（不詳）に恵まれながら彼等の生活は窮乏と苦悩そのものなのであります。将来平和国家として大国に伍するの時、隣大国中国なくして、日本は到底立ち得ぬのではないでせうか。特に人口問題、食糧問題等を考へますとき、わが国に対する中国の持つ役割は非常に大きいと思はれます。

▽然るに昨今中国に対して一向に顧られぬのは何としたことでありませう。いまやわれ〳〵は中国に対する今までの考へをイッテキし、最も真剣に中国を研究し中国を識らねばならぬ時だと思ひます。そして戦時中われ〳〵の一部のものが犯した罪過と、終戦後受けたる数々の恩顧に対し国民的謝意を表示し、隣国のよしみを積極的に求めなければならぬと思ひます。

▽それに対する具体策として優れた医療団を組織して広く戦禍を受けし地域を巡回施療する等方法はいくらもあると思ひます。どうぞ当局と心ある士の御一考をのぞみます」（全文）

この投書者が言うように、一九四六年当時、新聞紙上に中国に関する記事はけして多くはなかった。海外からの引揚者はもとより、無事国内で戦争を生き抜いたものも戦後の混乱、窮乏の中で日々の暮らしを維持することに追われていたし、紙面に多く登場したのは戦後の混乱を描くいわゆる社会ネタ、そして占領行政、総選挙、東京裁判に関するニュースなどであった。

しかし、数少ない中国関係の記事を通してはっきり感じとれるのは、敗戦直後のショックから目覚め、戦争のもたらしたものをありのままに目にした結果、中国に対しても敗戦直後にくらべて素直に「悪いことをした」と認める空気が支配的になったということである。もとより歴史的に形成されてきたそれまでの中国観が根こそぎ一変したといえないことは、前出の「中国少女より」の投書にも明らかだが、新聞社がそうした投書を紙面に掲載したこと、吉田首相が中国に「国民的謝意を」と抵抗なく表明したことに、空気の変化は現れている。

四　内戦を見る目

政治協商会議

一九四六年一月に一応の停戦協定が結ばれたとはいえ、中国国内の国共対立は解消するどころかますます激化していった。停戦協定を受けて一月、重慶で**政治協商会議**が開かれ、国民党八人、共産党七人、民主同盟九人、青年党五人、無党派九人の計三十八人の代表が参加した。形の上では国民党もそれまでの一党独裁から連合政府樹立へ一歩を踏み出したかに見えたが、共産党との対立の根本は一向に解消に向かわなかった。

国民党は共産党の軍隊を解散させて、自分の統制下に置こうとし、また抗日戦中に共産党が日本軍占領下の各地に打ち立てた地方権力、いわゆる**解放区政府**を認めまいとした。党内では右派が台頭し、共産党以外の民主人士に対しても暗殺など圧力を強めた。

これに対して共産党は、まず国民党が連合政府の樹立に応ずべしとするとともに、この年の五月四日（五四運動の記念日）には**土地改革に関する**「**五四指示**」を発し、支配地域（解放区）において日本軍への協力者や悪質地主の土地を没収する方針を打ち出した。広範な農民を結集して、権力基盤を強化するためである。

このような両党であったから、米国の斡旋に対しても互いにさまざまな条件を出して相手を非難し、表向き交渉に応ずる構えをとりつつ、内戦への準備を進めるという状況であった。

こうした事態の進行に『朝日』『読売』両紙はひたすら平和を願い続ける。

『朝日』一九四六年七月七日社説――

「国共が妥協し、中国に和平統一が実現することは、中国の全民衆の熱望してゐるところである。日本はいま中国の政情について、積極的な希望や意見を述べる自由はないけれど、国共両者がともに自党本位の駆引をやめ、全民衆の輿望に応へるやうにして貰ひたいことは、これが日本の再建、民主戦線の結成にも深い関係を持つ意味から最小限の希望として、表現してもよいことゝ思ふ」

『朝日』七月一五日社説――

「われ〳〵としては、中国の民衆とひとしく、国共両党の首脳者が、この際、力を協せて困難を打開し、一刻も速かに国共妥協から中国の民主的統一を実現することを望むものである」

『朝日』七月二九日社説――

「一部の外電は国共の内戦は避けえられぬ情勢にあるとも伝へてゐるが、仮りにその見透しが正しいとすれば国共両軍は内戦により何を期待するのであらうか。江西省の瑞金にソヴェート区が出来て以来昭和十一年の西安事件まで国民党軍が共産軍討伐のため、いかに無駄をなしたか。内戦より得るものは恐らく何ものもないであらう」

『読売』七月三日社説――

「敗戦国日本は、いま隣邦中国のかうした混乱とその解決について発言する資格はない。しかし世界平和のために、中国の内戦が一日も早く停止せられ、その民主国家建設と長い□□（不詳）の疲弊した国民経済の復興が緒につくことを顧念するがゆゑに、今後のなりゆきに重大な関心を払はざるを得ない」

『読売』七月一八日社説――

（米のスチュアート新駐華大使任命について）「おそらく中国においてもスチュアート大使の登場は、各界の熱烈なる拍手を浴びてゐることゝ思はれる。同時に、わが国においてもわれわれの民主化への多難なる途が、いかに中国の和平統一民主化と深いつながりを持つかに想到する時、スチユアート博士の駐華大使としての登場に大きな期待を抱かざるを得ないのである。……マーシヤル特使によつて地均しされた中国統一への道が、スチユアート大使によつて民主的舗装を施され、その道が日本民主化につづくものであらむことを希望するのもゆゑなしとしないであらう」

両紙の社説がひたすら平和を願うことの基礎にあるのは、中国の平和統一が日本の民主化と不可分の関係にあるという認識である。なぜそうなるかについての説明はないが、それだけ自明のこととされていたのであろう。おそらくまだ敗戦直後と言っていいこの時期においては、戦争は専制に、平和は民主に直接結びついていたと考えられる。

米、仲介を放棄

しかし、中国で対立する国共双方はこの時期、すでに平和への期待を放棄していた。

蒋介石はマーシャルに対して日記で次のように憤懣をぶちまけている。

「マーシャルは共産党が発表した『七・七宣言』に強く刺激され、共産党に調停を受け入れさせようとしてもその希望は既にないことを知つた。にもかかわらず、なお共産党に妥協し、絶えずわれわれにたいして圧力をかけ、終始武力無用の主張を堅持し、わが国の存亡を顧みようとしないのは残念である」（七月一三日、本週の反省）

「米国の民族性の天真らんまんさ、理解に苦しむ。マーシヤルのような要人でさえも、共産党に侮辱されながらまだそれを悟つていない。はなはだしきは、米軍が平津（北京・天津）公路上で共産軍の襲撃を受け、その国誉と軍威を大きく損ねながら、なおそれをかえりみなかつた。かえつてわが政府にたいし直接間接、有形無形の圧力をかけてきた。彼はこうすることによつてのみ、その調停を達することができると考えていたが、共産党とソ連が彼の調

停を決して許しはしないことを知らない」（八月三日、本週の反省）（『蒋介石秘録』下、四五〇～四五一頁）

一方、毛沢東も米記者、アンナ・ルイズ・ストロングとの談話（八月）で、有名な次の言葉を吐いている。

「原子爆弾は、アメリカの反動派が人をおどかすためにつかっている**ハリコの虎**で、見かけはおそろしそうですが、実際にはなにもおそろしいものではありません。もちろん、原子爆弾は一種の大量殺人兵器ですが、しかし、戦争の勝敗を決するのは人民であつて、一つや二つの新兵器ではありません。……

中国の状況についていえば、わたしたちがたよりにしているのは粟《あわ》プラス小銃にすぎませんが、この粟プラス小銃のほうが蒋介石の飛行機プラス戦車よりも強いことを歴史は最後に証明するでしょう」（『毛沢東選集』第四巻、外文出版社、一二五、一二六頁）

対岸からの平和への願いもむなしく、八月一〇日、米マーシャル特使とスチュアート大使は南京で「国共双方が全中国を通ずる全面的停戦協定を妥結することは不可能と見られる」との共同声明を発表して、仲介を断念する。『朝日』はこれを伝えた［南京十日ＡＰ＝共同］電を八月一二日付け紙面の一面トップに置き、この記事に八百字ほどの比較的長い「注」をつけている。その結論部分――

「しかしながらこの声明で国共関係の全面的衝突への発展を予想するのは早計で、むしろ満洲、山西、中原地区等における局部的国共妥協への動きを注目すべきであり、マーシャル特使とスチュアート大使の今後の斡旋も大いに期待がかけられるところで、中国の和平統一に対する全国的要望の線に沿つて国共関係は新しい段階に入つたものといふべきであらう」

さらに翌日の八月一三日の社説「米特使の声明と国共問題」――

「……共同声明が右にしるしたやうな米華両国の雰囲気のうちに発表されたとすれば『国共妥協が現状では不可能である』としても、米国が調停から手を引くと解することは、早計であると見なければならない。むしろ米国としては、現在までの軍事方面よりの調停に努力して来た段階に、一応の区切りをつけ、今後は憲法国会の成果に期待するといふ第二段階に入つたものと解釈すべきである」

ここで言う「米華両国の雰囲気」とは、これより前、七月七日に共産党が「国民党が内戦を継続することができるのは、全く米国反動派の軍事干渉によるものだ」として、米軍の撤退を要求する「**七七宣言**」を発表し、それを受けて米国内にも撤兵を求める主張が出始めたことを言っているのだが、同紙のあくまで平和の可能性に期待をつなぐ姿勢には驚かされる。しかし、さすがにその可能性は大きくないことを自認するように、社説の最後はこう締めくくられている。

「国共首脳部が妥協に熱意を持ち、輿論がまた内戦に反対し、妥協の実現を熱望している現状において、何らかの打開の道が見出されないものだらうか」

しかし、夏から秋にかけて国民党軍は江蘇、安徽両省の解放区、東北地区、さらに共産党の本拠地、延安に向って大規模な攻勢に出て、内戦は本格化する。

奇妙なことに『読売』は八月一〇日の両大使声明を無視したが、国民党の攻勢が激化しつつあった九月二三日に「国共交渉停頓と内戦の拡大」と題する社説を掲げ、情勢は国民党に有利に展開しつつあるとした上で、やはり平和解決を願っている――

「最近中国本土および満洲を視察したデイリー・ヘラルドのヘッセル・テイルトマン氏は、南京の消息通は何れも戦闘による消耗作用によつてのみ最後の決断が得られるだらうといふ峻烈な結論を下してゐたと述べてゐる。南京の空気がこのやうであるとすれば内戦は当分続くものと見なければならないが、消耗作用によつても容易に決断が得られないことは国共闘争廿年の歴史が証明してゐる。米英の論者も一致して武力によつて問題は解決されないと指摘してゐる現在、吾人はこの政治上の争いが政治的に解決されることを切に祈らざるを得ない」

第二章　内戦はどう伝えられたか

一九四六年〜一九四七年

一　間接取材の限界

内戦突入

申し合わせたように、なんとか内戦は避けてほしいという論陣を張った日本各紙の希望もむなしく、中国は一九四六年後半から**全面的内戦**に彩られる。具体的には七月一二日、約五十万の国民党政府軍が江蘇、安徽両省に共産党が根をはった解放区に向かって攻撃を開始し、また八月二日には共産党の中央根拠地が置かれた延安に対して国民党機が空爆を行ったのが、全面内戦へののろしであった。

この戦いは三年余り続いて、最後は共産党軍が台湾を除く全土をほぼ制圧、中華人民共和国を建国して一応終了する。しかし、一九四六年夏の段階での両勢力の比率は、共産党側の資料によれば、**国民党軍は総兵力四三〇万人、統治人口三億人以上**を擁して、すべての大都市と大部分の鉄道線をおさえていたのに対し、**共産党軍は兵力一二七万人、統治人口は一億あまり**にすぎなかったし（『中国人民解放軍六十年大事記』軍事科学出版社、三六七頁）、装備の面でも米国の援助を受けていた国民党軍が圧倒的に優れていたから、三年後の結果を見通すことは極めて困難であった。

したがって、この時期の報道ぶりを結果から見てあれこれ批判することは無意味であるが、内戦の節目となる時期にそれがどのように把握されていたかを見ておくことは無駄ではあるまい。特に節目となる出来事が意識されていたかどうか、またそれがどのように伝えられたかを見てゆくことにする。

この時期、日本人による直接の中国取材は全く不可能であり、情報はすべて外国（当事国の中国と第三国）のメディアに頼っていたわけで、そのことによるバイアスを考慮しておくことも、この時期に続く新中国建国とその直後に起こった朝鮮戦争という激動期を見る上での必要な前提条件であると思われる。

内戦は大きく三つの時期に分けられる。

第一段階は、一九四六年夏から四七年九月までのほぼ一年余。この時期は国民党が優位を生かして共産党軍およびその根拠地に攻勢をかけた段階である。

第二段階は、一九四七年九月から四八年九月までの一年。共産党軍が反攻に移り、秋季攻勢、冬季攻勢をかけて各所で国民党軍を破り、各地の地方都市を奪取、解放区を広げた段階である。

第三段階は、一九四八年九月から中華人民共和国の建国まで。共産党軍が遼瀋戦役、准海戦役、平津戦役のいわゆる三大戦役をあいついで発動して、国民党軍を追い詰め、最終的勝利を獲得した段階である。

まずこの間の中国報道の量的な流れを、ひとつの目安として朝日新聞（東京）の縮刷版で見ておくことにする。「中国」に分類されている記事総数を一九四六年から四九年までの各年を上半期と下半期に分けて数えると、以下のようになる。

一九四六年	上半期	二九八本	一か月あたり	約五〇本
	下半期	三五八本	一か月あたり	約六〇本
一九四七年	上半期	二四四本	一か月あたり	約四〇本
	下半期	一七〇本	一か月あたり	約二八本
一九四八年	上半期	一七八本	一か月あたり	約三〇本
	下半期	二八五本	一か月あたり	約四七本

一九四九年　上半期　　七五六本　　一か月あたり　約一二六本
　　　　　　下半期　　五〇六本　　一か月あたり　約八四本

一九四六年上半期は和平か内戦かをめぐる国共両党の動きがニュースの中心であり、それがいよいよ内戦となって、下半期には記事総数は増える。しかし、一九四七年、四八年の二年間は目だって本数が減る。一九四八年下半期に増加に転じるが、この年は共産党軍の優勢が顕著になった一二月に至って一気に一か月一二一本と急増したからである。その前の七月から一一月までの五か月は月平均約三三本と低調が続く。しかも、この間の記事はベタあるいはそれに近いものが多く、トップを飾るような記事はほとんど見当たらない。

つまり内戦の始まりから二年半ほどは、断片的にその動きは伝えられてはいたが、前述のように日本人記者による直接取材が不可能であったという制約に加えて、あるいはそれだからこそとも言えるが、一般読者が全体状況を把握できるほどには情報量は多くなかった。中国の内戦は日本人の視界からしばらく遠ざかり、一九四八年末に様相を変えて再登場したのである。

見えない実情

内戦は一九四六年七月中旬から本格化するが、その情勢を受けて八月一〇日、米マーシャル特使とスチュアート大使は南京で「全国的な停戦協定の妥結は不可能」との共同声明を発表した。これに対しても日本の各紙はなお平和解決の可能性に望みを託していたことは、前述したとおりである。

それでは全面内戦の開始は日本ではいつごろ現実のものとして意識されたのであろうか。これがじつははっきりしない。米の調停放棄によって、すでに全面内戦が現実となったのであるが、国共両陣営とも開戦責任を相手に負わせるために、折に触れて停戦提案とか和平条件とかを打ち上げたのを、日本では現地の情勢を肌で感じられないままに、現実的な意味のあるものと受け取ったという事情があったものと考えられる。

一九四六年八月二一日の『朝日』は「中共、一億の民衆に　総動員令を下す　隴海線（注：江蘇省の連雲港から当時は西の陝西省・潼関に至る鉄道）を挟み情勢緊迫」との見出しで［南京十九日発UP＝共同］電を三段で掲載した。

「中共の張家口放送は十九日夜、**中共地区一億三千万民衆**に対し国府軍の攻勢に対抗するため総動員せよとの指令を発した。これは十八年間の国共抗争においても最初の公然たる宣戦であり、中共にとっても一九三一年以来二度目の総動員令として注目される。総動員令は中共地区全域にわたり防空措置や兵員補充のみならず、食糧製造工業の総動員をも含んでゐる」

そして在南京中共スポークスマンの「**中共軍は正規軍百二十万、非正規軍二百余万**を有してゐる」という談話がついている。

その下には「断固一掃の決意」という見出しで国府側の白崇禧国防部長の談話も［南京十九日発AP＝共同］で掲載されている。

「中共は内戦開始のため総動員を下令したが、これは中共軍が過去半年間すでに行つてきたことを公にしたにすぎない。……内戦が拡大しても南京上海の防衛にはなんら心配はない。最も危険な地区は、中共が十万の正規部隊を集結してゐる隴海線沿線であるが、国府軍は同地区の中共軍を早急に一掃する予定である」

そしてこの後、『朝日』には「中国　全面内戦へ　国府、承徳作戦の火ぶた」（八月二九日）、「延安を包囲　胡宗南軍出動」（九月一七日）、「国府の損害廿万　中国内戦大規模に展開」（九月二四日）、「中共　カルガン（注：張家口）放棄」（一〇月一三日）、「重大な内戦危機へ　中共ゲリラ戦展開」（一〇月一四日）……と、戦火の拡大を告げるニュースが相次ぐ一方で、「国共新妥協案　十日間の停戦」（一〇月九日）、「中共　停戦案を蹴る」（一〇月一〇日）、「中国の和平に全力蒋主席演説」（一〇月一四日）……と、あるいは停戦、和平の道へ進むかと思わせる動きも伝えられていた。

この一〇月の停戦への動きは、国民党が一一月に開催を予定していた憲法制定のための**国民大会**へ共産党を出席させようと、停戦を呼びかけたもので、一〇月一一日の『毎日』は「中共、抗戦をやめよ」の見出しで、蒋介石のラジオ放送をかなり詳しく伝えている（[南京九日発中央社＝共同]）。

「現在の中国は不幸にして国内の擾乱未だやまず、国家に和平なく、社会の安定なく、生活もまた保障されないことは誠にわれ〳〵の関心事である。……政府は今日の問題に対しては政治的方法によつて解決する方針を堅持し、一ケ年来忍耐を重ねて衝突を回避して来た。政治協商会議を招集したのもこの趣旨にも基くものであつた。政府は国内の変乱が如何に紛乱を極めようとも、決して和平解決の希望を放棄するものではない。……このためには中共が軍事行動を停止することが必要である。中共が軍事行動を停止すれば国府は直ちに停戦令を発するであらう」

これを受けて一〇月二〇日の『毎日』は［北平十八日中央社＝共同］で、蒋演説に対して共産党側が延安放送を通じて流した声明の要旨を掲載した。

「中共（ママ）は抗日戦争の終結以来蒋国民党総裁と合作して国内の和平と民主化を実現するため再三の譲歩を惜しまなかつた。即ち昨年八月の浙江ほか五省からの撤兵以来六回にわたり譲歩してきたが、蒋介石は五項の理不尽な要求を提出し一切の交渉を完全に無効にしてしまつた。中共はそこでさらに第七次譲歩を行ひ、停戦を保証する条件の下に国府改組非公式五人委員会に出席を認めた。これも国府に拒絶され、九月下旬国府軍はカルガンの攻撃を開始した。……

中共はこゝに最後にして最大の譲歩を表示して特に重ねて次のことを要求する。

今日以後一切の会談にして真実の結果を得んと欲するならば必ずまづ停戦、政協両協定の神聖なる効力を承認せねばならぬ。これは即ち一月十三日の国共両党の軍事的位置を一切の軍事交渉の基準とし一月卅一日の政協会議の実行を一切の政治的交渉の準則とすることである」

双方ともに自分のほうがより譲歩しているのだからと相手に譲歩を求めていることが分かるやりとりである。国民党側は停戦令を発する前提としてまず共産党が停戦することを要求し、共産党側は時計の針を一月に引き戻して、国民党にその後の攻勢によって得た地歩を放棄せよと迫っている。ともに相手が呑めないことを言い合っているわけだから、実のある結果が生まれようがないことは、今見れば自明のことのように思えるが、現地の情況を直接に知りえないためであろうか、『朝日』一〇月二七日の解説の見出しは「国共和平　底流は水と油か」と判断は控えめである。

対照的に現地にいる米国人記者の見方は判断の当否は別として歯切れがいい。国民党が共産党の華北における勢力の中心、張家口（カルガン）を奪い取った後の展望をUPの記者はこう書く。

『毎日』一〇月二二日［上海特電（二六日）ウォルター・ランドルフUP総局長発］「カルガンの陥落により中国本部における中共の所謂『解放地区』は今や問題にならぬほどの狭小なポケット地区となつてしまひ、目前に迫る国府軍の進撃に対しては甚だしく弱化したやうだ。カルガンが比較的容易に占領できたとは、国府部内の強硬派――中共地区を絶滅し中共自体を民主同盟や青年党と同じやうな武力を持たぬ少数党にしてしまへと主張してゐる連中――にいよいよ自信を持たせやうとしてゐるやうだ。これら強硬派の連中は共産主義の哲学が大衆の一部に受け入れられてゐるといふ事実は別として、むしろ軍事的勝利によつて大衆の広汎な支持を得たやうだ。さて中国本部から中共の主力が追ひ払はれたならば、次は満洲がアジヤにおける左右両派の主戦場となるであらう。……」

内戦下の各地

不自由な条件下で一九四六年一〇月二八日の『毎日』は一面トップに「内戦に悶える中国の都市」を特集した。これは

「華字紙の報道を総合した」ものだが、「**戦火に怯える民衆　物価日々に昂騰　全国民〝和平〟を待望**」との見出しで、中国六都市の近況を伝えている。情報の乏しさを補う好企画であると同時に間接取材の限界をも示している。各都市のさわりを紹介しておく――

「南京　物価は鰻のぼりで物価高による生活難を反映してゐるが、これを尻目に最近ダンスホールが開かれ豪勢に賑はつてゐる。……学都南京には今や新学年を迎へようとして各地から受験生が約二万集つてゐるが、……一日千元もかゝる学校食堂で押し合ひへし合ひして入学見込みの少い試験を待つてゐる。

青島　事変発生によつて萌芽期にあつた青島の民間工業は根こそぎにやられてしまつたために工業の復興は容易でなく、現在操業してゐるのは僅かに中粉会社にしかすぎない。商業界もインフレで物資がまだ出廻らぬために全くさびれてゐる。

北平　日本軍がゐた当時より今ではかへつて戦争気分が漲つてをり、城内及び郊外各所にトーチカが点々と散見される。そして国民政府軍を満載した自動車が毎日郊外に向つて走つてゐる。また城内では米国海兵隊のジープが市街を巡邏してゐる。そして民衆は『物価昂騰』『激戦』『略奪』等のニュースに連日脅かされてゐる。老壮年人達は『以前と違ふのは日本人が見当たらなくなつたこと、大小便で街中が汚なくなつたこと、物価が日に日に昂騰してゐることだ』といつてゐる。空には毎日飛行機が飛んでゐる。

承徳　承徳の面影は凄惨だ。城内には夜になると人影一つ見当らない。街頭には中国共産軍が撤退する時残していつた標語がベタ〳〵貼られてゐる。承徳は元来貧しい都市であつたが、現在はさらに貧困となつた。中共の晋冀察辺区券（紙幣）は国府軍入城と共に使用を禁じられ、満洲紙幣が流通してゐる。内戦の結果民衆は非常な災害を多け（ママ）、街頭には着る衣服もない沢山の戦災児がうろうろしてゐる。

カルガン（張家口）国府軍とともにカルガンに入城したUPのパッカード特派員は戦禍のカルガンを次のやうに報

じてゐる。

カルガンは国府軍の空爆と撤退直前に行つた中共軍の破壊により廃墟と化した。人口十八万のうち約五万は中共軍とともに撤退した。最もひどく破壊されたのは停車場及びその近傍地区である。附近の建築物は踏みにじられマッチ箱のやうに壊された上、焼かれ粉々にされてゐる。また一市民の言によると二日間の激しい空爆の後、中共軍が残つた鉄道建物を破壊した。その後中共軍撤退直前の十月九日、十日の両日も国府軍が空爆を行つた。そしてこの空爆による市民の死者二千名にのぼるといはれてゐる。……

重慶　重慶から南京へ国民政府が遷都を開始してからもう半年になるが、運輸機関の不足で南京行の人々を容易に運べぬため重慶の人口はまだ百万を数てゐる。そしてまだ南京へ帰れぬ約廿万の官公吏たちは無聊と生活苦にさいなまれてゐる。最近まで閑人で賑はつてゐた郊外の歌楽山、南泉、北泉等は郊外に戒厳令が布かれたためすつかりさびれてゐる。そして連日、軍警の巡邏、通行人の検査、戸別調査が行はれ、国府軍部隊が郊外に移駐した」

二　国民大会・憲法制定・総統選挙

国民大会開催強行

前節で見たように全国各地はすでに戦闘の舞台となっていたが、国共双方が表向きはともに和平を標榜していたのは、国民党が「戦後一年以内に国民大会を開催して、憲法を制定する」という一九四四年一一月の党十二中全会の決定を、共産党はじめ民主同盟など各政党参加の上で実行し、あらためて国民党統治の正統性を確立しようとし、一方、共産党は一九四六年一月の政協会議に出席した以上、和平を壊した責任を押し付けられるのを避けようとしたからである。

国民党は一九四六年一一月以降、翌四七年から翌々四八年にかけて、**国民大会**の開催、**憲法制定**、**総統選挙**を共産党不参加のまま実行してゆく。とはいえ、この動きはその後の中国大陸の政治世界にはなんの影響ももたらさず、わずかに内戦に破れた国民党が台湾に逃れて日本が放棄した台湾を中華民国の領土として支配するのにいくぶんの根拠を与えただけであった。

しかし、それは内戦で国民党が敗れたからで、内戦の帰趨が不明、というより国民党有利と見られた当時においては、日本の各紙はその成り行きを注目していた。やや遡ったところから、動きを追っておくと――

一九四六年一一月一〇日『毎日』「蒋介石、停戦を発令」［南京八日発AP＝共同］「蒋介石主席は麾下各軍隊にたいし『十一日正午を期し、現在位置を防衛する以外の一切の軍事行動を停止すべし』と命令を発した旨八日発表した。この停戦令は蒋主席が八日正午国民大会代表と会見した後に発せられたもので、中共の国民大会不参加の口実を排除しようとする意図に基くものと見られる」

この頃、国民党軍は延安を中心とする共産党の陜甘寧辺区に対する包囲攻撃を強めており、この停戦令がどれほどの実効性をもったのかは不明である。しかし、記事にあるように共産党に門を開いた形で国民大会を開くためには軍事行動停止は必要な手順であった。

一一月一六日『読売』は一面トップに「中国　国民大会開く」を挙げた――

［南京十五日発中央社至急報］（共同）「国民大会は予定通り十五日午前十時開会された」

一一月一六日『朝日』「国民大会を強行　中共側はつひに不参加」［上海十五日発UP=共同］「憲法制定の国民大会は過去十一年間六回にわたる延期ののち十五日午前十時つひに予定通り開催された。しかし、中共代表周恩来氏は董必武氏以下数名の交渉委員を残して、大部分の中共代表は数日中に延安に引揚げると声明した。……十五日の開会式に出席した代表は二千五十名の定員中千四百十八名である。なほ会期は三週間の予定で、憲法採択後六ケ月以内に普通選挙による第二回国民大会代表の選挙が行はれることになつてゐる」

そして両紙とも本記に続けて、蒋介石の次の挨拶（中央社電）を載せている。

「各地から参集した各代表諸子が三民主義および五権憲法の精神に則つて国家根本の大憲（『朝日』は「大権」と表記）を制定されるものと確信する。憲法の制定は数十年にわたる革命奮闘の最終目的であり、またこれによつて安楽富強の自由民主国家が建設されるのであつて各代表諸子が精々（『朝日』は「精誠」と表記）団結して奮励されんことを希望する」

問題は国民党による国民大会の強行開催を各紙はどう見たか、である。これによって内戦は激化するという現地の見方を一応そのまま受け止めながらも、それぞれになお内戦回避の可能性を求める姿勢は変わらない。

一面トップで大会開催を伝えた一一月一六日『読売』は記事に続けて「分裂の危機に直面」というタイトルで、国民党の蒋介石、陳誠、共産党側の毛沢東、朱徳の四人の顔写真入りの解説を載せている。

この解説はまず「中国は国民党治下と中共治下の二大勢力圏にはつきり二分される決定的な危機に突入した」という共産党側の言を引きつつ、華北においては国民党の胡宗南、閻錫山軍によって延安が解放区から切り離され、危機に陥っていること、また満洲では逆に林彪指揮下の共産軍の攻勢が活発であることなどを、AP、UP、INS電などで説明する。そして、これまでの両党の交渉がどの点で打開できなかったかを述べた後、最後をこう締めくくる――

「しかしながらこれをもつて直ちにわれわれは中国の民主化と統一のコースが絶望的な破局に陥ったと考ふべきではないであらう。内戦停止を要望する国内民論と中国の平和統一を願ふ米ソ両国、それに米使節に期待されるこんごの斡旋の努力―これらによつてなんらかの窮局打開の道が拓かれるであらうことを期待すべきであらう」

一一月一七日の「国民大会と中共の立場」と題する『朝日』社説――

「この国民大会の機会に、期待された国共妥協が実現せず、かへつて、内戦拡大の方向に向つて動き出したことは、中国に関心をよせるものを、深く失望させるものがある。中国に、今までありがちな、政治交渉のやり方からみて、国共の関係がぷつつり切れてしまつたと結論を下すことは、まだ早すぎる」

この社説はそこで「政局が今日のやうな分裂の危機にたち至つたことについて、中共側においても、いはゆる政策の行きすぎといふものがなかつたであらうか」と問いかけ、第二次大戦後、共産党がいち早く満洲に進出したことが国民党を刺激したのではないか、また国民党の軍事力をどう見ているのか、分裂が決定的になれば、戦時中から掲げてきた「新民主主義革命」の目標がそれてしまうではないか、と共産党側に分裂の原因を指摘し、自制を求めている。これもまた当否は別として独自の見方を打ち出した点は当時では珍しい。しかし、この社説も末尾では傍観者を自覚してこうなる――

「〝米国とソ連との橋渡しになるやうに〟は、終戦後、米国から中国によせられた期待であつた。民主化された、強い中国の出現は、世界政治の立場からも、極東の立場からも強く要望されてゐる。敗戦日本の立場からみても、同じであつて、われ〳〵は中国政局の推移に深い関心を寄せてゐるのである」

一一月一八日の「国共分裂の危機」と題する『毎日』の社説はこう書き出す——

「国民大会が中共の反対をおしきつて開かれたので国共両党は決裂しそうな情勢となつた。……しかし、中国の情勢は表面の動きだのみでは勿論判断されない。国府が大会を強引に開いたのは、武力解決を期したものともとれない。むしろ最悪の場合、武力解決もやむをえないという態勢をとることによつて、話を促進させようとしたものとみるべきであらう。さうでなければ国府の立場も説明がつくまいし、また事実大会を延期することが問題の解決とはならなかつたのである、したがつて大会を機会に各地で武力抗争の拡大が予想されるけれども、両党の本当のねらいは依然政治戦に重点がおかれると見て間違いあるまい」

国民党による共産党を排除しての国民大会の強行開催について、現地からの報道がこぞって内戦の激化、本格化必至と見るのに対して、日本各紙がそれでもなおその現実を受け入れない立場に固執しているのは、いささか奇妙である。自らの戦争末期、戦局がどんなに不利となっても、あくまで建前上、態勢挽回の可能性を紙面に書き続けた惰性が、戦後はすべてを平和にという方向で働いているのでないかといった想像さえ起こさせる。

さて、国民大会は予定通り憲法を採択して、一九四六年一二月二五日閉幕する。一二月二七日『読売』はそれを写真つきで報じた。

［南京特電（ＩＮＳ）廿六日発］「廿五日の国民大会で一切の人民と種族にたいして平等を保証する中国の民主的憲法が可決され過去廿年にわたる国民党による一党専制はこれによつて終止符をうたれた。歴史的なこの憲法は一九四七年の元日に公布され一九四六年十二月廿五日から実施されるが六週間にわたる大会の討議は憲法草案にたいし重要な修正を加えておらず、さる一月の政治協商会議で起草された草案の大綱はそのまま可決された」

この記事では、採択された憲法が共産党も参加して一九四六年一月に開かれた政治協商会議で起草された草案に重要な修正が加えられなかったことが指摘されているが、その意味は次のようなことである――

国民党はすでに創立者の孫文の考えに基づいてまとめたとする憲法草案を二〇年以上前の一九二五年五月五日に発表していた。これは「**五・五憲法草案**」と呼ばれるが、その内容は総統が軍の統率権および行政権の大部分を掌握し、また地方省長は中央政府が任命するという中央集権的色彩の強いものであった。

一九四六年一月の政治協商会議はそれを大幅に修正した。米国式二院制議会制度を採用し、総統は国家元首として、その地位は米大統領と英国王の中間的なものと想定され、地方省長は民選とするという内容である。これには国民党内の右派が強く反発していたが、結局、一一月共産党抜きの国民大会でも一月の政治協商会議の修正が維持されたのである。

一九四六年一二月二八日『朝日』社説「中国新憲法の成立」はそこに大きな意味を見出し、次のように述べる――

「新憲法は、本年一月の政治協商会議で決定された草案が、ほとんど無修正で通過したもので、国民党的な色合いの濃かった五・五憲法とは、非常に異ったものとなった。草案審議の際、国民党右派の代表が、種々策動して、一時は国民党の勢力を保存するため大修正を加えるような情勢になったが、世論の反対、蒋介石主席や第三党代表の反対があって、これを食いとめえたのは、中国のため、誠によろこばしいことゝいわねばならない。何となれば、新憲法が政治協商会議の線を守りえたゝめに、将来なお国共関係の調整の余地を残しえたからである」

ところが、同日の『朝日』紙面では、この社説のすぐ下に「新憲法下の中国……国共の和解はむつかしい　満洲は中共の『前衛』」という見出しの［サンフランシスコ特電二十七日発＝AP特約］が載っている。これは「APのホワイト記者は中国の憲法問題について次のように解説している」というもので、以下のような見通しを明らかにしている。

「（憲法が）実施されるまでには、いろんなことが起るであろう、現在の内戦が来年のクリスマスまでに解決されるとはだれも想像しえないからだ。……（連立政府への参加を中共が拒絶する理由が少なくなつたと言われてゐるが）

しかし中共は恐らくこれを拒絶するであらう。延安からの報道によると中共は今回政治局を拡大して満洲から三人の委員を新たに加えている。このことは延安が、満洲をその前衛として、他日のために育てようとしていることを意味するようである。強固な前衛をつくることは、中共と国府の和解をいっそう困難にするであろう。そしてこのことこそ、国府が中共の不参加のまゝ新憲法を通過させたことにたいする延安からの最初の回答である」

ここでも米人記者の自信にあふれた書きっぷりが際立つ。

三　延安陥落

「赤都」に迫る危機

新憲法は一九四七年元日に公布され、約一年後の同年（一九四七年）一二月二五日に施行された。それに基づいて一九四八年四月、蔣介石が中華民国総統に選出されるが、それまでにはなお時日があるので、ふたたび戦況に目を向けることにする。

一九四七年の年明け早々、国民党側は延安に和平使節を派遣することを決めるが、共産党側はその受け入れを拒否。前年（一九四六年）秋、国民大会開会を受けて南京を離れた周恩来に続いて、残っていた南京の中共代表部員も三月には延安に引き揚げてしまう。米国のマーシャル特使は一月八日に帰国、米国務省は一月末、**国共調停を打ち切り**、三月初め、在延安の米軍連絡部の撤収を発表する。

結局、国民大会を開催して、憲法を制定、公布と既定路線を推し進めた国民党の強行策は国共間の糸をはっきり切断することとなった。そして一九四八年三月、かねて包囲網をめぐらせていた延安に対して、国民党は本格的な攻勢に出る。

国民党軍が延安に迫っていることは、国民大会開会前後の一九四六年一一月下旬にはすでに日本の新聞紙面にも登場していた。一九四六年一一月二七日の『読売』は「延安攻撃を開始」という以下の短文の記事を掲載した。

［南京特電（ＩＮＳ）廿六日発］　「南京の中共側情報によれば国府軍は廿五日延安にたいし南方から小規模な攻撃

を開始した一方中共軍は国府軍が確保してゐた山西省大同附近の重要拠点数ケ所を奪回した。なほ蒋主席は延安攻撃のため兵力を動員中といはれる」（全文）

『読売』はこの記事に「中国内乱への口火〝アジアの嵐〟呼ぶか延安攻略戦」と題する一〇八行（一五〇〇字以上）もの、当時では珍しい長文の解説を地図つきで掲載している。

「中国の赤い首都、世界最大の規模を持つパルチザン部隊の本部—延安の攻防戦は果たして実現されるだらうか」と書き出すこの解説は、攻める国民党軍についての資料を共産党側の延安放送に求めている。それによると、第一戦区の胡宗南軍約四万の兵力が延安の東南側百マイル以内の三か所に半月形に布陣し、西北方の寧夏側からは回教徒軍約三個師団が百五十マイルに迫り、さらに青海、甘粛両省の軍隊は蘭州付近で待機、このほか南方から空輸された部隊が延安北方の楡林に進出して、背後を脅かし、総兵力は十万ないし十五万に上る。

「かくして国府軍は四周から中共陝甘寧辺区をじり押しに圧迫」している、と言う。

一方、守る延安側の情況については、同地に滞在中のAPロデリック記者の報告で次のように伝える——

「中共は一度復員した農村青年を再召集し、婦人手榴弾部隊まで編成するといふ悲壮ぶりで延安城内ですでに八千名の青年が防衛軍に参加し、辺区防衛軍は卅万に達してゐるといふ。また籠城と長期遊撃戦にそなへて食糧の貯蔵もはじまり延安市内の病院、学校などの公共機関は強制疎開され、老人子供は山中へ逃避してゐるので城内はも抜けのカラになつてゐる」（『読売』一一月二七日）

そこでこの解説（K記者との署名あり）は勝敗の行方をどう見たか——

「国府軍の主力は機械化部隊でこの地理的条件（注：山岳地帯）にいちじるしく活動を制限されてゐることは想像にかたくないところだ。そのうへ一九二七年から続いた内戦で体験した中共の対国府軍ゲリラ戦法は抗日戦でさらに鍛へあげられてゐるし、民衆獲得の政治戦は国府軍より数日の長がある」（『読売』一一月二七日）

「延安は中共にとつてかけがへのない首都だ。もし国府が本格的な攻撃を始めれば中共は防衛戦に最後の一兵となるまで戦ふだらうし同時に満洲、本土の全勢力圏で正規、不正規軍、民兵などの全兵力を蜂起させて総反攻に出るであらう。さうなれば完全な内乱だ。われ〳〵は重ねて延安攻略戦の実現をなほ一□（不詳）の疑問符とせざるをえない」（『読売』一一月二七日）

現実の戦局はどう推移したか。

一九四七年の年初においては、東北（満洲）、華北、山東、蘇北などで衝突が起こり、とくに山東省では激戦が伝えられたが、延安方面での大きな動きは見られなかった。

戦機が動くのは、一月下旬に国民党側の和平提案なるものを共産党側が拒絶し、三月初めには重慶、南京、上海にあった共産党事務所を国府が閉鎖、共産党の代表団員全員が引き上げ、蔣介石が「妥協の道を放棄、中共を屈服させようと重大決意をした」（三月四日上海発AP）後である。

現代版「空城の計」

一九四七年三月一〇日、国民党軍いよいよ延安進攻作戦開始。しかし、『読売』K記者が予測したような「中共は防衛戦に最後の一兵まで戦ふだろう」という事態は起きなかった。共産党は「かけがへのない首都」と見られていた延安を放棄して、撤退してしまったのである。

一九四七年三月一八日『朝日』［北平十六日発AFP］「国府軍の延安進攻作戦は空陸両面から進められているが、このほど延安から最後の引揚を終つた米軍連絡将校ジョン・シェルス大佐は、中共はすでに延安から完全に撤退を終つたと、十六日次のように伝えた。

中共は十年間の首都延安から完全に撤退を終った。撤退は二月から開始されたが、撤退先は延安からほど遠くない中部陝西の一小村で、こゝは中共にとつて強力な拠点となつている。毛沢東、朱徳、周恩来などの幹部たちはじめ幾人かの中共委員はすでに避難先にいるが、延安市内の商人はもとより、延安近郊の農民たちまで一切がつさい持てるだけの品物をかつぎ出し、これらの物資を乗せたロバの隊列は延安から新しい避難地まで数珠つなぎに続いた。学校、病院、大学もすでに延安から撤退した。延安に残つてゐる外人は、わずか米、英、ソ人の医師十三名となつた。中共の延安撤退は組織的に行われ、士気はおとろえていない」

諸葛孔明の「空城の計」は、敵を城中におびきよせるふりをして、却って敵に警戒心を持たせて、攻撃を思いとどまらせたのであったが、共産党は文字通り空城で国民党軍を迎えたのであった。まさに「敵進めば、我退く」の毛沢東の遊撃戦術である。

延安陥落の公式発表は三月二〇日。『朝日』は三月二一日の一面トップでそれを報じた——

［南京特電二十日発＝AP特約］「国民政府は国府軍が十九日午前十時延安に突入したと公式発表した。発表には延安攻略の詳報はないが、国府軍の先遣隊が延安に突入した後に市街を掃討して占領、賀龍将軍がひきいる延安防衛軍は延安と黄河の間の山岳地帯に敗退したものと推測している。延安撤退にさいし中共軍は飛行場を破壊し、数ケ月前米軍連絡将校から譲りうけたトラック六台、武器輸送車、ジープなども破壊したものと思われる。国府軍は西安から二百マイルの強行軍をつゞけて延安に突入したのだが、延安市内にはおそらく少数の農民を発見したのみだろう。……今後中共司令部がどこに移るかは不明だが、おそらく毛沢東をはじめ中共幹部は満洲のハルビン北方に新しい赤都を建設するため再びロングマーチを試みなければならないだろう」

「詳報はない」まま、一方では「市街を掃討」と言い、一方では「少数の農民を発見したのみだろう」とも述べて、原稿は混乱しているが、実際はどうだったのか。

国民党軍は三月一九日、延安に無血入城したのである。ところが、入城した胡宗南部隊の董剣という第一軍長は西安へ次のような第一電を打ったと言う――

「わが軍は七昼夜の激戦の後、十九日の朝第一旅が延安を占領し、敵五万余を捕虜とした。獲得した武器は無数で、目下調査中」

三月一九日の南京での公式発表に詳報がなかったということは、この電報に国民党軍首脳も疑念を持ったのかもしれない。そして電報の嘘は現地ではすぐにばれた。しかし、「激戦の末に延安陥落」との報に沸いた南京の国民党政府は上海、南京の記者団が「戦績参観」に行くことに同意した。そのため現地の国民党軍では自軍の兵士を捕虜に仕立てたり、味方の武器を捕獲兵器として陳列したりとおおわらわだったというエピソードが伝えられている。（森下修一編『国共内戦史』三州書房、四四四頁）

その時の記者たちの「参観報告」が日本の紙面にも転載されていないかと探したが、見当たらなかった。

さて、この延安陥落はどのように日本では受け取られたか。引用した三月二一日の『朝日』は記事本記に続けて「中共に精神的打撃　中心を漸次満洲に移すか」という解説を掲載している――

「赤都延安はついに国府軍の手に落ちた。一九三五年瑞金からここに中共の総本山が移されてから十二年、不落をほこつた中共の党、軍、政の本城も期待されたような抵抗をみることもなく案外アッサリと明け渡された。延安陥落の意義にかんし十九日のフランス通信上海電は

戦略的には単に中共のいつもの退避戦術であり、経済的にも陝北の不毛の地帯を失うにすぎない。陝甘寧辺区政府の所在地を放棄したことも、他の九辺区政府が残っていることからみればそう大きな打撃とはいわれない。しかしなんといっても延安の陥落は世界の驚異であり、蒋介石氏の名声を高めると同時に深刻な精神的打撃を中共に与えることになろうと報じている。中共が瑞金から首都をここに移して以来、新民主主義政治のヒナ型として、粒々

辛苦して築き上げた陝甘寧辺区の中枢が国府軍にふみにじられたことはなんといっても中共にとって大打撃であり、世界的に反共勢力を力づけることはいなめない」

そしてこの解説は共産党の次の本拠地については、AP電が伝えたように「満洲方面」が選ばれるだろうとつけ加えている。

翌日の三月二二日、『読売』は「延安の陥落」という社説を掲げた。

「さきに張家口を国府軍に奪われ、今また団結の中心延安を失うことは中共及び中共支持者にとって大きな精神的打撃であり、軍事、政治両方向の統制拡張工作にも大きな支障を来すことは否定されないであらう」

と、故意か偶然か、『朝日』と同じ「精神的打撃」という言葉を使い――

「中共の行き方から見て今後ゲリラ戦に全力をあげ、徹底的な破壊戦術に出ることは予想に難くない。……われ〱は新日本建設、東洋平和の上からもこれが最悪の事態に進展せぬことを切望せざるを得ない」

と、前年来の希望を繰り返している。

この延安占領が国民党側を大いに勇気付けたことは間違いなく、陳誠参謀総長は三月二〇日、「三か月で中共崩壊」とする談話を発表した。

〔南京二十日発UPI＝共同〕「今や軍事行動以外国共間の対立を解決する方法がないと確信する。国府軍は中共軍主力を三ケ月以内で崩壊し、その後小部分で掃討戦が続くとしてもそう長くは続かない。現在国府軍の戦略は鉄道打通作戦ではなく中共軍主力を撃滅するにある」（『朝日』三月二一日）

『毎日』も三月二二日に『読売』と同じタイトルの社説「延安の陥落」を載せたが、それはこの陳誠談話を引きつつ――

「中共軍の強みも弱みも、知りつくしている陳将軍である。国軍の威力と、優れた装備とによって中共軍主力に関する限り、おそらく短期間にけ散らすであろう」

としながらも、続けて――

「ただ、重要なのは共産軍得意のゲリラ戦である。ゲリラ戦は本質的に政治戦だ。……問題なのはこれを可能ならしめた中共のよってたつ政治的、社会的基盤である」

と、単純に軍事面だけでなく中国社会に目を向けるべしと説いていることは注目していい。

それでは当の共産党は「延安陥落」をどう受け止めていたか。毛沢東は一九四七年四月に二つの文章を書いている。まず四月九日の「通達」は戦局についてこう述べている。

「国民党は、瀕死の状態にあるその支配を持ちなおすために、にせ国民大会の招集、にせ憲法の制定、南京、上海、重慶などに駐在するわが党の代表機関の追放、国共決裂の宣言などの措置をとったばかりでなく、わが党中央と人民解放軍総司令部の所在地である延安および陝西・甘粛・寧夏辺区を攻撃するという措置をとった。

国民党がこれらの措置をとったことは、いささかも国民党支配の強さをしめすものではなく、国民党支配の危機が異常に深まっていることをしめすものである」（『毛沢東選集』第四巻、一六九〜一七〇頁）

そして延安を明け渡しても、党中央と軍総司令部は引き続き「陝西・甘粛・寧夏辺区に止まらなければならない」とし、その理由として「ここは地勢がけわしく、大衆の条件がよく機動できる範囲が広いので、安全が完全に保障されている」ことを挙げている。

四月一五日の「西北戦場の作戦について」という一文は具体的な戦術を指示している。

「わが方の方針は、引き続きこれまでの方法をとり、いまの地区でなお一定期間（約一ヵ月）敵をあしらうことであって、その目的は、敵を極度の疲労と食糧の欠乏においこんでから、機会をとらえてこれを殲滅することにある。……こうしたやりかたを『まつわり』戦術と呼ぶのであって、どこまでもまつわりついて敵を精魂ともにつきはてさせてから消滅するのである」（『毛沢東選集』第四巻、一七四頁）

ここで「まつわり」戦術と訳されている毛沢東の元の言葉は「蘑戦術」、直訳すれば「きのこ戦術」である。相手に寄生して、消耗させて倒すという意味である。

それはともかく、十年余にわたって根拠地としてきた延安を明け渡すことにはそれ相応の感慨がなかったはずはないが、外部で観測したように根拠地を捨てて満洲にロングマーチするなどとは全く考えていなかったことは確かだろう。あくまでゲリラ戦術の一環としての延安撤退であった。

その後の経過はここにあるように共産党中央は陝北各地を移動しながら戦いを続け、翌一九四八年四月には国民党軍から延安を奪回するのである。

錯綜する予測

共産党は延安を明け渡した後、東北、華北で攻勢を強める。一九四七年五月初めには山西省都太原が危地に陥って、国民党軍は防衛に戦闘機を投入する事態となり、五月中下旬には東北の長春、吉林、四平街、瀋陽で激戦が伝えられる。

しかし、この段階では勝敗の行方は見定めがたく、紙面にはさまざまな見方が登場する。

一九四七年五月八日『朝日』「中共、赤色回廊に脅威　注目される国府の危機克服」という解説の結論は――

「このように外電は中国情勢の複雑を伝えているが、しかし、国府軍がなお絶対優勢な兵力をもつていることは周知のことであり、中共を屈服させるために国府が今後どんな戦略に出るか、また軍事力の背景になる政治力の強化、経済危機の克服にどういう方策をとるかゞ今後の動向のカギとなるものと見られる」

と、国民党側の最終的勝利を前提としている。

その国民党はこの年（一九四七年）初め以来、内戦による経済の疲弊がもたらした激しいインフレに悩まされ、五月には上海、北平（北京）では広汎な学生ストで、社会不安が増し、一時的に戒厳令が施行されるに至る。

そんな中、国民党政府の崩壊を予測する発言も登場する。

『朝日』五月二七日〔南京廿五日発ロイター＝共同〕「民主同盟のスポークスマン羅隆基博士は二十五日、南京でもしアメリカが援助を続けなければ、蒋介石主席の**国民政府は崩壊**するであろうと予言して各方面の注目をひいている。アメリカが物資補給を続け軍隊の訓練、技術的助言その他の面からの援助を強化しなければ、危機に直面した国民政府を支えることは出来ない。蒋主席はその政治生活中最大の危機に直面している」

またどちらにも「**決定的勝利なし**」とする観測も――

『朝日』五月三〇日〔南京にてスペンサー・ムーサ特派員発＝AP特約〕「……満洲における国府軍の不利な立場が影響して、南京では国共両軍いずれも最後の決定的勝利を得ることは出来ないという印象がますます深くなった。……前途を悲観しない中国唯一のグループは中共自身であって、彼らは絶えず軍事的に優勢だと主張し、かつ最後の勝利を確信しているといっている。延安の陥落というような過去の失敗にもかかわらずこの確信はなかなか固い。……南京情報を総合した結論は、少なくとも一九四七年中には、一、蒋介石政権は倒れない　二、決定的経済崩壊はない　三、内戦では国共いずれの側にも決定的勝利はない　ということである。一九四八年度の中国情勢の動きは別問題だが、おそらく現在では予言者のみが答えることができよう」

第三章　内戦の外と内　一九四七年〜一九四八年

一　トルーマン宣言

東西冷戦始まる

一九四七年は中国の内外で中国はもとより戦後世界全体に大きな影響を与える出来事があった。それらと中国の内戦とはどのような関連で報道されたかをここで見ておきたい。

その出来事の一つはこの年三月一二日、米トルーマン大統領が行った一般教書演説である。そこでトルーマンは英国に代わってギリシアおよびトルコ防衛を引き受けることを宣言した。これは全体主義に対して自由主義を防衛することを内外に明らかにして、**東西冷戦**を顕在化させるものであった。

日独伊三国を枢軸とするファシズム勢力に対して米英仏とソ連が手を携えて戦った第二次大戦の構図に、米英仏とソ連が対立するという新たな冷戦の構図がとって代わり、それがこの後四十年以上にわたって世界を支配することになる。それは中国の国共内戦にも、たんに中国国内の支配権をめぐる争いにとどまらない新しい意味を付与した。

このトルーマン演説が日本に報じられたのは一九四七年三月一四日。『毎日』が一面トップに「**米大統領重大外交方針闡明**」と横見出しを掲げ、「共産侵略に対抗し　独立と自由を守る　希・土（ギリシア・トルコ）へ借款　軍顧問も派遣」と縦見出しをつけて、「ワシントン特電（UP）一二日発」で内容を詳しく掲載した。しかし、この段階では中国への言及はない。

『毎日』は翌日の三月一五日、「ワシントン一三日発AP＝共同」の「米国の対外援助政策拡大」という解説記事で、米国の援助対象としてギリシア、トルコに続いてハンガリーと朝鮮を挙げ、「さらに中国およびイタリヤにも拡大されようとの観測が有力である」と中国への影響を初めて取り上げた。次いで三月一七日『毎日』「ワシントン一五日発ロイター＝共同」電は、米紙『アーミー・アンド・ネーヴィ・ジャーナル』三月一五日の報道として、トルーマン大統領が計画している対外援助計画の配分は「ギリシャおよびトルコ四億ドル、中国五億ドル、朝鮮二億ドル、オーストリヤ一億五千五百万ドル、バルカン諸国二億ドル、独四億七千五百万ドル」と、中国への援助が最大規模になるとの見通しを伝えた。

『朝日』も三月一八日のコラム「新世界録音」でこの演説を取り上げ――

「端的にいえば、今回のトルーマン演説は米国の反共世界政策の宣言である。……米国が世界の指導者たる実力を持っている以上、この宣言は世界各国の政治闘争に波を立たせることは否定できず、武装せる共産党をもつ中国にたいする影響は特に深刻であろう」

と書いた。

一週間後の三月二五日『朝日』コラム「新世界録音」は中国の内戦をテーマとして――

「十九日のAP電はブリュースター上院議員の談話として『米国がギリシアで共産主義をけとばしながら、中国で彼らにキスする』わけがないこと、そしてこゝ二週間以内に米国の対華政策が転換し、国府をより強力に支持するだろうことを報じた。このことは蒋主席が二十一日国民党首脳者にたいし、米国の対華財政援助に確信を持っていることを言明し、懸案の五億ドル借款成立を暗示したとの南京AP電と相通ずるものであろう」

と、トルーマン演説が米国をそれまでの調停者の立場から国民党に肩入れする立場へ転換させるであろうことを予測している。

冷戦と国民党

こうした情勢変化を受けてのことと思われるが、国民党は一九四七年三月二五日、おりからの三中全会の閉会にあたって、「中共の反乱」に最後まで戦うという「**反共宣言**」を発すると共に、ソ連に対しても大連から物資、産業施設を撤去、持ち去ることをやめるよう要求する決議を採択して、共産主義との対決姿勢を強調するようになった。

とはいえ、トルーマン宣言によって、米国の対国民党援助がおいそれと急増したわけではない。手のつけられないインフレ、政権の腐敗、社会不安などが援助をためらわせた。

米はトルーマン宣言に続けて一九四七年六月五日、**欧州復興援助計画**（マーシャル・プラン）を明らかにするが、六月二二日の『読売』は「国府・苦境に立つ」という［南京廿日ミルクズＡＰ特派員発］（共同）電を載せた。

「援助を必要とする国々を助けようとするマーシャル計画を中国に適用する問題については外交界には賛成者はほとんど見当らない。……米国が中国にたいし武器貸与法を延長し軍用品の補充を行っても、それは現在の中国軍事指導者の政策下では政治問題の解決にはならないだろう。軍事援助もまた一時的な療法にすぎない。中国問題は中国自らが解決せねばならないという以外にこれを速かに解決するような方法はない」

この後の事実関係を追うと、米トルーマン大統領は欧州におけるマーシャル・プランと符節を合わせるように、七月に特使として第二次大戦中に在華米軍司令官そして国民政府軍の参謀長を兼務したウェデマイヤー将軍を中国、朝鮮に派遣して、両国の現状を調査させ、その報告に基づいて一〇月には、在華米軍事顧問団の拡充と借款供与（その額は三年間で十三億ドル程度）が研究されていると報じられた（『毎日』一〇月二六日［南京特電（ＵＰ）廿五日発］）。

『毎日』一一月二日社説「米の新対華政策と国共戦」は国共内戦が国際化したことに懸念を表明する――

「ウェデマイヤー特使の報告も中国に軍事財政援助を与えることを勧告したものと信ぜられる。……しかも、世論から察せられるのはそれがマーシャル案の極東への拡大ということである。極東政策が世界政策の一環として実行されるのは当然であり、そうすると、米がいよいよ極東においても積極的に共産主義防止の手を打つことを意味する。これが進行中の国共戦にどう作用するかは極めて重大である」

この社説の結論はこうである。

「ただ、はっきりしているのは米の援助が具体化する場合、内戦を激化させるのは本意でなく、そのねらいの民主統一におかれていることである。新政策に対する極東各国の期待もここにあるわけである」

「米の本意は内戦激化でなく、中国の民主統一である」と、この社説は言い切ったが、その八日後の一一月一〇日、米マーシャル国務長官は議会上下両院外交委員会の合同部会で欧州の重大危機に対する緊急援助を力説すると同時に、「対華政策に関しても久しい沈黙を破り、中国援助に関する決定的提案を議会に提出するため目下準備中である」との「重大声明」を行った（『毎日』一一月一二日一面トップ［ワシントン特電（UP）十一日発］）。

その中国に関する部分でマーシャル長官は――

「中国の基本問題は中国政府および中国国民のみが解決しうるものである」

としながらも、米政府の立場をこう闡明《せんめい》する。

「中国の事態はわれわれにとって依然重大関心事である。内戦は拡大し緊張の度を増した。中共軍は武力によって中国の広大な地域を制圧しようとしている。米国および世界列強は国府を唯一の正統政府と認める。……米国は中国の政府と国民にある種の経済的援助と支援を与えねばならない」

もっともマーシャル長官の言明にもかかわらず、この年の一二月に至っても駐華米大使はワシントンの空気をこう語っている。

〔北平特電二十八日発＝ＡＦＰ特約〕「スチュアート駐華米大使は、二十八日燕京大学で『内戦は和平会談や軍事行動では解決されず、〝国際的要素〟いかんにかかっている』と前提してつぎのように語った。米国政府は中国の内戦を国際的要素に基いて解決する計画を準備中で、この計画は来月開かれる議会に提出されるはずである。しかし、この計画は〝他の強国〟の協力を必要とするであろう。米国の対華援助については、ワシントン当局は経済的援助が腐敗官僚に濫用されるのではないかと慎重を期しているようだ」（『朝日』一二月三〇日）

米国は中国に関しては、「他の強国」という言い方でソ連のなんらかの「協力」を得て解決したいという希望を一九四七年末時点ではまだ抱いていたと思われる。

増強された軍事援助

前掲『読売』六月二三日のＡＰ電、そしてこの（『朝日』一二月三〇日）ＡＦＰ電から、中国と直接関わりを持つ米外交界には「援助による中国問題の解決」に懐疑的な見方が強かったことがうかがわれるが、一方、軍部においては中国援助が実質的に強化されていたことが明らかになる。

一九四八年三月一日の『読売』に「米、**対華秘密協定**を公表」という「ワシントン特電（ＩＮＳ）廿八日発」とその前日のＵＰ電が掲載された。

「スチュアート・サイミングトン米空軍長官は廿八日上院歳出委員会でいままで極秘にふされていた米華航空協定の詳細を公表した。右によれば米国は国府にたいし千七十一機の戦闘機はじめ空軍用備品を配給することになっており、すでに九百卅六機は積出しを終っている。まだ中国に引渡されていないのは百卅五機と約一億七千八百万ドルの空軍用備品といわれる」

この記事に続けて順序は逆になるが前前日に発せられた［ワシントン廿七日発UP］（共同）――「米政府当局は廿七日米華間には長い間公表されていない空軍建設援助の取極めがあると前提し次のように語った。この秘密協定による援助が完成すれば国府は重爆撃機一集団、中型爆撃機一集団、戦闘機六集団、輸送機二集団および偵察機一中隊から成る空軍をもつことになる。この協定は終戦前に締結されたものだが中国がスペイン、ユゴ（ママ）、トルコの欧州諸国とほゞ匹敵する空軍を保持出来るようになるまで厳重に秘密にしていたものである。このほか米国は米国および中国で中国人飛行士、技術者を訓練したと言明した。マーシャル国務長官が廿六日議会に対し対華経済援助案の速やかな採択を要請するとともに米国の国府軍事援助はすでに一般に考えられているより遥かに大きいものになつていると語つているが、これは明らかにこの空軍援助協定を指している」

後の記事によって秘密協定の存在が明らかにされたために、翌日、空軍長官が公表に追い込まれた形になっているが、既成事実を明らかにして折から議会で審議中の対外援助法案の審議促進をねらった政府の戦術だった可能性が高い。

こういう動きもあって、結局、米議会上下両院は一九四八年三月末、六十億ドル強の対外援助法案を可決し、四月二日、トルーマン大統領が署名して同法は成立した。このうち中国向けの軍事経済援助は**四億六千三百万ドル**であった。トルーマン宣言から一年余、米政府は世界的な反共政策の一環として中国内戦を位置づけ、国民党への肩入れを明確に打ち出したのである。

二　土地改革

共産党の農村政策

トルーマン宣言とは対照的に、当初は新聞の注意をほとんど惹かなかった共産党による土地改革の実行が一九四七年のもうひとつの出来事である。抗日戦争中は国民党との統一戦線を維持するために、共産党は地主に対しても農地の没収という土地革命でなく、原則として小作料と農民への貸付利子の減額（減租減息）を要求するにとどめていたが、国民党との内戦が激化した一九四七年五月、「**土地改革指令**」を発令して、あらためて内戦開始以来自らの支配地区で実施してきた地主、富農の土地を没収して、貧農へ分配する政策を強化した。

さらに七月から二か月にわたって全国農業会議を開き、九月、「**土地法大綱**」（**全十六条**）を決定した。これは地主の土地所有を廃止して、頭割りによる土地の均分所有を実現し、農村権力を貧農が握るという急進的な政策であった。そのため一部に混乱が生じ、全国解放後の土地改革はより穏健に進められることになるが、土地法大綱の実施は国民党の支持基盤を崩し、農村における共産党の支配力を強めたことは間違いない。

これは内戦の帰趨に大きく影響したが、当時の日本の新聞にはほとんど報道がない。

延安失陥後も共産党は東北、山東省などで攻勢を強め、とくに東北では都市部を抑える国民党軍を農村から包囲する形で孤立させた。このため国民党は一九四七年六月下旬、長春、奉天（瀋陽）以外からは撤兵する方針を打ち出す。

六月二三日『毎日』［南京特電（ＡＦＰ）廿一日発］「蒋主席は廿日の国府委員招待夜夜会の席上、満州その他の情勢に関する国府の方針を次のように述べた。国府は長春、奉天の二都市を確保し、これ以外の全満から撤兵すべきである。かくて兵たん線を縮小し中国本土の共産軍を撃滅しなければならない」

この記事に続けて［満州某基地廿一日新華社＝共同］という記事が載っている。それに「土地革命」が登場する。「東北民主連軍（中共軍）総司令部スポークスマンは廿一日の記者会見で満州における民主連軍勝利の事由を次のように明かにした。一、土地革命で新たに土地を得た農民数万が土地と民主化した生活防衛のために民主連軍に参加したこと」

おそらくこれが「内戦における土地革命」が日本の新聞紙上に現れた最初である。総司令部スポークスマンはこのほか国民党軍から多くの将兵が外国製の武器を持って共産軍に寝返っていることなども挙げている。

これを受けて早速翌六月二四日の『毎日』には「**中共の強み・農民**」という解説が載る——

「中共側の言分によれば『共産軍が強いのは農民の支持があるから』であり、中共にはたしかにその強みがある。中共には広範な農民層の望んでいる政策と宣伝と組織がある。たとえ中共が包囲された場合でも、不在地主の土地を貧農に分配するとか、漢かん（注：奸）の財産を没収して軍費にあてるとか、組織的、合理的な自給態勢を好む時、好む所でできる。これはかつて日本軍が喫した苦杯であり、いわゆる面（地方農村）に立って、点（都市）と線（鉄道）とをひあがらせようという中共得意の戦術である。これに対し、国府軍はいわばかつての日本軍に似た条件に置かれているわけだ」

前年（一九四六年）、共産党支配地区から帰国した日本共産党の野坂参三らから、序章で紹介したように共産党の農業・農村政策が断片的ながら伝えられたが、それによって広大な農村が内戦を戦う共産党軍の支持基盤となっている構図が、この後、日本でも徐々に定着してゆく。

七月四日、国民党政府は「**全国総動員宣言**」を採択して——

七月七日『毎日』「和平建国の国策は政治方式をもつて求めることが出来なくなつた。全力をあげて中共を討滅することはまた建国の最大の障害を除くことである」

と、あらためて決戦を宣言したが、これはトルーマン宣言に応える国民党の行動と受け取られた。

これに対して共産党も七月七日、「日華事変十周年記念日」（『朝日』）にあたっての「七・七宣言」を発表したが、その中に「民主連合政府の樹立」などの項目と並んで——

「土地改革を断固として遂行し、耕者有其田（注：孫文が掲げたスローガン）の原則を実現せよ」（北部陝西七日発新華社＝共同）

という一項が見える。

一一月一〇日『朝日』に〔南京にてティルマン・ダーディン特派員七日発＝ニューヨーク・タイムス特約〕という内戦の戦況を解説する記事が載ったが、その中に——

「中共放送は中共軍が入つたところでは農民の間に土地の再分配がすでにはじまつたといつている。しかし中共が活動している新しい地域が完全に支配できるかどうかは疑問である」

というくだりが見える。これからすると、「土地の再分配」はこの時点ではまだニュースとして扱われていると言っていいだろう。

翌一九四八年に入ると、共産党軍の強さの要因に農村における土地改革があることが広く認識され始める。

一九四八年四月一一日の『読売』は「中国の内戦を解剖」という「解説」を掲載した。「**国府・伝統の底力**」という主見出しの横に「**中共の強味は農民の圧倒的支持**」というサブ見出しを立て、「では中共はなぜ強いか」と書き出した一節の冒頭に「一、土地改革の成功により農民の圧倒的支持を受けていること」を挙げている。

「中共は創業時代から中国革命の本質は農村解放にありとして土地改革を中心とする強□（不詳）な農村対策を実行にうつしてきたが、それが終戦後とくに農民の絶対的な支持を得ることに成功した。これは都市を基盤とする国府軍が消費面をかかえこんでいるのに対し非常な強みとなっており、農民と農村という生産体確保は外国の援助なしでも自給自足を可能にしている。……国府がインフレ対策としていろんな名目の雑税を課しまた現物徴税を強行して民衆の恨みを買っているに対し、中共側は課税は総収入の三割以下に限られている。このような一連の農村対策を決定的ならしめる基本政策が土地改革だ。

　これで解放された土地は満州の廿二万平方キロと中国本土の十二省にまたがる面積（本土の約二割）という広大なものだといわれる。そして完全な無一物から一躍不動産の所有者となつた農民は五百卅万以上といわれているが、これらの農民が土地自衛から進んで中共軍に参加し国府軍と戦うようになつたことは見逃せない」

　だからといって、この記事は共産党の勝利を予測するわけではなく、前述したようにこの直前に米の対華軍事援助が決定したことについて――

「高度の米軍装備を有しながらその補給に悩んでいた国府軍にとっては正に干天の慈雨ともいうべきものがあろう」、「中国の内戦は、中共が満州を、国府は華南をそれ〴〵基地とする建設面の背景をもつ戦闘としてつゞけられて行くものと見なければなるまい」

と書くにとどめている。

三　中国の日本観

中国の賠償要求

これまで本書では日中関係について、戦争直後に新聞紙上に現れた在日中国人から日本人への言葉、あるいは中国で指導的立場にある婦人からの日本へのメッセージなどを紹介したが、当時の中国政府（国民政府）の対日政策といったものを知る材料は蒋介石の「日本の処遇はドイツと同じように」という米UP通信社長の報道（二四頁参照）以外にはなかった。しかし、これも前掲のトルーマン宣言が間接的に影響したと見ていいと思われるが、一九四七年春ごろから日本の戦争賠償問題が米の主導で動きだし、それにともなって中国の対日政策が断片的に伝えられるようになる。

日本の賠償問題は最終的には一九五一年のサンフランシスコ平和条約とその後のフィリピンや南ベトナムなどとの個別協定で終了したが、敗戦時に日本が受諾したポツダム宣言では日本軍国主義の復活を防ぐために、旧軍需工場の生産設備をはじめ鉄鋼、工作機械、造船、火力発電、化学工場などの残存工業設備を賠償物資として連合国に引き渡すことになっていた（注：ポツダム宣言第一一項）。

どの程度の設備を撤去して引き渡すかについて、一九四五年一一月に米から大統領の個人代表、E・W・ポーレーを団長とする賠償使節団が来日して調査にあたり、戦後の日本の工業水準を満洲事変の起った一九三一年当時を基準とすることとして、前記各工業分野の施設のおよそ半分を賠償として撤去すべしという、きびしい「**中間賠償計画案**」をまとめていた。

これに基づいて米政府は一九四七年四月、「中間賠償三〇％即時取立ての緊急暫定指令」を発し、その内訳を中国一五％、フィリピン五％、オランダ五％、英五％とし、翌一九四八年一月に中国向け第一船が出発するのだが、これをめぐるやり取りで、中国政府の対日政策がある程度明らかにされた。

一九四七年五月一一日の『毎日』一面トップに「在日中国賠償委員長」呉半農氏の「中国は日本の生産品から賠償を支払って欲しい」という談話が掲載された。

「中国は対日賠償の一部として直ぐ役に立つ食糧を除くあらゆる物資を必要としている。現在賠償物資として重要なのは衣料、機関車、レールその他現在日本の工場が生産しているものである。賠償の対象となる工場の中では中国は工作機械製作所、造船所、化学工場を受け取りたい。……中国が日本からこうむつた膨大な物質的損害を回復するのは容易ではなく、総司令部の指令によって日本側が提出した資産は九牛の一毛に過ぎない。略奪品のかくされている博物館、図書館、個人のしう集品などの調査も許可してほしい」

これで分かるのは、抗日戦争、内戦と打ち続く戦火で疲弊した中国は経済の急場をしのぐために日本の賠償に大きな期待を寄せていたことである。後の一九五二年に結ばれた「日華平和条約」で国民党政権は対日賠償請求を放棄した。これと一九四五年八月一五日の蒋介石の「暴に報ゆるに暴を以ってするなかれ」という放送を直接結び付けて考える向きがあるが、放送は終戦時の在華日本軍民を日本に帰すにあたっての指示であり、それと賠償問題は別である。

「日華平和条約」における賠償放棄については、後にあらためて検討するが、一九四七年当時の国民政府は請求するものは請求するという態度であった。特にポツダム宣言にある軍需施設の撤去、引渡しだけでなく、日本が現に生産しているものを賠償として要求しているのは、それだけ当時の中国経済が苦境にあったことを示している。

続いて同年の一九四七年五月二二日、国民政府の王世杰外交部長は国民参政会での外交演説で対日政策を次のように述べた。

「中国は日本に報復するつもりはなく日本に侵略政策が再興することを防止する意図があるのみだ。連合軍は既に日本産業施設と同じ（く）日本海空軍の分量についても設定した。日本の在外資産割当についてまだ協定が成立するに至っていないが、米国は中国、英、フィリピン、オランダに対し、日本賠償物資の卅％を割当てそのうち半分は中国に引き渡すことを認めている」（『毎日』五月二四日）

ここに言う「日本海空軍の分量」というのは、残った軍艦、航空機を指し、「在外資産割当」とは敗戦時、日本が海外に保有していた資産も没収されたうえ、賠償として各国に割り当てられることを言う。

そこでこの王外交部長の「日本に報復するつもりはなく、日本に侵略政策が再興することを予防する意図があるのみ」という発言であるが、なにか奥歯に物の挟まったような印象を受ける。じつはこの頃から中国国内では日本の復興の進展を快く思わぬ感情が高まってきていたのである。

対日警戒論

一九四七年五月二八日『毎日』は「中国紙の日本観」と題して、当時の中国の有力紙『大公報』に現れた日本観を特集している。

まず日本の政治について、同紙編集局長の王芸生――

「（四月の総選挙で）社会党が第一党を制しはしたが、全体的には依然として保守派の勝利である、となし、日本国民思想の思い切った切り替えを希望している。日本の社会には軍国主義の陰影が濃く、官僚政治、財閥の蓄財する風習が跡を絶たず、しかも日本人民は依然過去を慕い、権力崇拝、盲従の風がある」

賠償について、趙□□（不詳）氏——

「中国が対日戦で受けた犠牲は史上かってないほどだ。従って中国が比較的多くの賠償を取得することは当然だ」

また、賠償成立後の日本経済を何年の水準におくかについて同紙社説——

「かりにポーレー案によった場合（前出）、日本は五年後には鋼鉄百十万トン、銑鉄九十万トン、苛性ソーダ十三万五千トン、硫安百卅五万トン、水電二百七十六億キロワット時、火電十九億五千万キロワット時の生産力を持ち、硫安と水電は一九三七年の水準を超すことになろう。……今後日本の紡績業や軽工業の発達につれ依然として工業日本、原料中国の日がくるのではないか」

さらに終戦後の日本人の対華認識について王芸生——

「日本には二つの対華感情がある。その一つは中国は独力で日本に勝ったのではないと思いこみ少数の華僑がやみ取引をしていることを憎悪し、技術方面にも日本が勝れていると自負する面である。しかし、日本のインテリの多くは今後、日本は中国の発展と同調して初めて生存し得られると信じており、進歩的な民主分子は中国が和平統一し得れば日本の民主化にも大きな援助となるだろうと信じている。日本人は決して中国を忘れてはいないのだ」

このうち日本人の中にある二面性についての王芸生氏の所論は特段に目新しいものではないが、賠償についての趙氏の発言は言外に敗戦国日本と戦勝国中国は経済面でも戦前戦中時代の立場が逆転するべきであるという前提に立ち、現実がそうなりそうもないことへの苛立ちを示している。

こうした状況に一九四七年六月八日の『毎日』社説「王外交部長の対日声明」はこう述べる——

「日本の復興は中国にとって脅威となる。この考えが民間ばかりでなく政府の一部でも論議され、日本の復興を好ましくないとする動きの根強いことは中国からの報道に見る通りである。もっともこのような対日観は日本に信頼がもてず、その復興が直ちに軍国主義の復活に結ばれているというところからきてゐる。そして、このことはわれわれが今日中国の実体をいかに正しくつかみ、また従来の独善的な対華認識をどれだけ是正したかという日本人の心構えについて強い反省を求めるものと解すべきであろう。が、率直にいうと、そうした対日危惧が一部不確実な根拠や資料に基いていることも想像される。……日本の経済的復興には政治的な信用のともなうことが条件とならない限り脅威となるばかりだとする見解は、恐らく日本の民主革命が完成するまで消滅しないと思われる。われわれは中国問題を考える場合、これをはっきり認識することによってそのありかたも決まってくるであろう」

七月一三日の『読売』はAFP通信の南京特派員に依頼して、中国の対日政策を国民政府の孫科副主席に聞いている。同副主席は賠償要求に加えて、率直に連合国は日本の産業を将来にわたって管理すべしとまで言う。

「中日両国の将来の関係はこんごの諸問題の発展にかゝっているのだが、なかでも賠償は一番重要だ。満州における日本の産業施設はソ連が除去してしまったがこのためにこそ中国は賠償に特別の扱いを受けるよう希望する（孫科副主席はマッカーサー元帥により割当てられたものより多い割当を示唆したのである）。

日本が重工業、化学工業および例えば原子力のような兵器を製造する手段を二度と持たぬようにするため連合国は日本管理を将来もぜひ継続しなければならない」

日本の復興への反発

日本はこの年（一九四七年）八月一五日から対外貿易の再開を許されたが、中国政府もそれに先立って八月一三日、対日貿易品目を決定し、両国間の**貿易関係は復活**した。ちなみにその品目を見ると以下の通りで、『大公報』が危惧した「工業日本、原料中国」の関係がすでに現れている。

「中国の輸入品　　交通通信資材、化学肥料、金属、木材、機械器具原料、化学製品

中国の輸出品　ぶた毛、とう油、うるし、麻、砂糖、タマゴ」（『朝日』八月一五日）

『朝日』は一〇月八日に社説「日華関係とわれわれの反省」を掲げた――

「日本が平和国家として復興することは望ましいが、平和国家の名にもかゝわらず、それが将来再び極東平和の脅威となることは絶対にこれを防止しなければならぬ――中国の日本に対する基本的な態度は、日華民間貿易の再開や対日講和問題にあらわれた世論の動きから推して、ほゞ右のような方向を示しているようである。

まず民間貿易の再開については中国の各経済団体は挙ってこれに反対の姿勢を示した。国府も日本との貿易が中国の経済再建の脅威とならぬよう厳重な統制を加えるという条件をつけて、ともかく再開の運びとなつたのであるが、中国財界の反ぱつは予想外に強く、前途は必ずしも楽観を許さない状況である。……

これら一連の事実からみて、中国官民の間には『日本はまだ〳〵油断ができない』という不信と警戒の感情がなお相当根強く残っていることがうかゞわれるのであるが、これは過去のあらゆる罪過を清算し、平和国家として更生し、心から中国との友好提携を念願しているわれわれとしては、率直にいつて、いさゝか失望を禁じえないのである。

しかし半世紀にも近い間、武力を背景として中国を強圧し、ことに日華事変中日本軍が中国の国民大衆に加えた『筆舌につくし難い残酷』を想起するとき、戦勝国としての中国の日本に対する態度が、たとえ報復的でないにしても、あくまで冷厳であることはむしろ当然であって、生易しいことでこの深刻な対日感情がぬぐい去られようとは思えない。終戦時、蒋主席の『暴に報ゆるに寛容』をもってするという声明や、在華同胞の引揚、復員に示された中国官民の同情だけを見て、親□（不詳）感におぼれ、とかく現実を楽観するような傾向があるとしたら、見当が違う。このような甘い考えはこの際厳に戒めなければならない」

引用が長くなったが、当時の論調を知る上で興味深い。

それでは中国は日本にどの程度の賠償を要求しようと考えていたのか。それを直接示す資料は見当たらないが、一九四七年一一月一日の『読売』に［ワシントン卅日発ＡＰ］（共同）電で、十一か国で構成する極東委員会にフィリピンが日本に対する賠償要求額全体に占める自国の比率と要求額を提出したという記事があり、それによるとフィリピンの要求は総額の一五％、額にして約四二億ドルである。中国の要求は総額の四〇％とされていたから、機械的に計算すれば賠償総額は二八〇億ドル、うち中国は一一二億ドルとなる。

なお、同記事には賠償総額五四〇億ドルという数字も出ており、個別の数字はかなりあやふやであるが、およその見当として、当時の中華民国政府は日本に対して百ないし二百億ドル程度の賠償を払わせたいと考えていたと見ていいのではないか。

日本の賠償は前述したようにサンフランシスコ平和条約の後、フィリピン、南ベトナム（当時）、ビルマ（現在はミャンマー）、インドネシアの四か国（その他の国々は請求を放棄）と個別に賠償協定を結んで解決したが、その総額は一〇億千二百万ドルにとどまった。こういう結果になるについては、米の対日政策が戦争直後の「非軍事化、民主化」路線から、トルーマン宣言以後、「日本経済自立化」路線へ転換したことがあずかって力があった。

一九四八年一月二三日『読売』は一面トップに「**米・対日新政策を声明　速に日本経済自立**」という［ワシントン特電（ＩＮＳ）廿一日発］（共同）を載せた。これは極東委員会のマッコイ米代表が委員会に対して――

「日本占領の基本目的を達成し、日本をして世界経済復興に十分寄与させるような条件をつくってやり、また日本に世界諸国の一員としての地位をあたえねばならないとすれば、合理的な生活水準を持った自立日本を建設するため一そう大きな努力を払わなくてはならないというにある」

という声明を提出したというものである。

『読売』は続けて一月二五日、再び一面トップで「日本の救済復興費に　米陸軍省五億ドルを要求」という［ワシントン廿三日発AP」（共同）電を伝える。内容は日本の自立計画を米が単独でも遂行する決意の現れとして、一九四九会計年度では陸軍省は五億ドルを要求する予定だというものである。記事はこう続く――

「極東委員会のアメリカ以外の連合国代表はアメリカの対日復興計画について言明を避けアメリカの通告内容はそれ〲の本国政府へ伝達されたが、連合国の中にはとくに中国及びフイリピンのように日本産業の復興計画について乗気でない国があることはよく知られているところである。中国及びフイリピン両国とも日本を再びアジアの工場にすることに反対し、この役割を将来自国が受け持ちたいと希望している」

この段階ではもちろん、日本が連合国と賠償を含めて対日政策について直接交渉することはなかった。したがって、この問題で中国が日本に対する米の態度に不満を抱いたとしても、日本とは関わりのないことであるが、内戦に苦しみつつ日本の復興に米が手を貸す様を見るのは、中国にとってはなはだ心穏やかならぬものがあったであろう。

好意的な見方も

もっともこれは政府の次元のことであって、一方では日本に対して好意的な見方も伝えられた。日本滞在中の作家、謝冰心が一九四七年五月、いったん帰国して各地で日本について講演した印象を語ったものである。

『毎日』一九四七年九月二五日「私は今度帰つて南京、上海、北京などで約十回ほど講演をしたが、どこでも日本に対する熱意は大変だつた。私の話は文学の話ではなく日本についてであつたが、大学教授、作家その他の文化人が多くみな新しい眼で日本を見ようとしている。だが中国の代表的文化人□□（不詳、胡適？）先生なども日本に対して好意をもつており、東洋平和の確立はぜひとも中国と日本がヨーロッパにおけるアメリカとイギリスのような歴史的関係に結びつかなければといつている。また私に寄せられた中国各地からの多くの手紙にも日本の人達と手を握り合おうとする息吹きが強く感じられる。……」

一九四七年年八月九日の『読売』は「日本人に与う」という外国人から日本人への言葉を連載する企画に謝爽秋という「上海新聞報」東京特派員を登場させた。謝爽秋は中国人の対日感情が好転しつつあることを述べながらも、新聞記者らしく苦言を呈することも忘れていない。

「私が最近帰国している間に受けた印象では、中国人の対日感情が全般的にみて非常によくなってきている。これを大体二つの点から考察すれば一は日本人全体に対してだが、終戦以来日本国民が民主的になりつゝあることに対してはみな一様に好感を寄せ、現在では日本に対し戦時中のような〝仇恨〟は全然抱いていない。……しかし日本人の一部に対する感情は必ずしもそうではない。中国人は日本における一部旧勢力の復活について非常に注意深く見守っている。

なる程日本人は忍耐強く困苦欠乏に耐え得、勤勉で、服従的でしかも進取の気に富むなど多くの長所をもっているがその反面に非常な短所もある。大体権威というものに対する盲目的な崇拝、民主的、自主的精神の欠如など短所の代表的なものであろう。これは日本の伝統的な教育の結果でもあるがこれがため日本人民はファッショ階級の集権に盲目的に追従して、結局対外侵略に自由に駆使される結果となってしまった。この点から見て現在の日本人民の責任は真の民主精神を十分に発揚し潜在的な反民主勢力の復活を排除することにある。……」

東西冷戦時代によく使われた「日本軍国主義の復活反対」というスローガンは、共産陣営からのものという印象があるが、第二次大戦直後は米中を含む連合国の一致した対日方針であり、日本国民もそれに異議はなかった。

それがいつの間にか対日非難のスローガンと受け取られるようになるのは、東西対立の激化、それに伴う米国の対日政策の変化によって、日本人自身を含めて日本を見る目が変わったからであろう。

第四章　戦局の推移

一九四七年〜一九四八年前半

一　山西から東北へ

太原攻防戦

延安失陥（一九四七年三月）の後、共産党は五月に土地改革指令を発して、その支配地域において地主から土地を取り上げて農民に土地を持たせる政策を実施し、それが共産党軍の戦力の供給源を充実させたことはすでに述べた。

その間、実際の戦局はどう推移したか。共産党軍が山西、河北両省から東北地区にかけて攻勢に出たのに対して、国民党軍はこの年夏以降、山東省で攻勢に出る。

一九四七年五月七日『朝日』〔南京五日発UP＝共同〕「半官筋の報道によれば中共軍はいまや終戦以来最も大胆な軍事行動を開始し、西は山西から東北ハルビンに至る陸上回廊を打開すべく山西、熱河、北満で一せいに猛攻を展開した。……この動きで中共軍がハルビンから通遼、熱河の赤峰、チャハルの多倫を通じて山西に至る回廊を打開せんとしていることが明らかである。そして通遼、赤峰はまだ国府軍の手中にあるとはいえ中共軍は両地間の強力な拠点は全部押えており、しかも中共軍は現在多倫に攻撃を加えているのである。……

中立筋報道は、山西の国府軍は日本敗北以来最大の危機に直面し、首都太原は中共軍の水ももらさぬ包囲で締めつけられていると報じている」

『朝日』は翌五月八日、この記事についての解説を掲載し――

「もし万一太原が中共軍によって陥落するような事態になれば、これまで国府軍が次々に中共側の拠点をおとして来たのと反対に、中共側の逆攻勢が中心都市において成功するという意味で影響は大きい」

と述べた。

その後も『朝日』は五月九日［南京八日発AP］「太原防備に戦闘機出動」、五月一二日［南京十日発AP］「中共軍太原に迫る」と短いながら続報を掲載したが、太原攻防の報道はそこで途絶える。結果的にはこの時は共産党軍も太原占領にはいたらず周辺各県を支配下に収めて攻勢は一段落した。

戦火、東北へ

太原攻防戦に続いて次の主戦場は東北地区に移る。

一九四七年五月二一日『朝日』［南京二十日発UP＝共同］「中共の有力部隊が西、南、北の三方から長春郊外に殺到しているが、中国側報道は強力な国府援軍が近く長春に到着するはずで、国府軍は長春を守りきれるであろうと報じている。中共の一部隊は長春市街北側の一角にとりついたといわれ、また長春飛行場にも進出したが国府軍に撃退された」（全文）

五月二四日『読売』『毎日』［南京特電（AFP）廿二日発］「本日権威筋の報道によれば、中共軍は廿一日満州の首都長春に突入、目下市街戦を展開中である。なお同市周辺にあった国府軍第七十四師は全滅、同師長副師長は自決し、また長春市長は廿日白崇禧（注：当時、張群内閣の政務委員兼国防部長）にたいし完全な包囲下にある同市で戦死を覚悟している旨打電したといわれる」（全文）

この後、断続的に東北の戦況が伝えられる。

「瀋陽で国共会戦か」(四月二五日南京発AP『朝日』)、「国府軍、反撃に必死。長春、四平街で攻防戦」(五月二九日『朝日』解説)、「(共産党軍)遼東半島大半も掌握」(六月一五日北部陝西発新華社『読売』)、「中共軍、四平街を包囲」(『朝日』六月一六日)、「中共軍　塘沽に上陸」(六月一七日南京発UP『毎日』『読売』六月一八日)、「華北、鉄道幹線を切断　中共軍、都市孤立化をねらう」(『朝日』六月一七日)、「国府軍、全面撤退か　満洲の戦況重大化」(六月二〇日北平発UP『毎日』六月二二日)など。これらは共産党側の資料『星火燎原』〈6〉(「国共内戦―中国人民解放軍戦史」新人物往来社、一九七一年)によれば「**夏季攻勢**」と呼ばれる作戦であった。

第三章の「二　土地改革」(一一三頁参照)の項でふれたように、蔣介石が長春、奉天の二都市以外の全東北地区から国民党軍を撤退させる方針を明らかにして(六月二〇日)、共産党との戦いが困難なものであることを認めたのがこの時期である。

ちなみにこの段階の両軍の勢力比について、国民党側の数字があるので引用しておく。

五月二六日『朝日』[上海二十四日発ロイター＝共同]「林蔚国防部次長は廿四日国民参政会で軍事問題報告を行つたがそのさい『**中共軍全実動兵力は八十一万二千**でその約三分の一に当る二十九万が満州で作戦している』と中共軍の配備状況につき語り、さらに国府軍の現有勢力については次のようにのべた。**国府陸軍の総兵力は二百八十万**、**空軍十六万**、**海軍三万**となっている」(全文)

もっとも前出『星火燎原』の「解説」には人民解放軍総司令部一九四九年発表として、四七年春当時の戦力比は国民党軍三七三万に対して人民解放軍一九五万という数字が挙げられている。

一九四六年夏の勢力比(八五頁参照)と単純に比較すれば、国民党軍が六十万人減り、共産党軍が七十万人弱増えたことになる。

二　学生の反戦運動

内戦反対

一九四七年五月、翌年の大規模な学生運動の前哨戦ともいえるストが「内戦反対」を掲げて各地の大学生によって行われ、上海、北平（北京）に戒厳令がしかれる事態となった。

「（一九四七年）五月九日、浙江省金華の大学にはじまり、その後、上海、南京、青島、北平に波及し、さらに河南、四川、雲南の奥地にまで飛び火して、参加学生十万を下らない大運動に発展してしまった」（『朝日』五月二七日解説）

五月二四日『朝日』［上海二十三日発ＡＰ＝共同］「上海の学生四万名以上は二十三日二日間のゼネストに入り、このため上海の大学、専門学校、中等（ママ）四十三校は休校するにいたつた。呉国禎上海市長は二十三日早朝戒厳令を発して学生および労働者の罷業をせん動するものなどを厳罰に処すると述べ、ストを阻止しようとしたが、学生はこれを無視してゼネストに入つた。

一方北平でも二十二日、朝陽大学校庭で騒擾が起り、学生一名は射殺され、十一名が負傷した。また他の衝突で中学生六名が銃剣で刺された。このため北平では二十二日夜から二十三日朝まで戒厳令が布かれ、一切の交通が絶たれた」（全文）

六月五日『朝日』［南京特電四日発＝AP特約］「中国民主同盟の指導者梁漱溟、黄炎培の両氏は、最近の学生デモで多数の学生や教授が逮捕され、特に四川省の成都では民主同盟の指導者四名と、数名の同盟員が逮捕されたことに関し、三日張群行政院長に抗議を申込んだ。このことについて民主同盟スポークスマン羅隆基博士は同日、張群行政院長はかれが政治、軍事の実権を握っていなかったために起ったのだと弁解した、と語り、暗に最近の事件の真の責任は蒋介石主席にあるという意味をほのめかした。同博士はさらに最近のデモ事件で官憲のために殺された学生は広東で五名、漢口で二名をかぞえ、逮捕された学生は開封だけでも二百名、民主同盟員も全国で数百名逮捕された、と述べた。南京では三日夜遭難学生の追悼会が行われたが、学生の代表は、南京大学の校長を三十年近くもつとめていたスチュアート米国大使を訪問し事情を訴えた。一方中国紙『新民報』によると、張群行政院長は重慶で起ったデモ衝突事件の調査方と無罪学生の即時釈放を命令した」

この記事には南京での学生と官憲との衝突の模様を写した［AP特約］の写真がついているが、当時としては外国の事件の写真が載るのは非常に珍しい。しかし、学生運動についての報道はこれで途絶える。

運動の中心の一つは上海であったが、当時の上海について見逃せない小さな記事があるので採録しておきたい。

五月八日『読売』［上海六日発ロイター］（共同）「上海市当局は五日米の最高限界価格制を廃止したため生必品（ママ）からぜいたく品に至るまで諸物価は六日一せいに暴騰し到るところで米騒動が発生した。米の小売値段は一ピクル（五斗五升）三十三万元と五日のヤミ相場にくらべて三万元方暴騰した。

一方上海慈善協会は六日次のような最近の世相のきびしさを反映する統計を発表した。過去四ケ月間に上海の街頭で八千六百四十二の死体を収容したが、そのうち八千二百五十四は子供であった。四月中だけでも三千百四十の死体が街頭で発見、うち三千四十八は子供であった」

三　日本での見方

内戦の国際性に注目

一九四七年七月は日中全面戦争開始十周年であった。それを機に国民党は七月四日「**総動員宣言**」を発し、七月七日には蒋介石が「**七七談話**」、中共中央が「**七七宣言**」を発して、それぞれが決戦へ向けて体制固めを呼びかけた。

そこでこの段階の国共内戦を日本の新聞はどう見ていたか。『毎日』七月一四日の社説「国共戦の新局面」は東北地区が当面の争覇の焦点となっていることの国際的なつながりに注目している――

「国共戦の国際性は今日の常識となつているが、それが特に満州を舞台とする場合、そしてその支配がいずれの手に帰するかによつて国際的関心が高まる事実はその重要性が決して対内的事情からのみ問題にされるのではない。国府当局は国共戦は内戦でなく、国際戦の形をとつてきたと言明している。中共がソ連の指示や援助をうけているというのも一再ではない。旅大の接収について対ソ声明を発したのも満州の国府軍の不利が伝えられた時であつた。国府が米国に新しい借款の交渉をはじめたことや、米国が政治的考慮をするという報道も戦局と微妙にからみ合つて伝わつた。ことに欧州復興会議の成行きとともに、米国がウェデマイヤー将軍を特使に任命、中国と朝鮮に派遣すること、これは極東にたいするマーシャル・プランの第一歩と解釈されているが、それらが極東にどう反映するかは世界の注目をあびている。満州問題はこのようにして国際的にも新しい情勢をはらみつつあるといえる」

同日の七月一四日『朝日』のコラム「新世界録音」――

「総動員令発出の契機となつたとみられる国際情勢の変化や国民党部内の固い結束を背景として、国府の態度はきわめて強硬なものがあり、内外情勢に変化のない限り第三勢力の和平あつせんには活動の余地はないであろう。総動員令の効果いかんについては、外電の一部にはこれを疑問視するむきもあるが、現在のところはその実行いかんを注視している状態である。いずれにしてもこの夏から秋にかけて、内戦がかつてない激しさに高潮していくことだけは十分予想されるが、これが微妙な国際情勢につよく影響することであろう」

『毎日』は東西冷戦の一環として国共内戦をとらえ、とくにソ連に隣接する中国東北地区が大規模な戦場となったことに注目し、『朝日』は逆に東北地区が戦場となることで中国の内戦が冷戦に影響することを予測する。日本の新聞としても「民主化」「復興」という戦後アジアの合言葉を唱えつつ、中国の内戦回避を望むだけではいかんともなしえない、トルーマン宣言以降の世界の現実に論調を合わせようとしていることがうかがえる。

四　東北から華北、華中へ

戦いは広範囲に

一九四七年夏から秋にかけての戦況は、八月半ばに国民党軍が山東作戦を開始したのに対し、共産党軍は晋冀魯予（注：山西・河北・山東・河南）野戦軍が山西省から黄河をわたって河南省に進攻、大別山地区を抑えて新しい解放区を設置し、華東（注：山東・安徽・江蘇）野戦軍は国民党軍の山東進攻と戦った後、河南、安徽、江蘇省境地帯へと勢力を伸ばした。九月に入ると、西北（注：陝西）野戦軍は陝西省北部一帯を制圧、晋察冀（注：山西・察哈爾・河北）野戦軍は石家荘、保定を攻撃、石家荘を占領し、晋察冀解放区と晋冀魯予解放区をつなげることに成功した。

この間、九月一二日に共産党は新華社を通じて「**人民解放軍総反攻宣言**」を発し、その直後、東北野戦軍は大規模な秋季攻勢を開始、長春、吉林、四平街地区で攻勢に出たほか、遼西地区で北平と東北を結ぶ鉄道を抑え、長春、吉林の国民党軍を孤立させた。

しかし、このように戦闘が広範囲にわたったためか、あるいは中国国内でも全体状況の把握が困難であったためか、この間、日本各紙にはほとんど戦況は伝えられなかった。内戦が紙面に登場するのは、九月に入って東北地区の動きが急になってからで、三紙とも「解説」の形で状況をフォローする。

九月五日『朝日』「山東戦線動く　満州攻勢の前提　国府軍、大規模の作戦」、九月七日『毎日』「中共、攻撃の態勢

満州戦線に再び戦機熟す」、一〇月五日『読売』「中共の十月決戦　満州の国共戦」の三本である。

九月五日『朝日』は八月に国民党軍が発動した大規模な山東作戦が進行中であることを伝え、その意味を次のように解説する。

「この作戦のねらいは満州、華北と華中をむすぶ一帯の山東省を完全に制圧して国府軍の補給戦を確保すること、、山東の中共軍に絶えず武器、弾薬、食糧の補給を行っている満州と山東半島を結ぶ海上赤色回ろうをまっ殺しなければならないことの二つにあると見られる。……山東作戦の次に予想されるものは当然満州における大規模な攻勢であり、そのためには青島から満州への海上補給を確保せねばならず、この意味からも国府軍は山東作戦を重視していると現地電は伝えている。……

今秋の収穫時期を頂上として内戦はじまって以来の激戦が華北、満州にかけて展開されるものと予想される」

このように『朝日』は国民党軍主導による東北地区での激戦を予想したが、九月七日の『毎日』は、蒋介石が八月に「国府が満州を放棄するといううわさは事実無根である」と述べて、六月の「長春、奉天以外からの撤兵」という前言を翻したことを紹介しつつも、次のような見通しを立てる――

「いま満州の国共両軍勢力を比較してみると、中共は全満人口の九割、面積の七割を占め、国境線の全部と海岸線の三分の二を支配し、土地と人とのは握による強固な地盤に立つほか全満鉄道交通の大半を確保し、兵力、火力においてもすぐれている。しかるに国府軍は北平―奉天間の鉄道および南満鉄道南部に沿う狭い帯状地帯を占領するにすぎず、……従って国府軍は防御戦に優位を占めても、攻勢に転ずることは難しいと見ている向きもある」

予測の内容はかなり違うが、いずれも結びでは「現地電は伝えている」、「見ている向きもある」と逃げを打っているところに、当時の手探り報道の苦しさが現れている。

約一か月後、一〇月五日の『読売』では戦局はすでに傾いている――

「国府軍総師陳誠参謀総長は東北行営主任に就任早々、国府軍は中共の総反攻を歓迎しこれを撃砕して一挙に将来の禍根をたち切ると豪語してきたがこゝ数日前から開始された中共軍の広範な〝国府補給線切断作戦〟によって山海関から北は百五十キロに及ぶ鉄道補給線が完全に遮断されさらに国府軍の補給港である胡蘆島も危険にひんしているため満州と中国本部とを結ぶ交通はいまや空路に頼るほかなく、廿万に上る満州の国府軍は孤立化する危険に立ち至っている。

中共の満州攻勢は山東省における国府軍の圧倒的優勢な作戦にたいする牽制作戦であると同時に、陳誠参謀総長の豪語にたいする中共満州軍六十万の無言の返答であろう。これにたいして国府軍は陳誠参謀総長の厳命によって目下瀋陽―長城線間の〝一週間掃討〟に出ているが、いまゝでのところ大した成果をあげていないようだ」

この後、戦況を伝える外国通信社のニュースが断続的に紙面に載る。

一〇月六日『毎日』［北平特電（ＡＦＰ）四日発］「奉天からの報道によれば満州の戦闘はこの廿四時間中急速に激化した。山海関から奉天、奉天から長春に到る国府軍確保基地のうち数ヶ所に対し中共の攻撃は猛烈を極めている。その中でも山海関東北方と奉天東北方に対する攻勢は特に激烈である。在満国府軍スポークスマンは四日『中共は満州の心臓部奉天攻撃に全力を尽すであろう。形勢は重大である』と語ったが、他の軍事消息筋は『国府軍指揮官は長春、吉林、四平街の兵力を引き揚げてでも奉天防衛に主力を注ぐことを考慮せねばならないだろう』と観測している」

一〇月六日『毎日』［北平特電（ＵＰ）五日発］「満州からの報道によれば奉天、長春の両都市には四日戒厳令が発令された。これは中共軍が奉天、長春間にくさびをうち込み、鉄道上の要衝公主嶺を三方向から攻撃開始したためである。一方山海関北方の中共軍は強力な国府軍の反撃によって北平、奉天鉄道上の奪取点を放棄、西方山岳地帯への退却を開始した」

一〇月六日日『朝日』〔上海五日発UP＝共同〕「長春電によれば中共軍は満州の首都長春の南と西から郊外にまで迫ったので国府軍は長春外郭陣地数ケ所から撤退せざるをえなくなった。また中央社長春電によれば国府軍は四日夜長春南方五十キロの重要戦略都市公主嶺からも撤退、現在遼河北岸の線を保持している」

また東北地区での戦闘と他地域の戦闘との関連に目を配る報道も目立つようになる。

一〇月一一日『朝日』解説「ハルビンを指揮中枢とする中共はすでに満州の八十五％を支配しているといわれるが、中共勢力はさらに内蒙、河北、山西、陝西にかけて中国本土の西北角にいたる大赤色回廊を形成し、これは外蒙と北鮮に直接つながるという情勢にある。これに対して国府軍の作戦はあくまでも満州を維持するため、九月中に制圧した山東半島の各港湾を基地として海路営口に補給し、鉄道に沿って中共軍を殲滅せんとし、蔣主席の言明の如く〝国府の生命線を絶対に固守する〟決心のようである」

一一月一〇日『毎日』解説「この満州攻勢と流動的に連なる中国本部でも延安周辺では中共の包囲が完成し、山東の陳毅軍は江蘇省に南下して津浦線を切断、大別山中にあった劉伯承軍は徐向前、李先念軍とともに行動を起し、その脅威は今や漢口、鎮江周辺に及び九月末長江を渡河した一部は南京、杭州公路をも脅かしている。この作戦のスピード化、その規模の拡大という特徴は中共戦力の急激な発展を物語るものといえよう。

大公報によると中共地区は食糧も安く兵員の補充も容易だという状況がこれと反対の立場におかれ勝ちの国府軍に比べ時とともに中共戦力の培養素となるわけだ。特に双十節を期し全地主の土地所有権を否認して土地改革の実権を村落全農委員会に与える土地法大綱を発布したと伝えられるのは貧農の多い奥地の実情をにらんで打った戦力培養の手として注目され、満州戦線が比較的中共に有利な動きを示すことは否めない」

このように戦局は共産党軍有利に進められているという報道、解説が多くなる。開戦当初から延安陥落当時にかけての国民党軍圧倒的優勢という見方は戦闘二年目の実績で修正を余儀なくされた形である。ちなみに一九四六年七月から一九四七年一一月までの一七か月間における戦果として毛沢東は一九四七年一二月の『当面の情勢とわれわれの任務』（『毛沢東選集』第四巻所収）で、蒋介石の正規軍、非正規軍に対して戦死、負傷合わせて六四万人、捕虜一〇五万人の損害を与えたと言っている。

しかし、この頃の共産党はまだ拠点都市を守る国民党軍に圧力をかけ、周辺から切り離して孤立させる戦術であったため、一気に大都市を攻め落とすということはしなかった。東北における秋の攻勢は一一月でいったん休止し、約一か月の間を置いて一二月から翌一九四八年春にかけてふたたび攻勢をかける。

五　優劣の転換――一九四八年前半

一九四八年の年明けも東北地区の戦局がまず注目された。

一九四八年一月五日『毎日』「北平特電（ＵＰ）四日発」「満州における中共軍は奉天から依然撤退中であるが法庫付近の東北方面には包囲軍をなお残置している。また中共別部隊は奉天と外界との鉄道連絡を切断している。奉天の事態は国府軍の新たな空輸による援軍の到着によって緩和されたと伝えられるが、中共軍は北部満州において活発となっており、長春来電によれば中共軍大部隊が松花江の南を渡河し長春に迫り始めたが、同市はすでに中共部隊の機先攻撃をうけている」

ところで一九四八年一月六日『朝日』社説「中国内戦の重大段階」は「中国内戦による災禍は、いまや南は揚子江の流域から中原をおおい、長城を越えて遠く北満の地にまでひろがっている」と書き出し、前一九四七年一〇月一〇日に共産党軍総司令部がだした「**双十節宣言**」（『毛沢東選集』第四巻所収）によって「内戦はさらに新たな段階へとつき進んだ」と説明する。この「宣言」は出された時には各紙どこも報じなかったものだが、それを後から解説や社説に取り込んで説明するというのは当時よく使われた手法である。この「宣言」で共産党は国府の徹底改組と民主連合政府の樹立、内戦漢奸（注：裏切り者）の処罰などの方針を明らかにしたが、社説はこの宣言によって中国共産党は――

「新中国の建設を、平和的な方式、すなわちかれらのいう『政治協商会議路線』にもとづき、国共の妥協を土台として民主連合政府を樹立しようとした一切の努力と希望とをすてぬまでも、解放軍の全力を傾けて国府軍と戦いかたゞ〳〵国府の反省を求めつゝ国民革命を達成しようといった戦略的な方式を選ぶに至ったことを物語っている」と、共産軍が一九四七年一〇月に方針を変えたという見方をとった。

しかし、この認識はおかしい。一九四六年一月、共産党が重慶での政治協商会議に参加し、三人委員会（マーシャル、周恩来、張群）で停戦協定が成立した当時は確かに「平和的な方式」にも現実味があったが、内戦二年目を迎えてからは国共双方とも妥協の余地のない立場を明らかにしており、共産党が一九四七年秋に至って「平和的な方式」から「戦略的な方式」、それも「国府の反省を求めつつ国民革命」という方式を選んだというのはあまりにも現実からかけ離れている。思うに「内戦はあってはならない」という立場で中国を論じてきたのが、実際と相違してしまったために、その理由を共産党の方針変更に求めようとしたものと見える。

さて、一九四八年上半期は第二章（八三頁）で見たようにあるように、中国報道そのものも低調であり、かつこの時期は後述する国民党統治地区における総統選挙、反米デモ、インフレなどが関心を集め、内戦の個別の戦闘ニュースはきわめて少ないのだが、このあたりで日本の新聞は内戦の見方についての基本的スタンスを変え始めたようである。

一九四八年三月一五日『毎日』解説「国際規模に拡大　中共、都市攻略にも触手」は、三月一二日に共産党軍が「国府軍南満回廊の突端基地吉林を攻略するにいたった」ことを伝え——

「従来中共の戦術は一都市一城の攻略を重視せず、ひたすら〝面〟（農村）のは握に力を注ぎ、都市に対しては機の熟するのを待つというのであったが、この意味で、吉林の陥落は非常に注目される」

とした。この解説は、一方の国府軍も虎の子の機械化部隊を送り込み、奉天、北平鉄道の確保に懸命であるとしながらも、それまでの全体的には国民党有利という前提を捨てて、次のようにかなり大胆に戦局の見通しを述べる——

「しかし海上補給基地営口はすでに陥落、満州最大の拠点奉天もその手持食糧は遅くも五月一杯、その上弾薬の欠乏ははなはだしい。このまま推移すれば、『全満州は五ヵ月以内に中共の手に陥ちるだろう』と満州出身の馬占山将軍すら予告し、満州が中共の手に入れば華北での抵抗は弱くなり、その時こそ全中国は崩壊するとこの重大さを強調している。

事実中共の勢力は華北、華中に大波のように拡がっている。すなわち山東では威海衛が本年一月奪回され、いま中共のメッカ（ママ）、延安周辺には六万の大軍が終結しており、河南の洛陽も陥落寸前にある。さらに華中地区では陳毅軍は江蘇、山東、河南、安徽辺区を創設、二千万の人口を押え、同様に劉伯承軍は卅四地方政権をふくむ大別山辺区、陳庚軍は河南、陝西、湖北辺区内に卅七地方政権を樹立し、本年初め中共側ではすでに一億七千万の人口と二百卅九万平方キロを支配するに至ったと豪語している。……

最近米議会方面の国府軍援助論が高まり、トルーマン大統領の反共声明（注：同大統領は三月一三日の記者会見で「米国は中国を始め世界のいかなる国においても共産主義政権が実現することを欲しない」と述べた。ＡＰ電）と前後して下院外交委員会も十一日対華軍事援助を行うことを正式に決定したが、中国の内戦はようやく国際的な規模において処理される段階に達したものとみられよう」

三月二二日の『朝日』解説「満州の回復絶望か」も『毎日』と同じように戦局が共産党有利に傾いたことを強調している——

「中共の首都であった陝西省延安を国府軍が占領したのは昨年三月十九日だったが、以来まる一年を経過した今日、戦局の動きは攻守所を変えてしまい、中共軍の攻勢と出血作戦を強いられる国府軍の不利が伝えられている。……

満州方面では、国府軍の吉林失陥によって長春、瀋陽を結ぶ回廊地帯だけが国府の支配下に残される形勢となった。しかしこれも中国本部との重要な補給路である北平、瀋陽鉄道を中共軍に切断されたため孤塁と化しており国府が果して満州の支配を確保出来るかどうか予断を許さぬ形勢にある。

一方中国本部では、中共軍は江蘇省北部から南京、上海をふくむ揚子江三角地帯に圧力を加え山東の済南、青島鉄道沿線や揚子江中流、あるいは延安、洛陽の周辺など華北、華中の広い範囲にわたってその攻勢を積極化している。また遠く華南でも佛印国境に広東、広西辺区政府の樹立が伝えられている。

中共中央部が指示している現在の戦法は、一戦場に圧倒的な兵力を集中して国府軍の出血を強要し、出来るだけ自らの損害をさけて、着実に国府軍を食う戦術をとっている。そしてもっぱら国府軍の戦闘力撃破を目標とし、必ずしも都市や地点の確保を強行しようとはしない。八年間の抗日戦で十分に研究しつくされたこの中共の戦法は、農村民衆の支持によって後方の安全を確保しながら、国府軍の守りのうすい場所をつき、来れば退き、退けば攻める間にじりじりと戦果を拡大している」

『読売』も四月一一日に「中国内戦を解剖」と題する解説記事を掲げ、国共双方の強み、弱みを列挙している。

「では中共はなぜ強いか、その主な要因は

一、土地改革の成功により農民の圧倒的支持をうけていること

一、生産面を基盤として現物経済による自給自足体制を確保していること

一、国府治下にくらべてインフレがひどくなく、税金も軽く民衆生活が安定していること

一、巧妙な宣伝により農村の自衛体制を確立していること

一、従って戦闘には兵站線の必要がないこと

……

一方、国府側はどうか—国府の戦力低下については対日戦による疲弊困憊、財政の破綻、インフレ、経済の崩壊、生産の不振などが背景となり、その直接的な影響が軍需品の払底、軍機動力の欠如、対日戦以来の長期戦から来る士気の低下、厭戦機運などと言う軍事面に作用していると伝えられる。……

だが国府がかゝる内政上の欠陥が国府軍の敗北を決定的なものとするとは速断できない。これを裏づけるものと

しては

一、国府軍伝統の戦力

一、インフレのごときも必ずしも破局的なものではないこと

一、沿海工業地帯および米産地帯を確保していること

一、軍政両面にわたり対中共戦に全力を傾注すべき態勢を整備していること

などが挙げられよう。……

従つて中共のいう〃内戦の決定的〃事態のごときはまだ予想できる時期ではなく中国の内戦は、中共が満州を、国府は華南をそれ〴〵基地とする建設面の背景を持つ戦闘としてつゞけられて行くものと見なければなるまい」

この『読売』の解説は『毎日』『朝日』の共産党有利説を明らかに意識して、国民党もそんなに弱くないとあえて異を唱えているように見える。「天下三分の計」ならぬ「天下二分の計」は面白いが、いささか現実味に欠けた。いずれにせよこの段階で国民党政権の敗北という事態が意識に上ってきたということであろう。

現実の戦闘はこの年の秋から「三大戦役」とよばれる共産党軍の猛攻が始まり、翌一九四九年春にかけて形勢は急速に傾くが、その前にこの年国民党が直面したいくつかの問題が日本にどう伝えられたかを見ておくことにする。

第五章　衰弱する国民党政権

一九四七年〜一九四八年

一　総統選挙

国民大会代表選挙

すでに第二章で述べたように、国民党は一九四六年一一月に共産党抜きで国民大会を開催し、そこで憲法を採択した。その憲法は一九四七年元旦に公布され、ほぼ一年をおいて一九四七年一二月二五日に施行された。次になすべきことは憲法に基づく中華民国総統の選出であった。

総統は普通選挙で選ばれた**国民大会代表**の投票によって決められるから、順序としてはまず国民大会代表の選挙が行われなければならない。選ばれる代表の数は『読売』の解説記事（一九四七年一一月二一日）によれば、地域代表二一三〇、職域代表四五〇のほか、婦人団体代表、海外代表、その他蒙古・チベットなどの代表合わせて三〇二四（内女性三五四）であるが（『朝日』一一月一七日の解説では二九三七）、内戦という大きな亀裂を抱えての選挙であるため、偏頗《へんぱ》なものとならざるを得なかった。その事情を『読売』の解説で見ると――

「実際には中国共産党と民主同盟の二大政党が参加していないため中共治下の一億三千万民衆のうちの約四千五百万有権者と国府治下でも中共と民主同盟の影響下にある者は投票せず、また八百万に上る在外公民も一応選挙から除外されるので選挙は国民党及び与党である中国青年党、中国民主社会党の政府党と無所属だけのものとなる。従って全国有権者総数二億五千万中三分の一が投票せず、しかも有権者の七十パーセントが文字を知らないこの選挙に費用として五兆元を計上しているが国民の関心は殆どないと外電は伝えている」

このような冷ややかな視線の一方で、『朝日』は一一月二〇日に「中国総選挙への期待」と題する社説を掲げて、文字どおり「期待」を述べる――

「中国の歴史に現れた最初の総選挙において、内戦という大きな障害と戦いつゝ、どこまで民意が反映され、またこれを育て上げるか、国民大会代表の選挙こそはまさに、中国の民主的発展への貴重な試金石といわねばならない。

問題は、真に中国の善隣として更生しようとする日本にも大きなつながりをもつものである。われわれは中国の和平統一と民主化の大義が一日も早く達成されることを願うとともに、今次の総選挙が困難な諸事情を克服して、見事にその目的を果すよう、心から祈らざるを得ないのである」

ここで「中国の歴史に現れた最初の総選挙」と言っているのは必ずしも正確でない。辛亥革命後の一九一二年末から一九一三年初めにかけて第一回国会議員選挙が行われているからである。しかし、それはともかく総選挙が行われるのは中国の政治史で画期的であることは間違いない。

その選挙は一九四七年一一月二一日から二三日まで実施された。その模様を伝える記事があるので全文を引用しておこう。

一一月二三日『朝日』［上海二十一日発ＵＰ＝共同］「中国最初の総選挙が始つた二十一日の上海、南京の投票風景は民衆の選挙に対する無関心と早くも起つた選挙違反に対する非難とが織り混つて現われている。多数の有権者が投票用紙を受取っておらず、隣組長が投票用紙の横流しをした嫌疑があるので、呉国禎上海市長は『たゞちに調査を開始する』と公約した。また多数の投票者は立候補者の名前も判らないので、候補者名簿をあてずっぽうに指さして代理人に書いてもらつている。

南京では投票第一日は婦人代表を選ぶことにしてあるので投票者は婦人ばかりの華やかさで、婦人団体の動員が功を奏効して出足もよく宋美齢夫人も警官に護衛され、キャデラックで投票所に乗りつけたが、国民党員には投票せず民主社会党の王湧徳女史に一票を投じた。

なかには二十歳にもならない投票資格のない少女も投票しているが、『姉さんの代理です』とすましているし『奥さまにたのまれましたから』と女中が現われる風景もある。係官に『代理は違法ではないか』と質問すると『もちろん違法だ』と答えたが、別にその投票を制止しようとはしなかった」

ただこの選挙はあらかじめ政党別に国民党一六七六、青年党二八八、民社党二三八などと立候補者数が決められており、ほぼその配分どおりに当選者が決まったためか、最終結果を日本各紙はどこも報じなかった。

蒋介石総統選出

そしていよいよ国民大会代表による総統選出が一九四八年四月一九日に行われた。

〔南京十九日発中央社至急報＝共同〕「国民大会は十九日総統選挙を行い投票の結果中華民国総統には蒋介石氏が圧倒的多数をもって当選した。蒋介石氏は国民大会代表二千六百九十九名のうち二千四百卅票を獲得し居牛氏（注：司法院長）は二百六十九票にすぎなかった」

四月二〇日の『読売』は右の中央社至急報に続けて、「初の民主的元首」と題する解説記事を載せているので、それを借りて総統選挙の意味を見ておこう――

「今までの蒋主席の地位は国民政府の主席であって中国の元首ではなく、**訓政期**という**憲政前**の過渡期間における国民政府組織法によって規定されたものだった。中国はいよ〳〵この国民大会で憲法に基く真の意味の民主政治が実施されることになつたのでこれからは当然国民政府主席という形もなくなる。
中国の憲法によると総統の任期は六年、国民大会によって選挙、罷免される。また総統は元首として国家を代表し、陸海空軍を統率し条約締結、宣戦、講和の権を行使、法律命令を公布するとともに立法院の同意をえて行政院長（首相に当る）を任命、罷免する権限が与えられている」

しかし、じつは憲法の規定では、総統、副総統を選ぶ国民大会は憲法施行の九十日前、つまり一九四七年の九月二五日に召集されることになっていた。ところが国民大会は一九四八年の三月二九日にようやく召集された。その間の経緯を一九四七年四月二一日の『朝日』社説「総統決定と中国の前途」で見ると——

「国内の戦争がいよ〳〵激しさを加えるにつれ、また国民大会代表の選出について、少数党である民主社会、青年両党と国民党との間に、代表数の割当でもみあうなどのことがあつて、延引に延引を重ね去る三月二十九日ようやく開催の運びとなつたのである。その間のことはともかく新憲法にもとづいて国府が改造され『中華民国政府』として新たに発足することを、われわれも衷心から祝福したい」

この総統選に際しては、当然立候補すると見られていた蒋介石が当初立候補しないと声明して、さまざまな憶測を呼んだが、結局立候補して大差で当選したため、辞退騒ぎはうやむやとなった。

注目されるのは、この国民大会で総統の権限が次のように拡大されたことである。憲法の規定では総統が緊急命令を出した場合、一か月以内に立法院に提出して追認を求めることになっているのを、**国家総動員法**の施行期間中は国家あるいは人民が緊急事態に直面するのを回避し、かつ財政経済上の重大な変動に対応するため、総統は行政院（立法院ではなく）の決議によって**緊急措置**をとることができるとしたのである。

これがなぜ注目されるかといえば、憲法を施行し、国民大会で総統（国家元首）を選ぶということは、『読売』解説が言うように、中華民国が国民党独裁による「軍政」、「訓政」の両時期を終えて、いよいよ「**憲政**」期に入ったことを意味するのだが、そのスタートにあたって総統に立法院の掣肘を受けない非常大権を認めることは、形を変えた独裁の継続に他ならないからである。ここに言う国家総動員法は中共軍の掃滅のために公布されたものであるから、内戦勝利を優先するため完全な憲政とはいえない形での発足となったのである。

そこから蒋介石が総統選挙の前に立候補を辞退すると声明したのは、憲法通りの総統権限では内戦指導に不十分と見たためではないか、その後、総統権限が拡大されたのであらためて立候補したのだという推測が行われた。

さて蒋介石総統の誕生を日本各紙はどのように見たか。まず先にふれた四月二一日『朝日』社説の結びの部分――

「衆望は総統には蒋氏以外になしとし、また対中共政策指揮の任にあたり得るものは蒋氏以外に人なしということに落つき、ここに蒋介石氏が総統に選挙されるに至ったものである。従って討共期間中総統に緊急処置の権限を与えたことは中国の現状としてやむを得ないことである。

要するに蒋介石氏の総統受諾は積極的に討共政策を遂行せんとする重大なる決意を物語るものとして、今後の中国内戦の上に大きな時期を画するものというべきであろう。

蒋介石氏は今年六十三歳。そのすぐれた広い識見、鉄のごとき意志、円熟した政治的手腕、国内における声望等まことに現代世界において有数の人物たること更めて説くまでもない。この新総統のもと、新民主中国の発展を期待してやまない」

四月一九日の『毎日』社説「蒋主席の初代総統指名」――

「蒋介石総統の実現は総統の権限を拡大することによって国府の掃共体制を強化するであろう。また中共とは食うか食われるかの妥協なき決戦となるほかはあるまい。そして中国の民主革命はこの戦いを通じて遂行される。むろんこの決戦は国際情勢の動きとからみあい、世界的にも大きく反映するであろう。

米国の対華援助は軍事的にも、経済的にも実行の段階に入ったが、国際情勢の変化によっては米国の援助はさらに拡大されるかも知れない。が、一方ソ連の対極東態度もまた当然関心を集めている。このように中国の安定は世界の安定の一つのカギである。

そのためにもわれわれは国府の新体制が中国の平和の大きなくさびとなるのを切望してやまないのである」

このように『毎日』は「掃共体制の強化」で「中共とは食うか食われるかの妥協なき決戦となるほかあるまい」と言いつつ、一方で「新体制が中国の平和の大きなくさびとなるのを切望」すると言っているところを見ると、内戦での国民党勝利を「切望」しているということか。『朝日』の口ぶりも「民主中国の発展を期待」との表現で蒋介石の勝利を望んでいるようである。

『読売』は総統選挙についての社説はとくに出さず、先の四月二〇日の解説が総統の権限拡大について——

「これで総統の権限は内戦期間中は極めて強大なものとなるが、中国が反共の一線を断固貫こうとする国民の決意がここに見られるといえよう」

と述べるにとどまっている。

総じて国民党が国民大会を開催して、憲法に基づく総統を選出し、それに蒋介石が当選したことを日本各紙は国民党の体制強化と受け止めたが、同時にこの段階では先に述べたように内戦においてはすでに共産党が優位に立っていることが明らかになりつつあり、国民党の最終的勝利には疑問符をつけざるを得ない状況であった。この年（一九四八年）後半から戦局は大きく動くのである。

総統選挙のあと四月二三日には副総統の選挙が行われて李宗仁が副総統に選出され、蒋介石・李宗仁体制が形づくられた。しかし、その後の二年足らずの間に行政院長が翁文灝（一九四八年五月〜一一月）、孫科（一九四八年一二月〜四九年三月）、何応欽（一九四九年三月〜六月）、閻錫山（一九四九年六月〜五〇年三月）と相次いで四人も登場することに、国民党政権が直面した困難な状況が読み取れる。

二　学生の反米運動

日本の賠償を巡る対立

総統、副総統の選挙を経て中華民国政府が翁文灝を行政院長に任命して新たにスタートした直後、一九四八年五月下旬から米の対日政策に反対する学生や教授たちの運動が起こる。しかし、この運動が始まったころは日本の新聞には報道はなく、六月に入ってから一時期、『朝日』のみがしばらく動きをフォローしていたが、七月にはそれも途絶えてしまう。しかし、一九四八年六月二二日の『朝日』が「中国学生運動と日華関係」というまとめ的な社説を掲げていて、それに運動の発端が述べられているので、そこをまず引用する。

「先月十九日、ジョンストン報告が公にされるやその直後、南京で最初の学生示威運動が行われたのを皮切りに、この運動は上海に飛び火し、ついで遠く漢口、北平の各地に波及、各地大学の教授団もこれに合流した。また中立系諸新聞もこれを支持し、ついには立法院においても委員のうちから対日援助反対の声があげられるに至った」

ここに言う「ジョンストン報告」とは、前年（一九四七年）のポーレー使節団とストライク使節団（後出）とは別に、この年（一九四八年）、米陸軍省ドレーパー次官を団長とする調査団が日本と朝鮮を視察し、両国に対する経済政策を勧告したもので、五月二〇日の『読売』が一面トップでその内容を大きく報じている（なお「ジョンストン報告」とは代表団の書記を務めたニューヨークの銀行家、パーシー・ジョンストンの名前をとったもので、『読売』の見出しは「ドレーパー報告書」となっている）――

［ワシントン十九日発ＵＰ」（共同）（ヘンスレー特派員記）「……対日政策に関する主要内容は次のとおり。

一、対日賠償は一九三九年の円レートで六億六千二百廿四万七千円とする。これは米貨で約一億六千五百万ドルとなり、従来の賠償案のいずれよりもいちじるしく低くなっている。賠償撤去（注：賠償として撤去され連合国に引き渡される）の対象は工業施設であるが、その大部分は第一次的軍事施設をあてるべきである。

一、日本の輸出額を年十五億七千五百万ドルに高めることを可能にするために即時大規模の経済援助を行う。

一、財閥解体その他の経済力集中排除措置はできるかぎりその目的を達成し、かつ日本の回復を阻害しない程度にこれをとどめる。

一、賠償について十一ヶ国極東委員会で意見の一致を実現することは今まで不可能であったから、米国はマッカーサー司令部を通ずる一方的措置によって賠償の解決を行うべきである。

一、満州、台湾、その他の地域でソヴエトおよび中国の手に帰した日本の在外資産は正式に賠償として認め、これを賠償額から引去るべきである」

このジョンストン報告は日本に対して極めて寛大であり、一九四八年五月二二日の『毎日』には船田賠償庁長官の次のような談話（二二日）が掲載されている。

「先にストライク報告書の発表があり、今またジョンストン報告書の発表があつた。何れも日本経済の急速再建を強調しておる点、日本人としてははなはだ感激にたえない。われわれとしては右報告書の内容により直ちに行き過ぎた楽観を抱くことは禁物で、万事はわれわれ日本人の今日及び将来の行動にかかっておる次第である」

ここに挙げられた**ストライク報告書**というのは米陸軍省が一九四七年一月と八月にクリフォード・Ｓ・ストライクを団長として日本に派遣した代表団の報告書で、「日本経済の復興に必要な設備は残し、旧軍用施設など不要部分だけを撤去する」などの内容であった。

一方、一九四七年一〇月末、日本の占領管理における最高政策決定機関である極東委員会に提出された構成十一か国の対日賠償要求額の総計は最大で約五四〇億ドルに上る案まであると伝えられていた（「ワシントン卅日発AP＝共同」の「米関係当局者の言明」。一九四七年一一月一日『毎日』『読売』）（前出）。

したがって「賠償総額を一億六千五百万ドルとし、極東委員会での合意は難しいからマッカーサー司令部が独断で解決すべし、終戦時にソ連、中国に接収された日本の現地資産は賠償額に繰り入れる」というこのジョンストン報告に船田賠償庁長官が感激するのもむべなるかなである。

しかし、この船田談話の横、一九四八年五月二二日の『毎日』の一面トップはこの米国の方針に極東委員会の他の構成国が難色を示しているという「ワシントン廿日発AP＝共同」電である——

「一般にいって米は日本の産業振興に必要な器具、機械の増産を許すため工業水準の引上げを支持しようとする傾向にあり、他の太平洋地域の連合国は日本が軍事力再建に乗り出すことのできないようにし、また日本の貿易振興を遅らせるために日本の工業水準を低位に止めておこうとしている。他の極東諸国は日本の経済復興が自国の産業上の発展を危険に陥れることをおそれている」

さらにこの記事の隣には「ワシントン廿日発UP（ヘンスレー特派員記）＝共同」電が掲げられ、それはこの米の計画には極東諸国のみならず**英も反対**していることを伝えている——

「極東委員会におけるこの論争で英国側の主張を支持しているのはオーストラリヤ、インド、中国、フィリピン、ソ連及びニュージーランドである。

なお消息筋はこの問題について次のように述べている。

この問題について極東委員会のうちで米国と他の全加盟国との間の意見の不一致は増大しているので、連合国間に意見の一致をみることは不可能であろう。……その結果、この問題は解決を見ないままでいつまでも極東委員会にもち越され、その間米国は自国が必要と考える経済水準に日本を単独で再建する工作をおし進めることになるだろう」

日本の占領を司る極東委員会の構成国の中で米の対日態度がその寛大さで他国とは際だって違っていたのである。

反米運動始まる

極東委員会で中国は他の諸国と共に寛大すぎる米の対日政策に反対していたが、おりしも初代総統に就任した蔣介石はその就任演説で「対日報復政策は採らず」との立場を明らかにした。

一九四八年五月二一日『読売』［南京廿日発中央社］（共同）「中国初代総統に就任した蔣介石氏はその三千語に上る総統就任演説の中で対日政策をつぎのように明かにした。

一、私は新政府の対日講和条約に関する態度は報復主義をとらないものであることを主張する。寛大ということは決して弱いことを示すものではなく、理にかなった寛大はまさにわれ〳〵の理想に達する有効な近道である。

一、対日政策について注意すべき点は二つある。第一は連合国が必ず最大の努力を尽して日本の真の民主主義勢力の成長を助け、日本の政治制度、社会制度と国民の思想を改め、軍国主義の復活を根絶すること。第二は中国は日本に対して過分の要求をしない。

一、日本は一般国民の生活が確保されるようその経済再建を許さるべきである。しかし中国は日本の侵略を長期にわたつて受けたので対日条約締結に際しては連合国に対し、講和会議の中で**特殊の地位**を有することを承認するよう要求せざるを得ない」（全文）

米がことさらに日本に寛大な態度をとるかに見える時に、蒋介石は「対日講和では特殊な地位を要求する」とは言いつつも、一方では米に同調して「対日寛大」を説いたわけで、これが若い学生たちを刺激したのであろう、反米を掲げる学生運動に火がついた。

なぜか他紙はほとんど無視したが、『朝日』のみがこの動きをある程度フォローした。

それによって経過をたどると——

一九四八年六月一日〔北平三十日発UP＝共同〕「北平市内の対日米国援助反対学生委員会は（五月）三十日の学生大会の席上、米国の対日政策に抗議する電報を米国国務省、マックアーサー連合軍司令官、米国民、中国民、およびプラーグ（注：プラハ）の世界学生連合会あてに打電するむね発表した」（全文）

六月三日〔上海特電一日発＝AFP特約〕「中国各大学の教授達三三八名は一日米国の対日政策に反対する抗議をトルーマン大統領およびマーシャル国務長官あてに打電したが、一方全国主要都市の教授たちにも呼びかけ、この抗議を支持することを要請した」（全文）

六月六日〔南京特電五日発＝AP特約〕「スチュアート米駐華大使は四日内外記者団と会見、米国の対日政策に対する中国学生の反対運動は『危険な状態』を増進するものであると警告して大要つぎの声明を発表したが、ス大使はこの声明が米国務省の承認を得たものであることをつけ加えた。

最近中国各地で展開されている学生その他の団体による対日政策反対運動は従来の伝統的な米華外交の親善関係を著しく阻害するものであり、若しこれが続くと将来不幸な結果を招来するおそれがある。特に米国が現在の輸送困難にもかかわらず対華援助の重大な計画を着々すすめている際にこの運動が起ったことは遺憾である。さらに米国民が全世界における戦災地域の復興援助にのりだした時に、米国の復興援助に対し不合理な無責任極まる攻撃をうけることは理解に苦しむところである。米国の対日援助によって日本の軍事力が復活するとの考え方は間違いで

あり、米国は日本が軍事的に再起出来ないことを断言するものである」（全文）

六月六日［南京一日発中央社＝共同］「立法委員李□（不詳）良氏は一日の立法院会議で日本の軍事および経済力を助長させるような行動の防止に関する緊急動議を提出、次のように主張した。現情勢下において中国政府は賠償を減額し、連合国共同の敵である日本を援助するのを反対する強い態度を中外に表明すべきである」（全文）

この運動は米の対日政策に反対するものであるが、それはつまるところ敗戦国日本がどの程度まで立ち直るのを中国は許すのかというのが問題の焦点である。政府はいったいどう考えているのか、態度の表明をせまられた。こうした事態に王世杰外交部長が「日本の自立」を容認する声明を発表する。

六月七日［南京五日発中央社＝共同］「王世杰外交部長は五日日本の工業水準問題について中国政府の態度をつぎのように声明した。……

中国は日本軍国主義の復興防止については確実な保障を必要とすると同時に一般経済生活の面では日本を漸次自給自足させることを承認する。五月二十日の蔣総統就任演説でも『日本国民は連合側の決めた範囲内でその経済を再建し、生活の保証を獲得してよい』と述べている。……

日本の再侵略を防止するのと日本人民に自給自足の機会を与えることの二つの要求をいかに調和するかはたしかに慎重な考慮を要する問題で関係諸国間に意見の相違が起る可能性がある。中国政府と米国政府との間にも一部日本工場の賠償取立について意見の相違がある。しかし、両国政府間に日本の軍備再建問題については決して意見の相違はないと確信する。自分は国内の一部人士がこれを憂慮し、あるいは誤解することがあるとしても一般中国民衆には決して反米感情はないと確信する」

ここで王外交部長は、中国はあくまで米と肩を並べる戦勝国であり、日本国民に対して生殺与奪の権を握っているのだということを力説して、ともすれば中国よりも日本に肩入れしているかに見える米に反感を募らせる学生たちに、なにも日本と張り合う必要はないのだと説得しようとしている。しかし、現実には学生の運動は簡単には収まらない。

六月九日〔北平七日発UP＝共同〕「北平の大学十一校からなる学生自治連盟は六日スチュアート大使が中国学生の米国対日援助反対運動に警告した声明に対し共同声明を発表し次のように反撃した。

われ〳〵は貴下の過去における中国教育への貢献を尊敬するが、しかし貴下が米大使の資格で発表された声明にはわれ〳〵は中国国内問題に干渉するものとして厳重に抗議する。貴下は愛国的な中国学生の米国対日援助反対を誤解している。

なおこの声明にはスチュアート大使が多年校長であった燕京大学学生も加わっている」（全文）

六月一〇日〔北平特電九日発＝AP特約〕「華北の大学、高専十二校は米国の対日政策と政府の上海学生不法処置（注：内容不詳）に反対し、八日ゼネストを決行すると宣言した。この決定は八日夜華北学生連盟の会議で行われたがこの連盟は最近政府から中共の手先につかわれているものとして解散を命ぜられていたものである」（全文）

六月一六日、今度は孫科立法院長が米に対して中国人の疑問に答えるよう要求した。そこには疑問点が具体的に列挙されていて興味深い。

六月一八日〔南京十六日発UP＝共同〕「孫科立法院長は十六日UP記者と会見して最近スチュアート米大使が中国学生の『米国対日政策反対』運動を非難したことは誤りであると述べ、米国の対日政策に対する中国の見解をつぎのように語った。

◇中国の学生、教授、知識層その他の一般人は米国の対日政策について疑問を抱いており、これに対する回答を求める権利があると思う。中国と日本の関係は微妙であり、日本再建のためのいかなる行動も中国人には疑惑の種となる。

◇私はアメリカがつぎの各点について疑問を晴らすことはアメリカの義務であると思う。

一、　財閥は解体されたかどうか
二、　呉軍港は破壊されるかわりに再建されているかどうか
三、　多数の戦争犯罪人が釈放されているかどうか
四、　賠償用に予定されていた船舶が日本に返還されているかどうか

以上の各点を明らかにするためマックアーサー総司令官または米国務省が答えるべきであると信ずる」（全文）

孫科立法院長がここに列挙した疑問はおそらく中国で当時一般に感じられていた疑問なのであろう。日本に対する米の態度は甘い、という感情が根底にあることが窺われる。しかし、これらの疑問に米が回答したという報道はない。

『朝日』の運動についての報道はここで途絶える。ただ一九四八年六月二一日の「南京特電十八日発＝ニューヨークタイムス特約」には――

「スチュアート大使の最近の声明によって中国政府は学生のデモを制圧したけれども、多くの学生たちの『米国は日本の戦時中の〝神風部隊〟をもう一度復活させようとしている』という信念を変えることは出来なかった」

という一節があるところから、運動は政府によって押さえ込まれたものとみられる。そしてこのニューヨークタイムスの記事は学生や教授たちの運動の背景を、たんに対日政策に止まらないと、次のように分析している――

「大使館筋（注：南京の米大使館）ではこの感情があやまった情報にもとづいているということに注目しているが、しかし、反米的扇動の根本的な原因はもっと深く中国の内戦に根ざしたもので、中国政府に対する不満を米国に向けたものと見ている。つまり中国政府はまだ各大都市で反政府的な行動に対して容赦なく弾圧する力をもっているので反政府を別の見せかけの反米デモにすりかえた形跡が多分にある。

日本復興にたいする中国民衆の強い感情は、日本が近い将来に侵略勢力になるかも知れないという不安と終戦後の中国と日本の復興ぶりを比較して失望する気持から生れているようだ。すなわち中国が内戦のドロ沼に沈んでい

る間に日本は間もなくアジアの市場を回復し中国の〝勝利〟を有名無実にしてしまうだろうということは多くの実業家、官吏、知識人の懸念するところだ。

増大する反米感情の原因となる要素のなかには国民の間にみなぎる戦争に対する疲れがあげられ、さらに政府軍のたえざる敗戦、民間実業家の財政的な行きづまりと中産階級の困難をますます増大させているインフレの重圧に対して政府はなんら対処し得ないというところに真の原因がひそんでいる。戦争のもたらした不幸について上海の実業家の一部では『もし中共の支配下におかれるようなことがあってもこれ以上事態は悪くならないだろう』とさえ語っている」

この当時の一般中国人の日本、米、そして自国政府に対する感情の分析としては説得力のある一文である。そこでこの中国の学生たちの運動を日本はどう見たか。その手がかりは本節冒頭にも引用した『朝日』六月二二日の社説しかないのだが、論旨は必ずしも明確でない――

「われ〳〵はス大使の声明を支持する中国政府の基本方針が正しく理解されると同時に、教授団の声明中に見るごとき、アメリカの対日政策に対する事実的誤解をさり、また日本がいかに軍国主義の排除と民主的平和国家建設に懸命であるかという事実について、理解を深めるような努力がなされんことを希望するものである。……内戦がさらに深刻さを加えるにつれて、学生たちの運動が意識的ならずともいわゆる解放軍の政治攻勢を担うにいたり、ひいては日華関係の前途に大きな影響を及ぼす要因の一つとなることも予想されるのであり、今後の成行は決して楽観出来ないものがある」

ここに言う「教授団声明」については、それが出された（六月三日『朝日』）という以外、その内容を『朝日』は報じていないので、どういう「事実的誤解」をしているかは明らかでない。ただこの当時、日本国民としても「軍国主義はまっぴら」という気分が強かったことは事実だから、米が日本の軍国主義を助け起こそうとしているという中国の世論には納得できないものがあったであろう。また後半においては学生たちの運動が共産党に利用されることになれば、「日華関係に大きな影響を及ぼす要因の一つとなる」との判断をしているが、その具体的な理由は述べていない。窺われるのは、共産党の最終的勝利の可能性はまだ視野になく、学生の運動で共産党の勢力が強まることになれば、それだけ中国の混乱が続き、それが両国関係に影響すると見ているらしいことである。

総じてこの米の対日政策に反対する学生（と教授）たちの運動は、引用したニューヨークタイムスの記事が言うように反米に名を借りた反政府運動と見ることができる。国内的には内戦を収拾できず、国際的には対日賠償で十分その主張を貫けないことが政府に対する信頼を失わせたといえるが、より深刻だったのは以下に述べるインフレである。

三　激しいインフレと通貨改革

天文学的数字

内戦期の中国社会を見る際の重要な要素の一つは激しいインフレである。一九四八年に入ると、それはいっそう勢いを強める。

一九四八年一月一二日の『朝日』——

「三億元の現ナマをズックの袋に入れて洋車（注：人力車）の上に置き忘れたり、一億元で飛行機一台を借り切り豪華な空中結婚式を挙げたというような話題が新聞を賑わしているこのごろの上海中国の心臓といわれる上海の経済を中心として中国のインフレ状況をのぞいて見る」

という書き出しで「中国のインフレ」という記事を掲載している。

同記事によると、「各方面の統計」による通貨（「法幣」）の発行高は、推測だが一九四六年末が三兆五千億元、それが一九四七年六月末には十兆元を突破、一一月末には二十四兆元を下らなかったという。

その原因としては、第一に各地の資金が上海に集中し、それが闇市場に動員されている、第二に北方の内戦で支出された軍費が東南各省に逆流して、食糧や綿布、工業品或いは米ドルに投じられている、第三に各地の政府支出が内戦のため収入を上回っている、の三点が指摘されている。記事は「上海市民の現実生活」の中見出しで、以下に続く——

「このインフレ政策は上海市民の現実の生活にどう響いているか。昨年十二月中旬の上海市卸売物価指数は戦前の一九三六年にくらべて十二万三千六百九十七倍という驚くべき数字が、中国経済研究所から発表されている。

今年に入って八日には米一ピクル（五斗五升）が百八十五万元という新高値を示し、諸物価も新年に入って暴騰した。しかも物価は上る一方で、腕時計六百五十九万元、女クツ廿八万元、クツ下三万元、牛乳一ポンドびん二万四千元というような新聞の売出広告にまじって、ある洋品店が商売上の懸賞論文に一等五百万元の賞金をポンと投げ出している。また上海市財政局の発表した十一月上半月だけの料理屋宴席税は五十二億元とあり、一軒の店で十六億八千余万元も納めているかと思うと、上海の一日の行倒れが百余人もあったという背筋の凍るようなニュースも伝えられ、物すごいインフレの激流を想像させるものがある」

『毎日』は一九四八年一月二四日に社説「インフレになやむ中国」を掲載した。ここでもいくつかの数字が挙げられているので紹介しておくと――

「過去一年の物価の値上りは、米が廿六倍、米ドルのヤミ相場が卅六倍、総体的には廿倍以上となっているが、昨年末の物価指数は戦前に比べ十四万五千倍ということである。現在の法幣の流通高を経済専門家は四十兆元以上と計算しており、この一年間に約八倍の激増となっている。

発表された本年度上半期の予算は支出九十六兆元、収入五十八兆元で四十兆元近くの赤字であるが、支出は上半期だけで昨年度予算の約十倍に当る。しかも、昨年の実際の支出額は予算の四倍半にも上ったことを思うと、今年も膨張する支出を予算内でくいとめるのは困難であろう」

ではどうするか、この社説はインフレの原因は内戦にあるが、政治的に平和統一を実現することは最早望めない以上、「インフレ問題も掃共と同じく根本的対策を講ずることになったと思われる」として、次のような対策を予想している。

第一は米の援助のもとに米ドルにリンクする**新通貨**を発行する。第二は全国の生活必需品生産工場を国家管理のもとにおく。製品を国家に売却させ、ヤミ商人の手の届かないようにする。第三は強力な貿易統制の実施、である。このうち通貨改革は後述するようにこの年（一九四八年）八月に実施されるが、結局は失敗する。

『毎日』一月二四日社説の結論部分――

「この複雑なインフレをどのように克服して行くかは、米国の極東政策の根本とも関連することであつて世界的な関心事である。わが国の再建も中国の経済建設と深い関係にあるのは明かであり、インフレの成行きが内戦の動向と共に注目されるわけである」

この後、インフレは昂進を続け、断片的ながらその経過は日本にも伝えられる。

四月一九日上海発ロイター＝共同、「ドル相場暴騰、六日には一ドル＝五七万元見当だったのが、一九日には七四万元に暴落」

六月一四日上海発ＵＰＩ＝共同、「一四日の北平のヤミドル相場、一ドル＝二百二十万元。同日の上海では一ドル＝百九十万元」

六月二六日上海発ＡＰ＝共同、「一ドル＝五百万元」

七月一二日上海発ＡＰ＝共同、「一ドル＝六百万元に迫る。米価一ピクル二千八百万元。政府は最高制限価格を二千万元としているが、この値段では商人は売ることを拒否」

通貨改革

一九四八年八月二〇日、政府はついに通貨改革に踏み切る。八月二一日『読売』一面トップ――

［南京廿日発中央社］（共同）「蒋総統は国民大会で総統に付与された非常権限（一四八頁参照）によって廿日財政

経済緊急対策を総統令として発布した同対策は次の重要四弁法が含まれている。（一）金円券発行弁法（二）民間所有の金銀外貨処理弁法（三）中国人所有在外外国為替および資産登記弁法（四）財政整理および経済統制強化弁法」

八月二一日『読売』［南京特電（ＩＮＳ）十九日発］「蒋介石総統は十九日政府に対し総統令をもって金本位制に基く通貨改革を命令、廿億円を限度とする新通貨は廿日を期して発行されることになった。右措置のため全国銀行（ママ）は廿、廿一の両日休業することに決定した。新通貨は**金円券**（Gold Yuan）とよばれ交換レートはアメリカドル一ドルに対し四円である。

王（雲五）財政部長の発表によれば新通貨の発行準備としては米ドル価格二億ドルに上る金銀地金、外国通貨および価格三億米ドルの政府所有資産があてられるといわれる。

なお数百兆元に上る巨額の旧法幣は金円一円対三百万元のレートで十一月廿日を期限に回収されるが、同時に民間にある貨幣地金および外国通貨は九月末までに政府によって回収される」

この通貨改革は金本位による新通貨「金円券」を発行し、激しいインフレでモノの値段が天文学的数字になってしまった旧法幣三百万元を新金円券一円と交換するというものである。この直前の旧法幣対米ドルのレートは一ドル約千二百万元だったから、それに合わせた交換比率である。同時に民間所有の外貨や金銀地金を政府が新金円券と交換で没収することをねらっており、新通貨の価値が下落すれば、交換に応じた民間人は大損することになる。

この通貨改革について、日本の三紙はそれぞれ社説を掲げた。いずれも中国経済の抱える矛盾を指摘して、前途の多難を予測しているが、このうち『読売』『朝日』両紙は改革の成功を望む立場を明確に打ち出している――

『読売』（八月二一日）「今般の中国通貨改革がよく予期された効果をあげ、新通貨の安定が経済安定はもとより同国の政治的不安定の克服にも役立つにいたるならば、それは単に中国だけの喜びではない。……（厖大な軍費による財政不均衡などを挙げて）中国経済の前途はかく幾多の難関を内包するにせよ、それが解決の前提として通貨改革が断行されたことは、その国際的背景（注：米の援助が期待できること）と相俟ってアジアの経済に新局面を開いたことを意味する。為替の設定や通貨金融制度の改革に直面しているわが国としても、その成りゆきには深甚な注視を要請するものがある」

『朝日』（八月二二日）「中国政府は通貨改革とならんで民間所有の金、銀、外貨の処理弁法、在外外国為替および資産の登記弁法、財政整理および経済統制強化弁法の三法律を制定し、新通貨制度維持のために相当強い決意のあることを示している。

金本位制通貨制度を維持するためには、財政収支の実質的つり合いを図り、国際収支勘定が均衡を保つ、という二条件を実現しなければならないことはいうまでもあるまい。今日なお内戦になやむ中国として、この条件をみたすことはなか〳〵容易なことではあるまい。しかし、われわれは、中国の通貨改革の成功することを期待してやまないものである」

この二紙に対して、『毎日』の見方はきびしい――

『毎日』（八月二一日）「内戦が終わらない限り、また米国の強い援助が約束されない限り、中国の幣制は中途でなにかやっても納まらないであろう、というのが世界の常識であった。この条件は二つともまだ満たされてはいない。内戦が収まる方向に進んだという話も聞かないし、米国からの強い幣制改革援助が決まったという報道もない。そこでこの新旧紙幣の交換があって通貨額が一度に三百万分の一まで減っても、やがてまたインフレは高進しないわけには行くまい、とだれも考える。そんならこんな中途の時期に何の理由で通貨改革をやったのだろうか。恐らく現在の通貨価値による呼び値では、その計算にも、国民生活にも、不便で仕方がなくなったのであろう。一度交換した金円がまた増発されて、法幣と同じようになることがあるにしても、現実の不便をしのぐためには一応これをやる必要があったのではあるまいか。しかし、それだけでなくて、もっと深い理由があったであろう。それは米国の援助は、その援助を受ける側の国で何らかの自主的対策がなくては与えられないということである。マーシャル・プランにもそのことがいわれている。対日援助についても、常にそのことが警告されてきた。中国の場合も、中国政府自身が何も手を下さずにいて、米国の援助を期待することは出来ないのであろう。そのために今度まず自ら積極行動を起こしたものと解してよいのではあるまいか」

日常生活でとてつもなく高額の値段が飛び交う不便を解消することと、米国から援助を引き出すためのジェスチュアとしての通貨改革であって、早晩もとの木阿弥になるであろうというのである。

結果としては、『読売』『朝日』両紙の好意的な希望は実現せず、『毎日』の言うとおりとなった。生産も交通も内戦の中で麻痺する一方、戦費の支出は続くのだから、通貨の呼称を換えたところでインフレは収まるはずもない。

通貨改革からわずか二か月、一〇月二〇日の『朝日』につぎのベタ記事が載った。

［南京特電十八日発＝ＡＦＰ特約］「確実なる筋の情報によれば王雲五中国財政部長は十八日の立法院秘密会議で『八月十九日から実施された新金円政策は失敗した』とつぎのように語った。

中共の手によって金塊や外国貨幣の大量買いだめが禍いして物価は上昇している。天津における米価は九月十九日から三十日までの間に二十八％上り、広東では五十七％、また成都では四十割も上った。また一般物価も同期間内に天津で六十二％、広東では八十二％も騰貴した」

そして一一月二日、憲法施行後、初代の**翁文灝内閣は総辞職**に追い込まれた。

一一月四日『朝日』［南京特電三日発＝ＡＰ特約］「翁文灝行政委員長は先に蒋総統の下に辞表を提出していたが、三日の緊急行政院会議において右辞意を重ねて表明。各部長（閣僚）も翁院長に同調することになり、こゝに翁内閣は総辞職を行うことに決定した」

一一月四日〔南京特電二日発＝AP特約〕「翁文灝行政院長は二日立法院会議に出席、正式に辞表を提出した旨声明するとともに通貨改革後の経済政策の失敗理由について大要つぎのようにのべた。

一、政府は収支の均衡に努力したが成功しなかった。これは**厖大な軍事支出**が政府の努力を無益にしたゝめである。

一、中共は軍事面においてのみならず、経済戦においても成功した。彼等は**辺区券の改革**によって政府側経済政策の成功を妨害したのである」

この後、すでに述べたように行政院長は孫科（一九四八年一二月〜四九年三月）、何応欽（一九四九年三月〜六月）、閻錫山（一九四九年六月〜五〇年三月）とめまぐるしく変わる。このころから内戦はいよいよ最終段階に突入し、中華民国政府は名存実亡の状態に陥る。

四　張群来日

戦後初の要人

日本敗戦後、中国からは駐日軍事代表団が東京に派遣されていたが、人事の往来、それも要人というべき人物の来訪はなかった。同じ戦勝国といっても米国とは日本におけるプレゼンスの面では大きな差があった。

そうした中で唯一の例外といえるのが、一九四八年八月二一日から九月一三日まで日本を訪れた張群であった。張群は辛亥革命前に蒋介石とともに日本に留学し、日中開戦直前の外交部長、戦後の共産党との停戦交渉では国民党代表、そして一九四八年春の憲政実施までの行政院長（首相）と文字通り国民党の要人であり、それも日本との関わりの深い人物であったから、その滞日中の言動を各紙はかなりのスペースを割いて報道した。

一九四八年八月二二日『毎日』は一面上段に「張群氏（前行政院長）入京す　きようマ元帥と会談」と見出しを掲げ、写真つきで到着記事、同氏の到着声明要旨、それに「対日世論の改善期待」というタイトルの解説を合わせて六段の記事にしたてている。

「知日派の巨頭をもつて知られる前中国行政院長張群氏は廿一日午後二時五十分ノースウェスト航空機で羽田飛行場に到着した。飛行場には駐日中国代表団団長商震将軍、同副団長沈観鼎氏のほか対日理事会米国代表シーボルド氏及びフランス大使館代表ボガー・レグノル氏等が出迎えた。

白麻の洋服に黒地に白まだらのネクタイの張群氏に白地に青しまの中国服姿の夫人……」という書きぶりはまさに要人に対するそれである。

この当時の張群は前行政院長というだけで特に肩書はなく、彼自身もまた「声明」で「このたび自分が日本に来たのは全く個人の資格で政府を代表するという意味はない。また具体的な任務を持たない」と述べているのであるが、『毎日』の解説はこう書く――

「人物が人物だけにたとえ私的な旅行とはいえ、そこには公私の別を超越した極めて重大な歴史的の意義を認めざるを得ないのである。……率直にいうと中国の世論の中には米国の対日政策に強く反対する声があり、上海ではそのため反米学生デモさえ起つている。……張群氏の訪日は中国世論の不安が果して正しいものであるかどうかを公正に裁いてくれるものとみられる」

前年のトルーマン声明に始まる米国の世界政策の転換、それにともなう対日政策の変化がすでに見たように中国国内で強烈な反応を引き起こし、その中に日本軍国主義の再生に不安を感ずる声があることは日本国民にとってははなはだ意外、あるいは心外であり、それが来るべき講和条件に不利に作用するのではないかとの惧《おそ》れを抱かせていた。しかし、敗戦国民としては国際的に発言する手立てがなかったために、張群来日を好機として日本の実情を見てもらいたいという期待が膨らんでいた。

そのことは八月二五日に行われた芦田均首相との会談での次のやり取りに見て取れる。

八月二六日『毎日』「中国の援助要請　芦田首相、張群氏と会談」「……張群氏から『今後の中日関係、特に経済関係では以前のような日本が中心となるものではいけない。日本が復興するとともに中国も復興するものでなければならない。**日本の旧勢力の復活**について特に心配している。平和会議について中国は米英ソの間に立って一日も早く平和の招来について力を尽している』という意味のことが述べられたのに対し芦田首相は

『中国の懸念するように旧勢力の復活ということについてはあらゆる施策を講じており、再び昔の勢力がたい頭するようなことは絶対にあり得ない。日本の復興のためにはどうしても貴国のご援助がなければ達成出来ないので国民と共に絶大なる御支援を期待して止まない』とのべた」

芦田発言後段の「貴国のご援助」とは、賠償を支払うべき相手、それも内戦中の中国に物質的な援助を要請したとは考えられないから、張群の言う「平和会議」(講和会議)について日本の立場を支援してほしいということであろう。

ところで八月二七日の『読売』は一面トップに「アジア反共戦線結成か　張群氏訪日の使命」と題する次のような「パリ特電(APP)二十五日発」を載せた。

「張群氏の訪日の動機をなしているものはアジアにおける共産党の活動に対抗する防共組織をつくろうという広範な運動を起すにあると専ら噂されている。……日本の新聞はこの日華再接近を歓迎し、日本は蔣総統の反共闘争に有効な援助を与えることができると主張しているのは注目されている。また夕刊紙フランス・ソワールも二十五日、アジアにおける共産主義拡大の脅威を強調し次のように論じている。『アジアでは共産主義に対抗して連合戦線が結成されつつあり、マ元帥と蔣総統の会見も近いうちに実現するだろう。日華の反共共同戦線は韓国も包含し最後にはビルマとインドネシアも参加するだろうが、とにかくこの反共戦線の問題は来月パリで開かれる国連総会で表面化する可能性がある』」

この記事の日本の新聞についてのくだりは根拠が見当たらないが、「マッカーサー・蔣介石会談近し」の観測については、八月二七日のAFPワシントン電も「その可能性は断言の限りではない」との同地「官辺筋」の談話や同地の中国大使館の「蔣総統がマッカーサー元帥との会談のため今すぐ日本に赴くということは疑わしいが、その可能性が全然ないともいえない」とのスポークスマン談話を伝えて、話を広げている。

このパリ、ワシントンからのAFP伝を『毎日』も掲載しているが、扱いは『読売』ほど派手ではない。それにしてもこれらの記事はいかにも話を作ったという印象が否めない。それを紙面に載せたのは占領下という閉塞状況の中で張群訪日のニュースに国際的に大きな意味を持たせたいという当時の新聞の願望を感じさせる。

実際はどうだったのか。張群は後に『日華・風雲の七十年』（古谷奎二訳、サンケイ出版、一九八〇年）という回顧録を出している。それによると、この滞在中、張群はマッカーサーと四回にわたって会談しているが、そこで反共同盟とかマッカーサー・蒋介石会談とかが話題になったとは書かれていない。政治家の回顧録をすべて真実とは受取れないのは当然だが、同書に見る限り、この時の訪日は日本の民主化の程度を自分の目で確かめたいということと、マッカーサーに会って中国の内戦や対日政策について意見を交換したいということが目的であったようである。

軍国主義復活への懸念

『毎日』は一九四八年八月二九日の一面題字下に「日本を訪れて」と題する張群の談話を写真と自筆サイン入りで掲載した。ここで張群は明治以来の日本の「富国強兵」「海外発展」策は軍国主義、侵略主義の基礎であり、武力を背景にした海外発展は「至るところで排斥された」と次のように述べる。

「故にわれわれは各国における排日は日本の軍国主義の結果であると思う。中日関係の過去五十年は全く大きな悲劇であった。われわれはその原因を深く考えてみると、それは全く明治維新以来の日本の国策指導の誤りに基因すると思う。日本が今度の戦争の教訓を生かし、これを和平国家の建設に使い、いかに民主的に平和愛好国として再建するかはわれわれの深い関心の的である。いいかえればこれこそ新しい日本が世界各国と和平関係をもって国際間に伍してゆく基礎である。……いま日本が政治、経済、文化の方面において根本的に古いその思想を切換える努力をすれば日本の希望する平和会議（注：講和会議）の開催も著しく促進することができると思う」

明治以来の日本の国策に対して、中国の政治的に影響力を持つ人物からの直接の、それも肉声の批判はこの張群発言が最初のものである。その日本が敗戦、占領によって、どの程度変わったか、言い換えれば民主化はどの程度進んだか、張群の判定に関心が集まった。

張群は帰国を前にした九月一一日、記者会見を開き、「日本の皆さんへ」というメッセージを発表して、記者団の質問に答えた。『朝日』と『毎日』はこれを九月一二日の一面トップ、それもそれぞれ八段と七段という大きなスペースを割き、『読売』はトップではないが、一面中央に五段の扱いであった。

「メッセージ」における張群の判定はこうであった。

「連合軍総司令部の指導と日本国民の遵法精神によつて、日本の平和民主化が一応の形を整えたのは争えない事実だが、しかし率直にいつて未だ必ずしも十二分の理解と情熱とをもつて正確な目標を把握し、それに向つて勇猛まい進しているとは申されない。視察の結果、有形の制度と法規の改正はたやすいが、無形の心理と思想の改革こそ困難なことだと痛感した」（全文を掲載した『毎日』から引用）

改革しなければならない「無形の心理と思想」とはなにか。質問に答える中で張群はこんな例を挙げる。

「例えば先日鎌倉に行つた時あるお寺に軍馬、軍犬を祭つてあるのを見たが、昔風の武士道的神道的な残りがあるように見られた」（『朝日』）

「たとえばまだ軍馬や軍犬を神のようにあがめたり、**靖国神社**へ参拝するものも多いといった具合で、本当に日本が民主化になるためにはなお多くの困難があると思う」（『毎日』）

回顧録『日華・風雲の七十年』ではここに言う「軍馬や軍犬」について、張群は九月八日のマッカーサーとの会談において、日本から軍国思想を取り除く措置が不十分であることの例として、次のように述べたとされている。

「たとえば鎌倉の大仏のわきにある観音堂の中央には天皇家の位牌があり、その両側には今度の戦争で死亡した将兵の位牌から、軍犬、軍馬、軍用鳩の位牌までがまつられ、しかも日を追って増加しているありさまである。現在流行中の文芸作品や演劇をみても、仇を打ち、恥をそそぐといった感情に訴えるものが、日本国民に受けている」（『日華・風雲の七十年』一〇九頁）

また靖国神社のあり方が戦後日本における改革不徹底の具体例として言及されたのは、おそらくこれが最初であろう。こうした批判は日本ではともすると瑣末な事例を取り上げての言いがかりと受取られがちだが、侵略を受ける立場で日本軍国主義のもっとも粗暴な面に接して来た人間とすれば、敗戦で変わったとされる日本で、日常生活の中に軍国主義の遺物が以前と同じように存在していることは奇異に映ったであろう。

この張群訪日について三紙はいずれも社説を掲げた。もっとも早いのは八月二八日の『読売』「張群氏訪日と日華関係」、次いで『朝日』が九月一二日「中国の対日世論に答えて」、そして翌九月一三日『毎日』「日華関係の基本は何か」である。

三紙とも中国国内のきびしい反日世論に理解を示し、張群の日本視察がそれを和らげることを期待している。『読売』「日本の侵略によって絶大な被害を蒙った中国として日本の復興に疑惑を抱き、軍国主義化の可能性を危惧するのは当然である。また政治、経済の民主化も短時日に完成されるものではないから、現在程度の民主化に信頼をおけないのも止むを得ない。……日本の民主化についてわれわれは今後一段の努力を払い、中国の疑惑を一掃しなければならないが、この問題と関連し日本の実情が十分に中国に伝えられていないうらみがあるのは何としても遺憾である。……占領下にある日本としては、結局日華両国人の往来による理解増進に期待をつなぐより外はない。この点からいっても張群氏の視察の結果が相互の理解増進に貢献するよう切に祈らざるを得ない」

『朝日』「中国の憂うるところは、日本の民主化が徹底しないまゝで工業力が戦前の水準にまで引上げられる場合には、経済復興そのものが帝国主義への出路になるおそれがあるというのであろう。……たゞ重ねて次のことを指摘したいと思う――日本はアメリカの援助をたのんで講和会議の早期開催に反対している。日本は再び帝国主義への道を進まんとしているといった類の批判は、日本の復興に対する理解の不足から出たものであろうということである。同時に、かゝる誤解を招く原因が日本人の側にあるとすれば、われわれはみずから省みてこれを正さねばならないのである」

『毎日』「われわれのうちには一切の軍備を放棄した日本だが、それにもかかわらず中国人が軍国主義の再現に神経質になるのはわからないものも少くないと思う。われわれが政治、経済、社会、文化の民主化に真実の努力を続けていることにはうらもおもてもない。その努力については張氏もこれを認め、またその困難にして長い日程はあたかも『ローマは一日にして成らず』だといっている。しかしそれも氏のように日本をよく知るものには理解できても、多数の中国人には納得されないのが現状である。われわれはむろん中国に対する心構えを一新してからねばならない。それについてはさらに強い反省の要があり、認識不足の点も多い。だが、一部の中国新聞の論調などは今日の日本について軍国主義時代の錯覚があり、日本人の口と腹は全然相反するという前提のもとに論議しているのではなかろうか」

三紙に共通しているのは、日本も反省が必要だが、中国国内にも日本に対する誤解があるという点である。そうした中国国内の論調の一つとも見られる中国紙『大公報』の社説が九月一〇日の『毎日』に紹介されている。

この社説は「近着」とされているだけで、期日は不明だが、それによると――

「（米国の政策は）中国は鉄鉱、石炭、塩等の各種の原料を供給し、日本の工場でこれを製造させようとするもので、同時に中国は市場を開放し各種の日本品を受け入れようとするものである」

として、このような経済合作など論外だと決めつけている。その上で「われわれの日本問題に関する意見」として、以下の三項を挙げる――

「まず、日本の軍国主義を除去し日本の再度の侵略を防止し極東の和平を保持する、第二に、日清戦争の後、日本は中国からの賠償金で大量の資本を獲得してその工業を建設し一大強国となつた。従つてこん度こそわれわれは賠償を獲得せねばならない、第三に、われわれは平和会議の早期開催に賛成する。この場合われわれは必ずや拒否権を保持せねばならない」

ここでは「日本軍国主義の除去」が第一に掲げられているが、前段の一文に見られるように、米の対日政策が冷戦対応を優先するようになった結果、日本の民主国家への改革がおろそかになり、第二次大戦の勝者敗者の別までがあいまいになりつつあることへの不満、焦慮が日本に対する「軍国主義除去」というキーワードに集約されているようである。

日本訪問を終えた張群は九月二八日夜、南京中央放送を通じて日本視察報告を行った。

九月二九日『毎日』〔南京二八日中央社＝共同〕「張群氏はこの放送で中国は消極的な日本に対する疑惑態度を捨て積極的政策に転ずべきだと説き、中国を主導力とするアジヤ集団の速かな結成を提唱、これは日本を断じて除外してはならないと強調した」

日本では軍国主義清算の不徹底を強調した張群であったが、中国国内に対しては日本に対して不安を抱く必要がないことを訴えた。

「終戦以来過去三年の間に日本の武装解除は連合軍総司令部により徹底的に行われており、日本が現在もっている資源と技術を利用すれば再度戦争を起すに足る国防力を再建することが出来るとの説ははなはだ根拠がない。ただ今日の日本人の思想、社会の風俗習慣は学芸作品、芝居などになお歴史の余毒が残っているが、これが日本の民主化を妨げているとは認められない」

そしてアジアに中国主導の「互助互利の経済集団」を結成することを呼びかける。

「日本も断じてこれから除外されてはならない。けだし日本人の過去五十年にわたり培われた科学知識と勤倹耐労の国民性はアジヤの経済建設に十分な貢献をなすものと思われる」（注：この視察報告の全文は『日華・風雲の七十年』一一七〜一二八頁に採録されている）

このように戦後初めて政治家として中国から来訪した張群は、その言動に大きな注目を集めると同時に、日本人としては思いもおよばない方向へ進みつつあった中国の対日観を是正することが期待されたのだが、彼が持ち帰った視察の結論はきわめて穏当なもので、日本世論の期待に応えるものであった。

しかし、張群が日本から帰国した一九四八年秋から国共内戦の戦況は大きく動く。張群の日本視察がその後の日中関係に見るべき役割を果たすいとまはなかった。

ところで、張群は日本滞在中、芦田首相とは一度会談しただけだったが、マッカーサーとは四回会談したことはすでに述べた。一回目が到着翌日の八月二三日の午後、話題は国共内戦の状況、二回目が八月三一日夕で日本の政治について、三回目は九月八日夕で原爆投下や日本の天皇制が話題になり、四回目の九月一〇日夕には経済を中心とする米の対日、対アジア政策である。会談時間はそれぞれ二時間ほどであった。

その内容は日本では報道されなかったが、前掲『日華・風雲の七十年』（一〇二〜一一四頁）には相当詳細な記述がある。それを見ると、当時としてはかなり機微にふれる部分もあって興味深いので、さわりのいくつかを紹介しておく。

まず日本の政治について。日本では前年一九四七年四月の第二十三回衆議院選挙で社会党が一四三議席を獲得し、一三一議席に止まった自由党を抑えて第一党になったために、吉田内閣は五月に総辞職、六月一日に社会、民主、国民協同の三党連立による片山哲内閣が成立した。しかし、片山内閣は社会党内の左右対立によって、一九四八年二月に総辞職、民主党の芦田均が連立内閣の首相となっていた。

この状況について、張群が「連立三党の足並みがそろっていないために中道政治を進めるには力不足であり、次の選挙では自由党が勝利を得るだろう」と述べたのに対して、マッカーサーは「吉田茂の自由党が、次期選挙で勝つとは信じられない」と言い、また「自由党は、旧軍閥や軍国主義を代表しているようなところがあり、右に偏っているが、本質的には軍国主義とは違う」と述べたという。

三回目の会談では張群が広島を見てきたことから、原爆の話になり、「広島と長崎を原爆投下地に選んだ理由」を聞いたのに対して、マッカーサーの答えは以下であった。

「長崎はもともと、二発目の投下地ではなかった。はじめは九州東北部の製鉄所を予定したが、雲が厚く、爆撃機が進入できなかったので、目標を変更、長崎に投下した。……

東京に原子爆弾を投下しなかった理由は、東京の住宅は七〇パーセントが木造で、小型焼夷弾でたちまち燃え上がってしまうからである。東京ではいつも平均風速一〇メートル近い風が吹いている。原爆を落とせば、東京から横浜まで、おそらく三十日間も燃え続け、工業地帯もほとんど焼き尽くされることになったであろう」

米の対日政策については、張群が「アメリカが日本を防ソ、反共の根拠地にしている、あるいは日本の復興を助け、日本をアメリカの『極東工場』にしようとしている、といった意見がある」と述べたのに対して、マッカーサーは「極東工場」説を最初に提唱した米国の前国務副長官アチソンを「頭がどうかしている」ときびしく批判し、日本の経済状況について次のように述べた。

「日本の工業水準は、実際の生産能力より高く見積もられており、極東委員会が設定した『一九三〇〜三四年の水準』という線の五五パーセントに達するのがやっとというのが実情である。日本の生産と消費は大きくかけ離れ、アメリカの援助がこれを埋めているが、その金額は年に三〜四億ドル、毎日百万ドルと言う巨額に達する。それでもなお援助は食糧だけにとどまり、経済の復興の援助にまで手がまわりかねている」

マッカーサーの日本経済についての発言や中華民国に対する忠告は、前年、この年と続いた米の対日政策に対する中国国内の抗議運動を意識したものであろう。

第六章　共産党軍、全面反攻へ

一九四八年秋

一　済南陥落

三大戦役の先駆け

内戦開始からまる二年が経過しようとしていた一九四八年なかばの戦況は、当初圧倒的に優勢と見られていた国民党軍に対して共産党軍が華北から東北を中心に土地改革によって農民大衆の心をつかみ、広大な農村に着々支配を広げ、国民党の「共産軍掃滅」というスローガンを有名無実なものとしつつあった。

その間、国民党は前章で見たように国民大会代表の選挙、その代表による中華民国総統の選出と、軍政─訓政─憲政という「民国」としての政治体制の整備を進めたのであったが、いかんせん内戦が思うように展開せず、それどころか昂進する悪性インフレが政権基盤を崩しつつあった。

そして、ここから共産党軍の全面反抗、国民党軍の敗走、壊滅、中華人民共和国の成立へと歴史が急展開する一年余が始まる。

一九四八年秋の内戦では、まず九月、共産党の華東野戦軍が山東省の省都、済南を攻略した。この戦いは秋の「三大戦役」と総称される反攻作戦の先駆けとなるものであった。かねて済南の情勢が緊迫していることは、夏以降、日本にも伝えられていた（七月二二日『毎日』解説「中共、都市攻撃へ」、八月一日『毎日』「中共、済南攻撃ねらう」）が、九月二〇日の『毎日』に［上海十九日発UP＝共同］で「中共、済南飛行場占領」という短い記事が登場する──

「済南攻撃中の中共軍は十八日済南北郊飛行場を占領し済南を完全に包囲した。中共軍の迫撃砲は雨のように済南に落下している」（全文）

次いで――

九月二六日『読売』［済南廿四日発新華社至急報］（共同）「山東省都済南は廿四日午後五時人民解放軍に完全に包囲され市内の全政府軍は掃討された。攻撃は十六日から開始され、廿一日早くも商業地区に突入してこれを占領したのち廿四日旧市内に立てこもる王耀武山東省主席の最後の強力拠点を激しい市街戦ののち完全に撃破し攻撃開始以来九日目に済南を完全占領したものである」（全文）

この記事には［南京廿五日発ＡＰ］（共同）で、済南が占領されたことを政府も確認したとの記事が並べられているが、注目されるのはこのあたりから共産党側の新華社電が戦況報道の正面に登場するようになったことと、「掃討」というそれまでもっぱら政府軍が共産党軍に対する場合に使われていた言葉が逆の場合にも使われるようになったことである。

『読売』はこの記事に「解説」をつけ――

「済南がわずか九日で陥落したわけは廿万の中共軍にくらべ政府軍はその三分の一に過ぎなかつたこと、……六千の政府軍が中共側に寝返つた事、最後のたのみだつた飛行場が占領されてしまつたからだといわれている。しかしこれと同時に中共は『内戦第三年目の目標』として〝大都市攻略〟を叫んでおり、済南が先ずその第一着手となつたもので、この点からしても済南陥落の意義は大きい」

としている。

また『朝日』も九月二七日の「新世界録音」解説欄で済南陥落を「軍政両局面に重大な転機」とする論評を掲げ、従来、無理な都市攻撃を避けてきた共産党軍が済南で「内戦史上まれにみる激戦」を展開したのは、八月に石家荘で華北民主連合政府を樹立したのに続いて華東連合政府を済南に樹立するためであろうとの観測を述べ、次には西北と中原解放区にそれぞれ民主政府を樹立し、全国人民代表大会を召集して「全国政府を作るのがそのハラといわれる」と、済南陥落の戦略的意義を位置づけている。

この済南戦役について共産党側の『中国人民解放軍六十年大事記』（四三六頁）の記載は、国民党側の済南守備隊一〇余万人に対して、共産党側は一四万人を投入して、九月一六日夜から攻撃を開始、二〇日に城外の要地を制圧、二三日から外城を攻撃、その間、国民党軍第九六軍三個旅団の共産党側への寝返りもあって、二三日夜、内城を突破、翌二四日に守備隊を殲滅した、となっている。

そして、済南での勝利の意義として――

「七十万の人口を擁し、国民党軍が長期にわたって守っていたこの都市を攻略したことは、『大都市は国民党のもの』という国民党の自信に大きな打撃を与えるとともに、青島など少数の拠点を除いて山東省全域が解放されたことを意味した。そして華東野戦軍がさらに歩を進めて中原野戦軍とともに淮海戦役を戦うための極めて有利な情勢を作り出した」

と述べている。

日本の新聞もこの戦役の意義は概ね正確に把握していたと言える。

このほか済南作戦と平行して共産党側は華北人民解放軍（華北軍区第二、第三兵団）が九月半ばから一〇月末にかけて綏察（注：綏遠・チャハル）作戦を展開し、八月から一一月にかけては断続的に西北野戦軍が陝西省東部を攻撃したが、これらについては日本国内では報道されなかった。

二　三大戦役（遼瀋《りょうしん》・淮海《わいかい》・平津《へいしん》）

共産党軍の相次ぐ攻勢

一九四八年秋から共産党側は本格的反攻に転じて「三大戦役」を相次いで発動し、内戦の行方を決定的なものにするが、そうした共産党側の戦略そのものは日本では知る由もなく、ただ第二章（八四頁参照）で述べたように、この年の一二月から中国関係の記事本数が急増したことに戦況の急迫が反映している。

ここではまず共産党側の資料でその戦略を概観しておくと、九月八日から一三日まで共産党は河北省西柏坡村で中央政治局会議を開き、過去二年間の戦績と情勢を分析した。そこでは一九四六年七月から数えてほぼ五年の期間で人民解放軍は五百万人に近づき、正規軍、非正規軍合わせて国民党軍七百五十万人を殲滅できるとの見通しを立て、そうなれば国民党統治を根本から覆すことができると結論した。そしてこの年秋以降の内戦三年目は引き続き長江以北、華北、東北を戦場にこれまでにない大規模な殲滅戦を戦い、最後の勝利のための政治的、思想的、組織的な準備を加速すると決定した。

（『中国人民解放軍六十年大事記』四三三頁）

そこで、当時もっとも有利な形勢にあった東北地区でまず国民党軍に決戦を挑むことが決定された。いわゆる「**遼瀋戦役**」である。同資料によれば東北の国民党軍は五十五万、対する共産党側は東北野戦軍を中心に百三万。国民党軍は長春、瀋陽、錦州の三か所に分かれて、それぞれが孤立していた。

遼瀋戦役は一九四八年九月一二日から一一月二日までの五二日間に及んだが、共産党側はまず東北への入口にあたる錦州を攻撃するとともに鉄道を抑え、国民党軍の南への逃走と増援部隊の北上を阻み、一〇月一五日に同地、錦州を完全占領した。次いで一〇月一九日、共産党軍の包囲下で長春の国民党軍が投降した。その上で共産党軍は瀋陽、営口を攻め、一〇月三〇日に瀋陽陥落。国民党軍は一部海上から逃れたものの、東北における部隊は壊滅した。

続いて一一月初めから華東、中原両野戦軍による「**淮海戦役**」が発動される。なお一一月一日から共産党軍の部隊編成が整理され、西北、中原、華東、東北の各野戦軍はそれぞれ第一から第四野戦軍と名称が変わったので、淮海戦役は第二、第三両野戦軍の共同作戦として戦われた。これは黄河と長江の間の要衝、徐州を守る国民党軍との戦いで、翌一九四九年一月初めまで二か月余に及んだが、最終的に華東中原地区の国民党軍は長江以南に敗退した。

淮海戦役が続いている一一月末、共産党軍は遼瀋戦役を終えた第四（東北）野戦軍と人民解放軍総部直属の華北第二、第三兵団共同で「**平津戦役**」を発動した。これは張家口、新保安、北平（北京）、天津、塘沽など華北の各都市に対する攻撃で、各地の国民党軍を包囲して孤立させ、個別に投降させるか、あるいは殲滅するかの作戦を採った。そして後述するように一九四九年一月一四日に投降を拒んだ天津を猛攻で落とし、それを見た北平守備の国民党の傅作義将軍が無血開城に応じたため、一月三一日、共産党軍は北京に入城した。

日本の受けとめ方

この共産党軍の一連の大攻勢を、新しい動きとして日本の新聞が捉えるのは『毎日』がもっとも早く（一九四八年一〇月八日）、次いで『朝日』（一〇月一七日）、それから『読売』（一〇月二八日）である。

『毎日』は一〇月八日に［上海特電（UP）七日発］で「政府軍、長春撤退」を報じ、それに「解説」をつけて――

「中共は去る九月山東の省都済南攻略と並行して満州、華北の連結点であり同時に長春、奉天への補給基地となっている錦州を目標に攻勢を開始、錦州の事態は早くも楽観を許さなくなっている。政府軍の長春放棄は実質的に満州の放棄を意味するもので、さらに錦州が中共の手におちるとなれば奉天をも撤兵するのではないかとの悲観的観測が強い」

との見通しを述べた。

『毎日』は一〇月一三日に「中共軍秋季攻勢　西安―満州回廊で百万を動員」［南京十一日発＝共同］（ミルクスAP特派員）電を載せ、合わせて「中国内戦の新動向」と題する社説を掲載した。この社説は――

「西は西安から東は満州回廊にいたる中共軍の大規模な秋季攻勢によって政府軍が内戦以来の不利な立場にあるのは争えないようである」

と情勢を判断した上で、次のように述べる――

「注目されるのは最近中国の識者の間にアジヤ集団結成の動きが見えてきたことである。それは西欧にマーシャル・プランが実施されているように米国の援助でアジヤを復興するためにアジヤ連盟結成の可能性を研究しているという。……中共の問題はすでに東南アジヤの共産党の積極的な活動と切りはなせなくなっている。ここにアジヤ共通の利害もある。米国のアジヤ政策の動向と中国の内戦の深刻化がアジヤ・ブロック結成のカギだといえるが、それは同時に日本の問題でもあるので深い関心をもたぬわけにゆかない」

米国を中心としてアジアに反共同盟を結成することを「日本の問題として関心を持つ」というのは、中国における共産党の勝利を歓迎しない立場に立つことを前提としている。ひたすら和平を訴えていた内戦初期の立場から一歩踏み出して、東西冷戦下で中国共産党が勝利することは日本に不利との認識がこのあたりから広まってきたものであろうか。

『毎日』はさらに一〇月二五日、「赤い東北アジヤ圏」と題する解説を掲げ、次のように論じた――

「満州はついに中国共産軍の手に落ちソ連圏の中に一応転がり込んだ形となつた。そうしてこれを契機として〝東北アジヤ・ブロック〟の形成という注目すべき××新段階を迎えんとしている。……事ここにおよんでは国共戦は中国の『内戦』というより『外戦』の様相をいよいよ濃くしてきたようだ。こうした赤い脅威にさらされた中国政府がとりはじめた防衛の道は世界的に反共防御の中にその身を投じて掃共戦をアジヤの事業、世界の事業に置き換えることのようにみられる」

そして末尾では――

「なおこうしたアジヤ情勢の中における日本の運命とても決して例外であり得ず、差当っては経済復興五ヵ年計画の成否に影響するところが大きい」

と、前記社説の立場を敷衍している。

『朝日』はどう見たか。一〇月一七日の「江北に戦機熟す　重大化す中共秋季攻勢」という「解説」は戦局を概観してこう述べる――

「いまゝでの戦局を通じて中共軍は各個撃破作戦をすてかなり強引な作戦に転じているようだが、これは

一、中共が民主連合政府方式に基く全国統一の政治闘争に積極的に乗り出したこと

二、そのためには華北、満州におけると同様、中原、華東、西北各解放区においても地方政権の樹立を急いでいること

三、政府軍の士気の低下を見抜いて政府軍の戦略的要衝を攻撃し華中地区進攻の足場を固めようとしていることがあげられている

いずれにしても中国内戦の様相は決戦的な様相をていして来た」

と、こちらはあくまで内戦の一局面ととらえている。

この頃の内戦報道は中国発でも、戦闘現場の情況を伝えるものはほとんどなく、両軍の発表あるいは伝聞が多いが、その中で一九四八年一〇月二六日『朝日』に載った「餓死十五万　長春の犠牲者」という［瀋陽廿三日発中央社＝共同］電は、短いながら現場を伝えている――

「長春を陥落寸前脱出してこのほど瀋陽に到着した中央社記者は、飢えと中共第五列の活躍で長春の守りは崩壊したと次のように報じている。

長春の政府軍将兵は食糧さえ続いたら絶対に不覚はとらなかったと信じている。政府軍の主食が豆かすだけとなったのは九月二十日からで、このころから中共第五列との有形無形の戦いが展開された。

九月二十五日錦州をめぐる戦闘が開始されて食糧の空中投下が一時中止され、ヤミのコーリャンが一斤五十億元にはね上がった。六月から十月初旬の四ケ月間に中共軍の食糧攻めの犠牲となり**餓死した市民**の数は十五万を下らない」（全文）（長春攻防戦については遠藤誉『卡子』がある）

『読売』が済南陥落後、中国内戦に注目するのは一〇月二八日に「政府軍・全満洲を放棄　長城以南の各拠点に防衛配備」という［南京廿六日発ＵＳＩＳ］（共同）電を一面中央上段に載せ、その下に「重大段階に立つ中国の内戦」との「解説」をつけてからである。その末尾の部分――

「かくて中国内戦の主戦場は隴海線と揚子江すなわち北緯卅度から卅五度の線に移るであろう。とくに注目されるのは今後における中共側の動きで、中共は満州、内蒙、華北、西北を包含する赤色支配地区の仕上げとともに、反蒋派をも含めた中華人民政府の樹立に乗り出すものと予測される。赤い中国地区の出現は直ちに日本、韓国はもちろんアジア全体にとってもまたアメリカにとっても大きな影響を与えるわけで、この点から見ても中国軍事情勢の推移は注目に価する」

一読、明らかなように『毎日』と『朝日』の折衷である。

瀋陽陥落

一九四八年一〇月三〇日の瀋陽陥落は一一月一日付けで三紙いっせいに報道した。比較的詳しいのは『朝日』の「南京特電三〇日発＝ＡＰ特約」である。

「三十日当地に達した報道によると、満州における最大の政府軍根拠地である瀋陽はついに中共軍に占領された。瀋陽の陥落は満州確保の政府側の希望に事実上終止符を打つたもので、ひいては華北における北平、天津回廊にも一層の圧力が加わるだろう。諸報道によると中共軍は三十日数ケ所から瀋陽市内に突入したもので、瀋陽守備に当つていた東北掃共総司令衛立煌将軍の所在は不明である」（全文）

『毎日』『読売』は同日の一〇月三〇日南京発のＡＰ電であるが、以下の速報である――

「非公式ながら確実な筋によれば瀋陽は卅日夜中共軍に占領された。瀋陽からの最後の報道は中共軍は瀋陽の郊外に迫り、数ヵ所から市中に突入したことを示していた。瀋陽指揮官衛立煌東北掃共総司令の所在は不明である」（全文）

なお、所在不明とされた衛立煌将軍は前日の一〇月二九日、飛行機で瀋陽を脱出していた。

三大戦役の先陣、遼瀋戦役において共産党軍が瀋陽を陥落させ、東北地区から国民党軍を退けたのは、国共内戦における大きな分水嶺であった。前年（一九四七年）三月に国民党軍が共産党の根拠地、延安を奪取したときにも、外部の観察者には内戦の大きな節目と見えたものであったが、実態はそうでもなかった。しかし、瀋陽の陥落以降の戦況はまごうかたなく一方的な流れとなる。

毛沢東は瀋陽陥落後の一九四八年一一月一四日付で新華社を通じて発表した「中国の軍事情勢の重大な変化」という論

評（『毛沢東選集』第四巻、三七七頁）を、「中国の軍事情勢はいまや新しい転換点に達した。すなわち、戦争する双方の力関係に根本的な変化が生じたのである」と書き出している。

その根本的変化とは、毛沢東によれば「戦争三年目のはじめの四か月で、つまり今年の七月一日から一一月二日の瀋陽解放までに、国民党の軍隊は百万人をうしなった。四か月間の国民党の軍隊の補充状況はまだあきらかでないが、かりに三十万人補充できたとしても、減った数は七十万人になる。そうすると、国民党の軍隊は陸海空軍、正規軍と非正規軍、作戦部隊と後方勤務機関をふくめて、全部で、いま二百九十万人前後をかぞえるにすぎない。人民解放軍のほうは、一九四六年六月の百二十万人から、一九四八年六月の二百八十万人にふえ、いまではさらに三百余万人にふえている。こうした事情から、国民党の軍隊が数のうえで長い間しめていた優勢は急速に劣勢へと転じた」ことである。

その結果、毛沢東はその後の戦況を「これからあと一年前後の時間があれば、国民党反動政府を根本的に打倒することができる」と予測する。事実、中華人民共和国の成立はこの十一か月後であった。

こうして全東北地区が共産党軍の手に落ちたとなって、三紙は一様に米国に目を向ける。このまま国民党を敗北させてしまうのであろうかと。おりから米国は大統領選が終盤を迎えて、現職の民主党トルーマン大統領と共和党のデューイ候補が接戦を繰り広げていた。

一〇月三〇日『読売』社説「中国内戦の重大化」――

「この戦局の重大化に伴って注目されるのはアメリカの援助である。中国政府もアメリカの援助に多大の期待を寄せていると思われるが、アメリカの対華援助額は来年六月までの分が一応決定している。たゞ今日まで極東問題で民主党より積極的な態度を示していた共和党が大統領選に勝った場合、対華援助に積極的な方針をとるかも知れないと見られているが、議会で援助の細目まで決定している以上、急激な変化は起らないだろう」

一一月一日『毎日』解説――

「今後問題の焦点は米国が危機に追い込まれた中国政府にどの程度の輸血を行うかということと、満州撤兵を契機として戦後の内戦が新たな段階に入り、それに伴い中共の政治攻勢と国民党および政府部内の進歩分子がどう動くかということにある。大統領選挙で共和党デューイ氏の優勢が伝えられる折柄、同氏を支持する対共強硬論者として有名なフリット氏が対華援助顧問に任命され、近く中国に派遣されるのは極めて重大な意義をもつものといえる」

一一月一日『朝日』社説「中国情勢の一転機」——

「アメリカの対華援助は九月以来特に積極的に進められ、十月初旬までに一億二千五百万ドルの約七割が支出されているのであるが、それにもかかわらず、政府軍が敗北に敗北を続けているのは、アメリカの軍事援助がさらに大規模なものに拡大される必要があることを示しているものともいえる。最近ウェデマイヤー中将の訪華説が伝えられているのは、軍事的援助計画再検討の機運に向いつゝあることを物語るものであろう」

米大統領選

米国の大統領選挙の結果は、共和党のデューイ有利という事前の予想に反して、民主党のトルーマン大統領が再選を果たした。

この結果についての『朝日』社説「トルーマン大統領再選さる」（一一月四日）は、米ソ対立の中での政権交代は「中流に馬を乗りかえる」危険があるので、それが国民を現政権支持に向わせたのではないかと分析し、「対日政策にも根本的な変化は予想されない」、対中国政策についても「ただ中国の現状は米国従来の蒋介石援助方針に再検討を要請しているので、新たな、より効果ある対華援助が予想される」と、あたりさわりのない書きぶりであった。

これに対して同日の一一月四日『毎日』社説「トルーマン氏勝つ」はかなりトーンが違う。まずトルーマンの勝利を「全く意外である」と言外に失望感をにおわせる。そしてその理由として、民主党は共産主義に対決する外交方針が、ヨーロッパにおけるほどアジアでは明確でないことを挙げる――

「マーシャル国務長官は戦争中に参謀総長として欧州第一主義の作戦をとったと同じく、『冷たい戦争』においても、欧州優先主義をとった。共和党の政治家はこれに反対し、昨年十月、デューイ氏は両洋外交政策を唱えて、欧州とアジヤに同じ重要性を与えることを主張し、昨年十一月の臨時議会では、共和党上院議員は政府の対華援助の消極性を非難して対華軍事援助を要求した。対華援助が、いまのような形でも出来たのは、その力であった。このような点からみて、共和党政府が出来れば、アジヤ、ことに極東には、対華軍事援助の積極化を中心として、新しい政策が展開され、対日政策にも積極的な影響があると思われたのである」

いかにも残念といった口ぶりである。しかし、さすがに占領下であることを意識してであろう最後はこう締めくくる――

「われわれは民主党と共和党と、そのどちらかをとろうとするものではない。ただ世界のために、米国の強い政治力を願うのである。同じくトルーマン政府、民主党政権といっても、選挙前のそれと違った新しい力が、ここに出現したことをよろこぶのである」

トルーマンも変わるはずだから、それを「よろこぶ」というのは苦しい論理だが、『毎日』は前掲の一〇月一八日の「社説」、一〇月二五日の「解説」以来、中国における共産党の内戦勝利に強い危機感を一貫して前面に押し出している。この時期の新聞としては珍しいことである。

三　戦火、華中へ

淮海戦役発動

遼瀋戦役に続いて、共産党軍は直ちに「淮海（淮河以北の徐州と海州と呼ばれた現在の連雲港市西南の一帯）戦役」を発動する。全東北が共産党軍の手に落ちた後だけに、各紙は敏感に戦局をとりあげる。

一九四八年一一月七日『朝日』〔南京五日発UP=共同〕「首都南京は南北から中共軍に脅かされ、間もなく南京が初めて直接内戦の舞台に投じられそうな形勢となつてきた。北方では約二十万の中共軍が徐州と、徐州から南へ南京と結びつく鉄道上に群がつている。南では南京から六十五キロないし二百キロの山岳地帯に隠れていた中共部隊が最近活発に動き始めたと官辺筋ではいつている。

五日の政府側報道によれば中共軍二十万は河南省中部を発して、安徽省東部から山東省南部にかけた半円形を以つて南京徐州回廊上を動きつつある」

一一月九日『毎日』〔南京特電（UP）八日発〕「蒋総統は陳毅、劉伯承両将軍き下の中共軍が南京、徐州回廊に全面的な総攻撃を加えてきたのに対し八日、その直系虎の子部隊の再編成を急いでいるといわれる。このため約四十万に上る政府軍が現在信陽、蚌埠方面に集結し、延安攻略で勇名をはせた胡宗南軍もこの中原作戦に参加するものとみられている。……これに対し陳毅、劉伯承将軍にひきいられた中共軍約卅二万は目下この戦線に急いでおり、二、三週間のうちには大激戦が展開されるものと予想されている」

戦火がいよいよ南京近くまで迫ったとあって、一一月中旬に三紙はそろって長文の解説記事を掲載した。そのタイトルと主な中見出しを拾うと――

一一月一三日『朝日』「中国危機の焦点」（〃華中会戦がヤマ　中共の強み農村支配〃〃主席は毛沢東氏か　人民政府樹立を促進〃〃対華政策を再検討　米国の援助すでに29億ドル以上〃）

一一月一四日『読売』「中国内部崩壊の危機」（〃中共の圧力刻々増大〃〃首都、南京から華南に移転か〃〃張（群）・周（恩来）和平交渉説〃）

一一月一四日『毎日』「中国の運命決す」（〃華中決戦迫る〃〃上海経済早くも混乱〃）

これらの中から目につく文章を引用しておくと、まず一三日の『朝日』から国民党の敗因についてのくだり――

「内戦初期には兵力、装備の両方とも共産軍より圧倒的に優勢だつた政府軍が、なぜこのように負けつづけ、南京までうかがわれるようになつたのだろうか。政府側の発表からみても、政府軍と共産軍の兵力比は、内戦初期の**七対一**（三百五十万対五十万）から今では二**対**一（二百八十万対百四十万）に低下し、装備は砲数が政府軍二万一千門、共産軍が二万二千門と、むしろ共産軍のほうがよくなりはじめているといわれる。

その主な原因は、はじめ政府側にあつた三十九個師の米式装備軍が、山東、満州などの戦で大部分共産軍の包囲戦術にひつかかつて、破られたり武器をとられたためだが、さらに重要な理由としては、農村に足場をもたない政府軍が機動力を出し得なかつたこと、将校や地方官吏の**腐敗から民心を失い**、士気が落ちていることなどが挙げられている。

これにくらべて共産軍は、日本軍の時代にすでに華北と満州、華中の一部農村を支配していて、常に『子弟兵』の郷土で戦えたこと、土地改革や組織工作で大衆をひきずつたこと、軍隊の政治教育を重視し、とくに攻略地の軍紀保持につとめたこと、将校の指揮技術がすぐれていたこと、などで次第に優勢な地位を占めたといわれている」

一一月一四日の『読売』から上海、南京の状況を伝えるくだり――

「この決戦は政府側にとって文字通り首都南京を明け渡すか否かの最後の運命を決定するものとみられており、戦況の推移は今までとは全く異なつた意義をもつことになつた。

しかしこの華中決戦の成行とともに注目しなければならないのは、政府側治下に起つている恐るべき**経済危機**で揚子江下流には戒厳令が布かれたものの食糧暴動は連日頻発し、南京、上海では今やどのような事態が起るかわからぬという不安状態が現われていることだ。そのカギをなすものは、すでに潜入している中共分子に組織化され扇動される上海数十万労働者の動向だ。すでに去る八月ハルビンで開かれた全国労働会議に出席した上海代表は『もし中共軍が上海に入る時があれば、上海はわれ〳〵の手でそつくりそのまゝ引渡す積りだ』とさえ語つているほどである。去る八月十九日の幣制改革で発行された**金円**もいまや全く信用を失い、一般民衆は物々交換でなければ一切の品物が手に入らなくなりつゝあるという。廿億円を限度とする発行高も僅か二ケ月半の間に十六億円を超え、政府はついに十一日制限を解くとともに対米ドルレートも一対二〇と五分の一に下げ、金円発行に伴う財政経済緊急措置の全面的修正を余儀なくされるに至つた」

一一月一四日の『毎日』の解説は事態の説明にとどまらず、興味深い予測を述べている――

「さてその華中決戦は目前に迫つており蒋総統はあと三ヶ月で内戦は決定するといつた。そしてこの決定は直ちに中国の運命を決する重大性をもつているばかりか、わが国を含むアジヤの運命に影響し、さらに国際問題としても重大である。政府軍も疲労困ぱいしているが、春風満帆（ママ）にみえる中共軍も十余年にわたる内外戦に疲れないはずはない。〝雨は相対峙する両陣営に降る〟長い田舎まわりの間に中共は広範な農民の組織には成功したが、その前衛としての都市の労働者をいかに組織し、満州、華北の都市に荒れ果てている近代工業をどうして復興し、運営するかは戦闘以上に困難な課題として残されている。都市を知る老幹部の多くはあるいは戦死し、あるいは老いた。広大な解放区を経営するために青年幹部の養成も火急の課題だが、ムクな青年幹部が都市に入るや否や腐敗堕落することも中共の悩みのタネだと伝えられる。中共も、おそらく重点を作戦から『解放区』の再建に置換えねばならぬ時期がきている。国共何れにせよ二つの中国を一つにするためには中国の近代化、経済復興が前提条件であるからだ。そこに中国の内戦は再びその特徴である一種の停滞期に入るのではないだろうか。そしてこの時期こそ中共が全国制はを準備する時期であり、国民党にとっては建直しのための天の時だ」

中国で共産党が勝利することを日本にとっても危機だとする立場に立つ『毎日』は、このまま一気に内戦が共産党の完全勝利にまでは進むまいと予測する。その根拠は「内戦の特徴である停滞期」が来るのではないか、ということである。

一日おいた一一月一六日に『毎日』は［南京特電（UP）J・Sジャコブ特派員発］「中国内戦を現地に見る」という解説風のルポを掲載するが、そこにも次のような一節がある――

「経済事情を悪化させつつ続けられている中国の内戦は結局政府軍の前線が徹底的に壊滅し中国が地方的な軍閥に分裂して互いに攻め合ったり、中共と戦ったりするようにならなければ終らないであろうし、内戦がなお続くということは将来とも決して間違いのないところである」

『毎日』が特約関係にあるUPの影響下にあったとも考えられるが、中国の内戦が簡単に共産党の勝利で終わるはずはないというのが、希望的予測を交えた当時の一つの見方であったのであろう。

東北失陥から徐州情勢急迫という中で、前述したように一一月三日、南京では翁文灝内閣が総辞職し、翌月、孫科内閣が後を継ぐが、その間にも戦局は急速に進む。

一一月一三日『朝日』［南京特電十一日発＝AP特約］「百万の大軍集結　徐州地区で激戦展開」

一一月一四日『毎日』［南京特電（AFP）十二日発］「中共軍、徐州十キロに肉薄」

一一月一五日『毎日』「南京十三日発ＡＦＰ＝共同」「徐州撤退を準備　政府軍、包囲されて大敗」

一一月一六日『毎日』「南京特電（ＡＦＰ）十四日発」「徐州に危機迫る　市内は深刻な食糧難」

そして一一月一七日、三紙はいずれも「中共軍、**徐州占領**」を伝えた。これは前日に共産党側の放送が「占領を発表した」というＡＰ電を掲載したものだが、実際の戦闘は共産党軍がまず徐州東方の展荘、南方の宿県の国民党軍を攻める戦略をとったので、徐州そのものの占領は一九四八年一二月一日である。

そして、淮海戦役は南京―徐州間の広い範囲にわたって展開されたから、徐州陥落後も戦闘は年を越えて続き、一九四九年一月半ばに至ってようやく終結した。

四　各地の表情

青島・北平・南京・上海

このように戦火が南京、上海に迫りつつある中で、各地はどんな状況だったか。「徐州占領」の記事が載った一九四八年一一月一七日の『朝日』に「上海にてフレッド・ハンプソン特派員発＝AP特約」で四都市の様子を伝える短いルポが登場した。

「過去二十五日の間に私は内戦の発生によつて非常な影響をうけている四つの都市を訪れた。

アメリカの西太平洋艦隊がいる青島では、米海軍が中共軍の迫った際に撤退するかどうかに大きな関心が向けられている。そこは米海軍が止まつている限りは安泰であろう。

中国の珠玉のような古都北平（北京）では中共軍が間もなく来るだろうと予想しているが、しかし誰もこれを恐れてはいない。ある友人は北平の明け渡しは無血のうちに行われるだろうと述べたが、北平の中国人は中共軍が入城した場合だれが次の市長になるか、その名前さえ知つていると語った。そして市民の主な関心は高い物価にだけ向けられている。

南京は恐怖と絶望の街だ。たぶんこれは政府の所在地であり、官吏たちはかれらの経歴と財産がフイになることを予測しているためかもしれない。

上海はいつも人が一ぱいでゴタ〳〵しており、財界は爆発しそうな緊張に関心をうばわれている。通貨改革の失敗は恐るべき打撃を上海に与えた。しかも政府は対華援助による米の配給計画に失敗し、数日間は十分な食糧さえもなくなつてしまつた。だがこの形勢は米の緊急放出によつて一時的に緩和された。

内戦になやむ中国にはビックリするような話が多い。上海で今でも開かれているあるカクテル・パーティの席上、香港に避難しようとしているある男がこう語つた。『私は一千米ドルで中共軍の来るのを恐れている人々から二つのアパートを買つた。私は政府軍がもちこたえて年末までには帰れるものと思う。そのときには五千米ドルずつでそのアパートを売るつもりだ』

都会に住んでいる中国人の多くは、現在の危機は中共の支配する連合政府の成立によって終わるだろう、そしてそれには中共と協力する国民党系の官吏も含まれるだろう、と考えている」

『毎日』のように中国における共産党の勝利はアジア共産化の先駆けと危機感を募らせる見方とは対照的に、単なる支配者の交代と冷めた目で内戦を見る中国人の姿がこの短文にうかがわれる。

この記事で「恐怖と絶望の街」と書かれた南京について、一二月六日の『毎日』に「南京特電（UP）四日発」で、その混乱ぶりを伝える短信が載った――

「避難民の混乱を避けるため政府は四日、南京からの全交通機関を軍の統制下におくこととなり、南京上海地区警備総司令湯恩伯将軍は、蒋総統の訓令に基づいて非常時対策を発表、一般民衆の移動統制を実施し、南京の城門を三日深更から廿四時間閉鎖、避難者の流れをせき止め、一方郊外の停車場にある滞貨の一掃につとめた。

避難民の群のなかには官吏の逃避者も多く政務は停滞している。これに関し監察院では三日政府に全官吏の残留を要請したが、立法院では委員の五分の四以上が欠席したため三日の本会議は定員不足で流会してしまった。このため四日には立法委員の南京帰還命令が出されたほどである。行政院は各部に対し引揚職員及び家族のリストを作

製するよう訓令を発したが、兪大維交通部長はこれに基き全般的な引揚計画を作ることになつている」（全文）

平津戦役開始

淮海戦役が続いていた一九四八年一二月初め、共産党軍は北平（北京）、天津を目標とする平津戦役を第四（東北）野戦軍と華北第二、第三兵団をもって発動する。戦線は北平の西北約百五十キロの張家口から北平を挟んで北平の東南約百五十キロの天津、塘沽に至る線で、各拠点の国民党軍を包囲、孤立させて殲滅する戦略だった。

この戦役が日本の新聞に登場するのは一二月七日『毎日』のベタ記事からである――

［北平特電（ＡＦＰ）五日発］「五日政府当局の発表によれば中共軍は河北省において新たな攻撃を開始し、三日夜以来北平の東北方五十キロの密雲周辺にある政府軍陣地を攻撃している。密雲は河北省における最優秀の政府軍が防備しているが、戦闘は密雲の東北四キロとその東南で行われている」（全文）

またこの記事のすぐ脇には解放区で「**中国人民銀行**」が創設されたことを伝える新華社電が掲載されている――

［北部陝西五日発新華社＝共同］「華北、山東ならびに西北解放区の諸銀行を全部合併して中国人民銀行が創設され、同行はこれら三解放地区で**統一通貨**の発行を一日から開始した。新統一通貨は旧通貨と一定の交換レートで流通し、次第に旧通貨を回収する」（全文）

一二月一一日『読売』に「唐山争奪戦がヤマ　子飼いの十万・戦意旺盛」というタイトルで国民党軍の華北総司令・傅作義を訪ねたルポが載った――

［北平にてウオルター・シモンズ特派員発＝シカゴ・トリビユーン特約］「傅将軍は華中の政府軍が敗走した後でも同地域（華北）を維持するだろうし、また傅軍は依然戦意旺盛、武器も手入れされて光つているし、輸送機関も

整理されており、兵隊達には靴や食物も十分支給されている。総兵力は傅将軍の子飼軍が約十万、それと子飼の軍隊ほどは役にたたない政府軍約廿万だ」

記事は共産党軍の目標が唐山近くの開灤《かいらん》炭鉱を押えて天津の電気、水道、さらには北平―天津間の鉄道をとめることにあり、それが成功すると北平が危なくなるばかりか、東北の五十万の共産党軍がなだれを打って華中に流れ込むだろうと述べた後、次のように続く――

「しかし傅将軍は『中共軍が勝っているのは専ら政府軍の怠慢と不正と無能振りによるものだ』とそれほど心配もしていない。そして『これまで中共軍に対して敢然と戦ってきたのは私の軍隊だけだ』といっている。それに将校達もたとえ最後に天津に押こめられたとしても、まだまだ長期にわたつて敵の攻撃を支えることができるし、アメリカから貰っている食糧や軍需物資も塘沽港から手に入れることが出来ると考えているようだ」

この記事は傅作義軍を国民党本体の軍隊からなかば独立したものと扱い、傅作義子飼いの部隊と政府軍を分けて論じているが、この点はこの後の傅作義の行動を決定する重要な要素である。

情勢の急迫に伴い、国民党政府は一一月一〇日に長江下流一帯に**戒厳令**を布告、続いて二一日には華北、漢口などにも戒厳令は拡大され、さらに一二月一〇日にはチベット、新疆、西康、青海、台湾の辺境各省を除く全国が戒厳令下におかれた。

共産党軍、北平（北京）へ

北平に共産党軍が迫るのはその一九四八年一二月一〇日の直後、事態は傅作義の豪語とはまるで違う経過をたどる――

一二月一五日『朝日』〔南京特電十三日発＝ＡＦＰ特約〕「当地の軍事観測者の情報によれば中共軍の北平、天津への進撃が急激なため華北掃共総司令傅作義将軍は華北を全面的に放棄するのではないかとみられている。同筋では傅作義将軍の司令部ではすでに公文書を焼却中だといっている」

一二月一五日『朝日』〔北平特電十四日発＝AP特約〕「北平を目指して殺到する中共軍は同市北方十三キロにせまっていたが十四日さらに新たな戦闘が同市西南十二キロの長辛店で起り、北平の危機がいよ〳〵せまるに至った」

一二月一五日『毎日』〔北平十四日発AP＝共同〕「北平警備司令部は十四日同市南郊飛行場を閉鎖した。これは北平と他地区をつなぐ唯一の航空連絡の道を断ち切ったもので同時に北平―天津間旅客列車輸送も軍隊移動のため停止された。これらの措置によって少くとも当分の間北平は完全に孤立することになった」

一二月一五日『毎日』〔北平特電（AFP）十四日発〕「傅作義軍司令部は目下戦闘は北平北方七キロの地点で行なわれていると発表したが、北平の城門は十三日夕刻から数千の避難民の侵入を防ぐため閉ざされた」

一二月一五日『毎日』〔上海十四日発UP＝共同〕「十四日の報道によれば北平西郊方面に対する中共軍の砲撃は激烈で、最近まで使用していた西郊飛行場や国立清華大学構内にも砲弾が落下する事態となった」

一二月一六日『読売』〔北平特電（AFP）十四日発〕「北平周辺の全政府軍ともいうべき傅作義軍四個軍は過去廿四時間内に北平城内に撤退し、各城門を固めるとともに城内の公園、ホテル、邸宅を占拠している。軍当局の言明によれば、傅司令部も西郊飛行場放棄後郊外から城内に移され、郊外には政府軍は一兵もいないといわれ、北平は完全に中共包囲下に陥っている」（以上六本いずれも全文）

そして一二月一六日、AFP電が「中共軍、北京へ無血入城」と伝える。

一二月一七日『毎日』〔北平特電（AFP）十六日発〕「中共軍は北平に極めて平穏裏に入城した。占領は略奪、混乱の気配もなく円滑に行われた。古都北平の市民は政府が他の政権に置きかえられたという事実にまだ気がついていないように見える。中共軍は十五日北平の西方廿キロの発電所を占領したが、電力の供給は切断しなかつた。北平は十五日夕方まで政府軍の手にあつたが、電力は中共軍から供給されていたのである。

一方中共軍は北平に入城しつつあるが、住民は無関心のようだ。中共軍の北平占領は軍事的な征服というよりも浸透といった形で行われたように見える。中共軍は銃を肩にかけて入城したが、これは傅作義将軍と中共軍将領との間に協定が成立したものと見られる」(全文)

このAFP電を受けて、一二月一七日の『毎日』と『朝日』はともに「解説」を掲げ——

「政府側ではもちろん否定しているが、AFPの現地電が中共の入城を伝えている以上、も早間違いないところであろう。……全華北の失陥を意味する」(『毎日』)、「全華北を制圧したのち、中共軍と華中、西北の両戦線にたいする圧力は急速に加重され、とくに揚子江下流地区における戦局に重大な影響をおよぼすことになろう」(『朝日』)などと書いたが、じつはこのAFP電は誤報であった。原稿の筆者が何を間違えて、こういう誤報をしたのかは不明だが、こういうことが起こる内戦のまぎらわしさをこの電報ははからずも明らかにした。ともかく、華北の戦闘はこの段階ではまだ終わっていない。

とはいえ、戦局が共産党側にきわめて有利に進んでいたことは明らかで、一九四八年末には急遽訪米した蒋介石夫人、宋美齢が米からどれほどの援助を引き出せるかに注目が集まり、またさまざまな和平仲介説も飛び交った。

そうした中で一二月一八日の『毎日』社説は共産党に勝利させたくない心情を共産党限界説にたくして、いよいよ明確に打ち出した。

「やせても枯れても国民党である。中共のいわゆる解放区が、伝えられるように中国領土の三分の一であるとすれば、国民党政府の支配し得る地域はなお三分の二残っていることになる。したがって、中国政府が当面の不利な和平を退けて、あくまで反共態勢を維持し強化するならば、勝ち誇る中共軍が勢いに乗じて長江を渡り、一挙に南京、上海を席巻するようなことになつたとしても、中国の内戦はそれによつて終そくするとはいえないのである。さらに、一般にしばしば見逃されていることは、中共もまた無理に無理を重ねているという一点である。中共といえども全能の神ではないのであり、政府軍が苦戦している場合は、中共軍もまた決して楽な戦さをしているのではないのである。（以下、解放区の復興も大変であり、また共産党の勝利は世界的な冷戦を刺激することを挙げ）……軍事的にも、政治的にも、当面の華中決戦を一機として、中共の攻勢にも一応の限界が来たと思われる理由があるのである」

一二月二八日の『朝日』社説は「南京攻防戦を前に中国の情勢は軍事よりもむしろ政治の舞台に移つた観がある」と書き出して、政治解決の実現を予測した。ただその場合も国共両党の間に立ちうる勢力は国内にはなく、また米国の仲介も見込みうすとして、次のような観測を紹介する――

「今日、中共を動かし得るものはソ連のみとみられている。孫内閣に入つた張治中将軍はソ連の仲介による和議を提唱しているといわれるし、国民党の幹部の一人は、孫科氏がソ連の調停で内戦の和平解決を進めるだろうとの観測をもらしている。……

内戦の政治的解決の道は、おぼろげながらも次第に浮び上つて来つゝあるようである。一九四八年の終において、中国の歴史には大きな転換が行われんとしている。来るべき年は、ジグザグながらこの方向をたどるであろう」

『朝日』『毎日』両紙が社説で内戦の行方を予測したのに対して、『読売』は一二月三〇日、一面トップに「南京特電（AFP）ジヤック・マルキユウズ特派員記」を据え、それに「中国戦局殆んど静止〝政治的〟内戦へ移行か」との見出しをつけている。

この記事は国民党政府の孫科内閣が初閣議を開いた一二月二三日以来、張家口の陥落を除いて大きな戦闘がないことに注目する。そして――

「全戦線にわたつて何かしら作戦を遅延させている奇妙なものが見られる」

と書く。なにやら思わせぶりだが、格別の材料があるわけではなく、しいて挙げれば――

「四大国（米、英、仏、ソ）が調停にのりだすことについてはこの中の某国が実際に南京政府に四大国に調停を求めるべきだと提案したといわれる」

という程度である。

そうした中、共産党は一九四八年一二月二五日に蔣介石以下四十三人に上る国民党の**戦犯リスト**を発表した。それについても、『読売』は――

「中共指導者がこのような宣言を発表して断固たる態度をとってはいるものの、彼らも平和は熱望するところであり国民生活を破滅させてまで軍事上の勝利を得るよりも平和交渉という政治的コースを選ぶものと考えてよいであろう」

と言う。

これらの論調に共通しているのは、この年秋からの共産党軍の攻勢が内戦の構図を大きく変えた事実に直面しながら、そのまま共産党の完全勝利が実現するとはなぜか思えない、あるいは思いたくないという心理を表しているように受け取れる。

こうして共産党勝利へ重心を大きく傾けながら内戦三年目は終わり、運命の年一九四九年が明ける。

第七章　内戦、大勢決す　一九四九年

一　蒋介石の下野声明

突然の辞意表明

一九四九年元日の各紙は「下野の用意あり」との国民政府蒋介石総統の声明を掲載した。

元日『毎日』［南京特電（UP）卅一日発］「蒋介石総統は卅一日夜、廿一年間にわたる中国の指導者としての地位から下野する用意のある旨を声明した」

［南京卅一日発ロイター＝共同］「蒋介石総統は卅一日発表した年頭演説で『中共が真剣に内戦の和平解決の意を示すなら下野する用意がある』と次のように声明した。

中共が内戦の停止に誠意を示すならば自分個人の将来の地位等は問題でない。中共が国民の幸福と国家の幸福を心から思うならば、政府は内戦の終結について中共と和平交渉に入る用意がある。しかし中共が和平解決に誠意を示さないならば政府はあくまでも戦い続ける。その場合政府軍は如何なる犠牲を払っても、南京上海地区を防衛する。その場合政府軍は揚子江の線を護る自信がある」（全文）

この蒋介石の声明は日本ではまず驚きと訝しさをもって受け取られた。一月三日『毎日』は早速、社説「蒋総統の下野問題」を掲げた――

「われわれは政府が和戦のいずれを取るにしても蒋氏の下野ということは、政府の立場からいえばそれが前提条件となるとは思わない。戦いを継続する場合はもちろん下野が問題となるわけはない。また和平を計るためにも、それが『対等の立場で』『光栄ある和平』を望むならば、和平に先だって下野してしまっては期待できないからである。……たとえば彼と軍隊との関係をみても特別な結びつきをもっており、氏に代って軍隊を統率しうるものがあるかどうかは疑わしい。国民党内における立場も軍のそれと同様である。……このように蒋氏の地位と権力は軍政党にわたって中心的存在であることに変りはない。ちょうど扇の要のようなもので、要がこわれると扇はバラバラになってしまうのである。もしバラバラになるような事態になっては和平も抗戦もあったものではあるまい」

蒋介石がやめてしまっては和戦いずれにせよ収拾がつかないではないかと問いかけている。つまり辞めるのは意味がないという立場である。

これに対して、翌一月四日の『朝日』社説「蒋総統の辞意と和平問題」はこう書き出す――

「蒋介石総統が年頭教書において辞意を表明したことは、さらに二つの重大な意義を合せもっている。その一つは、国民党から先ず和平の口火を切ったことであり、その二は政局の主導権を中共に譲り渡したことである。旧年末においてその兆しをみせた中国歴史の大転換はこゝに大きく展開の道を開いたということが出来る」

国民党の敗北を歴史のしからしむるところと見て、蒋介石辞任はその帰結とする。その直接の理由は国民党の軍指導者の態度であろうと推測する――

「これまで和平の口火を切ることを渋っていた国民党が、ついに和平を提唱するにいたったことは、旧年末から南京に招集された軍首脳者会議の経過に動かされたところが多いのではあるまいか。同会議の結論については少しも伝えられるところはないが、軍事担当者が一致してあくまで抗戦を主張するという態度に出なかったであろうと推測することはさして見当ちがいではあるまい」

国民党軍はすでに戦闘継続に自信を失ったのではないかと見る立場である。

一方、『読売』はといえば、元日、三日と二日間続きで「中国政局・嵐の内幕」と題する中日両国の専門家による座談会を載せ、四日には一面トップに「今年・中国に予想される**連合政府**の性格」という長文の解説記事を載せた――

「こゝで注目しなければならぬのは中共が現中国政府に代るべき新統一政府の工作を進めている事実であろう。新しい中国の統一政府〝連合政府〟とはどんなものか？いま可能な範囲でこれを明かにしてみよう」

と、政権交代をほとんど前提にしている書き出しである。そして共産党のこれまでの主張を整理して紹介したうえで、連合政府の性格を論ずる。

「最近、中国と利害関係をもつ諸外国、特に米英両国の間に行われている論議の中心は政府の性格がソ連に直結し国際共産党の指令下に立つ東欧的なものとなるか、それとも民族主義的色彩の濃いユゴ（ママ）のチトー政権的なものとなるかにあるようだ。……

何れにせよ中共の内政方策が共産主義的なものであるよりもむしろ民主主義の線に沿つたものであること、資本主義諸国に対する比較的穏やかな外交政策をとるとしている点などからともみられる。……

占領下にある日本としてはもちろん自主的な外交政策を持つことはあり得ないが、連合政府に対しても無関心ではあり得なくなるとみられる。吉田首相は過般ＡＦＰ記者に対し『中国に中共の指導する連合政府ができたとしてもその政策は共産主義とは違うからさして心配することはない』旨語つたという。……

しかし中共の対日態度は現政府と比べて一段と強硬であり対日講和の条件にしてもアメリカの政策に真向から反対しており、もしもこの政府が中国の正統政府となるような事があれば日本への影響は深刻なものとなろう」

この段階で吉田首相が共産党政権の登場を恐れていなかったというのは興味深い。それにしても蔣介石の辞意表明について、『毎日』はなお国共の対立は続くという立場からその意味を測りかね、『朝日』は国民党の軍事的敗北を予測しつつ、そこから先については触れないでいるのに対して、『読売』は共産党主導の政府が登場することを予想し、さらにその政権の性格までも論じている。三紙の立場がこのように明確に分かれたのは珍しい。

共産党、妥協を拒否

現実の中国では蒋介石声明をきっかけに内戦最終段階の**国共両党の駆引き**が始まる。まず共産党は元日のラジオ放送を通じて、国民党との**妥協を拒否**する意向を明白に打ち出す。

一九四九年一月三日『毎日』［上海特電（ＵＰ）二日発］「一日の中共放送は中国政府の和平攻勢をはねつけ、孫科行政院長に偽善者の烙印をおし、中共には国民党自由主義分子と連合政府を組織する意向のないことをはっきり示した。放送要旨次の通り……**新政治協商会議**は反動分子を参加させることなく人民の革命の完成を目的とするものである。新政治協商会議は今年中に開催する予定である」

同日の一月三日『毎日』にはこれと並べて一九四九年一二月三一日の共産党の放送も掲載されている。

［サンフランシスコ卅一日発ＡＰ＝共同］「サンフランシスコで傍受した卅一日中共放送の内容次の通り

中共と国民党政府との間には中道というものはない。中共軍はいまや揚子江以北の中国を支配し、近く揚子江を渡って全中国を解放するであろう。もし革命が中途で放棄されるならばそれは中国民衆の意思に反するものであり、革命を外国の侵略者および中国の反動分子の意思にまかせ、中国国民党に一息いれさせるものである。これはあたかも傷ついた野獣に手当をするひまを与え、他日野獣に飛びかかられて革命の息の根を止められるようなものだ」

あくまで妥協を排する立場に立つ共産党に対して、国民党側は**話し合いによる解決**を求める動きを強める。

一月三日『朝日』［南京一日発ＵＰ＝共同］「消息筋によれば中国政府は蒋総統が年頭の辞でのべた決意を大体二週間以内につぎのような線で実行に移す予定であるといわれる。

一、中共との戦闘停止と和平の条件および連合政府樹立を協議する新政治協商会議の開催について打診に努力する
二、米、ソ両国に和平会談あっせんを正式に要請する
三、蒋総統は辞職を声明する。確実な筋によれば蒋総統は下野を固く決意しており、三十一日夜の国民党常任執行委員会で右派は総統が辞意を表明するのをやめるよう必死に勧告したが役立たなかった。権威筋は蒋総統は孫科内閣が中共へ和平会談再開を実際に提起するとその辞任を発表し、中共が総統の下野を要求するまで待つようなことは決してないと見ている」

同日の一月三日『朝日』［南京二日発UP＝共同］「蒋介石総統は二日朝官邸に政府首脳部を招集し、中共との和平会談手順について協議した。消息筋によればこのような会議は今後数日間毎日続けられるが、和平会談開始の方法と蒋総統が正式に下野を声明する時期についての最終決定は中共側の公式な反応があるまで行われないものとみられる。なお二日の会談出席者は孫科行政院長、呉鉄城副院長、張治中、張群両無任所相などであった。」（全文）

しかし、共産党側は一月四日の放送であらためて蒋介石のメッセージを拒絶する。

一月七日『毎日』［北部陝西四日発新華社＝共同］「中共放送の大要次の通り。蒋介石総統の和平工作に対する共産党の態度はすでに年頭にあたり発表した『革命を最後まで遂行せよ』と題する新華社社説が明確に述べていると指摘したい。……

中国戦犯ナンバー・ワンが和平を訴えたことは、それ自身こっけいなことであるばかりか、これらの和平陰謀の真相を暴露している。国民党政府は没落しつつあるが、まだ完全に没落していない。かれらはいま息抜きの時間が是非必要なのだ。……」

ここで言及されている新華社の社説は毛沢東がみずから執筆したもので、『毛沢東選集』第四巻（四〇七頁）に収録されている。

国民党側では米、英、ソ連、仏の四カ国を関与させようと動く。

一月一〇日『朝日』［南京八日発UP＝共同］「中国政府は八日内戦解決の可能性に関し四大国大使に正式に交渉を行なつた。すなわち呉鉄城外交部長は八日午後米、英、ソ、佛各国大使に同一内容の覚書を送ったが、この覚書には調停にたつよう直接要請はしておらず中共との和平解決を求める政府の政策について各国の見解を打診したものとみられる。したがって中国政府が和平調停を要請するかどうかは各国大使からの回答にかゝっているわけである」（全文）

この間にも戦局は急迫する――

一月一〇日『朝日』［北京特電九日発＝AP特約］「政府系報道によれば中共軍は八日数ケ所から天津市内に突入、戦闘は旧ドイツ租界のキスリン喫茶店からわずか八百メートル以内の地点で行われている。なお中共軍は同市の東駅と本駅の中間地区にも侵入し、目下市街戦が行われている」（全文）

一月一〇日『毎日』［南京八日発ロイター＝共同］「消息筋によれば中共軍の大部隊は、八日予期されたように南京、上海へ新年攻撃の第一歩を踏み出した。すなわち中共軍七個縦隊は南京北方百七十キロの淮河外郭防衛線に襲いかかり、一集団軍は南京への足場を打ち建てたといわれる。軍事専門家によれば淮河戦線ではこれまでのところ小ぜり合いがあったのみで、中共軍主力は杜聿明軍を完全に撃砕するまでは一挙に南下出来ないとみられていたが、杜軍は現在では卅二キロ平方の狭い地域を確保しているに過ぎず、一度杜軍が崩れれば中共軍は揚子江まで突進し上海、南京地区に着着攻撃をかけられるだろうとみられる」（全文）

［南京八日発ロイター＝共同］「信頼できる政府筋の八日の情報によれば杜聿明将軍は負傷したといわれる。杜軍の兵力がここ三日間の戦闘で八個師から五個師に減じた点からみて杜将軍の負傷はあり得ることだとみられている。同方面の戦いは現在肉弾戦に移り継続中と伝えられる」（全文）

天津、淮河地区では激戦が続いていたが、その一方で北京の情勢は微妙であった。防衛側の傅作義将軍が独自の動きを見せ始めたのである。ＡＰ電がそれを伝えた。

一月一一日『毎日』〔北平九日ムーサＡＰ特派員発＝共同〕「北平周辺では九日、西郊、北郊および西南郊で小規模の衝突が行われた。中共軍は北平の包囲を強化しており、九日には市の西南角から一キロ足らずの距離にまで迫っている。これは中共軍がやろうと思えば市中のどこでも砲撃できることを意味している。しかるに中共軍が攻撃を控えているのでここ一週間内に微妙な局面の発展が最高潮に達すると信じられている。傅作義将軍の『宣言』はもっと早く発せられるはずであったが予期しない情勢によって妨げられた。しかし総ての兆候が誤りでない限り、今週中には『宣言』が発せられると見られている。この『宣言』は華北の全情勢を一変させるものとなろう。なおＡＰ本社では次のような注をつけている。

ムーサ特派員の電報は検閲を顧慮したもので傅将軍の『宣言』とは戦闘の停止、北平、天津、塘沽の明渡しを意味するものと見られる」（全文）

天津、北京地区の戦局について、同日の一月一一日『読売』は「北平無血開城狙う」と題する解説を掲載した。

「おそらく中共軍の天津総攻撃のねらいはまず比較的攻撃の容易な天津を武力によって占領することにより、華北掃共総司令傅作義将軍の直接指揮下にある古都北平および政府海軍の援護下にある塘沽を無血占領しようとする点にあると見られる。

いずれにせよ今回の天津攻撃は蒋総統の年頭声明に始まる政府側の和平工作に対する中共側の戦火の返答とも見られるが、中共側の再三にわたる投降勧告にも拘らずこれに応じない傅将軍に対する中共の強硬手段であることも間違いないようだ。

すでに政府軍が完全包囲下に孤立している以上、天津の陥落は必至とみられ、続いて北平も遅かれ早かれ天津と同じ運命を辿るのではないかとの観測が有力である」

二　毛沢東の八項目

平和交渉をめぐって

北京無血開城予測が流れた五日後、一九四九年一月一六日の各紙紙面には「毛主席　**八項目の和平条件**」（一月一四日）と「天津を完全占領」（一月一五日）の二本のニュースが登場した。

一月一六日『毎日』［南京特電（UP）十四日発］「十四日の中共放送は中国政府との和平会談に関する共産側の最初の申入れを報じている。和平交渉は毛沢東中共主席による二千語からなるステートメントによつてなされたもので和平会談の前提として次のような八項目の条件を提示した。

（一）戦犯の処罰（一）一九四六年採択された憲法の廃止（一）現行統治制度の廃止（一）政府軍は民主的原則に従って改編（一）官僚資本の没収（一）土地制度の改革（一）売国的条約の廃棄（一）反動的代表の参加しない政治協商会議を招集し、現在の中央地方政府を引継ぐ民主政府を樹立」（全文）（注：この八項目は同日の「中国共産党中央委員会　毛沢東主席の時局に関する声明」の中で明らかにされたもので、声明全文は『毛沢東選集』第四巻、四一五頁）

これに対する国民党側の反応もすぐさま短いながら伝えられた。

一月一六日『毎日』「南京十五日発UP＝共同」「孫科中国行政院長は十五日閣議を招集し、中共側の和平条件八ヵ条を検討する予定だが、南京の米国外交筋では米国の傍観的態度を取るとの方針に変更はないと言明した。中国政府は毛沢東中共主席の言明の中で一見つまらぬように見える部分にも何か取引の可能性を示す点はないかと一条一条検討を進めている」（全文）

一月一六日『朝日』［南京十五日UP＝共同］「中国政府は十五日毛沢東中共主席の声明を検討のため緊急首脳部会議を招集したが、張群国務相はつぎのような見解を表明した。

中国に和平が確立できねば世界の和平も存在しない。中国政府の閣僚は中共の和平条件に慎重な検討を開始している。

一方和平派の巨頭邵力士氏は

われ〳〵は中共の声明を原則的立場から研究するばかりでなくこれを総括的に解釈しなければならないと語った」（全文）

毛沢東の八項目和平条件が出された翌日の一月一五日、**天津が陥落**する。日本ではこれが一月一六日の紙面に同時に掲載されたことで、情勢の急迫が印象づけられた。

一月一六日『毎日』［上海十五日発AP＝共同］「ムーサー（ママ）北平AP特派員の□□（不詳）によれば中共軍は十五日各方面から天津旧城内をはじめ市内各所に突入、これを完全に占領した。中共軍の天津占領は秩序正しく市中を行進するうちに行われた。もっとも市中にはなお散発的な戦闘が続いており、数ヵ所で大火災が発生している。南京AP電によれば天津入城の中共軍は旧英国租界の目抜ビクトリヤ街を小銃を空中に発射しながら勝利の行進を行い仏租界に入った。天津占領で中共軍は兵力を塘沽、北平に向けることが出来、また必要とあらば華中方面の友軍と合体するため南方に向うことも出来るようになった」（全文）

天津陥落を受けて動向が注目されていた国民党側の華北掃共総司令の傅作義将軍が「和平を要望」という小さな記事も登場した。

一月一六日『朝日』［上海特電十五日発＝AP特約］「十五日付の華北日報によれば傅作義華北掃共総司令は十四日夜李宗仁副総統の特別使者たる何思源氏と夕食を共にした席上、永久平和のため中共との戦を停止する用意があると次のように語った。

蒋総統の年頭の辞以来中国の民衆は和平を要望しているが、私自身も同感だ。私は一時的停戦でなくて永久的平和を望んでいる。しかし私は包囲下にある諸都市を確保する自信がある。なお右の報道は北平のムーサ特派員が華北掃共司令部に問合せた結果、確認されたものである」（全文）

ところで蒋介石の「共産党が和平に誠意を尽すなら下野の用意あり」との年頭の辞に対する日本の新聞の見方が分かれたことを先に見たが、共産党側が「和平は共産党の条件でのみ」という強硬な回答を出した段階ではどう情勢を判断したか。一月一六日に『毎日』『朝日』がともに社説を掲げているが、引き続き対照的な内容である。

『毎日』は国民党側と共産党側の主張が真っ向から対立する以上、「内戦は継続されるほかないことになる」との見通しを変えず、蒋介石の下野についても三日の社説を引継いで否定的である――

「外電によると、和戦のいずれをとるにしても蒋氏の下野が前提だという報道があるが、これはいかなる場合でも事実上屈服への道をつくることを意味するから政府にそのような考えがあるとは思えない」

と書く。「思えない」であるから、客観的な判断ではなく、主観的な願望に近い。

これに対して『朝日』も話し合い解決という前回の立場を引き継ぐ。国共双方の間で主張の応酬があった事実を重視して、それを根拠に妥協の可能性があると見る――

「今回の毛主席の対案の提示によって、相当早くから両者間に裏面工作が行われていたのではないかとの想像さえも抱かせるに足るであろう。そして、この推察はまた交渉の前途に明るい見通しを抱かせるのではあるまいか」

結果的には両者の見通しがいずれも誤りであることが、ほどなく判明する。

三　広東への遷都、蒋介石の辞職

国民党、停戦命令

毛沢東に八項目の条件を突きつけられた国民党側は行政院が一九四九年一月一九日、「一方的に即時かつ無条件停戦令」を発するとともに和平交渉のために代表を北京に派遣することを決議〔南京ＡＦＰ十九日発〕、同時に政府を広東に遷都することを決定した。翌一月二〇日には国民党中央政治委員会が停戦と交渉に向けての行政院の決定を承認した〔南京ＵＰ廿日発〕。

首都移転の手順は次のように決められた。

一月二〇日『毎日』〔南京十九日発中央社＝共同〕「政府機関は一月中に人員を十分の二に減少し、八割の人員をそれぞれ指定地に疎開させる。このため政府は廿一日から特別の疎開列車を南京から仕立てるはずで疎開職員には三ヵ月分の給料と三千円の疎開費用が支給される。一方政府各機関の財産はすでに広東と台湾に向け発送されたが福州にも相当数量のものが送られた」

このように毛沢東の八項目を巡って慌しい動きに包まれた南京にあって沈黙を守っていた蒋介石は一月二一日、突如、総統職を辞して故郷の浙江省奉化県へ引きこもってしまう。このニュースはさすがに日本でも翌一月二二日、各紙そろって一面トップで報じた――

『朝日』「蒋総統辞職す　後事を李宗仁将軍に」
『毎日』「蒋総統、下野を言明　後任は李将軍が承諾」
『読売』「蒋総統ついに下野　既に離京・杭州へ向う」

このうち『毎日』の本記――

［南京特電（UP）廿一日発］「蒋介石総統は廿一日正午ならびに午後二時半の二回にわたり孫科行政院長ならびに閣僚を総統官邸に緊急招集し、総統の地位を退くと発表するとともに李宗仁副総統にその地位を譲ると発表した。

蒋介石総統はその発表中で『隠退』という言葉を使用しているが、この言葉は中国では『一時的な』隠退をも意味する。これより先蒋総統は孫行政院長の中共との和平努力に全面的支持を与えるため下野するが、もし和平交渉が失敗し中共が軍事的圧迫を加え続けた場合に再び内戦の指揮をとる位置に復帰するだろうと伝えられた。蒋総統の「隠退」はこの報道を裏書するものかも知れぬ」

この記事では『隠退』にわざわざ注釈を加えて、辞任は一時的とも解釈できると説明している。『毎日』のかねての「辞任なし」予測に一筋の生命線を残した形だが、同じUP電を掲載した『朝日』にも同じように、「引退」（『朝日』はこの字をあてている）しても「再び対中共作戦の指揮をとりうる地位に帰るものと見られている」とあるので、『毎日』独自の注釈というわけではなかった。

この辞職について、当の蒋介石は後の回想録で「天津が陥落し、北平が共産軍の包囲下におかれた一月一九日、行政院はついに敗北主義者の主張に屈し、和平交渉再開を決定、翌一月二〇日、国民党中央政治会議もそれに同意を与えた。今や残された道は一つしかなかった」と述べているので、彼の意に沿わない和平派（「敗北主義者」）の主張が多数をしめたために辞職せざるを得なかったのであって、共産党との交渉を成功させるための戦術的な一時的隠退というのではなかったはずである。ところがこの後、上海攻防戦で「蒋復帰説」は現実となる。

蒋介石が南京を去る時の情景を伝える記事がある。一月二二日の『毎日』［南京特電（UP）廿一日発］である。

「過去十年間以上にわたつて四億五千万の中国民衆の運命を手中におさめた蒋介石総統は最後の閣議が終了したのち、浙江省の奉化県に向って南京を出発した。午後四時少し前に総統が南京出発の用意をしている気配が見えた。特別の警察護衛隊が南京の古い下町を通って城壁内の飛行場の入口に至る沿道に並びはじめた。そしてこれと同時に孫科行政院長をはじめとする閣僚、政府高官を乗せた数台のセダンが飛行場入口の自動車路に入って来た。

一行は飛行場に入り待合室を抜けて誘導路に出たが、そこでは縁を青く塗った蒋総統の愛機〝美齢〟号が待っていた。次いで蒋介石総統は二人の幕僚とともにセダンに乗って到着した。飛行場にいた航空関係者はこの誘導路に沿つて二列に並んだ。〝美齢〟号の扉が開かれ乗員は機内に入つた。

その間蒋総統は一言も語らず手を挙げてこの人々にあいさつし、頭をさげていた。こうして総統は機上の人となり扉は閉められ、先ず右のエンジンが活動を開始した。左のエンジンが動き出したのは〝美齢〟号がコンクリートの滑走路に出てからだつた。

離陸した〝美齢〟号は旋回し機首を南方に向け飛び去つた。官吏団は同機が鉛色の空に消えるまで見送ってい た」（全文）

当時としては珍しい情景描写の雑感記事だが、これを紙面に使ったのはかねて蒋介石に特別の思い入れを持っていた（？）『毎日』だけであった。

李宗仁、交渉を希望

蔣介石が去った南京では李宗仁総統代理が、直ちに和平交渉のための代表五人を決めると共に毛沢東の「八ヵ条にもとづき」和平交渉を行いたい旨を声明した。

一月二四日『毎日』〔南京特電（UP）廿三日発〕「李宗仁総統代理は廿二日、政府は一月十四日毛沢東中共主席が提示した和平条件八ヵ条にもとづき対中共和平交渉を行いたい旨を声明し、政府は中共がこの政府声明を受諾すれば直ちに交渉を開始する意向であることを明らかにしたが、無条件降伏については何も触れなかった。声明要旨次の通り

政府は和平に対する一切の障害を克服し、人民の自由と民主主義の原則に反するすべての法令、規則は出来るだけ速かに破壊するか中止するであろう。かくしてわれわれは和平会談が成功裏に締結されるように適切なふん囲気を国民の間に醸成しようと希望するものである。なお私は蔣総統から代理をひきつぐに当っては第一目的である和平が達成され次第いつでも政府を退く覚悟である」（全文）

なお交渉団は団長に邵力子（元駐ソ大使）、団員は張治中（国務相）、黄紹竑（副総統顧問）、彭昭賢（国民党保守派代表）、鐘天心（国民党元老）の五人。これに応えて共産党側も周恩来、林祖涵、李立三の三人を代表に任命した。

この間も共産党軍は南下を続けた――

一月二五日『朝日』〔南京特電二十四日発＝ロイター特約〕「国民党中央政治委員会は二十四日の会議において、陳毅指揮下の中共軍十万余が揚子江北岸五キロの地点に進出した事態にかんがみ、首都南京の引揚げを続行することを決定した。別報によれば中共軍は儀徴、揚州、泰興の間で揚子江北岸に到着、一部は南京、鎮江間の南京東方六十五キロの地点で揚子江を渡ったと伝えられる」

〔上海特電二十四日発＝AP特約〕「中共軍の大部隊は政府軍の抵抗をうけることなく急速に揚子江に向って南下しているが、情報によれば二十四日上海、南京、杭州地区から大規模な政府軍諸部隊が撤退を開始した。右諸部隊

は蒋介石総統の〝直属部隊〟で完全武装をして鉄道駅につめかけているが、彼らの行先は蒋総統の引退先である浙江省であるといわれる」（全文）

一月二九日『読売』［南京廿八日発ＵＰ］（共同）「消息筋によれば李宗仁代理総統は廿八日、毛沢東中共主席に電報を送り和平会談の基礎として一月十四日の中共側和平八条件を受諾すると通告した。……しかし李代理総統は和平会談の始まる前に八条件をうのみにするものでなく、会談の基礎として受諾するものであることを通告した」

［南京廿八日発ＵＰ］（共同）「李宗仁代理総統が廿八日中共和平八条件を交渉の基礎として正式に受諾したのは中共野戦軍が南京対岸の揚子江北岸ちかくに軍隊、軍需品を集結し、南京総攻撃の気勢を示すに至ったためだと信ぜられる。南京対岸からの報道によれば中共軍の主力十万が南京北岸卅二キロの地点に集結し、その前衛部隊は北岸まで三キロ以内に迫っている」（全文）

事態は切迫した。

四　北京、無血開城へ

局地和平成立

浮き足立つ南京を横目に北京では局地和平が成立に向っていた。

一九四九年一月一八日『朝日』［北平特電十六日発＝ＡＦＰ特約］「消息筋では十六日、華北の政府軍総司令官傅作義将軍と中共軍との間に北平開城および華北における地域的和平に関する協定が成立したと伝えている。

この交渉は北平市内で、中共側の派遣した使節との間に行われたもので、北平市長劉瑶□（不詳）氏はじめ北平の大学教授連をまじえる政府側代表と、中共代表との間に細部に関する打合せを行ったのち、二、三日中に停戦命令が発せられるはずである」（全文）

一月二一日『朝日』［上海特電二十日発＝ＡＰ特約］「二十日上海に関した報道によると華北の停戦、北平の明渡しなどについての北平城外の和平交渉の結果、政府軍と中共との間に原則的な妥協が成立した。ムーサＡＰ特派員の報道によると政府、中共側当事者の間で成立を見た華北の局地和平条件は次の通りである。

一、北平と綏遠省の省都帰綏を中共軍に明渡すこと

二、傅作義将軍の戦犯指名削除

なお和平実施の細目は同特派員によると次の通りである。

一、傅総司令の代りに鄧副総司令を総司令に任命する
二、北平の政府軍を民主自衛軍と改称する
三、傅総司令は中共軍に降伏する
中共側は一月二十九日の一週間前に入城を希望している模様なので、北平の明渡しは二十二日ごろまでに実現されるものと見られる」


和平の成立は一月二二日、この日から傅作義軍は撤退を開始する。

一月二四日『読売』〔南京特電（AFP）廿二日発〕「北平からの電話によれば北平の政府軍司令部スポークスマンは廿二日夜の放送を通じ『国共両軍は廿二日午前十時をもって戦闘を停止し政府軍は小部隊のみを市内に残し午後六時までに北平を撤退こゝに北平は中共軍に降伏し傅作義将軍の署名によって地域的和平が成立した』と正式発表した。

なお北平駐在の政府軍十五万は廿二日午前九時より午後六時までに北平を出発、通州、黄村（北平東方、南方各廿キロ）に向った」


こうして古都北京は**無血開城**され、共産党軍は一月二三日から進駐を開始、三一日に主力部隊が入城して、北京は共産党の支配下に入った。

ところで、蒋介石辞任に続く事態の急展開を各紙はどう見たか。

『読売』一月二一日の「社説・窮地に立つ中国政府」の末尾――

「中共が華中で一休みするかどうかは分からないが、政府が広東へ移転すれば中共は中共中心の連合政府樹立工作を急ぎ、内外に重大な影響を及ぼすだろうと見られている。すでに大部分の各国大公使館は南京に留まることに決定したといわれ、イギリス政府の如き、中共政府を承認せんとする態度をほのめかしたと伝えられるが、事態が更

に一進すれば中国における国際関係は極めて複雑微妙なものになるだろうと予想される」

『毎日』は一月二三日に「解説」（主導権は中共へ　国民党四分五裂の危機）、翌二四日に社説「中国の大勢決す」を掲載。その末尾――

「今後会談がまとまらず、政府が再び抗戦に転ずることもないとはいえまいが、しかしそうなれば華北で実験したように各個撃破によって政府の孤立化を図り、中共の欲する和平の実現まで武力戦が続くだけであろう。大勢はすでに決したといえる。この急変がアジヤ諸国にどう反映して行くか、大きな世界的課題となったのである」

一月二四日の『朝日』社説「終盤に入った国共和平問題」の末尾――

「最近二十年の中国の歴史は蒋介石伝であったといってもよいであろう。彼の伝記作者は、すべてこの事件を彼に始め、彼に終らしめている。事実、彼が中国の歴史に大きな足跡を残して来たことは何人も否定出来ないであろう。総統辞任の辞において『私は北伐以来常に民族の保衛、民主の実現、民生の救済をその本義として来た』といっている。戦争に勝ち抜いて失地を回復し、半植民地の地位から国連の常任理事国にまで引上げたことで『民族の保衛』は実現された。しかし『民主の実現』と『民生の救済』とは、その『本義』にも拘らず達成することが出来なかった。蒋氏が永い指導者の地位から逐われることとなったのはそのためである。

いまやわれ〳〵は、蒋氏の下野という大きな事実をふみ越えて、新しい平和な中国の生まれ出ることを期待するのみである」（注：文中「この事件」とあるのは、特定の事件でなく、国共対立全体をさすものであろう）

一読、「複雑微妙」（読売）、「世界的課題」（毎日）、「平和な中国への期待」（朝日）と執筆者の当惑ぶりが目に見えるような締めくくりかたである。占領下という直接自らの耳目で世界に触れることを極度に制限された環境の中で、世界大の東西対立、そして中国大陸における共産党の勝利間近という外の世界の激変に対して、自分の立ち位置を定めようもなかったであろうことは理解できる。

ちなみにこの時期、わが国では一九四八年一〇月、昭和電工事件で芦田内閣が総辞職し、一〇月一九日、マッカーサーの予測に反して（一七五頁参照）、第二次吉田内閣が成立した。そして一九四九年一月二三日に戦後三回目の第二四回衆議院議員総選挙が行われ、吉田茂率いる民主自由党が議席を百十二増やして二百六十四の過半数を獲得した。野党では、民主党が二十二減らして六十八、社会党が一気に六十二減らして四十九議席に転落した一方で、共産党が三十一議席を増やして三十五議席を占めるという結果となった。この中道の後退、左右の明確化という流れが、その後の中華人民共和国の誕生から朝鮮戦争勃発という激動とからみ合うこととなる。

第八章　渦中の暮らし、政府、日本軍人　一九四八年〜一九四九年

一　中国庶民の暮らし

上海と東京

内戦の帰趨がはっきりしてきた一九四八年から四九年にかけての時期、その渦中に暮らす中国人たちの様子はどう日本につたえられていたか。戦局のニュースに比べれば量ははるかに少ないが、そういう記事もないではなかった。それらを拾ってみる。

一九四九年一月九日の『読売』には、一月七日夜、中日民間空路の一番機CNAC（中国航空会社）の「ナンキン号」が上海から羽田空港に着き、振袖姿の女性から米人機長らが花束を送られた写真の下に、「シカゴ・トリビューン」東京特派員ウオルター・シモンズ記」のクレジットで同記者の旅行記が載っている。

「記者は最近中国の旅行を終えて帰京したが、この旅行を通じて先ず胸に迫るものは厳冬期を迎えて恵まれない中国の姿と占領下日本との対照である。上海のあの希望なき大衆のたまり場にくらべて東京は静穏と秩序のオアシスである。ボロをまとつた物乞いや苦力に散々手古ずらされた上海での数週間ののち平和にあふれ餓鬼道への転落を防ぎきつたこの国に帰つたことはまるで夢のような気がする。……

中国の物価は目下底をつくまでに下っていた。北京で羊毛を織込んだ婦人用絹ジヤケツが八ドル、良質の毛の帽子が三ドル、南京では豪華な中国料理四人前（タケノコ、椎茸、鶏肉、西洋南蛮、エビのフライ、北京産の焼魚、お茶付のご飯）にふんだんにチップをはずんでも全部で二ドルに足りなかった。

だが料亭を出たとたん空缶を突き出して〝金をくれ〟と哀れな声で集ってくる乞食（ママ）たちの一群をすり抜けるときはいましがた食べたご馳走の味も急に苦々しく感じた。上海は中共地区からのがれて来た数千の流民の群で一切が悪化して来た。流民たちは塵埃の中をみじめにうろうろするか街上に悄然と足を運んでいるかしている。夜は路上に眠り、時としてはそのまゝ凍死している事もある。しかしこんな場合葬式費用を出す奇特な主がどこからともなく出てくるらしい。

しかし一方には四八年型アメリカ製乗用車で南京路をつッ走る中国人の富裕紳士と宝石を身につけた淑女の姿も見られる。重税のため〝正式〟には金持ちになれない日本人には、これはたしかに見られぬ風景だ」


一月一三日『毎日』［上海特電十二日ルザフォード・ポーツUP特派員発］の上海ルポ。見出しは「戦局より投機　和平待つ上海の日常」——


「……中国人たちは戦局のニュースよりも主要食品の値上りや投機に熱心である。新聞は和平の記事だけが興味をひいている。彼らは今では明らかに政府軍の敗退と中共が中国の大半を支配するのは不可避だと認めている。

上海は少くとも百万の北方から逃げて来た避難民で一杯だが、彼らの大部分は蘇州河やその他のクリークのジャンクで寝起きしている。大通りは群衆や荷車や人力車や自動車でうずまいており、自動車の警笛と荷車のきしる音が交錯して耳をろうするばかりだ。上海の街頭に立ってみれば一九四九年は革命と侵略になれきっている国のいつもの新年と変わらない。商店は全部店を開けて忙しく、そして驚くべき高物価にも拘らず民衆はそれを買う金を持っている。……電力やガソリンは金さえあれば無制限に使えるし、ネオンサインは燃え耀き、アメリカ製の大型自動車はどこにでも転がっている。

外国商社の引揚は引続き行われているが、先月のような気違い騒ぎはもう見られない。中共軍が来るまではまだ少くとも六ヵ月以上も商売が出来るだろうし、多分中共軍が彼等を追い出す便法を考えつくまでなら更にもう半年はあると考えている。中共の勝利に対する上海の態度で変つた特徴の一つは自分は真の共産主義者でないといいながら最も熱心に中共を支持している連中が金持のヨーロッパ商人のなかに見られることである。その他長い間の蒋総統のやり方を憎んでいた政治的保守派の人人は上海に止つてやがて起る事態に応じようと決心しているが、彼らは中共は先ず第一に中国的であり次にマルキストであるという甘い考えによつて自分を慰めている」

一人は物価が安いと言い、一人は値上がりが激しいと言って、矛盾しているようだが、通貨改革失敗後の混乱状態の中では、外貨を持って旅行している人間にとっては激しいインフレの中国の物価が安く思えるのは当然で、同じことの表裏である。

浮き足立つ南京政府

同日の一月一三日に『朝日』は浮き足立つ南京政府の模様を伝える短信二本を載せている。

［南京十二日発中央社＝共同］「中国政府の諸官庁の疎開計画は積極的に進められており、交通機関の都合がつけば十二日第一回の人員と文書を広東、台湾その他に向け送り出すことになつた」（全文）

「南京特電十一日発＝AP特約」「南京では中国政府の官吏や公文書の移動が引続き急速に行われており、南京を後にした幾千という官吏や雇人たちの多くは、政府各部の緊急の事務所を設けるために南方に向い、他のものは、中共側の目からのがれて安全を期するために、それぞれの生れ故郷に帰つている。技術的には、すべての公文書に必ず押されることになつている各部の大きな官印がなお南京におかれているので、各部はまだ南京にとどまつているることになるが、現実には、もつとも重要な係りをのぞいてほとんど人が残つていない。ある官吏の見積りによると政府職員の過半数がすでに南京から姿を消しているということだ。これらの首都を去ったおびただしい官吏の流れは、台湾と広東に向っており、とくに台湾では毎週五万人もの中国人を受けいれていると伝えられている。もちろん、そのすべてが政府と関係のあるものとはかぎらないが、かれらのなかの多くのものは、政府筋の役人か、その家族のどちらかだといわれる。……」

じつは南京政府が**広東への遷都**を正式に決定するのは一月一九日であり、この日に各国大公使館に直ちに広東に移るように通告したのだが、実際にはそれより早く移転という名の逃亡が始まっていたわけである。

一月二〇日『朝日』［南京十九日発中央社＝共同］「中国政府は十八日の各部次長の全体会議で和平会議の再開が行悩み戦火が南京に波及する日もまじかに迫ったので、政府各機関と職員の積極的な疎散を実施することに決定した。この会議で決定した疎散の具体的方法によれば、南京にあるすべての政府機関は一月中に人員を十分の二までに減少し、八割の人員をそれ〴〵指定地区に疎開させる。

一方政府各機関の財産はすでに広東と台湾に向け発送されたが、福州にも相当数量のものが送られた」（全文）

その頃の南京近郊における前線の模様を伝えるルポがある。

一月二九日『読売』［浦口前線基地にてピエール・ドウブレ特派員廿七日発＝ＡＰ特約］「政府、中共両軍の戦闘は刻々南京に近づいている。揚子江南岸に面した南京下関停車場は避難民と政府軍兵士とで雑踏を極めている。まだこゝは戦場の後方にあるが、同じ揚子江の対岸浦口はすでに前線になっている。中共軍は廿六日すでに浦口から廿キロ以内の地点に達した。中共軍が浦口を占領すれば、一時間以内に南京に砲火を浴びせることができる。……

浦口の店舗はすべて閉鎖されバリケードで固められており、一般市民はほとんど全部避難した。そしてこの小村にはいま軍隊が蝟集してものものしい様相を示している。民家、駅、学校などあらゆる建物に政府軍の兵士が満ちあふれ、厩のかわりに使用された店舗の中には政府軍の軍用ラ馬が前足で地を蹴っている。駅付近では兵士たちが砲座の構築に忙しい。道という道はすべて塹壕と逆茂木がはりめぐらされている。……

さし迫つた危機にもかゝわらず浦鎮の住民の一部はまだ残留している。ある雑貨商にいわせると止っているのは『逃げる金がないから』であり、スープ売りは『こゝに兵隊がいる間自分はスープを売る』つもりだそうである。……

どこへ行つても目に入るは兵士ばかりという浦鎮を去つて帰途につけば、こゝにもまたはてしない縦列が南に進んでいる。北部戦線に起きた悲劇が浦口に至る鉄路と水田の上にまでのびて来ているのだ。戦火を避けた農民とバラバラになつた兵士たちが家族と共に南に向つて歩み続けているのである。男は赤ん坊を抱き女は小銃を持っている。この中には地方の警備隊から小銃を支給されて避難するよう命ぜられた一般市民もおれば、病院を探し求める負傷者もいる。たしかに彼等は何週間ものあいだ歩きつゞけて来たのだろう。その疲れた顔には灰色の土埃りがしみ込んでいる。……」

こうして敗色濃厚となった国民党側は「戦火が南京に波及する日もまじか」と見て、慌しく人員の逃亡、資産の保全を図るが、この段階で共産党軍は一気に長江を渡河して南京、上海に攻め込むことをしなかった。二月、三月の約二か月間、動きが止まる。

そして国民党の代表が北京に赴いて和平交渉が始まるのが四月一日、その後一五日に共産党側が「**和平協定案**」を手交、四月二〇日にそれを国民党側が拒否して**交渉は決裂**する。それを待っていたように、毛沢東と朱徳は四月二一日、「**全国への進軍命令**」を発し、共産党軍の第二、第三野戦軍が長江を渡河するのである。

動きの止まった二か月間、共産党は何をしていたか。二月八日、毛沢東は「軍隊を工作隊に変えよ」という指示を第二、第三野戦軍に与えた。これは「大都市の接収と管理にそなえて政策の学習に重きをおかなければならない」として、「諸君は二月中に他のいっさいの問題をかたづけ、三月のまる一か月間を都市の活動と新解放区の活動についての学習に

あてなければならない」と述べている。（『毛沢東選集』第四巻、四四三頁）

動きがとまっていた時期にあたる二月六日の『朝日』は南京と北京の近況を伝える外国特派員電二本を並べた。南京の見出しは「無気味な静けさ」である。

［南京にてホアマン特派員発＝NANA通信特約］「兵隊や北方からの避難民、あるいは南京を引揚げる人々で南京の町は一週間もごつたがえしたがその後は無気味に静まりかえり、今では町はほとんどからつぽになつた。商店は店を閉じ、役所は閉鎖され、水道、電燈もとまつた。南京の運命は勝ちほこる中共軍の手ににぎられており、中共軍は南京の上流と下流で揚子江の北岸に到達すでに渡河を開始したとも伝えられている。なだれこむ避難民にまじつて中共の第五列がまぎれ込む恐れがあるというので一般市民の揚子江渡河は禁止された。ある意味では南京はすでに外界から切り離されたようなもので、すべての列車は役人の広東移転の輸送を命ぜられ、民間航空機の飛来も不規則だ。しかも文字通り数百人のものが座席を求めて争つている。

政府側は南京防衛の兵力を卅万と号しているが、外国の軍事通はその十分の一もいるかどうか疑つている。南京の周りや揚子江の対岸を歩いて見ても、もつとも巧みに隠くされているのでなければさつぱり防衛陣らしいものは見当らなかつた。……

しかしおどろくべきことは目下南京が非常態勢をとりながらも、また事実上中共から包囲されているにもかゝわらず食糧不足が目立たないことである。また数は少ないが店を開いているところでは相当の肉、野菜、その他カンヅメのストックをもつている。物価も思つたほど上昇してはいない。私はきよう小さな鋳物のストーブを買つた。そのストーブはパイプとかそのほかの備品が完全についていて米ドルにすれば十ドルぐらいのものであつた。石炭を入れる大きなカゴも三十セントである。まだ開いている市場にゆけばアメリカ煙草は二十五セントで手に入るし、シャツ類の洗たくだつてどんなものでも三セント以下だからおどろく」

一方、北京の見出しは「ねり歩く歓迎行進」である。

［北平にてムーサ特派員発＝ＡＰ特約］　「五千名以上の中共軍の兵隊たちがさる一日、永定門から北平に入城した。かれらがむかしから多くの征服者の進入を見守ってきた重々しい城門をくぐって入城してきた時、市内はなお旧正月祝いにいそがしく、永定門から市の中心部にいたる道ばたでは手品つかいや奇術師たちがカセギに懸命だった。そうした空気の中で中共軍は禁断の都をのつ取り、公使館区域の東単飛行場その他の場所で国民党軍の衛兵と交代した。何人かの政治工作員らはかれらのいわゆる〝あいさつ〟回りを政府側の宣伝局など若干の機関に対して行つた。一方国民党軍は、なんらの事故も起さずに中共軍を迎え入れながら、城外に出て行つた。毛沢東中共主席と朱徳総司令の巨大な画像をトラックにのせて市内をねりまわつたかれらは、ゆくゆくビラをまきちらし、人々は争つてそれをひろつた。一枚のビラには『人民解放軍は国民党軍が海空軍をもつていたにもかゝわらず、かれらに勝つた』とあり、他の一枚には例の『売国者、蔣介石を援助する米帝国主義』への非難が書かれてあつた。

かくて北平市は名実ともに中共軍の占領下に入つたわけだが、それから間もない四日には市民の不安のタネだつた**人民銀行券と金円券**との交換比率も一対十と正式に発表され、さらに北平、天津間の列車運転がいち早く開始されるなどしだいに平静をとりもどしている。外界との電話連絡もなお自由につづけられているが、外国特派員らはどれだけ長く同地にとどまることが許されるかを疑問にしている。しかしとにかく外国人の行動がなお自由であることは間違いない。

この状態がほんとうの姿だと考えるのはあまりにもお人よしというものかも知れない。学生たちは街頭行進をつづけ、征服者らを歓迎するために集合し、おたがいに国民党軍に対する非難の□□（不詳）をみせようとしている」

二　「有頭無身・無頭有身」

国民党の首脳たち

ところでよもやの敗戦が現実のものとなって身に迫って来た国民党政権の人間たちはそれぞれの生き残りをかけて思い思いに動き始める。

蒋介石が浙江省奉化へ「隠退」した後、南京に残って共産党との和平交渉に生き残りをかける李宗仁総統代理と、一九四九年二月四日にいち早く遷都先の広東に移った孫科行政院長との間に隙間風が吹き始める。李総統代理は孫行政院長に南京に帰るよう命令するが、孫科の方は首都は広東であると主張して動かない。また李総統代理は一九三六年の西安事変以来、囚われている張学良、楊虎城の釈放を命ずるが、政府はそれに従わない。『上海益世報』という新聞の取材部長で、この当時『朝日』に特約記事を寄稿していた尹雪曼氏は華南地区のこの状態を南京の「有頭無身」、広東の「無頭有身」と表現している。

『朝日』二月二三日の「中国の両地区」と題する尹雪曼氏の解説によれば、中国全体は揚子江を境に南の国民党政府地区と北の共産党解放区に分かれ、経済的には南は金円券区、北は人民券区に分かれる。そして南の国民党政府地区は南京総統府と広東行政院のほかに、以下の五大軍政区に分かれる。陳誠の台湾区（台湾、福建）、張群の西南区（四川、湖南、貴州、雲南、西康）、張治中の西北区（陝西、甘粛、寧夏、青海、新疆）、薛岳の華南区、湯恩伯の南京上海区（上海、浙江、江西)。そしてこれら各軍政区では統治を維持するためにそれぞれの省幣を発行したところも多い。

「以上のような経済的な割拠は見方によっては全国の金融危機を緩和し一地区の経済混乱を他におよぼすことなく経済を軍事に対応させるものともいえようが、しかし反面では唯一の法定通貨である金円券の流通範囲を縮小し、中央の経済金融体制を崩壊せしめ、さらに準備金のない省幣の発行はいきおいインフレを助長して各省経済は阻害されざるを得ない。その結果は人民への搾取が加わることになる。

いまや長江以南では、その政治的無政府状態と経済の悪化にしたがって、官僚あるいは富豪は〝主家を失った犬〟のように東奔西走している。そして南京、上海地区にあった中央各機関の逃げるに逃げだせない公務員たちはサボに入り、待遇改善を要求している。これは身寄りのない孤児にも等しい状態だ。戦前に一ケ月二百円の月給をもらっていた中級公務員の収入はいまもわずかに二千金円で、これは米ドルの一ドル五十セントにしか過ぎない。大学教授の収入もわずか米三斗という有様である。しかも揚子江北岸から撤退してきた政府軍は南京、上海および上海、杭州鉄道沿線の大小の都市にあふれている。上海では江湾、大場鎮、□□(不詳)、閘北、虹口などの大部分の学校や工場あるいは民家、外人クラブなどを問わず、何れも部隊の占拠するところとなり、花やかな上海の空気に誘惑されて、将校や兵隊の逃亡がふえ、略奪事件も日を追って増加している」

三　帰った軍人、残った軍人

戦犯の移管

このように第二次大戦後、南京、上海を中心に再建された中華民国の社会体制は三年余りで崩壊に瀕することとなったが、それによって思わぬ幸運に恵まれたのが国民政府の管理下で服役していた日本人戦犯である。

一九四九年二月一日『毎日』［中央社＝共同］「中国戦犯法廷によつて有罪の判決を受けた**日本人戦犯二百六十名**は巣鴨拘置所に移管服役のため来る四日横浜着の引揚船で日本に送還される。これについて中国代表団副団長沈観鼎氏は次の通り語つた。

日本人戦犯の送還は日本政府と戦犯家族らの中国政府への要請に基いてなされたもので、昨年だけで六百卅二名の戦犯家族が蔣介石総統に日本送還方を懇請している。送還船は総司令部の手配で一月廿八日上海に到着、横浜帰還は二月四日の予定である。今回送還されるものの大部分は既に刑期の五分の二を中国で服役ずみである。

なお信ずべき筋の情報によると最近中国法廷で無罪の判決をうけ、その後中国共産党側から再度拘禁を要求されている**岡村寧次元大将**も右送還船に乗せられ帰国の途にあるといわれる」（全文）

文中にある岡村寧次元大将は中国派遣軍総司令官として戦犯の罪に問われたが、「日本軍の主要な戦犯行為の大部分は同大将の就任前におこなわれたもの」［南京特電（ＵＰ）卅日］（『毎日』）という理由で、一九四九年一月二六日に上海軍事法廷で無罪の判決を受け、釈放された。これに対して共産党側はあらためて逮捕を要求した。

一月三一日『毎日』「北部山西廿九日発新華社＝共同」「廿九日の新華社放送は中共スポークスマン談として廿六日、中国政府が行った和平促進についての申入に対する回答の声明を発表した。その内容次の通り。

一、元中国派遣日本軍総司令官大将岡村寧次は廿六日国防部戦犯軍事法廷で無罪の判決を受けたが、岡村は日本の対華侵略派に属する人物で主要戦犯の一人である。中国共産党および人民解放軍は直ちに岡村を逮捕するよう警告する。その他の日本人戦犯は当分の間現在のままに拘禁されたい。……」

この声明は無視されて、日本人戦犯と岡村元大将は予定通り二月四日（実際は三日夜九時）、無事横浜に帰着した。

二月五日『毎日』［渉外局四日発表］「中国軍事法廷の判決により戦犯者として服役中の二百五十一名および無罪となつた九名の日本人が米国輸送船ジョン・W・ウィークス号で四日東京に送還された。この戦犯人は中国国民政府の要請により日本に移されたもので、下船後直ちに巣鴨拘置所に護送され、同所でそれぞれ残りの刑期を服役する。なおこれで巣鴨に服役中の戦犯人は一千名を突破するに至つた」（全文）

［横浜発］「……乗船者は全部同夜船内に一泊四日午後一時半から下船し、米軍の戦犯護送用自動車十余台に分乗、午前八時ごろから市場の入口前に集まっていた出迎えの家族約三百名を後に東京の巣鴨拘置所に向った。

岡村元大将は四日午前中に横浜市金沢区長浜検疫所に一たん収容取調を受けた後東京都新宿区戸山町国立第一病院（元陸軍病院）内科三一五号に入院した」

なおこの記事にはMPの文字が見える鉄兜の米兵に見守られながらタラップを降りる戦犯たちと背広姿の岡村元大将の顔写真が添えられている。

この岡村元大将の問題については、本人が帰国した後の二月五日にも共産党側は「和平条件に日本人戦犯と国民党戦犯の処罰を含むべきことについての中国共産党スポークスマンの声明」（これは『毛沢東選集』第四巻、四三七頁に収められており、毛沢東が自ら筆を取ったと見られる）を発表した。

声明は国共両党の交渉においては蒋介石ら国民党の戦犯はもとより日本人戦犯の処罰も重要な条件であると強調し、こう述べている。

「諸君は戦争に負けて交渉を要求していながら、突然また日本人の最重要戦犯岡村寧次の無罪を宣告した。われわれが諸君に抗議し、諸君にたいして、岡村寧次をふたたび監禁し、人民解放軍にひきわたす準備をするよう要求するとすぐ、諸君はまたあわててかれをほかの二百六十名の日本人戦犯といっしょに日本に送ってしまった。国民党反動売国政府の先生がた、諸君のこうしたやり方はあまりにも道理にはずれており、あまりにも人民の意志にそむいている。……」

それではなぜ国民党は岡村元大将をこの段階で無罪とし、日本に送り返したのか。

表向きの理由は前述の通りだが、共産党側の資料の多くが指摘しているのは、敗戦後の岡村は命惜しさに蒋介石に取り入り、侵攻した都市を国民党に明け渡し、日本軍の優秀な武器を国民党に引き渡し、また長年の共産党との戦いに関する秘密文献四、五十点を蒋介石に送り、かつ共産党との戦いについて献策したなどであり、その結果、蒋介石の特命で無罪判決を受けたとしている。

帰国後の岡村は、内戦に敗れた蒋介石のために、旧日本軍の将校十数名からなる「白団」と称する軍事顧問団を台湾に送り、およそ二十年にわたって国民党軍の教育に協力した。

帰国できた人びとと対照的に、内戦に巻き込まれ帰国できずにいる旧日本兵もいた。後に『蟻の兵隊』という映画にもなった兵隊たちである。彼らを山西省太原の陣地に訪ねて、その消息を伝えた珍しい記事がある。

一月三〇日『読売』［シカゴトリビューン特約＝太原発（ウオルター・シモンズ記）］「中共軍の包囲下にあること四ケ月、和平か抗戦かの岐路に立つ太原の第一線陣地で五百名の日本軍人を率い閻錫山第十軍の戦術指揮をとる今村方策中将（仙台出身）は国民政府軍の将官であることを示す赤色袖章のある軍服をまとい、ブローニュー拳銃帯を肩にかけ長靴をはいていた。……

終戦後も太原にふみとゞまるようになった事情については『中国共産党が全中国を占領すれば、日本も必ず同じ運命をたどることは明かだから……』と言った。そばにいた城野少将（熊本出身）も今村隊長の言葉を聞いて強くうなづいた。終戦当時、今村隊長の下には千五百名の部下がいたが、その後二年間に四百名が戦死し復員したものも相当あってその時残っていたのは五百名だったがその日本兵は全部将校となって防衛軍の砲兵教育に当っている。……

黄土の山腹を切開いたところに窓が一つしかない煉瓦の建物があった。これが今村隊長の指揮所だ。頂上には七五ミリと百五十ミリ野砲が備えつけてあり、太原の古い灰色の城壁が西方に望まれた。東方は無数の丘が起伏しところどころにトーチカや壕が見えた。その時西の方から砲声が聞えて来た。隊長はすぐ双眼鏡を眼に当てたが『中共軍は飛行場を砲撃している。しかしあの地点からではとてももとゞかない』と笑っていた。……」

なおこの記事には「復員してきた人達から中国で働いているといううわさを聞いたので、思い当たる節もあります」という仙台市に住む今村隊長の姉の談話がついている。

また記事中にある城野少将とは、日本敗戦まで山西省政府顧問補佐官をつとめていた城野宏。この後、一九四九年四月、太原陥落の時に共産党軍の捕虜となり、禁固十八年の判決を受けて服役。一九六四年に釈放されて帰国。著書に『山西独立戦記』（雪華社、一九六七年）があり、同書二〇六頁にシモンズ記者の取材についての記述がある。

第九章　中華人民共和国の成立（1）内戦の終結　一九四九年

一　何応欽内閣の成立と中共七期二中全会

〝光栄ある和平を〟

一九四九年一月二一日、蔣介石が南京を後にして故郷の浙江省奉化県へ引きこもり、副総統の李宗仁が総統代理として中華民国政府を率いることになって、共産党と国民政府の和平交渉は、双方が交渉団を任命するところまで事態は進んだのであったが、実際の交渉はなかなか実現しなかった。

一月八日に毛沢東が八項目の和平条件を明らかにし、国民政府側の李宗仁総統代理はそれを「交渉の基礎として」受け入れたのであったが、ネックはその八項目の中の「**戦犯の処罰**」、「**政府軍**は民主的原則に従って**改編**」の二項目であった。

共産党側にすれば、この二項目は勝利の証しとして譲れない原則であった。政府軍の改編というのは、国民党側が和平に際して国共両軍のいわば対等合併を望むのに対して、共産党側は勝者による敗者の軍隊吸収を当然のこととして要求した問題である。したがって、かりに交渉を始めたとしても話し合いがまとまるとの期待は持てなかった。

二月八日『朝日』〔広東にてセイモア・トッピング特派員六日発＝AP特約〕「孫科行政院長は六日広東における初の記者会見で『中共があくまで戦犯の処罰を要求するならば、われわれは最後まで戦わねばならない』と和平問題の見通しおよび遷都問題について次のように語つた。

われわれは〝**光栄ある和平**〟を期待しているのであって、降伏を意味する和平ではない。従ってわれわれは中共が持出している戦犯の処罰については絶対に受諾をあたえるわけにはいかない。もし中共が戦犯の処罰をあくまでもわれわれにおしつけようとするならば、われわれも抗戦せざるをえない。しかし中共が、この問題を交渉の取引に利用するという意図なら別問題である。……」

これに対して共産党側は二月七日、いったん交渉を拒否する。

二月九日『毎日』〔南京特電（ＡＦＰ）七日発〕「中共スポークスマンは七日夜の放送で中共当局は現在のところ政府との和平交渉の開始を拒否すると正式に発表し『和平の予備交渉はまだ完了していない。現在のところわれわれはいずれの方面からの和平代表も受け入れるつもりはない』と述べて近く北平に着くはずの顔恵慶氏らの非公式代表を拒否したが、『しかしこれらの代表が個人の資格で北平に来るのなら歓迎する』と述べた」

三月に入ると、八日、国民党側では孫科内閣が総辞職した。抗戦派と目された孫科院長だけにその後継が注目されたが、二一日、何応欽内閣が成立する。

新内閣について、三月二三日『毎日』の解説――

「何（行政）委員長自ら中共側からは第一級戦犯と目されながら敢て行政院長に就任した事実及び閣僚中に強硬派が少くないこと……、何応欽内閣は〝光栄ある和平〟をうたつた孫科内閣と同じく和戦両様の構えをとつているとはいえ比重としては中共に対する強硬政策の採用を示唆するものではあるまいか」

と、和平に傾く李宗仁総統代理対強硬派の行政院という構図は変わるまいと見た。

一方、同日の三月二三日『朝日』社説「何応欽内閣への期待」は、何応欽内閣は共産党側から「交渉相手として受け入れられなければならない」ことと、「和平条件を遂行する政治力をもつている」ことの二つの条件を備えなければならないと、前置きした上で――

「われらは何将軍が西安事件に際して国家の秩序を保つためには蒋介石氏の軟禁されている西安を爆撃すべしと主張したことを想起する。和平をかち取るためには、何よりも新院長の果断に期待しなければならぬ」と結んで、大物軍人としての何応欽の政治力に期待し、大局的立場から蒋介石の意に背いても果断に和平へ進めと呼びかけた。

これに対して三月一九日の『読売』のコラム「編集手帖」は斜に構えている――

「何応欽（ホー・インチン）将軍は全面和平をめあてに内閣を組織中であると報道されている。ホー将軍が中共と和平する―どうも割りきれない。ホーさんは昔から反共将軍だった。……中共がホー将軍を第五番目の戦犯に指名しているのもいままで（の）宿命と成行からみて当然だがその後も何さんの反共意識はそう変化していない。その人が首相になって中共と和平を相談しようというのだからわれわれ日本人の感情的公式では割りきれなくなる。……」

『朝日』の期待にも『読売』の疑問にもこたえぬまま、国民政府は瓦解への道をたどるのだが、一方、共産党は三月五日から一三日まで、河北省平山県西柏坡村で第七期中央委員会第二回総会（七期二中全会）を開き、来るべき全国統治に向けての基本方針を討議決定した。

三月二六日の『朝日』がそれを伝える新華社電を掲載している――

［石家荘廿四日発新華社＝共同］「中共二中全会で決定した党工作の重点はつぎの通りである。

一、一九二七年の革命の失敗以来、今日に至るまで中国人民の革命闘争の重点は農村におかれ、農村に力量を集めてこれをもつて都市を包囲し占領する方式をとつて来た。しかしこの工作の時期は今や終了し、**党工作の重点は今や都市に**移されねばならない。

一、都市の建設管理の要点は工業生産の復興と発展にある。党組織工作、政府建設工作、労組、人民団体工作、教育文化工作などのすべてが工業生産の復興発展という中心工作に集中されねばならない。労働階級を先頭にし労働者、農民の同盟を基礎とする人民の**民主独裁制**は中共がすべての労働者、農民および革命的インテリをこの独裁の指導的かつ基礎的勢力として結合することを要求する。同時にこれは中共ができる限り小ブルジョアおよび自由主義的ブルジョアならびにその知識的、政治的政党団体を連合して国内の反動勢力、帝国主義勢力を打倒するため、また生産を急速に復興し発展させ、中国を農業国から工業国に、また新民主主義国から社会主義国に移すために結合することを要求する。

一、全党同志は党外の民主的人士と長期協力の政策を樹立せねばならない。現在中国の経済的開発は立遅れている。しかし中国民衆は勇敢かつ勤勉であり、中国人民民主革命の勝利、人民民主共和国の樹立、中共の指導に加えるにソ連を先頭とする強力な世界反帝国主義戦線の援助によって中国経済建設のテンポは決して遅くないのみか恐らく極めて急速であろう」（全文）

この『朝日』が伝えた新華社電はこの段階における中国共産党の政策の基本がまとまった形で日本国内に広く伝えられたたぶん最初のものである。「農村で都市を包囲する革命方式」「人民民主独裁」「ブルジョア階級との連合」「新民主主義国から社会主義国へ」「ソ連を先頭とする世界反帝国主義戦線」など、その後、中国を論ずる際に不可欠となる概念のほとんどがここに列挙されている。

この新華社電のもととなる中央委総会における毛沢東の報告についての『毛沢東選集』第四巻の解説（四七三頁）は、毛沢東のこの報告と六月の「人民民主主義独裁について」の論文が新中国成立後に臨時憲法の役割を果たした「**中国人民政治協商会議共同綱領**」の政策上の基礎となったと述べている。

二　交渉再開

毛沢東北京へ

七期二中全会を終えた中国共産党は主席の毛沢東をはじめ首脳部、解放軍司令部が一九四九年三月二五日、ともに北京に移動する。そしてあらためて四月一日から和平交渉を北京で開くことに同意する。

しかし、内戦の主導権が共産党側にあることがはっきりしたこの段階では、もはや和平会談に対する期待は大きくなかった。

三月二九日『毎日』〔南京特電（UP）廿八日張国新特派員発〕「全中国はいま奇しくもエープリル・フールの四月一日から開始されることになつた国共和平会談を心配のまじつた期待を以てながめている。大多数の人々の本当の気持は前国立北平大学校長胡適博士の『平和は戦争より難かしい』という言葉及び某立法委員の『もしこんどの会談で和平ができたら、それは二千年来の最初の奇跡だ』という言葉に現れている」

交渉の代表は双方に若干の補充があり、共産党側は周恩来（首席代表）、葉剣英、林彪、林祖涵、李維漢、国民政府側は張治中（首席代表）、邵力子、莫徳恵、黄紹竑、章士釗の各五人であった。国民政府側一行は四月一日午前、空路南京を発って同日午後北京着、ただちに共産党側との折衝に入った。

共産党支配下の北京にはすでに内外の記者はいなかったか、あるいはいても活動を停止させられていたか、いずれにせよ交渉が行われている間、新華社以外には北京からの報道はない。したがってこの間の和平交渉に関する報道は南京、上海などにおける観測記事が中心になるので、その紹介はやめる。

交渉は事前の予測通り、一月一四日に毛沢東が提出した八項目の和平条件を基礎に予備的話し合いが続けられ、主たる対立点は戦犯の責任追及、国民党軍の改編（実質的な消滅）に加えて、**共産党軍の長江渡河**であった。

交渉に臨む国民党側の意図は蒋介石ら主戦派と李宗仁ら和平派では思惑が異なっていた。大ざっぱに言えば、主戦派は他の条件は棚上げして、とにかく停戦協定を結んで時間を稼ぎ、その間に体勢を整えて他日の反攻を期すことを狙い、和平派はせめて長江を境に支配区域を南北に分けて共存体制に持ち込もうとしていた。

共産党側は処罰すべき戦犯リストを公表することにはこだわらないなど、細かい点では国民党側に譲歩を見せながらも、あくまで勝者の立場で交渉に臨んだのに対して、現実の戦況が戦況だけに国民党側としては打つ手はなかった。

四月一〇日『朝日』［南京特電八日発＝ニューヨーク・タイムズ特約］「さきに中共が政府軍の全面的降伏にも等しい改編を処理するため、国共双方で共同委員会を設置し十二日までにその任務を完了するようとの最後的な通告を行ったのに対し李宗仁総統代理は七日夜、電話をもって張治中将軍に『政府は毛主席の和平八条件を交渉の基礎として受諾しているが、中共今回の政府軍改編要求はその範囲を越えたものであるから受諾しがたい』旨を伝え、右を中共側に回答するよう指令を発したといわれる」（全文）

［北平九日発新華社＝共同］「毛沢東中共主席は七日の李宗仁総統代理の書簡に対して九日つぎの返書を発した。

中国共産党の時局問題に対する主張は、こと〴〵く本年一月十四日の声明に具現されている。貴方がすでに和平八ケ條を交渉の基礎とすることに同意した以上、この八条件の原則の具体的実現を求めることにより問題の正確な解決を得ることが出来る。戦犯問題また然りである。要するに中国人民の解放事業の推進に役立つか、また和平方式による国内問題解決に役立つか否かを標準とし、この標準のもとにわれ〳〵は寛大な政策を決定する準備をするのである。……」

こうしたやり取りはあくまで非公式折衝として行われたものと見え、四月一三日にいたって共産党側はこの日から正式会談が始まると発表した。

四月一五日『読売』［北平十三日発新華社］（SP＝本社特約）「毛中共主席の八条件を交渉の基礎とする北平和平会談はすでに十二日目に達した。この間に国共双方の和平代表は各種の問題につき非公式に意見を交換したがいよいよ十三日から正式会談を開始することになつた」

［南京十三日発AP］「十三日の中共放送は和平会談は十三日から正式会談に移つたとの特別発表を行つたが、これは政府和平代表が事実上降伏に等しい強硬な中共の条件を受諾したことを強く示唆するものとみられる。……中共のいう正式会談はこれらの条件を実施に移す方法に局限されるものとみられる」

このAPの推測は当たっていて、正式会談に移って以降、共産党側は「**国内和平協定**」案を提示して、国民政府側に受諾するか否かを迫った。四月一九日の『毎日』が一面トップで何本かの関連情報をまとめて掲載している。

四月一九日『毎日』［北平（新華社）十七日発］「中共側和平代表団と南京側代表団は四月一日から十二日まで、しばしば折衝し、意見を交換した結果、和平協定草案を作成した。十三日双方の代表団は紫禁城内で正式会談を開き、十五日も二回目の正式会議を開き、中共側代表団は協定の最終的修正案を南京側代表団に手交した。協定全文は南京側代表団の意見をとり入れてあるばかりでなく、民主的諸党派、諸団体の指導者も積極的に側面から意見を提出している。中共代表団は十五日の会議の席上、政府代表に対して四月廿日までに会談を終了する。政府代表は廿日までに協定草案に署名するかどうかその態度を明らかにしてもらいたい。調印は廿日に行われる、と宣言した」（全文）

［南京特電（AFP）十七日発］「十七日の中共放送によれば中共は四月廿日を期限として中共の提示した和平条

件に対する諾否の回答を南京政府に要求した。即ち同放送によれば右和平条件は中共が他の民主的諸党派の同意を得て起草し、去る十五日北平で政府和平代表団に手交したもので、その具体的内容は明らかにされていないが、八ヵ条廿四項目から成っている。……」

[上海十八日発中央社＝共同]　「中共が廿日を期限とし提出した**廿四項目**の要求の内容につき上海の中国紙華中日報はその要点を次のように報じている。

一、国共双方は共同声明を発し内戦の責任を明かにする
一、**戦犯リスト**を修正する
一、中共の指導下に**連合政府**を組織し十八党派がこれに参加する
一、五月一日を期して連合政府を樹立する
一、七人からなる**最高政務委員会**を設け委員長は中共から選ぶ
一、連合政府が成立すれば各級地方政府は漸次連合政府により接収される
一、政府は主席一名、副主席二名をおく、その下に九部を設け、正副部長をおく
一、連合政府は直ちに**総選挙**を実施し、国民大会に代る人民大会を作り憲法を制定する
一、中華民国の名称を改めて**中華人民共和国**と称する
一、憲法をはじめ現行の六法を廃止する
一、連合政府は現国民大会、立法院、監察院の廃止を宣言する
一、**四大家族**（注：蒋介石、孔祥熙、宋子文、陳果夫）の財産を没収する
一、米華通商条約、米華相互援助協定等売国条約を破棄する」（全文）

[南京十八日発UP＝共同]　「上海の一中国紙は中共の廿四項目要求の内容を報道しているが、その中には

一、蒋総統は国外へ退去するを許し、その処罰として国外永久追放に処する……が含まれているといつている」

この後も共産党側和平条件が続報として他紙でも伝えられるが、ほぼ同内容である。この中では「連合政府が出来た場合には直ちに総選挙を実施して人民大会を設置し、憲法を制定する」とか、「蒋介石を国外追放処分にする」などの項目が興味深い。報道が真実で、もしこの条件を国民党側が呑んだとしたら、その後の中国の歴史はまた変わったものとなったであろう。

しかし、そうはならなかった。

四月二〇日『読売』一面トップ［南京十九日張国興UP特派員発］（共同）「最も信頼出来る筋の情報によれば中国政府は十八日夜の閣議で事実上の降伏を求める中共要求を拒否することに決定したので、和平への望みは薄れ暗黒が訪れようとしている。

消息筋では中共側が最後期限の廿日を延期するか、要求を緩和しなければ北平の和平会談は廿日に決裂し、内戦は再発するものとみている。また官辺筋では北平からの最新情報にも中共が態度を柔らげる様子はないといつている。

一方李代理総統を委員長とする十一名の和平態度決定最高委員会は十九日朝から国防部で極秘裏に会議を開き、中共の要求を拒否する政府の決定を確認すると同時に、中共側に手交する反対提案草案を承認し、更に午後に至るまで協議を続行した。この拒否の正式通告は一両日中に政府の反対提案とともに北平に送達する予定だが、政府の拒否する項目は廿四項目中次の三項目である。

一、揚子江南岸に中共の拠点を設定すること
一、政府軍を改編し中共軍に引き渡すこと
一、完全に中共の支配する連合政府を樹立すること」（全文）

このＵＰ電は同日の四月二〇日『朝日』『毎日』の一面にも掲載された。こうして国共両党の和平交渉は決裂し、第三次国共合作はならなかった。

三　共産党軍、総攻撃を開始

ついに長江を渡る

一九四九年四月二一日の各紙は国民政府が共産党側の和平条件の拒否を通告したニュースを押しのけるように、共産党軍が早くも総攻撃に出たことを大きく伝えた。

『朝日』『毎日』はともに一面トップに「中共、総攻撃を開始」と同文の主見出しを掲げ、それぞれＡＰ電とＵＰ電で戦闘再開を報じ、『読売』は同じＡＰ電を三段の扱い——

『朝日』〔南京特電二十日発＝ＡＰ特約〕「南京での情報によると揚子江北岸の中共軍は二十日夜全戦線にわたって総攻撃を開始した」（全文）

『朝日』「南京の西南方十一キロにある揚子江北岸の江浦は中共軍の総攻撃を受けており、砲声は南京市内にもとゞろいている。国防部筋の一高官は『中共軍の攻撃は揚子江北岸の全政府軍陣地に向けられている』と語った」（全文）

『毎日』〔南京特電（ＵＰ）廿一日発〕「中共軍は廿日夜南京政府の中共要求拒否の回答に伴い揚子江沿岸数ヵ所に亘り攻撃を起した。中共軍は既に数個の小島を占領、かねて予期された渡河総攻撃の跳躍台となすものとみられる」（全文）

また『毎日』は共産党軍の攻撃体制についてのＡＦＰ電とＵＰ電を併載――

『毎日』〔南京特電（ＡＦＰ）十九日発〕「十九日夜の中共放送は陳毅将軍の指揮する第三野戦軍（前華東人民解放軍）は揚子江渡河の全準備を完了、一方前東北人民解放軍総司令林彪将軍指揮下の第四野戦軍は黄河下流から揚子江下流に通ずる道を急進中で、弾薬とともに食糧、医薬品も予定通り指定の場所に到着、華南の気候に適した夏の軍服も第四野戦軍の全将兵に配給されていると放送した。政府軍当局によれば陳毅将軍の第三野戦軍は上海、安慶間で渡河を試み、林彪将軍の第四野戦軍は揚子江中流域で攻撃するものとみられる」（全文）

『毎日』〔南京特電（ＵＰ）廿日発〕「中共軍は揚子江全面的渡河の足場とするため江上の小島を占領する水陸両用作戦を継続している。この作戦は揚子江北岸に残存する政府軍拠点を一掃する直接攻撃によって強化されている。報道によれば中共軍は安慶上流で少くとも四つの小島を占領したといわれる。中共軍三個師団廿万がこの地区に集結し、指揮官の渡河命令を待っているといわれる。南京東方では中共軍は永安州を占領、現在鎮江西方の世業州に上陸を企図している。中共軍は砲兵の弾幕をはり、瓜州及び十二圩はその猛攻下にあるが、砲弾は時折南岸にも飛来している」（全文）

なお四月二〇日の共産党軍による攻撃では、後に外交問題にもなる長江（揚子江）上の英国艦への砲撃事件が起きた。

四月二一日『朝日』〔南京特電二十日発＝ＡＰ特約〕「外国海軍筋に達した報道によると英海軍のスループ艦**アミシスト号**（二千トン）は廿日上海、南京間の揚子江上で沿岸から砲撃を受け浅瀬にのり上げた」（全文）

〔上海特電二十日発ＡＰ＝特約〕「揚子江下航中、鎮江附近で沿岸から砲撃された英艦アミシスト号は少くとも二十名の死傷者を出した」（全文）

〔上海二十日発ロイター＝共同〕「鎮江の中国艦隊司令部のスポークスマンによれば、アミシスト号は鎮江下流四十五キロの口岸と三江営の中間で二十日午前八時中共軍の砲撃を受けた。この事実は揚子江南岸に駐在する政府第

五十一軍によっても目撃された」（全文）
［南京特電二十日発＝ロイター特約］「二十日夜の報道によるとアミシスト号救援のため南京から現場に急行した英駆逐艦コンソート号はアミシスト号に近づくや中共軍の砲撃を受けた。飛行機からの偵察によるとコンソート号は中共軍と放火を交えていると伝えられている」（全文）

翌日の四月二二日の三紙の一面トップはいずれも共産党軍の長江渡河であった。各紙とも外国通信社が共産党のラジオ放送、国民政府国防部の布告や談話、現地情報などを伝えたものを並べて掲載しているが、その主なものは——

（三紙共通）［南京廿一日発AP＝共同］「毛沢東中共主席と朱徳中共軍総司令は廿一日午後、中共正規軍と華南の不正規軍に次のような布告を発した。
一、中共軍は中国の主権と領土を擁護するため攻撃前進し戦犯特に蒋介石総統を逮捕しなければならない。
一、如何なる地域でも中共の和平案に基いて和平を結ぶことを望むものがあれば、中共はその申入れを受け入れる。また中共軍が南京を包囲した際なお政府側分子が市内に留まっている場合には、その指導者に対しもう一回和平協定に署名する機会を与える。
一、攻撃命令は南京政府が北平会談で起草された和平協定を拒否したので発せられたものだが、協定が受諾されなかったのは政府が中国民衆の解放と平和的手段による内戦の解決を妨害することに努めているアメリカと蒋総統の指示に依然として従っているからである」（全文）
『朝日』［南京特電二十一日発＝AP特約］「国防部スポークスマンは廿一日、中共軍の揚子江渡河を確認して『中共軍は南京の西南百廿八キロの荻港で揚子江を渡ってきた』と語った。なお外国軍事筋では三万の中共軍が南京に到着したといっているが、これについては政府は公式言明をさけている。一方南京国防部にいる一上級将領は蕪湖地区で、いくつもの渡河がすでに行われていると語ったが、蕪湖にいる住民との電話では同地区に中共軍が上

陸したとの報道は市民には知れ渡っていないといわれる」（全文）

『毎日』［南京特電（ＵＰ）廿一日発］「揚子江の蕪湖上流で渡河した中共軍はわずか一晩の攻撃で早くも蕪湖の周辺に到達、南京の東西七百キロにわたる戦線には百五十万の中共後続部隊が南京に向い進撃している。即ち廿一日の国防部発表によれば、南京の東方揚中と西方安慶の二拠点に対する中共の砲撃は猛烈で、間断なく行われている。また中共の歩兵部隊は南京への飛躍台として江上の小島を奪取している。

一方中共の大軍は漢口北方から東方に移動し、揚子江を守る政府軍最後の防衛線攻撃部隊に合流する動きを示しており南京が攻撃目標となっていることは間違いないとみられる」（全文）

『読売』［南京廿日発ＡＰ］（共同）「軍事通信社の報道によれば華中の政府軍大拠点漢口にたいする中共軍の攻撃も他の揚子江戦線と同様廿日開始された。この攻撃は予備的攻撃と見られるが満州から南下した四十万と推定さる〻林彪軍が漢口北方五十キロの孝感を攻撃している。漢口は白崇禧軍が強力な陣地を布き防衛しているが数において政府軍は中共軍の半数しかいない」（全文）

交渉決裂、共産党軍の長江渡河という事態に三紙はいずれも社説を出した。和平の望みが消えたことを惜しむ点は共通するが、そこから何を論ずるかではかなりの違いを見せた。

四月二二日『毎日』「中国内戦の再発」は、事態を国民党側の敗北につながるものとは見ず、なお中国の分裂状態継続を予測する――

「政府陣営はこんどの北平会談決裂を機として、一時見受けられた遠心的傾向から再び求心的傾向を急速にとりもどし、和平派も抗戦派に吸収され、その結果、中国は華南に立てこもる蒋総統の政府と、北の毛沢東政府との間に相当期間二分された状態が続く可能性が多い」

四月二二日『読売』「国共和平の望み潰ゆ」は、国共双方を批判しつつも、共産党に対してよりきびしい。判官びいきの対象が共産党から国民党に移っている――

「もちろん革命には〝必要な悪〟としての武力行使は肯定されるであろうが、その革命が常に妥協のないものであり、武力を伴ったものに終始されることは肯定されまい。……かくして中国は、国内で最も人口の密集した地域を戦火の惨状の中に陥れることになった。これは国共双方にその言い分が幾らあったにしても、不幸としてだけ片づけられない意義をもつものである。中共は武力を進めるとともに、あるいは局地の和平をえらんで行くかも知れないが、それにせよ和平は中国全体としての和平ではなく、いわば武力によつて征服されたものに過ぎない」

四月二三日『朝日』「幻想に終った国共和平」も、共産党にきびしい――

「会談の主導権を握っていたのは中共側であるから、中共はその好む時期において会談を開き、会議を打ち切ることができた。政府軍の参謀総長は会談の日取りが決定した三月末には中共軍の渡河準備はほぼ完成していると語っている。中共側はこの軍事的重圧の下に会談を有利に進めることができた。交渉が決裂したとき、中共軍は直ちに総攻撃の火ぶたを切ることができたのである。民衆の期待にも拘らず、和平会談が時をかせぐための手段であったとすれば、民衆は『大いなる幻影』（注：当時の仏映画のタイトル）を白日に夢みていたわけである」

四　南京陥落・国民政府崩壊

脱出・混乱・入城

戦況は急展開する。一九四九年四月二二日、共産党軍は南京の東西で大挙、長江を渡り、南京包囲の体勢を布く。国民党軍はほとんど抵抗せず、現地からの報道は「南京の運命決す」と伝える。

四月二三日『読売』［AP電］「中共軍は廿二日揚子江沿岸四百キロにわたる全戦線で渡河しており中共軍の進むところ政府軍の強力な抵抗は全く見られない。外国軍事筋ではこれは政府軍内で大規模な寝返りが続発しているのと政府軍司令部が総退却を命じたものだと見ている」

四月二三日『毎日』『読売』［UP電］「この中共軍の圧迫にも拘らず南京市民には恐慌の模様なく廿二日朝は市民の群が江岸に集まり国共両軍の砲撃戦を見物している有様である。市中は普段通り営業している。一部の商店は閉店しているがこれは仕事がないからである。街では銀貨をジャラ鳴らしながらヤミ両替商が店を出し映画館は大入りを続けている」

四月二三日『読売』［UP電］「中国政府は廿二日本格的に首都南京から撤退を開始した。全部で約卅機の飛行機が廿二日朝、優先的に立法、監察両院委員と国民大会代表合計百数名（ママ）を乗せ上海と広東に向った。南京飛行場は自分らの飛行機を待つ官吏と手荷物で一杯だ」

四月二三日『朝日』［AP電］「李宗仁総統代理は、何応欽行政院長、張群国務相、白崇禧華中総司令らとともに蒋総統と協議を行うため廿二日朝空路杭州へ向つた。杭州における巨頭会議によつて蒋総統は政府側に残された最後の指導者として再出馬するだろうとうわさされている。なお政府指導部は四十八時間内に南京を退去し、まず上海に引揚げたのち広東におもむくものと見られている」(全文)

国民政府が撤退した南京は共産党軍に無血占領された。

四月二四日『毎日』［上海特電（UP）廿三日発］「中共地下組織指導部は廿三日政府軍の放棄した首都南京を接収、揚子江北岸の中共軍は同江を渡河し廿四日午前九時（日本時間）正式に南京に入城すると発表した。一方他の中共部隊はその江岸橋頭堡からまつしぐらに上海に向け進軍中で、進撃路に当る地区の政府軍守備隊は続々逃亡中で、上海北方の各都市はほとんど放棄されたといわれる。なお李宗仁総統代理は廿三日払暁最後の飛行機で南京から上海に脱出した。一方、黄浦江上に待機中の米第三海兵隊七百名は上海市中に起る暴動に備え非常態勢に入つている」(全文)

四月二四日は『朝日』『読売』も同趣旨のロイター、AFP、INSなどの電報を大きく掲載しているが、いずれもトップではない。この日の各紙のトップは前日に占領軍総司令部が公式為替レートを一ドル三百六十円に決めたという国内ニュースであった。

同日の四月二四日『毎日』三面と二五日『読売』一面が二十三日の南京市内の状況のルポを掲載している。やや長いが内容が興味深いので紹介しておく。

『毎日』［南京特電（UP）廿三日張国興特派員発］「首都南京は十年前日本侵略軍の手におちたが、いままた華北から進攻した国内の軍隊に攻略されようとしており、失陥寸前の事態は正に混乱そのままである。中共軍の進攻に先だつて早くも行われた破壊の後の惨状に驚くばかりで、この破壊行為は略奪者と化した南京市民の手で行われたのである。下町の低い家並を縫う大通りという大通りは狂乱した市民と暴徒で一杯である。暴徒は米をさがし求め、政府の建物から家具類をさえ運び出している。警察の保護などは警官がいないのだからありようがない。かれらは廿三日早朝輸送貨車、自動車、牛馬、人力車などありとあらゆる手段を用いて南京市から出ていった軍隊や憲兵とともに逃亡してしまったのである。列車の運転は止り気違いのようになった避難民が大混雑の城門を通って公路一ぱいに押し合いながら南京地区から立ち去ってゆく。

暴徒の略奪はこうだった。まず総統府と警備司令部をすっかり荒した暴民はついで喚声をあげながらＵＰ通信南京支局の近くにある李総統代理私邸のだれも警備していない門内に雪崩こんで窓やとびらをぶち破り家具を放り出し、あるいは高価な壁飾や掛軸、装飾品をズタズタに切りとった。こうして武器をもった百名以上の暴民は獲物をもって逃げていった。一方下町の目抜通りは車で押し合いへし合いし、商店は略奪され窓ガラスはたたき壊された。小麦粉と米を暴民は主としてねらったがかれらの手に触れるものはなんでもかんでも車で運び去った。商店街は修羅場の様相を示したが、外交団はもはや運命の決した南京から脱出する準備をしている様子はなかった」（全文）

『読売』［南京特電（ＡＦＰ）廿三日発］（ジュール・ジョルソン特派員記）「外国外交団または外人たると一般市民を問わず全南京の人々は城内至るところに横行している略奪におびえながら中共軍の入城する廿四日朝を首を長くして待ち焦れている。廿三日朝、市参議馬将軍を長とする治安維持委員会が成立し、数百名の学生は兵器庫に殺到、鉄兜姿に小銃を担って市街の巡回を行っている。朝から夜まで政府軍兵士の隊伍があるいは徒歩であるいはロバやジープ、トラックに乗って市内を横切り、上海、杭州へと向って行く。こげつく真夏のような太陽に疲れきってほこりだらけになった兵士達はまるで苦力か波止場人足よろしくの格好である。彼等は小は電球から大は炊事用の大釜に至るまで持てる物は何でも持っている。この兵士達の流れにまじって戦火を恐れる揚子江附近の住民達がつづいている。市内の食料品店や李代理総統、南京市長などの私邸はほしいまゝに略奪されてしまつた。相当年配の中国人も略奪にまじつて手に花瓶やタン壷を抱え濡れ手に粟のもうけにニコニコ顔である。力のある男達は暖房器を、女達は毛布や衣類を、子供はいろんな小さい物をといつた有様だ。私邸の惨状にくらべ官邸の方はきれいに清掃されキチンと整頓されている。一方城外揚子江附近の光景は一層劇的なものがある。政府軍の時限爆弾で停車場からもうもうと黒煙が立ちのぼり駅の中央ホールだつた白い建物が炎の中に浮び上がり巨大な梁が地上に倒れる。南京港も火炎に包まれている。見すてられた貨物船数隻が埠頭につながれたまゝだ。昨夜浦口から撤退する最後の政府軍を援護して猛烈な火を吐いた七十五ミリ砲が政府軍兵士の手で江岸から移動されていた」(全文)

前掲四月二三日の『読売』『毎日』が載せたUP電が、二二日の南京市内は平常と変わらず、市民は国共両軍の砲撃戦を見物していると伝えていたのと比べると、一日で状況が一変したことになる。おそらくどちらも真実であって、内戦とはそういうものかもしれない。

共産党軍は予告どおり四月二四日に南京に入城したが、時間は予告より早められた。入城を伝える共産党側の公式報道——

四月二五日『毎日』『読売』〔南京廿四日発新華社＝共同〕「人民解放軍は廿四日午前零時を期して国民党反革命政府が廿二年の間首都としていた南京に入場した。解放軍は入城に当り南京市民および学生から熱烈な歓迎をうけ、男女学生は相ついで花束を解放軍将士にささげて歓迎の意を表した。解放軍は入城と同時に安民の布告を発し、城内の秩序も安定し商店も平常通り営業している」(全文)

四月二五日『朝日』はAP電を掲載。〔南京特電二十四日発＝AP特約〕「中共軍は二十四日午前三時二十分（日本時間午前五時二十分）南京に入城した。中共軍の兵士たちは困難な行軍を続けて来たように見えるが軍紀は厳正であつた。彼らは中山路の長い通りをゆつくりと行進し将校はジープに乗つていた。そして治安維持会の部隊がこ

れを先導していた。中共軍は中山路を暴民の放火で炎上している司法院に向かった」（全文）

この二つの記事では、入城時間にずれがあるが、その理由は分からない。新華社電の伝える午前零時は、市外から市内に入った時刻で、AP電の時刻は城壁内への到着時を意味するものかもしれない。

ところで長江を渡河した共産党軍を迎え撃つはずだった国民党側の防衛線はあっさり突破されてしまったが、この事態に国民党側はどう対処したか。

四月二三日『朝日』一面トップ［南京廿二日発＝AP特約］「李宗仁総統代理は、何応欽行政院長、張群国務相、白崇禧華中総司令らとともに蒋総統と協議を行うため廿二日朝空路杭州に向つた。杭州における巨頭会議によつて蒋総統は政府側に残された最後の指導者として再出馬するだろうとうわさされている。……」

［南京特電二十二日発＝AFP特約］「蒋総統は二十一日杭州に到着したといわれている」

この杭州会議では何応欽行政院長が国防部長を兼務すること、すべての民主的分子、自由主義分子と団結して抗戦を続けることが決まったと報ぜられたのみで、蒋介石の去就についての発表はなかったが、蒋介石はこの後、引退先の浙江省奉化県を出て、軍艦に搭乗して上海に向かい、上海攻防戦では黄浦江の艦上から指揮をとる。

五　上海攻防戦

北京では共産党の統治始まる

共産党軍の南京入城を報じた一九四九年四月二五日の紙面の重点はすでに上海がどうなるかに移っていた。『毎日』の一面トップの見出しは「上海早くも危機」であり、『読売』もトップは「上海の運命迫る」であった。事実、共産党軍は南京占領後も動きを止めることなく、第二、第三野戦軍は一路上海に向った。その他の部隊は華南ほか各地方へ進撃を続け、四月中に蘇州、太原、長沙、昆明、四川西部、新疆などをほとんど抵抗なしに支配下におさめた。

一方、すでに一月に無血開城された北京では、共産党軍司令部がその後全国に適用されることになる占領地統治の基本方針を明らかにする布告を発表した。

四月二六日『読売』［北平廿五日発新華社］（共同）「人民解放軍総司令部は廿五日次の**八ケ条の布告**を発した。(1)全人民の生命財産を保護する。反革命分子破壊分子は厳罰に処す。(2)総ての個人経営の工場、商店、銀行、倉庫、船舶、港湾業務などを保護する。各業の労働者は平常通り生産に従事することを望む。(3)官僚資本は没収する。国民党反動政府の経営する紡績、鉄道、郵便、電燈、農場等はすべて人民政府が接収管理する、但しこれらのうち個人所有の株式は所有権を認める。(4)一切の公私学校、医院、文化機関その他公益事業を保護する。(5)改心の色なき戦争犯罪人と反革命分子を除き、中央、地方の国民党各級政府の職員と国民大会代表、立法監察委員、省市会議員、警官、保甲（自警団）、政党関係者は抵抗しない限り逮捕されない。(6)国民党軍敗残兵のうち自発的に投降したものは罪を問わない。(7)農村における土地所有制度は廃止する。但し十分な準備と段階を経て行う。(8)外国居留民の生命財産を保護する、一さいの外国人は人民解放軍と人民政府の法令を守り中国の独立と人民解放の事業に反対する行為をしてはならない。これに反するものは処罰される」（全文）

ところで四月二二日の社説で、共産党軍の長江渡河となっても中国は「相当期間二分された状態が続く可能性が多い」と論じた『毎日』は二五日にも社説を掲げ、「政府軍の敗勢はいまやおおうべくもないかに見える」としながらも、なお次のように述べて戦いの長期化を予想している——

「中共にも早急に解決さるべき諸問題が内部に山積している。たとえば異分子の清算、経済の復興、民生の安定等々、中共もまた前線の軍事第一から後方の解放区建設第一へと重点を移さねばならない時期に来ている。そうして南京、上海地区の攻略を以ってそのような段階がくるのではないか。そこに、熱い、あるいは冷たい内戦状態がなお長期化する可能性が多いのである」

その『毎日』は四月二七日の社会面に上海を訪れたUP通信副社長のルポを掲載している——

［上海廿六日発（第一報）フランク・バーソロミューUP副社長記］「記者は廿五日夕刻、上海国際空港に到着したが、飛行機から降りてみると飛行場には思い思いの方向へ空路脱出を待つ富裕な中国人が押し寄せ、待合室には荷物がうず高く積上げられている。……中共軍がいよいよ迫ったという実感は、雨を避けようとして下町のビルディングの入口にひしめいている避難民にも反映していた。母親は赤ん坊に乳をふくませ、家族全部ががらくたやぼろ同然の衣類を身につけて動きまわっている。……

気違いじみた通貨の混乱で金円券は昨年八月一米ドル四円であったものが廿六日には一米ドル四十万円を越え生活費が八ヵ月間に十万倍となったわけ、廿六日附の新聞は定価一部三万円と印刷している有様だ。外国人実業家は無数の難問題に直面しながら仕事を続けているが、米国や欧州製の新型自動車が一ぱい並べられている自動車販売所では在庫品一覧表が特に中共軍の関心をひきはしないかと憂慮しているし、大金融業者達も中共軍が上海を占領すれば資産の一部を没収されはしないかと恐れている。……」

しかし、上海攻略にあたっても共産党軍は国民党の京滬杭（南京・上海・杭州）警備総司令・湯恩伯率いる二十数万の部隊に直ちには攻撃をしかけなかった。五月四日には共産党軍は上海近郊に達したが、そこから一週間の時間をかけて市内の破壊を極力少なくすることと、外国の武力干渉があった場合の対処を検討し、五月一二日に至って攻撃を発動した。その戦略は第三野戦軍が黄浦江の東西両岸から市内を包囲する形で市北部の長江本流に面した呉淞を押さえて、国民党軍の海への脱出を防ぎつつ、第二野戦軍は市内から南西に延びる杭州へ向う鉄道沿いに展開して国民党軍の南への退路を断つというものであった。

日本の新聞には五月一〇日過ぎになると連日、事態の急迫を告げる見出しが躍る——

「上海十三キロに迫る　中共軍、呉淞を猛攻撃」（一五日『読売』、一四日発）、「上海都心に八キロ　中共軍の砲声終夜聞ゆ」（一六日『朝日』、一五日発）、「上海に銃砲声聞ゆ　中共軍、包囲陣を強化」（一六日『毎日』、一五日発）、「上海攻防・都心に迫る　政府防衛線を後退」（一六日『読売』、一五日発）、「政府軍　呉淞を死守」（一七日『朝日』、一六日発）、「中共、外郭線に殺到　上海・今や全く孤立化」（一八日『毎日』、一七日発）、「上海外郭陣崩る　国際航路　空海とも断絶」（一八日『朝日』、一六日発）、「政府軍、必死の防戦」「中共　黄浦江東岸に迫る」（一九日『読売』、一七日発）……

五月二一日の『読売』は「瀕死の上海を見る」との見出しで、上海から東京に戻ったINS通信のジョン・リッチ特派員との対談を載せている。ジョン・リッチ特派員の話——

「（米駆逐艦の）艦上からみた中共軍の攻撃ぶりは相当なものだつた。上海の周辺にはみな火の手があがり、その火の手に向い中共軍の砲兵陣地から砲弾が赤い火線をひいてひっきりなしに飛んでゆく。砲撃は二時間ぶッつゞけに行われ、一時間休んでからまた二時間たてつゞけに行われていた。（政府軍の士気、装備は？）私も政府軍が予想外の頑張り方をしているのに驚いている。これは蒋介石総統自ら上海で指揮しているといわれることや、台湾から米式装備の優秀な訓練兵が前線につぎこまれたことが政府軍を大いに頑張らせているのではないかと思う。しかし全般的に国共両軍の士気を較べると、中共軍の方が政府軍より旺盛のようだ。……また政府軍の装備は伝えられるほど優秀なものではない。とくに私が上海市内で見た装甲車ごときはまるで〝中世期の遺物〟といった感じで貧弱なものであった。……金持ちの中国人などは全然抗戦意識がなく、政府軍に早く撤退してもらおうと金をやったりしていた。……上海市民とくに商人や残留外国人たちは政府軍が撤退して中共軍が入って来るまでの間に暴動が起ることを非常に恐れている。その一例として繁華街の商店は窓という窓に厳重なバリケードをつくって暴動に備えている。夜も十時以降は絶対通行禁止で人ッ子一人通らない。昔の賑やかさはもういまの上海にはない」

そして「上海完全に孤立」（五月二二日『読売』、二〇日発）、「上海旧佛租界に迫る　中共軍、黄浦江岸にも殺到」（二五日『朝日』、二四日発）、「上海市に突入？」（二五日『読売』、二四日発）、と続いて――

五月二六日『読売』［上海特電＝至急報（ＩＮＳ）廿五日発］「中共軍は廿五日午前三時（日本夏時間午前四時）上海旧フランス租界から白旗のひるがえる上海に入城した」（全文）

［上海廿五日発＝ＡＰ］（共同）　「中共軍は廿五日朝旧フランス租界に進入した。北部郊外ではなお激戦が続けられている。市内はすでに占領の第一段階に入っているように見える。中共軍は何ら政府軍の抵抗を受けずに布告のポスターをはったり電話線をかけたりしている。またその他の部隊は市の主な街路に白い矢印をつけて進入の目印をしたりしている。市民は全く平静で恐れている気配はない。……

中共軍兵士はアメリカ人が自動車に乗ってくるのをみてびっくりした風であったが、丁寧に『引返して危険を避けたがよかろう』といった。彼らはアメリカ製の小銃を持ち、軍服は泥にまみれて激戦を経てきたことを示していた」

五月二六日『朝日』〔上海特電二十五日発＝ＡＦＰ特約〕「二十五日の中共放送は上海が〝解放〟された旨を報ずるとゝもに中共は住民の生命財産の保護に当るものであり、政府ならびに公共機関の職員はその地位に止まるべき旨の八条件の布告を行った」（全文）

〔上海特電二十五日発＝ＡＰ特約〕「中共軍の上海都心への進撃を目の前に見た市民達は、その兵士らが中共軍であるかどうかを疑っている様子であった。都心に入った中共軍は市民達に対して家にかえるように勧告していた。砂袋を積みあげたバリケードのそばで政府軍の一部が、銃ももたずにぶら〳〵歩いているのが見られた。上海市政府の表玄関前の砂袋に四十名ほどの政府軍兵士が二十五日朝、歓迎人民解放軍の大きなのぼりを打立てゝいた」（全文）

五月二八日『朝日』〔上海にてハンプソン特派員二十六日発＝ＡＰ特約〕「二十六日夜に至り上海全戦線の砲声はとだえ、さしもの上海戦も終わりをつげたかの感がある。上海の中心を流れる蘇州河のほとりで政府軍の投降兵が中共軍と降伏条件につき談じあっている。……

多数の外人が避難していた十七階建てのブロードウェイ・マンションも同じような情景であった。バリケードをつくって守っていた政府軍兵士たちは降伏はしたいのだが、どんな扱いをされるかがこわいのだといっていた。外人たちが彼らに中共軍は決してわるいようにはしないから降伏したほうがいゝと納得させようとしたところ、一部のものは降伏してやるから、そのかわりにと、金をねだったものだ。外国人たちはこれを拒絶して中共が到着して彼らを捕えるのを待つことにした。

街には人民銀行券がはやくもあらわれている。人民券一元に対し政府の金円券一万二千円、米ドルに対しては、一ドル対三百元の相場である。廿六日には一日中いろいろな行進がつゞいたが、大部分は学生の行進で、一部の労働者もこれに加わっていた。上海全市は赤旗にうずまり、毛沢東主席の大きな写真が行進の先頭を進んでいた」

共産党軍の上海占領は国共内戦のいわば天王山であったが、これについて五月二六日の『朝日』と『読売』が対照的な社説を掲げている。

『朝日』「上海陥落の国際的側面」は、まず——

「孤立無援の中に二十数日にわたつて戦つて敗れたことは、政府軍になお戦意の盛んなことを示した。杭州—南昌の線までほとんど無抵抗で退いた政府軍が上海で示した抵抗は、今後の戦局が従来のように急テンポで進展し得ないであろうとの観測に有力な根拠を与えた」

との見通しを述べて、上海占領は必ずしもプラスにならないと説く——

「経済的には中国はまだ植民地の段階から脱けきつていない。中共は封建的搾取とともに、こうした関係を帝国主義的搾取として排撃する。そして、それからの解放を中国革命の第一の使命としている。この革命方略を徹底的に遂行するならば、民主々義諸国との協力は困難となる。上海を活用し得ないとすれば上海を手に入れたことは、それだけ中共にとつては大きなマイナスとなる」

これに対して『読売』「上海陥落と国際情勢」は——

「中共は中国の心臓上海の攻略により、ほゞ覇権を樹立したということが出来よう」

と、上海での勝利を高く評価した上で、諸外国との関係を次のように占う——

「膨大な権益擁護のため列国は中共とどうしても接触せざるを得ない。……この接触によって双方の間に『事実上の関係』が発生し、更にそれが発展する可能性があることは極めて重大であり、中共の上海占領を契機として列国と中国政府、列国と中共間の関係はいよ〳〵複雑、微妙なものとなるだろう」

『朝日』はこの段階でなお内戦の長期化を予想し、『読売』は「勝負あった」との立場である。南京、上海制圧の国際的影響については、『朝日』は「中共にとってマイナス」とし、『読売』は「複雑微妙」と判断を保留しているが、確かに中国のこの新事態にどう対処するかでは各国はこの後複雑な動きを見せる。それについてはあらためて見ることにして、ここではもうしばらく現地の情況を追う。

共産党軍は五月二六日、全市を掌握すると、二八日、占領の最高機関として「**上海軍事管制委員会**」の設置を発表し、上海軍事管制委主任には陳毅第三野戦軍司令、同副主任には粟裕第三野戦軍副司令を任命した。翌二九日には新しい市政府が発足する。

五月三〇日『毎日』［上海特電（AFP）廿九日発］「中共占領下の上海では廿九日、上海軍事管制委員長陳毅将軍を市長として正式に市政府が成立したが、陳新市長は廿八日午後市政府全職員に対してそれぞれの職位に止り各自の任務を遂行するよう要請した。

上海では目下人民銀行券だけが正式に流通を許され、揚子江以南で使われている華中銀行券を除いては如何なる解放区券も人民銀行券との交換を許されていない。また中共当局は毛沢東主席を初め中共幹部の著作を勝手に複製すること及びかれらの写真を宣伝に使うことを禁止した。

一方税制は旧い制度を基礎として徐々に修正されるが、この問題は生産の増強という目標に沿って改正されると発表されている。また中共機関紙解放日報によれば米穀や油とともに二千トンの石炭が華北から到着したといわれ、郵政局も外国郵便を受付けている」（全文）

五月三〇日の『読売』にはこのAFP電のより詳しい状況ルポが載っている。発信は『毎日』電よりこちらのほうが早い――

［上海特電（AFP）廿八日発］（ロジェー・ピエラール記）「国民党の管理下にあった中国側大企業の従業員や

労働者たちは〝上海軍事管制委員会〟の仕事を助けるため書類や資料を集めており、市の下級吏員たちもそのまゝ職場に残つて中共の役人の就任と新しい指令を待つている。すでに税関吏たちは政府軍が撤退に当つて上海港内に分散、座礁させた船舶の浮揚や集合等の緊急業務に当つている。

公共事業もすべて平常通り活動しているが、たゞ電力供給だけは少し不安な状態にある。これは上海の電力需要量の大半をまかなつている上海電力会社の石炭のストックが後十六日分しかないためだ。……

一方、市内の学校や大学は中共当局から再三開校するよう指令されたにもかゝわらず、いずれも閉鎖されたまゝである。これは大部分の学生が降りつゞく雨を物ともせずまだ毎日街頭でデモを続けているためだ。吹流しや赤旗をつけ、時には太鼓やシムバル入り楽隊の乗つた学生たちの車は、世帯道具を全部背負つた避難民の間を縫い、さらにまだ木の枝で偽装したままになつている中共軍の軍用車や、集合地に向う何千人という捕虜の大群と交さしながら、ゆつくりと、そして騒々しく上海の街路をねりまわつている。……

在住外国人の間には物質的な損害があつたゞけで、死者は一人も出なかつた。フランス人の住宅約千軒の中わずか一軒が国民政府軍の略奪を受けただけで、その他のフランス人居留地にはなに一つ損害がなかつた。

一般中国人がどれだけ損害をうけたかを見積ることはむずかしいが、これも蘇州河岸の戦闘で数十名の死傷者を出した程度で、大したことはないようだ。しかもこれら被害者の大部分は不注意とか好奇心から災難を招いた連中である。これに反して上海周辺廿キロ内の村落の住民は、政府軍が中共軍にとられるのを恐れて菜種の収穫に至るまで根こそぎ略奪したため相当大きな損害をうけている。……」

この記事には「竹のカーテン下の上海」というタイトルがつけられている。ソ連の「鉄のカーテン」に対比して、中国については一時期よくこの言葉が使われたが、日本で紙上に登場したごく最初の一つと言っていいだろう。

共産党の占領を当の上海人たちはどのように受け止めたか。同日の五月三〇日『毎日』は陥落寸前の上海から空路東京に脱出してきた新聞記者夫妻（『上海イヴニング・ポスト・アンド・マーキュリー』紙総編集兼「申報」報道部長・呉嘉棠氏と謝宝珠夫人）へのインタビューを載せている――

「呉氏…上海は最大の商業都市であるから、市民は来る者はこばまず、去る者は追わずだ。日本人ほど政治に関心はない。しかも彼らの最大の関心は和平にあったのである。和平ならどんな和平でもかまわぬという態度も見られるが、求めるところは自由である。中共が四つの解放―恐怖、欠乏、言論、信仰の自由を与えれば、上海だけでなく中国の統治に成功するだろうが、もし中共が〝墓場の自由〟を与えれば失敗するだろう」

「謝夫人…上海の婦人たちは上下を通じてほとんど中共や共産主義運動を知らぬから中共がやって来るまえは非常に恐れていた。例えば中共治下の婦人はパーマネントもルージュもマニキュアもしておらず、衣服も上海人とは異るということを聞いているので、今までの生活様式が統制されてしまうのだろうというのである。……

独立と自由は国民の望むところであるが、排外運動といったものは左翼的学生の運動で一般人は別に気にとめていない。若い男女学生らは戦後いよいよ欧米文化の吸収に忙しいが、中国現代文学についていうと戦時中の劇的な時代がすぎて今が一番低調期にあるようである。それは戦後の失望によるものであろう。そして中国のルネッサンスは仲々来ないと思う。戦後いよいよ中国人は生活の問題に追われて非常に現実的になっているからである。……」

こうして国共内戦は最大の山を越え、最終段階の四か月を経て、中華人民共和国の成立へと進む。先述したように共産党軍の長江渡河に際しては英艦アミシスト号砲撃事件があった。この件について四月二五日の『毎日』が双方の言分を並べて掲載している――

［上海特電（ＵＰ）廿四日発］「北平の中共放送は廿三日、英国は国民党政府を援助していると次のように非難した。

英帝国主義の海軍は反動国民政府と手をにぎって人民解放軍にちょう戦しその陣地を砲撃することによって直接中国内戦に参加した。従って英海軍の受けた損害については英国自身その全責任を負うべきである。解放軍は去る廿日鎮江、江陰間で渡河中、国民政府と英帝国主義海軍の共同作戦による攻撃を打ち破った。交戦は下流から来た敵艦二隻の発砲により開始された。解放軍は最初これらが国民政府海軍に属していると信じていたが、廿二日に至り英艦四隻が含まれていることがわかった。この戦闘のため解放軍は二百五十二名の死傷者を出した」（全文）

［ロンドン廿三日発AP＝共同］「英外務省スポークスマンは廿三日の中共発表に関し『根拠のない非難だ』と否定、また巡洋艦ロンドンが政府軍の砲撃を受けた事実を明らかにし次のように述べた。

英艦は防衛のために応戦しただけで、砲撃を受けるまで火ぶたを切らなかった。アミシストは全く人道的な任務についていたのである。なおアミシスト救援に向った巡洋艦ロンドンは政府、中共の両軍から砲撃を受けた。しかし政府軍は他の三艦に対しては砲撃しなかった」（全文）

これに対して、後述するように四月三〇日、共産党軍スポークスマンは英国に対して謝罪と賠償を請求する権利を有するという声明を発表したが、大規模な戦闘のさなかのことでもあり、事態はこのやりとり以上には進展はしなかった。

南京（四月二四日）、上海（五月二九日）が共産党軍に占領されたことによって、三年に及んだ国共内戦の行方は定まった。とは言え、ここで戦火は直ちに収まったわけではなく、この後も戦線は大陸の南部、南西部、西部へと広がり、七月中旬に長江中流の宜昌、沙市、八月中旬に福州、下旬に蘭州、九月下旬に銀川、新疆が共産党軍の手に落ちた。さらに一〇月一日の中華人民共和国の成立を経て、この月一五日に広州、一七日に廈門と、共産党軍は国民党が華南のよりどころとした広東省、福建省を手中に収め、残るは広西、貴州、四川、雲南の西南部のみとなった。これらの地域も一一月から一二月にかけて次々と共産党の支配下に入った。

四川省重慶の陥落が一一月三〇日。台湾から重慶へ出向いていた蔣介石は成都に移り、一二月一〇日、再び台湾へ逃れたが、その成都も一二月二六日に陥落、賀龍ひきいる共産党軍が市内に入った。雲南の国民党軍は最後まで投降を拒否して抵抗したが、一九五〇年二月二〇日に共産党軍が昆明に進駐、四月初めには西南地区の戦いも終了した。

こうして、チベットを残して中国大陸全土は共産党の版図となった。チベットに対しては一九五〇年一〇月から共産党軍の進攻が始まり、翌五一年五月、中央人民政府とチベット代表によるチベット解放についての**十七か条協定**が調印され、大陸全土に共産党の支配が及ぶことになった。

第十章　中華人民共和国の成立（2）新国家誕生　一九四九年

一　持ち上がった「承認」問題

英が先陣、米は反対

内戦が共産党の勝利に終りそうな形勢になった一九四九年なかば、早くも新政権を承認するかどうかが中国をとりまく各国にとっての課題として浮び上がってきた。

最も早くこの問題を口にしたのは英国であった。南京が共産党軍の手に落ちて間もない一九四九年四月末、英外務省スポークスマンの談話である。

五月一日『朝日』［ロンドン特電三十日発＝ＡＰ特約］「英国外務省のスポークスマンは二十九日『英国は中共政権と友好関係を樹立しようとしている』と語り、記者団の質問に答えてつぎのようにのべた。

国民政府の所在はいまのところロンドンでは判っていない。しかし、中共と関係を持つことは、現在の英国と国民政府の関係には影響しない。英国はこれまである国の内戦に当つて対立する両方の側と実務上の関係をもった前例がある。……」

英国のこのきわめて現実的な考え方はこの後も一貫し、後の中華人民共和国の早期承認につながる。

またこの段階で中国共産党も対外関係についての基本的方針を明らかにした。

五月二日『朝日』［サンフランシスコ特電卅日発＝ＡＰ特約］「（四月）三十日当地で傍受した北平の中共放送によ

れば人民解放軍司令部スポークスマンは三十日声明を発表、外国軍事勢力の中国からの即時撤退を要求するとともに、外国との外交関係樹立の意思があることを明らかにした。要旨次の通り

英国軍艦は中国の領海に侵入し中共軍兵士二百五十二名を死傷させた。人民解放軍は英国政府に対し謝罪と損害賠償を請求する権利を有するものである。人民解放軍は米、英、仏三国に対し、中国の空、地、水の各域から軍隊、軍用機、軍艦、海兵隊のすべてを即時撤退させること、内戦の敵を援助しないことを要求する。なお人民革命軍事委員会と人民政府はこれまでどんな外国とも外交関係を結んでいなかったが、通常の業務にたずさわる外国居留民にたいしては喜んで保護を加えるものであり、また**諸外国との外交関係樹立**についても、喜んで考慮しようとするものである。しかし、外交関係は平等と相互の利益と、相互の主権と領土の尊重に基いて結ばれるものでなくてはならない。かつその**先決条件として諸外国が国民党政府を援助しないこと**が絶対に必要である」（全文）

この声明が前日の英国外務省スポークスマンの談話に直接応えたものかどうかは不明であるが、二百五十二名の死傷云々は前出のアミシスト号事件（二四九頁、二六六頁）を指す。なおここで外交関係樹立の前提条件を「国民党政府を援助しないこと」とするにとどめ、同政府との関係の断絶を要求していないことは注目される。

米はどうであったか。南京に続いて上海の陥落も間近に迫った五月末の段階での米の態度についての観測記事——

五月二七日『朝日』［ワシントンにてハイタワー特派員二十六日発＝ＡＰ特約］「米国は中共政権にたいして英仏その他の各国と共同歩調の下に統一された政策をとろうとしている。この目的はいずれかの国が中共の政権をあわてゝ承認することを防ぐとともに、中共にたいしては承認をめぐる取引で各国間に競争させないようにすることにある。米国務省当局者は、米国は英、仏、ベルギー、オランダをはじめ、中国と密接な関係にあるインド、オーストラリア等の諸国とこの問題について話合いを進めていると語ったが、同筋では米国は中共政権を直ちに承認する意思はなく、将来の行動についてもなんら計画がないことを強調している。……」

しかし、当時なお南京に留まっていた米スチュアート大使は共産党政権を承認するよう政府に勧告するという立場を明らかにした。

六月一七日『朝日』〔上海特電十五日発＝AFP特約〕「上海を訪問したスチュアート駐華米大使は十五日、燕京大学同窓会にのぞみ、『中共の中央政府が樹立されたならば、ただちにこれを承認するよう米国政府に勧告するつもりである』とほのめかし、次のように語った。

『私は中国の将来にたいしては楽観している。今度の帰国は中国の現状を率直に伝えることを目的としている。全中国の知識分子、自由主義者、キリスト教徒は新政権を全面的に支持し、これに参加して、中共当局が穏健な政策をとるようしむけるべきである』

なお同大使は一たん南京に帰り、六月下旬か七月上旬ごろに帰国する予定である」（全文）

このスチュアート大使について、蒋介石は「このころ米国は、なおも共産党に対して色目を使い、駐華大使スチュアートは、共産党支配下の南京に残って、共産党と接触を続けていた」（『蒋介石秘録』下、四六八頁）と非難しており、次に触れる米の「対華白書」を米の対華政策の誤りの集大成と評する理由の一つに挙げている。

一方、米議会では民主党政権の国民党政府に対する援助が不十分だとする共和党議員が論陣を張っていた。この人たちにとっては、新政権承認などは話にもならない――

六月二六日『朝日』〔ワシントン特電二十四日発＝AP特約〕「ウィリアム・ノーランド議員（共和党）はじめ共和党十六名、民主党五名計二十一名の上院議員は二十四日トルーマン大統領に公開状を送り、その中で中共政権のいかなる承認にも反対すると次のようにのべた。

われ〳〵は政府内に中共を承認する動きがあることに大きな関心をはらつている。政府は中共政権不承認の態度を表明し、自由な独立した共産党の加わらない中国こそ米国の友情と援助を得られることを明らかにすべきであ

る」（全文）

［ワシントン二十四日発ＵＰ＝共同］　「共和党の重鎮ヴァンデンバーグ氏は二十四日、上院の外交討論で中共承認問題について『議会の外交政策指導者と相談なしに中共政権を承認するような措置をとってはならない』と強調した。これに対しコナリー外交委員長（注：民主党）は『中共政権の自動的承認はありえない。もし承認が考慮される場合には大統領、国務省、議会外交政策指導者の間で十分検討議論を尽くしたのちにのみ行われる。この問題はすでに国務省当局と外交委員会の間で討議が行われている』と答えるとともに共和党側の対華援助強化論を反撃、『米国政府はすでに二十億ドルの援助を与え、このほか何をしろというのか、君らは自分の息子を中国内戦に参加させるつもりか』と述べた。コナリー、ヴァンデンバーグ両巨頭の渡り合いは、一九四五年超党派外交政策が樹立されて以来、初めてのことである」（全文）

六月二八日『読売』［ワシントン廿六日発ＵＰ］（共同）　「タフト米上院議員（共和党）は廿六日声明を発表『米政府は近く成立するはずの中共政権を正式承認するため圧力を加えるに違いない』と予言、次のように述べた。

中共政権承認のため大きな圧力が加えられるものとみられるが、われ〳〵はできるかぎりの方法をつくしてこれを阻止しなければならない。……」

このように太平洋戦争では、中国を助けた二大国、米英が共産党政権に対して、足並みを乱したことは、この後の「中国問題」を複雑にした。後に見るように、とりわけわが国と連合国との講和問題は大きな影響を受けた。

二　米「対華白書」の衝撃

国・共の争いから手を引く

議会での声高な中国論議に応える形で一九四九年八月、米政府のいわゆる『**対華白書**』が発表される。八月六日の日本三紙はいずれも一面トップで、現地時間五日午後に米国務省が発表した『対華白書』とそれにつけられたアチソン国務長官の書簡を大きく掲載した。もっとも大きく扱った『読売』は一面のおよそ七割を割き、『毎日』はおよそ六割、『朝日』もおよそ四割を割いた。

その理由としてまず挙げられるのは、中国における内戦が共産党の勝利に終わることが決定的になったことについての米政府の見方、対処方針がきわめて明確に述べられたことである。

『朝日』のリード［AP電］「同書の正式な表題は『**米国、中華関係**』となっている。同書は千ページ余の膨大な記録からなり、これに七千語からなるアチソン国務長官の書簡がついている。白書に収録されている範囲は過去百年間における米華外交史であるが、編集の重点は、終戦後五ケ年であり特に最近二年間に国共調停にあたったマーシャル特使、ハーレー大使、ウェデマイヤー特使らの秘密報告なども含まれている。なおアチソン長官の書簡では、ありのまゝの現実に直面すべきことが強調されている」

『読売』［INS電］（そのアチソン書簡は）「中共にたいするソヴェトの援助を痛烈に非難し、現在の極東状態の混乱は蒋介石政権の無能力に原因することを明らかにするとともに、極東における共産主義に対抗する新しい決定的一線を画することを明示、さらに共産主義勢力が中国から国外にまで拡大すればアメリカとして黙視しえない旨を宣言した」

『毎日』［UP電］「中国における共産党の勝利は米国の力を超えたる事態であると述べ、中共政権がソ連帝国主義の一翼に加わり近隣に侵入しようとするなら米国は国連を通じ阻止するだろうと中共を援助するソ連に警告、中国における共産主義に対し決定的な一線を画している。またその中で国共両党およびソ連を厳しく批判しているが、アチソン長官は国民党政府を〝不信の政権〟と呼び中国今日の事態に対する非難を主として国民党政府にむけている。一方本年末までに中共が全国を支配する可能性を認めながらも中国内における自由主義分子の反共的起上がりに対する米国の援助を強調している」

『読売』『毎日』の記事で分かるように、アチソンは内戦の当事者である国共両党を非難しながらも、敗北した国民党政府に対する愛想づかしがより強烈である。

以下三本の引用は『毎日』から——

「現地からの軍事専門家の報告によれば、一九四八年の危機的な年において政府軍が武器、弾薬の欠乏のため、敗戦したことは一度もなかった。むしろ政府軍指導者は危機に対処する能力を欠き、軍隊は戦意を失っている」

共産党に対しては勝利後の行動についての警告が主である——

「もし中共政権がソ連帝国主義の目標とするところに身を投じ、隣国に対し侵略を試みるならば、米国その他国連参加諸国は国連の憲章が侵害され、国際平和と安全保障が脅威されるという情勢に直面するということである」

この警告は翌年、朝鮮半島で戦火が上がった時、国連軍対中国人民義勇軍という形で実現するが、その経緯はここで想定されていたものとは異なる。

また国共両党を見限ったとはいえ、米はもとより将来とも中国とは縁を切るというわけではない。両党とは別の中国が復活するのを期待する――

「われわれは近い将来の中国情勢が如何に悲劇的であろうとも、またこの大国民の大部分が外国帝国主義の利益に奉仕する一党によって如何に残忍に搾取されようとも、中国の深遠な文化及び民主的個人主義が結局力を取りもどし、外国の束縛を断ち切るものと信ずる。

米国は現在及び将来にわたってこの目的に向う中国内のあらゆる動きを支援すべきだと私は考える」

中国で国共両党以外の新しい勢力の台頭を期待する考え方は、後に見るように当時の日本の吉田茂首相にも通ずるものがある。吉田首相が米の『対華白書』に影響を受けたのかどうかは明らかでないが。

米国が中国の内戦から手を引くというこの『白書』を各紙はどう受け止めたか。『朝日』『毎日』は八月六日の紙面に「解説」を載せ、翌七日には三紙そろって「社説」を掲げた。興味深いのは『朝日』『毎日』と『読売』が正反対といっていい受け取り方をしていることである。

『朝日』『毎日』の社説は、米は国民党政権を見捨てたにしても、この白書は新しい中国政策、新しい対共産主義政策を積極的に打ち出したものと見るのに対して、『読売』は米の関心が中国を離れた表れと見る。

『朝日』は八月六日の「解説」でも――

「米国政府が最近ずっととってきた対華政策としての〝静観主義〟がいつ〝動〟に切りかえられるかは、各方面からひとしく注目されていたところであるが、こんど米政府の対華白書が公表されて、いよ〳〵極東に対する米国の積極政策が敢然と進められることになったものとみられる」

と、白書に「積極性」を見出していたが、八月七日の社説「米対華政策の新段階」は次のように論ずる。

「（白書は）中共の伸張を中国の国内で阻止することは最早不可能であるとし、国境においてこれを阻止するというところに強い一線を引く。中共がもしソ連の手先となって、隣国に対する侵略を試みるならば国連を通じて阻止するであろうとの決意を表明している。白書の結論は中国に対する政策というよりは、共産主義中国を対象とする政策発足の基礎となるものである」

『毎日』八月七日の社説「米国の新アジヤ政策」はこう書き出す――

「中国は変った。時代は圧倒的な流れをもって『蒋介石』から『毛沢東』に移っている。政府軍の広東防衛もこの流れを食い止めることはできない。中共軍はその欲するどんな地域でも占領する態勢にある。政府に中共の計画を阻止することはもはや期待されない。しかし、この情勢の急変は今後中共の統治の成功を保証することにはならない。中国の実体は複雑である」

そこで米の白書はどういう意味を持つか――

「米国は中国がいかなる外国勢力またはその利益に従って行動する政権によって征服、分割されることに（も）反対すると述べた。これはアジヤの共産勢力に対して太い線をひいたのであって従来の静観主義から積極政策に乗出すふくみをもっている。……

われわれが注目するのも、米国が反共政策を一貫していること、それに基いて中国国民との友好を強調していること、共産勢力の侵略には国連がその目的を遂行するよう支持していることなどである」

『朝日』『毎日』とも中国の内戦で共産党の勝利が決定的となったことで、それまでの対岸の火事を見るような態度から、にわかに日本に引き付けて中国を見るようになり、そこでこの米の白書の「国民党は見捨ててもアジアの民主主義国は守る」というところを、「強い一線」あるいは「積極政策」と受け取ったのであろう。

これに対して八月七日『読売』の社説「アメリカの対華政策白書」はいたって冷静である――

「白書を通読して感ずることは、中共の国境外への進出は黙過出来ないが、最早対華援助の手はないとし、アメリカの関心がまさに中国政府を離れようとしていることである。……中共の影響を阻止しようとすれば、アメリカもやがて何らかの手を打たなければならないかも知れない。……中国情勢の悪化を考慮に入れたうえ、アメリカが如何なる極東政策を樹立するかは、極東のみならず全世界にも大きな影響を及ぼすだろう」

白書はべつに新政策ではなく、それはこれからのことと見ているわけである。白書そのものの見方としては『読売』のほうがあたっていると言える。

もともとこの白書は「もっとしっかり国民党を援助するべきだった」という主として共和党からの民主党政権に対する批判への回答として、国民党の敗北は米の援助不足の故ではないと主張するのが目的であった。一方、だからと言って、中国およびアジアから完全に手を引くわけではない証しとして、中国における民主的な第三の勢力に対して援助するとか、共産党が対外侵略に乗り出せば、国連が許さないだろうと半分は国連に責任を負わせつつ、米も応分の責任を果たすとか、述べたものであって、新たに「強い一線」や「積極政策」を打ち出したものではないという評価が現在では一般的である。

蒋介石、比・韓へ働きかけ

この時期、大陸での敗北が決定的となった蒋介石は一九四九年七月、フィリピンに飛んでキリノ大統領と会談し、米の白書発表直後の八月七日には韓国に飛んで李承晩大統領と会談して、反共同盟を結ぶべく働きかけていた。米の白書はその動きを促すものなのか、あるいは水をかけるものなのか、にわかには判断がつきにくかったのが、見方が分かれた原因であろう。

蒋介石本人は「キリノ、李承晩両大統領との間では『ともに反共国家連盟を結成し、力を合わせて共産主義と戦うことに同意した』にもかかわらず、米は対華政策の誤りを集大成したような白書を発表した」（要旨）と書いている（『蒋介石秘録』下、四六八頁）からこの白書を、反共積極政策の表明である、という受け取り方は的外れと言えるだろう。

またこの白書では、一九四七年秋、日本に立ち寄った後、中国視察に向った米のウェデマイヤー中将が帰国後、トルーマン大統領に提出した報告書で――

「満州をアメリカ、ソ連、フランス、イギリス、中国の五ケ国の共同管理の下に置くよう勧告しており、アメリカ政府はこれが国民政府を刺激することを恐れたため」（『読売』UP電）報告書を公表しなかったこと、あるいは「過去十二年間の対華援助額は三十五億二千三百万ドルにのぼり、約四十％は一九三七年日中事変が起きた当時供与されたもので、その残りの二十億七百七十万ドルは太平洋戦争が始まって以来の分である。なお援助額のうちに廿四億二千二百万ドルは贈与で、十一億百万ドルは借款の形式で供与された」（『朝日』AP電）こと、

さらにこの年七月にも国民政府は米に対して――

「（一）中国政府に対する同情と支持（二）中国軍の統制に当たらしめるとの予想の下に最高級の米軍将校を中国に派遣する（三）九千万ドルと推定される対華援助資金の残額の一部をインフレ対策として銀貨鋳造用の銀買い入れに転用する」（『毎日』AP電）

の三項目を要請したが、拒否されたことなどが明らかにされ、各紙はそれぞれ見出しを立てて扱っている。

三　新政権樹立へ

統治方針明らかに

一方、大陸では全国的勝利への展望が開けた共産党が一九四九年六月、北京で**新政治協商会議**の予備会議を開き、新政権樹立の具体的な準備を開始する。

六月二〇日『毎日』一面トップ〔北平十九日新華社＝共同〕「新中国誕生の基礎となる新政治協商会議の予備会議は十九日北平で中国共産党、国民党革命委員会、民主同盟その他各党代表百卅四名参加の下に正式に開かれ、毛沢東中共主席は開会に当り次の要旨の演説を行った。各党派団体を代表しあいさつしたものは、朱徳中共軍総司令、李済深国民党革命委員会委員長、沈鈞儒民主同盟代表、郭沫若無党派代表、陳嘉庚在外中国人代表、陳叔通の諸氏であった。

一、（会議の任務は新政治協商会議の招集と民主連合政府成立の準備、全中国の統一）

一、（各党派、団体は帝国主義、封建主義、官僚資本主義、国民党反動派勢力を打倒しなければならない）

一、全国人民は自己の人民解放軍を擁護し戦争の勝利を得たが、この偉大な人民解放戦争は一九四六年七月に開始され現在丁度三年に及んだ。わずか三年間に人民解放軍は国民党軍のほとんど全部を撃滅し今や敵の最後の拠点に迫ろうとしている。この三年間に撃滅した国民党軍は**五百五十九万人**に及び現在、正規、非正規軍、後方軍事機関、軍事学校軍の残存兵力を集めても五十万人前後しか残っていない。
一、われわれは平等の立場で相互利益、相互尊重の外交関係を樹て、全世界各国人民と友好合作を行い、国際間の通商事業を回復し発展させ、生産の発展と経済を繁栄させなければならない。新政治協商会議の招集と**民主連合政府**樹立の一切の条件はすでに成熟している」

なおこの新華社電は、新政治協商会議は六月一九日に開会と伝えているが、『毛沢東選集』第四巻五三八頁の毛沢東演説への「注」によれば、同会議は六月一五日から一九日まで開かれたことになっており、毛沢東の演説は一五日に行われたとしている。

新政権の樹立が現実味を帯びるにつれ、中国共産党の作る国はソ連型の社会を踏襲するものになるのか、それとも独自の道を歩むのかに世界の関心が集まった。米をはじめ西側の多くの国が新政権に対する態度を決めかねていたのも、その点を見極めたいからであった。この頃、共産党軍の支配下に入った上海から、後に日本でも有名になる仏人記者、ロベール・ギランがその関心にこたえる記事を送っている。見出しは「上海と取組む中共」——

六月一九日『朝日』[上海にてロベール・ギラン特派員発＝ル・モンド紙特約]「いまや上海では中共史の中の決定的な経験が大きく展開しはじめている。少くとも一つの点は明らかだ。すなわち上海の新支配者中共から出る毎日の命令の中に、今のところ**慎重さ**と**漸進主義**がはっきり示されているということだ。とにかく外国船に対して上海港を再開し、銀行の営業を再び許すというこの主要な決定をするのに中共が八日以上を要しなかつたということに対しては内外ともに驚いた。（注：五月二九日に上海を占領した共産党軍は六月六日に貿易規則を発表して外国商社に貿易を許可し、一七日には上海港が再開され、米船が出港した。また上海軍事管制委員会は九日、中国銀行の本店と上海支店を接収し、同日から営業を再開した）……

中国政治の観察者に投げられる中国人の質問は、きまって次のような質問だ。『共産主義は都会の資本主義を弾圧するだろうか。いま全国の労働組合運動を推進している李立三氏の背後にある都市プロレタリアの上につくられたあの強力な政治力がやがては都市資本主義にむかって弾圧を加えるのではないか』

とにかく人々の頭からはモスクワから帰った李立三氏は、やはり純粋なマルキストであり、いずれはその線を進めるだろうという考えが去らない。……来る日も来る日も中共の新聞をむさぼり読み、中共のラジオに耳を傾ける。……結局、李立三氏の政治の線は次のように要約されようと人々は結論を出している。すなわち『中国の共産主義はボルシェヴィズムではない。彼らは資本主義をムダにしないだろう』。なぜなら李立三氏は『今日の中国は共産主義を一挙に樹立するにはあまりに立ち遅れている』と書いているからだ。

そして、こうした中共側から出される言葉や文字を整理すると結局、中共の中国は、再建と新民主々義の相当長い期間を通らねばならないだろうということがいえ、この期間には、**資本主義が認められ**、協力者となるだろう。中国は社会革命を直接行ったロシアの例をふむことは出来ない。また今日東欧で行われている新しい人民民主々義国のようにもならないだろう。

中共の新聞にはどうして新制度が私的資本を認めねばならないか、彼らに合理的利益を認め、共同の努力に協力させねばならぬかの理由が、長々と述べられている。……」

ロベール・ギラン記者の記事は六月二五日の『朝日』にも登場する。見出しは「上海に来た火星人」――

「……彼らは勝利のあとは『奪わず殺さず』の鉄則を守り、人家を避けて歩道でねむり、そして市民が持参する一杯のめしも茶もこれをことわっている。これこそ上海人の目には別世界から来た兵隊としか映らない。まさに『火星人の御入来だ』

こうした軍隊はいままで中国ではかつて見られなかった。さらにこの軍隊では階級を判別することができない。なぜなら将校の生活と兵士の生活には何らの相違は見られないからだ。服装も同じ軍服だ。さらにもう一つ、この軍隊は、時間があれば教練をする。そしてあらゆる機会に歌をうたう――とにかくこの歌声はわれ〳〵フランス人にはドイツ軍がフランスを占領していた当時聞きなれたあのドイツ兵の歌を奇妙に想い出させるものがある。……」

共産党軍兵士のこういう姿は当時、広く伝えられたが、ギラン記者のこの記事はその典型的な一つと言える。

中華人民共和国

九月二一日、**中華人民共和国**の成立が新華社電でいっせいに報道された。前日、北京で各界代表六六一名を集めて**中国人民政治協商会議第一回会議**が開かれ、共産党主席の毛沢東が新国家の成立を宣言したからである。

［北平廿一日発新華社＝共同］が伝えた毛沢東主席の開会にあたっての演説を要約すると――

「一、われらの会議は全国人民が大同団結した会議である。

一、政協会議は**全国人民代表大会**の職権を執行し、政協会議組織法、中央人民政府組織法、政協会議共同綱領を制定する。国旗、国章、国都の所在地、世界大多数の国家と同様の年号を決定する。

一、われ〳〵は中華人民共和国の成立を宣言する。

一、われ〳〵の革命工作はまだ完結していない。国内反動派は決して自己の失敗にこりない。彼らはまだ最後のあがきをしようとしている。われ〳〵は警戒をおこたってはならない。

一、**民主専政の国家制度**は人民革命の勝利の成果を保障し、敵復活の陰謀に反対する有力な武器である。

一、国際的にはわれ〳〵は一切の和平自由を愛する国家と人民と団結しなければならぬ。それにはまずソ連および新民主主義国家と団結し孤立の地位に置かれないようにしなくてはならない」

というものであった。

三紙はいずれもこの毛沢東演説にそれなりのスペースを割いているが、どこも一面のトップではなく、中程度の扱い、見出しはそろって四段である。新国家の成立宣言にしては地味な紙面だが、広東になお国民党政府が存在していることから、形式的にはなお内戦の一段階という見方であったと思われる。

この記事に添えて『朝日』『読売』は解説を載せているが、中国における新しい歴史の始まりというより、新国家の成立が国際的に新政権の承認問題にどう影響するかといった当面の問題点に注目している。

『朝日』解説——

「米英仏三国は、否応なしにいよ〳〵対華策を中心とする新アジア政策を確立しなければならないギリ〳〵の局面に来つゝあるといえよう。ソ連側は中共の国連加盟を『国府に代る正統政府として当然これに肩代りすべきもの』として要求するだろうが、西欧側としては『新規加盟』の問題としてこれを取り上げようとするかもしれない。いずれにしても国連でこの問題が取り上げられる場合、国府と中共政権の〝法統〟問題をめぐつて、深刻な論争が展開されることになるものと見られている。……」

『読売』解説——

「当然この会議を経て樹立される新中央政権と現在の国民党政権といずれを中国の中央政権として認めるかという承認問題も緊急事となつて来るわけであり、国際的にも極めて重大な意義を帯びている。……」

『毎日』は翌九月二三日に社説を掲げたが、当時としては珍しく自らの立場を明確にしている。まず新政権の性格について——

「毛主席によれば目前の政策は資本主義の制限であつて、それを除去するものではないが、しかし民族資産階級は革命のリーダーや内閣の主要な地位につくことはできないのである。またかれは中国に中道論の存在しないことを指摘し、中国ばかりでなく世界の中道論者に反対している。これが中共の性格である。中共の本質に特に違った意味をもたせるのはおかしいし、新民主主義革命の理論は当面の社会情勢に合致するための戦略にすぎないのである」

そして、こう結論する――

「中共の性格がはっきりすればするほど国際政局に与える波紋は大きいであろう。特に米国の方針は対中共貿易などわが国にとつて関連するものが多いが、われわれもまた新中国の方向を正しくつかむことによつて希望的な観測などはさけたいものである」

新政権の新民主主義は当面の戦略にすぎない。したがって希望的な観測は避けて、ソ連と同質の国家と見るべしという立場は当時の米共和党の主張に与するものである。

「人民」と「国民」

政協会議ではその後、九月二二日に当面の憲法とも言うべき**共同綱領**の草案を周恩来が本会議に報告する。その内容が九月二五日の新華社電で伝えられ、三紙とも掲載した。その「総綱」部分――

「人民の国家に対する権利と義務をはっきり規定している。こゝで説明しておかねばならぬ定義は〝人民〟と〝国民〟とは区別があるということである。人民は労働、農民、小資産、民族資本階級および反動階級から目覚めてきた一部の愛国民主分子を指している。官僚資本階級に対してはその財産を没収し、地主階級はこの土地を分配したのち消極的にはその反動活動を鎮圧し、積極的には彼らを強制労働させ、新しい人間に改造する。この改造以前は彼らは人民の範囲に属しない。すなわち彼らは国民ではあるが、人民の権利を受けることはできない」（『読売』

「人民」と「国民」を区別するというのは、当時、耳新しい概念であったと見え、『読売』は「『人民』と『国民』を峻別」、『毎日』は「人民と国民の別」、『朝日』は「『人民』の範囲定む」と見出しをつけている。九月二八日『朝日』の「天声人語」がこの問題を論じている――

「中華人民共和国では『人民』と『国民』とを区別したそうだ。日本にもそれと似たようなことがあるが、向うのはちまたの俗称ではなく、大憲章ともいうべき共同綱領草案に明記されるのだから中国人にとっては深刻である。……官僚資本階級や地主階級には強制労働をさせて『新しい人間』に改造してから初めて人民入門を許されるのだそうだ。……国民とは反動分子、売国奴と同義語になるわけである。日本国憲法には『人民』という言葉はなく、『国民』または『文民』だが、これからは日本国民、米国民、中国国民とは並べて言えない仕儀となる。……毛沢東氏はかつて……（水滸伝に出てくる豪傑）武松が大虎をうち殺さなかったら、彼は老虎に食われていたであろうと言って、〝反動分子〟を寛大に扱っていたら、やがて中国革命はその虎に食い殺されるのだと説いた。国民党に対するその憎しみがいかに底深いものであるかを想像するに足る」

なお政協会議は九月二七日、新国家の首都を北平とし「**北京**」**と改称**すること、国旗は**五星紅旗**、暦は西暦を採用、国歌は暫定的に「**義勇軍行進曲**」とすることを決定、建国への準備をととのえた。

一〇月一日。北京では午後三時から天安門楼上において**建国式典**が挙行され、毛沢東が世界に向って「中華人民共和国が成立した」と宣言した。しかし、この式典そのものは日本ではほとんどニュースになっていない。

一〇月一日、『読売』は一面中央に「主席に毛沢東氏『中華人民政府』成る」と四段見出しの記事を掲げたが、中味は政協会議が同会議組織法、中央人民政府組織法、共同綱領の三基本法を制定し、中央人民政府委員会を選挙して、九月三〇日に閉幕したという新華社電であり、主席の毛沢東および朱徳、宋慶齢ら六人の副主席の名簿などを伝えている。

『朝日』『毎日』は九月三〇日発の同じ新華社電を一〇月二日の紙面で、一面中ほどに三段見出しの扱い。主見出しはいずれも同じ「主席に毛沢東氏」である。建国記念式典は記事になっていない。

新国家の成立という事実に対して、三紙は一〇月二日から四日にかけて社説を出した。

一〇月二日『毎日』社説「中国新政権と今後」は前出九月二三日の社説を受ける形で、なお完全な形での政権交代が起きたとは見ない。その書き出し——

「中国の新政府は主席毛沢東氏以下の顔ぶれがきまった。これで中国は対内的に完全に二つに分れたわけである。新政府の支配する地域が圧倒的に優勢だとしても、しかし反共勢力の根絶も容易でないことは明らかである。いうまでもなく、これが人民政府の直面する第一の困難である」

そして、将来の展望——

「連合政府の形態は中共の最低綱領（注：「反封建・反帝国主義」）を実現するものでその基本的な方向と矛盾していない。……しかし、将来全面和平が実現した場合、そして中共が今の最低綱領から躍進しようとする時、共産主義に驚かなかった中国人の特性に（ママ）どういう反応を示すか。それこそ今日から予想される政治的な一つの課題である」

『毎日』は中国共産党の「新民主主義」「連合政府」という政策は目先の必要に合わせた擬態であると見る。この後、朝鮮戦争、東欧の動乱を経たうえのこととはいえ、五〇年代後半に起った中国の変動を見通していたと言えなくもない。

一〇月三日『朝日』社説「中華人民共和国の性格」も、共産党の「最低綱領」においては——

「社会主義への闘争を目指す『最高綱領』は、赤いカーテンの彼方に秘められている」

とやはり本音をかくしていると見る「擬態」論から書き出し——

「何よりも注目されるのは、中国人固有の歴史的に根深い国民的性格が事態の発展の中に織り出す色と彩である」

と、前日の『毎日』の文脈を追う。しかし、結論部分ではたんなる「注目」から一歩進めて、自らの予測を語る。

「革命理論が、これらの現実にいかに耐えてゆくかは、いま示されている革命理論そのものからはくみとれない。むろん、いまたゞちに階級間の対立、抗争を予想することは、希望的観測者の自慰に陥るものであろう。その点、共同綱領が社会主義化への最高綱領を掲げることを差控えたことの中には、この階級結合をできうる限り永続せしめようとの慎重の態度を観取することはできるのである」

中国共産党は慎重にやるだろうから、矛盾は簡単には表面化するまいとの予測である。

一〇月四日『読売』社説「中華人民共和国政府の成立」は――

「中国の歴史には全く新しいページがくりひろげられることとなつた」

とした上で、その後の展望についてはいろいろな観測をならべたという印象である。

「政府が完全に中共の支配化におかれることはいうまでもない。たゞ社会主義革命は遠い将来のこととし、現在は無産階級指導下に資本主義的生産さえも発展させなければならないとしているだけに、経済的に大変動が起るものとは予想されない。……

しかしこれと関連して想起されるのは中共政権『チトー化』化の問題である。……（ユーゴとは国際環境が違うので）従つて問題は中国人の国民性ということになるが、中共もこれに対しては相当強固な決意をもつており、一方ではソ連擁護、チトー排撃をくり返し表明しているので、たとえ漸進主義をとつても本質的な変化は起らないだろうと見られる。……

しかし中共もすでに政権を樹立した以上、列国の承認獲得が重大問題となつた。周恩来外交部長はすでに各国大公使館に『領土、主権を尊重する一切の外国政府と外交関係を結ぶことを希望する』方針を伝達、国際間に波乱をまき起こそうとしているが、この場合中共と列国の間を結ぶのは貿易であり、中共が一方でソ連ブロックとの提携を強調しつゝ、他方西欧諸国に如何なる態度をとるかによつて、承認問題も微妙な影響をうけることになるだろう」

三紙に共通していることは、新国家の成立に対して確たる態度を示すことをためらいつつ、新国家が共産主義の本質をかくして漸進主義の擬態を見せていることに要注意、といったところだろうか。もっとも日本よりはるかに深く戦後の中国にコミットしてきた米国でさえ、現状追認に傾く民主党政府と国民党の大勢挽回になお未練を持つ共和党を中心とする勢力に分裂していたくらいだから、この段階で確たる見方を期待することは無理としたものかもしれない。

一〇月二日、**ソ連は新政権を承認**して、国民党政府と外交関係を断絶した。新国家成立は一面三段の扱いだった『朝日』も、こちらは四日の一面トップである。国際的影響をより注目していたことがうかがえる。

［ロンドン特電二日発＝AP］「二日のモスクワ放送によると、ソ連政府は広東の国民政府との外交関係を断絶し、新たに中華人民共和国と大使を交換することに決定したと発表した。また二日のモスクワ放送によるとグロムイコ・ソ連外務次官から中華人民共和国の首相兼外相周恩来氏に当てた電文は次の通り――

ソ連政府はここに、中華人民共和国とソ連邦との間の外交関係樹立を提案した十月一日付の中華中央人民政府の声明を受領したことを確認する。ソ連政府はこの提案を検討した結果中国人民と親密関係を保持しようとする変らぬ方針に従い、かつ中央人民政府が中国人民の圧倒的大多数の意思を代表することを確信して、ソ連邦と中央人民政府の間に外交関係を樹立し、大使を交換することに決定したことを貴下に通告する」（全文）

注目されるのはこの記事と並んで、その横に「中共の影響差当りなし」との見出しで吉田茂首相がその見方を語っていることである、但し米人記者に――

［ニューヨーク三日発UP＝共同］「東京来電によれば、吉田首相は三日UPのジョーンズ副社長と単独会見し、国内問題および国際問題について次のとおり語った。……

一、中国問題にかんする最上の忠告は『中国人はそのままに放っておけ』ということである。英国は十九世紀中あまりにも中国に干渉しすぎたが、日本も二十世紀に入って中国問題に深入りしすぎた。ソ連もやがてあまり中国に干渉することは不得策であることを覚るであろう。中共はソ連の勢力を背景として中国の支配権を得たが、共産主義の本性がはっきりするにつれ、すでに一部の地方には悪感情が広まりつつある。

一、米国の対華政策についていていえることは、米国人は中国人を理解していないということである。蔣介石政権は米国が主張しているような国内改革実現のため十分な努力を払わなかった。

一、中共はそのうち日本にも影響を与えるだろうが、それは差し迫ったものではない。中国で仏教が確立されたのち日本にそれを広めるのに二百年かかったが、中国の共産主義が日本に渡るのにも一世代から二世代かかるであろう」（中国に関する項の全文）

いかにもこの人らしいもの言いであるが、なにごとにせよ大げさに騒ぎがちな政治家一般の習性に較べて「たいしたことはないよ」とうそぶく態度はなかなかにユニークである。

内戦のその後

内戦のその後については前章の最後で概観したが、一〇月一〇日過ぎには国民党政府の所在地、広東に迫り、一五日早朝、広東に入城した。その情景を伝える記事を紹介しておく——

一〇月一六日『毎日』［広東特電（AFP）十五日発］「中共軍は十五日午前六時広東に入城した。街頭には多数の市民が列をなして中共軍の入城を迎えた。十四日夜郊外で散発的な戦闘が行われ、同夜十時から十五日午前二時ころまで機関銃の音が広東市中でも聞えていた」

そしてなかなか国民党の敗北を認めなかった『毎日』も同日の社説「広東陥落の意義」では事態をこう書く——

「中共はまた広東を手に入れた。その陥落は早くから時間の問題とされていたもので、それはもちろん軍事戦の終結を意味しない。しかし北京政府はこれによって華南を支配下におさめたので今や残るのは西南と西北の一部と台湾だけとなつた。……

台湾は蒋（介石）氏の最後の軍事的基地であるから、そこへの上陸作戦はこれまでとは事情がちがう。したがって短期間内に同地が陥落しようとは思われない。問題は大陸にある国民党軍がどこまで組織的な作戦をとりうるかにある。……今日となっては有効な反撃を期待しうる根拠は乏しい。……」

「軍事戦の終結を意味しない」と言いつつも、さすがに大陸における国民党軍の戦闘持続、退勢挽回はあきらめた格好である。そして現実の事態もそのように進んだことは既述のとおりである。一九四九年一一月半ば蒋介石は台湾から重慶（広東から遷都）に飛ぶが、総統代理の李宗仁は「病気治療」の名目で香港に脱出。蒋介石は成都で、一二月七日、政府の台北移転を決定し、一二月一〇日、雲南省が共産党軍に降ったのを聞いて、同日、大陸を離れ台湾へ向かった。これ以降、一九七五年に八十七歳で死去するまで、彼が大陸の地を踏むことはなかった。その後、散発的な戦闘はしばらく続くが、一九五〇年三月にそれも終わり、チベットを除いて大陸は共産党の天下となった。国民党は台湾、澎湖諸島、金門、馬祖に拠ることになった。

蒋介石の大陸における最後の日々でつけ加えておきたいのは、重慶に捕らえていた「西安事変」の主役、楊虎城をその家族ともども九月六日に処刑したことだ。西安事変とは一九三六年一二月、当時、陝西省政府主席だった楊虎城が満洲事変で西安に逃れていた満洲軍閥の張学良とともに、西安を訪れた蒋介石を華清池の宿舎で逮捕、監禁して、共産党と抗日統一戦線を結成するよう迫った事件である。蒋介石は統一戦線結成（第二次国共合作）には踏み切ったが、楊、張の二人は反乱の罪で捕えていた。大陸を離れる前に楊虎城を処刑したことは、蒋介石の西安事変に対する怒りの大きさを示しているのであろうか。楊虎城は処刑されたが、張学良は蒋介石とともに台湾に移って軟禁生活を続け、蒋介石とその子、蒋経国がともに死去した後、一九九〇年に自由の身となって、二〇〇一年、ハワイで百一歳の長寿を全うした。

四　「満洲」の日本人

聞こえてきた実情

国外で敗戦を迎えた日本人は軍民を問わず、過酷な運命に翻弄されつつ帰国の道を求めた。中国大陸においては国民党支配地区にあった邦人は既述のように蒋介石のラジオ放送にも助けられて、比較的順調に帰国を果たした者が多かったのに対して、東北地区（旧満洲）ではおよそ一〇〇万人はさまざまな苦労の末に遼寧省南西部の葫蘆島から帰国したものの、内戦下に日本人を留用した共産党の政策もあって、なお多くが現地に取り残された。

内戦の帰趨が明らかになった一九四九年八月一〇日、東京日比谷公会堂で「在外同胞帰還促進全国協議会主催第五回留守家族大会」が開かれた。全国から集まった留守家族は中国共産党の毛沢東主席あてに「帰還懇請公開状」を採択した。

八月一一日『毎日』がその要旨を掲載している——

「……終戦当時、満州地方で武装解除された旧軍人、一般日本人でソ連抑留を免れたものは逐次帰還させられていたが、中共地区では一九四六年八月以来、その帰還は停止され中共軍の軍事機関や産業施設関係のため強制徴用された。その数は正確には判明しないが、脱出してきた者の情報等を総合すると、まだ十万以上が抑留されていて、これらの人々は終戦四年の今日に至るも帰還はおろか一片の通信すら許されていない。

特に懸念に堪えないのは満州の公私日本病院に勤務していた看護婦はもちろん、一般婦女子まで附添婦、女工として残留させられ、その数が二万余に達していること、また強制結婚に泣く一万の婦女子と孤児がいることであり、さらに強制徴用後健康を害し労働に堪えられなくなると路頭に投出され難民としてさまよっている者が多数あることである。……

日本全国留守家族は中共政権に対し人道の名において厳粛に次の諸項を要請する。

一、抑留日本人の急速完全な送還、就中《なかんずく》婦女子及び難民を優先的に送還すること

二、抑留者の氏名、所在、安否□□□（不詳）発表すること」

『毎日』はこの記事の翌日、八月一二日に「中共地区の同胞」、一六日には「喘ぐ満州の残留者」との見出しで、帰還者から収集した残留邦人に関する情報を掲載している。「中共地区の同胞」には次のような数字が見える――

「現在中共地区の各地に散在している同胞は凡そ七万ぐらいと推定される。……ハルビンでは約三百名が電気、交通、水産、林業関係に従事し日本人技術者同盟の名で団結している。また斉藤弥平太元中将以下の二百名は中共軍に参加、作戦指導や後方勤務を担当しているといわれる。……

中共軍の野戦病院は四管区に分れているが、これには邦人の衛生関係者千名ばかりがそれぞれ院長、医師、看護婦、衛生兵として参加しており、中共軍の現物支給を受けている。……

個人的に中共軍に加わっているものも多数あり、中共軍では中日連誼会から日本人会を通ずるという組織で邦人の思想指導や統制ないしは平時の領事業務を行っている。

一方うわさによると塩沢元中将の統率する一個師団が興安嶺の山中にかくれて秘かに風雲を望んでいるといわれ、また流離の家族を含む約二万の邦人が自ら武装団体を作って満州各地に散在していると見られている。

また大連にはなお三百名……北平に八十名……中共軍の猛攻に陥ちた太原には旧日本軍人の投降者約三百名、逃亡二百名、戦死約五百名とされ……石家荘のベルギー系白求恩大学には稗田一郎校長以下四十五名が就職してい

る。なお山東省には約二千、上海約四百、揚子江沿岸約一千、広東、海南島、福建約一千、台湾留用者約一千となっている」

「喘ぐ満州の残留者」は朝鮮黄海道で警察署長をしていた南太計志（四四歳）の帰国談を「佐世保発」で伝えたもの。同氏は抑留されていた吉林省延吉を一九四九年二月に脱出して、釜山を経由して八月一三日、引揚船で佐世保に帰着した。その談話――

「終戦の年の十一月十四日北鮮平壌に収容されていた元将校、憲兵、警官はソ連軍に満州延吉に連行されたが、同地には北鮮各地から同様収容された約四万名が抑留され、このうち丈夫なものはソ連地区に移され翌廿一年四月中共軍に引継がれたときには二万名となり同年八月十五日の終戦記念日にこれら抑留者は解放され中国人農家の手伝いや職を求めて長春、瀋陽等各地に四散した。この間収容所では一日半ポンドの牛かん、一杯の米しか支給せず、このため栄養失調と不潔な所内の生活のため死亡者が続出、廿一年一月ごろには一日九十名が続々と倒れた。このころ奥地から連行された開拓民が続々集り支給する衣服がないところから、これら死亡者の衣服をはいで支給、死亡者は素裸にして荒なわで胴体をくくり戦車ごうに埋めたが、八月十五日の解放までに九千名が埋められ、さしもの戦車ごうも一杯になる悲惨な状態であった。

現在延吉には四百名の日本人残留者があり、このうち約五十名は医師、看護婦として生活、五十名は工場技術者として働き、残りは日雇労働者や、商人としてその日暮らしの生活を送っており、全中国の革命と日本の革命が終るまで日本人は絶対に帰さぬという中共政策に希望を断ち切られ、内地に妻子を残している開拓団や元将校、満鉄社員夫人などの大部分が中国人と結婚、物資の流通不円滑による窮迫とどん底に近い生活を送っている。土地改革から着々中共政策が成功に導かれつつある同地では必要な共産教育と共に残留者の三分の一が赤く染まり、特に若い婦女子に多いことが目立っているが、米一斗十三万円、高粱《コーリャン》一斗八万円という窮迫した生活に秘かに脱出するものもあるが、中共軍と手を握る北鮮政府軍に捕まり、ほとんど成功せずに送り帰され二三年監獄にぶち込まれ、銃殺されるものもあつて脱出さえ絶望視されている。……」

これら『毎日』の一連の報道に触発されたように、『読売』『朝日』も同種の証言を探し始める。

八月二九日『読売』は「在満邦人かくして果つ」と見出しを立てて、内戦下ではないが、敗戦の直前、一九四五年八月一四日に当時の興安南省「興安街」（現在の吉林省ウランホト付近）で「新京」（現長春）を目指して避難を始めた邦人二千六百人がソ連軍の攻撃を受けて、多数が犠牲となった事件の生存者の証言を掲載した。

「突然山道一面に戦車のキヤタピラの音がゴウゴウと響いて来た。小山のような戦車一台が砂塵をけたてゝニユッと現われた。虚をつかれみんなギヨッとして立ち上つた。みんなガタガタふるえていた。引率者の旗公署浅野良三参事官が救いを求めに戦車に近づいた。瞬間戦車の機関銃がパッと火をはいた。浅野さんはその場にバッタリ倒れた。戦車の機銃掃射はなおも棒のように突つ立った無抵抗の婦女子の上に雨あられのように降りそゝいでいた。……」（注：これは「葛根廟事件」して知られるソ連軍による邦人虐殺事件で二〇一四年に証言集『葛根廟事件の証言』が出版された）

『朝日』は九月一四日に「異国の空に帰れぬ妻」という記事を載せた。これは満洲に取り残された一婦人からその一か月ほど前に郷里の実兄と義兄を連名であて先にして届いた手紙を紹介したもので、同紙は以下の前書きをつけている――

「敗戦――それに続く内戦下の中国に置き去りにされた日本人、とくにその婦女子の中には中国人の第二、第三夫人または下女としてそのまま埋もれている婦女が一万人以上といわれているが内戦一段落とともに最近、これらの婦人たちからその夫、親戚、兄弟、父にあて手紙がよせられて来ている。その多くは、切々たる望郷の中にも何故か帰国の希望を現わしていないものもあり、それが婦女子であるだけ肉親には口に言い現わし難い焦慮があり、その対策には引揚関係団体も頭を悩ましている。これもまた、その数多い戦争悲劇の一つである」

紹介された手紙は一九四一（昭和一六）年に山形県から開拓団員として満洲にいた夫のもとに赴いた一女性のもので、夫は一九四五年に現地で応召し、その後、帰国したが、彼女はそのまま行方が分からなくなっていた。その手紙——

「……お手紙がきくようになつたと耳にし、早速お伺い申上げます。皆々様、丈夫でおられますか。だれが、どうなつておりますか。私には一寸もわかりません。父上母上様は大変でございましよう。兄上弟妹はいかがですか。これを知つたら私の心は満足いたします。……私はその後中国人に助けられ、何一つ不足なく暮しておりますから御安心下さい。主人はあの年兵隊に行き一回便りがあつただけでその後どうなつたか知りません。子供はあの年二人とも亡くなつてしまいました。一人残つた私は今は牡丹江の町より西へ一里ばかり離れた村に中国人のお世話になつております。……それが知れたら皆々様にはどんなにかおおどろきになると存じます。……年月のたつのは早いもの、渡満以来十年夢の如く過ぎてしまいました。皆々様の夢は何度見たか知れません。では一日も早くお知らせくださいませ……」（手紙は記事に引用された全文）

記事には「最近はあきらめて妻のお墓までたてました。……手紙も見ましたが、妻のものにちがいありません。妻は気丈で、満語もなかなかうまく、私は別に心配もしてなかつたのですが……返事は出してやります」という夫の言葉も添えられている。

『朝日』はこの記事が大きな反響を呼んだとして、三日後の九月一七日には「中共地区の婦女子」の概況を伝える記事を掲載した。共産党軍の軍医を三年務めた後、この年八月に脱出して帰国した留守家族全国協議会事務局長の吉田敦氏（四一歳）の情報である。

「一般婦女子……昨年（一九四八年）四月政府系の瀋陽日報によると、強制結婚にあい、□□（不詳）署に婚姻届のでたもの瀋陽（奉天）地区二千百八十六名、旅順地区六百四十九名、長春（新京）地区千九百名、また中共軍機関紙通化日報によると、延吉地区三千名、ハルビン地区四千名、その他の地区五千名となつている。以上の通りで妻、メカケ、下女になつたもの丶総計は約一万八千名と推定される。……約八割はかなり苦しい立場に落ちこんでいるが、『身を汚されたからもう帰れない』という考えでグッと帰国心をおさえ、中には自棄的な生活を送っているものもあるという。どんな奥地でも日本婦人の姿を必ずみると、さる六月大公報は報じていた。

孤児……同紙によると、母を失い日本語を忘れた日本の孤児がいたる所にウロつき、その数は約八千名といわれる。

看護婦、女工……ハルビン脱出者の話によると、遼東、□□（不詳）の共産軍に一万五百名いたので中共地区全土の八軍区を合わせると一万五千名になる。その内訳は旧陸軍の従軍看護婦だつたものが二千名、日赤派遣のもの二百名、旧満鉄その他病院の正規看護婦だつたもの千五百名、その他強制徴用にあつた人妻や娘で、進軍の途中、子供は飢えと強行軍で死亡し、母親だけが泣きの涙で勤務している。月給は米一升の市価で、逃亡者は銃殺の厳罰、街に買物にでた婦女子が片つぱしからトラックでつれ去られた。また吉林の元開拓団員の話によると、終戦時に勤労奉仕に出ていた女学生三十名がそのまゝつれていかれたこともある。以上のように強制徴用で最初は一年契約だつたが、最近では『中国革命完了まで』の命令が下つた。平時は後方勤務だが、戦時になると第一線に出されている。女工はカンゴク部屋同様の生活で『自殺を覚悟』の遺書も書いているといわれる」

「君が代」と「インター」

こうした中、連合軍総司令部は一九四九年九月一五日、満洲地区からの日本人捕虜の送還を再開すると駐日ソ連代表から連絡があった旨を発表した。人数は三千五百人、高砂丸と山橙丸の二隻が大連に引き取りに向うことになった。

九月一六日『毎日』「……米国関係者およびソ連代表部とも今回送還される日本人が中共の捕虜なのか、ソ連の捕虜なのかは明らかにしていないが、これは中共地区からの最初の大量の日本人送還である。日本側の推定によればまだ満州および華北に抑留されている捕虜並びに民間人の数はなお十万名いる。（UP＝共同）」

この記事のニュース源は東京であるのに（UP＝共同）とあるのは、当時、まだ日本人記者は占領軍当局や連合軍の駐日代表への直接取材が出来なかったか、制限されていたことを物語るものであろう。

その引揚船は九月二三日夜、舞鶴に入港した。

九月二四日『毎日』「［舞鶴発］高砂丸は〝君が代〟を歌つて帰つて来た。甲板にあふれ感極まつた〝君が代〟合唱に合わせて大小の日の丸の旗が夜風を浴びてちぎれるばかりに振られていた。〝もう死んでもよい胸が一杯で何も言えませんよォ……〟廿三日夜八時、中共地区引揚第一船高砂丸（九三四六トン）はハルビン、瀋陽、安東、佳木斯、長春、通化などの満州各地の在留邦人千百廿七名を乗せて夜の舞鶴港に帰つて来た。

記者は海上にランチを進めて港に引揚者を出迎えた。上中下三段の甲板に男女子供がこぼれ落ちそうに叫んでいる。〝唯今帰りました〟〝元気に帰つて来ました〟……

突然船尾に拍手が起つた。上甲板で〝君が代〟が歌い出された。ランチからまた質問を投げかける。〝満州はどうでした〟〝散々こき使われて用がなくなつたら追い返された〟。続け様に高砂丸は叫び出す。〝暗くて顔が見えないもつと近づいて内地の顔を見せて下さい〟〝いいなあ日本は、内地はこんなにもいい〟〝東京の渋谷は焼けましたか〟……

突然高砂丸の船首にいる一団が〝インターナショナル〟を歌い出した。青い制服に身を固めた十五、六歳の少年の一団五十人くらいが仲間からかけ離れて声をそろえてインターを合唱する。『君が代』と『インター』が一つの船で船首船尾で歌い交わされたが、君が代の合唱がわいて船首のインターの合唱は君が代にのまれる如く消えて行つた」

ここに描かれている引揚者がインターなど労働歌を歌う光景は、当時、ソ連からの引揚者によく見られたものだが、中国からの引揚者も同様であったことがうかがえる。

『毎日』は舞鶴で帰国者から早速現地の状況を聞き取り取材し、九月二五日の紙面に「在満邦人の動静」と題する長文の記事を掲載した。

それによると、共産党支配地区に残留している日本人数は主なところで、瀋陽地区に二千人、ハルビン地区に三千五百人、鞍山地区に二千人、撫順地区に七百人、牡丹江地区に三千五百人、延吉地区に二千人、佳木斯地区に二千五百人、安東地区に二千人、大連地区には引揚予定の二千人、ほかに約千五百人、吉林地区に千五百人などとなっている。

そしてその生活ぶりがかなり具体的に報告されている。

「日本人の生活程度は仕事によって大きな差がある。中共機関の管理工場に留用されている人と一般邦人の生活程度は大分開きがある。給料は一般人の場合なら日雇人夫、苦力などの重労働を十日間やって一ヵ月六、七十万円にしかならないが中共機関に勤務しているものは百万円位、技術者最高で三百万円位もらっている。……現在流通している東北地方流通券は一、二ヵ月毎に新紙幣に取替えられ、普通五万円、十万円が買物に使われている現状でものすごいインフレに民衆はあえいでいる。……生活必需品の値段は米一升（百卅匁《もんめ》）八千円、塩同四千円、砂糖同三万五千円、マッチ一個千五百円、くつ下一足三万円、地下たび廿万円、家賃バラック十万円以上、石炭一トン五十万円から六十万円に達している」

「邦人残留者のうち約三万は中共軍に加わり、遠く華南方面までも転戦しているので、これらの消息は不明である」

「技術者が極度に不足し、中共では〝日本人の技術者はもっといないか〟と技術者探しに狂奔している」

「瀋陽だけでも若い日本婦人で苦しい生活にたえかねて満人のめかけになったものが二千名あり、これらは比較的裕福な生活をしている。中共地区でもめかけを持つ富裕階級のあるのは不審だ。中共もこの点気づいたと見え今度こういう落ご者を優先帰国させている」

「中共軍の軍規は厳正で婦女子に手を出したものは銃殺か極刑である」

またいわゆる思想教育についても、その実態が報告されている。

「中共の思想教育は各地の日本人管理委員会を通じて週二回、中共工作隊員が各地の日本人民会に出張して基本的な理論、生活検討等を行っている。大連の収容所では午前中二時間、午後三時間、モスクワで三、四年共産教育をうけた党員（日本人、満人）や大連の勤労者組合員が本格的な理論的教育を行っている。……満州に日本人による赤い教育が始められたのは廿二年の末ごろからで、ハルビン公安局に延安から徹底的に赤化した日本人指導者が派遣されて来た。彼は廿二、三歳の元将兵や開拓義勇隊員約七十名を集めハルビン民主青年連盟を組織し、いうことをきかぬ者はどしどし反動として検挙した。……在満日本人にソ連民主主義教育を行うため〝民主新聞〟（タブロイド型）を五日目毎に刊行している。定価は一部二千円、月額一万円、六ジペー建。……」

東北、華北からの引揚はこのあと、一九五〇年代なかばまで続くが、引き揚げの途中で中国人に預けられた子供たち、いわゆる残留孤児の帰国、肉親探しが始まるのは国交回復後まで持ち越される。

第十一章　戦後の分岐点　一九五〇年

一　東西対立の中へ「共産中国」の登場

毛沢東、モスクワへ

三年半に及んだ国共内戦が一九四九年の終わりと共に終息し、大陸での戦火が止むと中国の国内の状況を伝えるニュースはぐっと少なくなった。しかし、年央に朝鮮動乱が発生する一九五〇年は東西対立の緊張がわが国へ直接波及した年であり、戦後の分岐点となった。新中国の国家主席となった毛沢東はモスクワで新年を迎えた。

一九五〇年元日の各紙はマッカーサー元帥の年頭声明を大きく掲げたが、そこには次のような一節がある。

「新しい年を迎えるにあたつて現在あらゆる日本人がひとしく不安にかられている二つの極めて重要な未解決の問題がある。その一つは中国が共産主義の支配下にはいつたため全世界的なイデオロギーの闘争が日本に身近なものとなつたことであり、もう一つは対日講和会議の開催が手続にかんする各国の意見の対立から遅れていることである。……

日本はただ憲法に明示された道を迷わず揺がず、ひたすら前進すればよい。……

現在一部の皮肉やたちは日本が憲法によって戦争と武力による安全保障の考え方を放棄したことを単なる夢想にすぎないとあざけつているが諸君はこうした連中の言葉をあまり気にかけてはいけない。この憲法の規定は日本人がみずから考え出したものであり、もつとも高い道義的理想にもとづいているばかりでなく、これほど根本的に健全で実行可能な憲法の規定はいまだかってどこの国にもなかったのである。この憲法の規定は、たとえどのような理屈はならべようとも相手側から仕掛けてきた攻撃にたいする**自己防衛のおかしがたい権利**を全然否定したものとは絶対に解釈できない。……

しかしながら略奪をこととする国際的な盗賊団が今日のようにどん欲と暴力で、人間の自由を破壊しようと地上をはいかいしているかぎり、諸君のかかげるこの高い理想も全世界から受け入れられるまでにはなおかなりの時間がかかるものと考えなければならない」（『読売』から）

日本国憲法の武力放棄を高く評価しながらも、同時に自衛権を肯定し、共産主義を「国際的な盗賊団」ときめつけて、理想の実現にはなお時間がかかるとするマッカーサーのこの年頭声明は、この後の日本の歩みを考えるとまことに示唆的である。

元日の『毎日』は第三面に「アジヤを展望する」という特集解説を掲載し、中国については「心細い自力工業化　中共こそ米ソ勢力均衡の焦点」の見出しで、中国の経済的苦境を予測している――

「内戦に勝っても中共は国内経営で必ず手をやくに違いないと一般に予測されていた。今年は中共がいよいよその予測されていたけわしい道をたどるわけである。もとより内戦に勝ったというだけで共産党中国が真の強国になったわけではない。それには国内建設の裏打ちが必要なのだ。その意味で昨年末、ソ連及び東欧諸国を訪れた毛沢東主席のお土産が注目されるのである。そのお土産の内容如何で国際政治特に米国の対華政策はかなり違ってくるだろう。お土産が立派で中共の国内建設がソ連の援助だけで十分だとすれば竹のカーテンの代りに中国にも今後西欧諸国をしめ出す鉄のカーテンが下りるかもしれない。カーテンが竹か鉄かによって米国の対華政策も違わざるを得ないであろう」

一方、『朝日』は第三面のほとんど全面を使って、「新聞掲載権本紙独占」のベデル・スミス前駐ソ米大使による「スターリンの印象」の連載第一回を載せている。その他の国際ニュースは下段の「海外トピックス」欄に雑報が押し込められているが、その中にはこんな記事が見える――

「北平（ママ）からの中共放送によると、中共当局は国府時代の海外留学生をふくめて、出来るだけ多くの在外中国人を本国に呼びもどすよう計画している。そのねらいは金持連中を帰国させて投資させること、在外中国人で困っているものは救済する、学生にたいしては国内でさらに高等教育を施すことにあるといわれる。（サンフランシスコＡＰ）」（全文）

新政権発足すでに三か月であるが、まだ呼称は「中共当局」であり、北京は「北平」である。そうかと思えばこんな不可思議な記事も――

「シェンノート航空会社は年末の二十七日以来、飛行機でマニラから台北へ大量の銀を輸送しているが、毎日十機ばかりが出動し一週間の予定で、米ドルにして二千万ドルの銀を台湾に運ぶ計画である。この銀は最初米国から香港へ送られることになっていたが、途中マニラ向けに変更され、こんどは台北にある国府の国庫に収まることになったものである（台北中央社）」（全文）

二千万ドルといえば当時としては相当な大金である。それを銀で米からマニラ経由台北へ運ぶ。運ぶのは米軍人で、内戦期に蒋介石のための空軍「フライング・タイガー」を作ったシェンノートとくれば、いかにもいわくありげな話であるが、それがただの雑報に扱われるところに戦火の余燼《よじん》が感じられる。

一月三日の『毎日』はソ連における毛沢東の動静を伝える。建国後最初の毛沢東の外国メディアとのインタビューである。

〔ハバロフスク放送二日＝共同〕「毛沢東主席はタス通信記者との会見で記者の質問に対し次のように答えた。

問　現在、中国はどのような状態であるか

答　中国の軍事的事業は順調に進んでいる。現在、共産党及び中華人民政府は平和的経済建設の道に移行している

問　貴下は長期滞在の目的でソ連に来られたか

答　私は数週間の予定でソ連に来た。私がソ連に滞在する期間は中国に利害関係のある諸問題を解決出来る期間にもよる

問　貴下がどのような問題を考慮しているかをうかがえないか

答　まず第一に現行の中ソ友好同盟条約（注：国民党政権との間に結ばれた条約）―両国間の交易および実務協定、ソの対華借款の問題である。このほか私はソ連の若干の地区および都市を訪問してソ連の経済および文化建設の状況を知りたいと思っている」（全文）

毛沢東のモスクワ滞在は世界の注目の中で予想外に長びき二月中旬に至って、後述の中ソ友好同盟相互援助条約の締結が公表される。

二　英の北京政府承認

西側の足並み乱れる

この年（一九五〇年）の中国をめぐる最初の大ニュースは一月六日、英国の北京政府承認であった。それ以前に中国の新政権を承認していたのはソ連圏の十か国とユーゴ、ビルマ、インド、パキスタンの十四か国であったから、英は十五番目の承認国だが、西側資本主義陣営に属する国としては最初である。もっとも英は中国での新政権の発足直後から米とは別に単独でも早期承認に踏み切るのではないかという観測が行われており、その通りとなったわけである。

一月七日『朝日』一面トップ［ロンドン特電六日発＝AP特約］「英国政府は六日中共政府に対し正式な外交的承認を与えた。英外務省の発表によれば英国の承認は正式承認であつて、中共政府を事実上にも、また法律上にも中国政府として承認するものである」

『毎日』も同じく一面トップ、『読売』はトップに「中共承認と米の立場」という当時の有名記者、ウォルター・リップマンの解説記事を据えて、横にニュース本記という配置で、三紙とも英外務省の声明全文を掲載した。それは――

「（英政府は）中央人民政府が中国領土の大部分を事実上支配していることを認め、六日中央人民政府が中国の合法政府であることを承認した」、「毛沢東主席の一九四九年十月一日の宣言に応えて平等互恵及び領土主権の相互尊重の基礎の上にたつて外交関係を樹立し、同時に中華人民共和国中央人民政府と外交代表の交換を行う用意がある」

という内容である。

この英政府による北京政府承認発表の前日、一月五日に米トルーマン大統領は中国の情勢に介入する意思のないことを特別声明として発表したが、それも日本では一月七日朝刊に掲載されたから、この日は中国に関するニュースが久しぶりに各紙紙面の大きな部分を占めた。

一九五〇年一月七日『毎日』〔ワシントン特電（UP）五日発〕「トルーマン大統領は五日、新聞記者会見で『米国政府は中共軍の進撃から台湾を保護するためにその軍隊を用いる意図はない』と言明した。すなわちトルーマン大統領は慎重な言葉遣いで声明を行い、米国はいかなる方法においても現在の情勢に干渉しないであろう。また中国の内戦に巻きこまれることになる道を進まないであろうと言明した」

また一月五日、米アチソン国務長官も記者会見で「中共承認は時期尚早」としながらも――

一月七日『毎日』〔ワシントン特電（AFP）五日発〕「私は大統領の台湾に関する声明を念入りに検討した結果米国は現在台湾に基地を設ける意思のないことを強調するがこれは極東の米軍が武力攻撃を受けた場合情勢は異ってくるだろうということを意味する。台湾の国府はなお合法的に米国の武器を購入できるだろうが軍事援助は受けないだろう」

と述べた。まさに「慎重な言葉遣い」ではあるが、両者相俟って米の台湾離れをもう一度確認した形である。

これを受けた台湾はどうだったか。

一月七日『毎日』〔台北特電（UP）六日発〕「国府はトルーマン大統領が台湾防衛のために米国が援助を与えることを拒絶したというニュースを六日受け取り驚きながらも沈黙を守っているが、公式の声明はなくただ外交部のスポークスマンは『説明は必要ないようだ』と語った。英国の中共政府正式承認よりもトルーマン大統領が国府の援助要請を拒否したことの方がより以上の打撃であった。国府の一部当局者は米政府の決定は英国と協調して国府を最後的に見捨てようという決意を含むものだと個人的に見ている」

こうした中国を巡る情勢変化を『毎日』『読売』は早速一月七日の社説で取り上げ、『毎日』は社説のほかに一面題字下に五段の解説を載せている。両紙とも英の北京政府承認は在華権益と香港を守るために伝統的な「現実主義外交」を発揮したものとしているが、米英の中国政策の食い違いが日本へどう影響するかを心配すると同時に、冷戦が身近に迫ったという危機感を表している――

『読売』社説　「恐らく本年の国連総会で中共政権の国連参加が重大問題となるだろうが、その場合米英の態度が相違すればどうなるか。対日講和の招請状が発せられるとしても中国を代表する政府について米英の意見がくい違えばどうなるか。イギリスが貿易路を開こうとしている時、アメリカが国府援助を続ければどうなるか。これらの問題をめぐって国際関係は当分極めて微妙な状態が続くものと思われる。

いずれにせよ、イギリスの中共政権承認によって国際情勢には新局面が切り開かれた。時あたかもアメリカも新極東政策を樹立しようとし、『冷たい戦争』の舞台は西欧から一転してアジアに移された感がある」

『毎日』社説は米英の食い違いと同時に米の台湾放棄により関心を寄せている――

「もしも国務省訓令としての台湾の放棄が事実だとすれば、それは米国が英国につづいて中共承認の手に出る可能性をますものではあろうが、共産主義に対する極東の共同防衛体制が一歩後退することを意味する。……

無軍備と戦争放棄を国是とする日本の望むところは、世界の二陣営の接触地点がこの日本に一歩でも近づかないということである」

『読売』『毎日』に対して一月七日はこの問題を見送った『朝日』は八日の社説で取り上げたが、前日の両紙を意識してか、独自の見方を述べる――

「イギリスに続いてセイロンも承認した。イギリス連邦諸国の新中国承認は、資本主義諸国と社会主義制度を建設中の諸国との間に、一時的にせよ平和的共存の道が開かれたことを意味する。少くともある程度の勢力の均衡が樹立されることは間違いない。この時期が一時的な息抜きとなるか、それとも長い期間にわたる息抜きとなるかは、将来の発展にまたなければならない」

危機感を強調した『毎日』『読売』とは対照的に、『朝日』は英の北京政府承認を東西の緊張を緩和するものと見た。その上で一月五日の米大統領声明に触れてこう予測する——

「アメリカの軍事援助なき限り、国民党が台湾をもちこたえることは不可能であろう。中共が中国全土を支配することは、ほとんど既定の事実のようにみられている。アメリカも晩かれ早かれ中共政権を承認せざるを得ないであろう」

せっかくの独自色ではあったが、その後の歴史は『朝日』の予測とは逆の方向に進む。

それはさておき、英の承認通告に対して、一月九日、北京政府も返電を送る。

一月一一日『朝日』［北京九日発新華社＝共同］「中華人民政府周恩来外相は六日、ベヴィン英外相からの中華人民政府承認にかんする通告を受取ったが、周外相は九日返電を発し、平等互恵および相互の領土主権を尊重する基礎の上に英国と外交関係を樹立したい意向を表明、ベヴィン外相の指名した臨時外交代表ハッチンソン氏が北京に来て、両国の外交関係樹立につき交渉を進めることに同意する旨を伝えた。また周外相はセイロン政府からの承認通告に対しても返電を発し同国政府と外交関係を樹立したい意向を表明した」（全文）

中国代表権問題のスタート

英の北京政府承認の国際的な波紋は、当然のことながらまず国連における中国の代表権問題に現れた。一九七一年に至ってようやく決着を見るこの問題のスタートであった。

もっとも国連における代表権については、すでに一九四九年一一月一五日、北京政府の周恩来外相が国連のリー事務総長に電報を送り、「国連の国民党政府代表団は、もはや中国人民を代表しない。国連は速やかに同代表団の権利と資格を取り消されたい」と要請したのが最初の動きであった。これに続いて一一月二三日、ソ連のヴィシンスキー外相が国連総会で「ソ連はもはや国民政府代表を中国の代表者とは認めない」と言明し、国民政府代表と論戦を繰り広げた。そして年を越え、英の中国承認となったのである。

一月一〇日『毎日』［北京八日発新華社＝共同］「中共政府は八日国連に対し国府代表を安保理事会から追放するよう要請した。すなわち周恩来外交部長はロムロ国連議長、リー事務総長および安保理事会各国代表にたいし『中華人民政府は国民党反動敗残集団の代表が安保理事会に留まっているのは不法であり、直ちに安保理事会から除名さるべきである』と打電した」（全文）

そして一月一〇日、ソ連のマリク国連代表が行動を起こす。

一月一二日『毎日』［レークサクセス特電（ＡＦＰ）十日発］「マリク・ソ連国連代表は十日の安保理事会で中国代表を安保理事会から除名すべしと提案したが、右提案の討議を次期会議まで延期すべしとする中国（注：国民政府）代表蔣廷黻氏の提案を八対二（ソ連及びユーゴ）棄権一（インド）で可決したためにマリク代表は蔣代表出席のもとでは安保理事会の討議に参加出来ぬむねを宣言して理事会から退場した」（注：レークサクセスは米ニューヨーク州南東部ロングアイランドにある村で一九五一年まで安保理事会本部が置かれていた）

なお次の安保理事会は一日おいて一月一二日に予定されたが、ソ連代表はこの日以降、同理事会をボイコットした。それがこの年（一九五〇年）六月に発生した朝鮮戦争への国連の対処に影響することになる。

三　「アチソン・ライン」登場

米のアジア新政策

英の北京政府承認を受けて米のアジア政策がどうなるかに世界の注目が集まる中、米アチソン国務長官は一九五〇年一月一〇日に議会上院外交委員会で証言、続いて一二日にはワシントンのナショナル・プレスクラブでの演説でその内容を明らかにした。日本三紙はいずれも一面トップに掲載した。

一月一四日『朝日』［ワシントン特電十二日発＝AFP特約］「アチソン米国務長官は十二日ワシントンの全米新聞クラブで米国の対極東政策について演説したが、この演説を要約すればつぎの四項目である。

一、ソ連は今や満州、外モンゴール、内モンゴール、新疆など中国の北部諸地域を分離して、これをソ連に合併することに大童《おおわらわ》である。

一、米国は日本、アリューシャンおよび琉球列島などに強固な軍事基地を確保することを決意している。

一、米国は中国民衆の信頼を得るために、中国問題に関しては、絶対に**不干渉政策**をとる。

一、米国は反共産主義国に対しては、全面的に精神的および経済的援助を与える」（全文）

各紙に掲載されている同長官の演説要旨（USIS＝共同電）で国別の対応策を見ると――

「一、国民政府が中国本土で敗北したのは中国民衆から完全に支持を失ったという事実によるものである。終戦当時、蒋総統は空前の強大な権力をもっていた。それが今日、一孤島へ逃れるに至った理由は極度の窮乏に甘んじ得る驚くべき中国民衆の忍耐に限度がきたことにある。中国民衆はこれを打倒する暇をかける代わりにこれを無視してしまった。中共は自力で勝利の途を開いたのではなく、この情勢を利用して政権をにぎったにすぎない。

一、米国内で中国問題についての混乱があったのは、多くはアジアで起っている革命の本質を理解しないことからきている。……

アジア民衆は外国帝国主義に反抗するとともにその日常生活の悲惨と窮乏に対して反抗を起している。この飢饉と外国支配への反抗の象徴が民族主義の発生である。米国はこのアジアの革命に対して同情的見解をとっている。単にアジアにおける共産主義の進出を食いとめるというだけでは十分でない。米国が新国家群を助けてその政府を強化し、共産主義の進入を撃退することが必要である。……

一、ソ連が中国の北部四地域を併合しようとしている事実はアジアに対する諸国の関係中もっとも重大な事実である。ソ連の外モンゴール併合はすでに完了し、満州もほとんど完了しかけている。内モンゴール、新疆についてもソ連の工作員から順調に進んでいるとの報告がモスクワへいっているにちがいない。

一、日本の敗北と非武装化に伴って米国は日本の軍事的防衛について、それが（一）米国の安全保障上の利益（二）全太平洋地域の利益（三）日本の安全保障上の利益の三点から必要とされる限り、日本の防衛を引受けねばならなくなっている。われわれは日本に米軍を駐留させており、……次の二点を約束することができる。（一）日本の防衛を放棄または弱めるような意図は一切存在しない（二）恒久的な対日処理かあるいはその他の方法でいかなる取決めが行われようとも、日本の防衛は維持せねばならないし、米国は維持するであろう。

この防衛圏はアリューシャン列島から日本に至り、さらに琉球に及んでいる。われわれは防衛上の重要な地点を保持しており、こんごも保持し続けるだろう。（日本の経済については）次のような線にそつて問題の解決をはからねばならない。その線とは日本が必要とする物資を買付け、さらに輸出用物資をアジア本土、東南アジアその他世界各地で売却するのにもっと自由を、できれば完全な自由を日本に認めようとするものである。

一、フィリピン諸島に攻撃が加えられるだろうとは考えていない。フィリピンは厳しい経済的困難に直面しており、われわれは常にフィリピンを助け勧告し、われわれができるすべてのことをする用意がある。……」

この演説はアリューシャンから日本、そして琉球列島とフィリピンに言及しながら、台湾に立てこもる国民政府に対しては冷たく突き放している。また朝鮮半島にも触れていない。一方、日本に対しては戦争直後の「軍国主義復活阻止、戦前の経済水準へ」という対日政策は完全に捨て去られて、貿易立国への道を大きく開くこととしている。そこから米の防衛線はアリューシャンから日本、琉球列島、フィリピンを連ねる線、「**アチソン・ライン**」に後退したと受け取られた。

そのことはまた米も北京政権承認へ動く前兆と見られた。

一月一四日の『朝日』『毎日』が掲載した［ワシントン特電十二日発＝ＡＦＰ特約］「アチソン国務長官が十二日全米新聞クラブで行った演説に関し、ワシントンの観察者らは、演説内容のある部分は、米国の中共承認を間接に訴えたものだと解釈してつぎのようにみている。

アチソン国務長官はこの演説で、中共を承認することは、中国民衆と友好関係を長年維持する米国の伝統的対華政策に大いに役立つであろうことを暗示しているが、同長官が日本の経済的困難は、中国との貿易関係を失ったためであると述べていることは、この問題も毛沢東政府を承認することによって解決されることは明らかである。

……」

この米の新政策に対して、北京の新政権がどう出るかに世界の目がそそがれた。

四　北京の米総領事館占拠事件とコミンフォルムの日共批判

中国の強硬姿勢

アチソン演説を意識してのことかどうかは不明だが、北京の外交攻勢は一九五〇年一月一四日、極めて荒っぽい行動で始まった。この日午前、まだ残っていた北京の米総領事館が警官によって占拠され、館員が退去させられたのである。一月一六日の『読売』は一面トップに「中共の反米闘争激化」との横見出しを掲げてこの事件を報じた（『朝日』『毎日』の見出しは「中共、北京の米総領事館を占拠」）――

『読売』〔ワシントン特電（INS）十四日発〕「米国務省は十四日『中共当局は十四日午前九時五十分（現地時間）北京の米総領事館を占拠したので、国務省は事態を重大視し、中国駐在のアメリカ外交官全員に帰国訓令を発した』と次のように発表した。

中共当局はさる六日米総領事館として使用している元米軍兵舎接収の布告を発したが、七日に至り総領事館と館員住宅をふくむ廿二号地域の財産接収を指令するとともに領事館員に別の建物に移るよう要求した。これに対してクラブ北京駐在米総領事は九日、周恩来中共政府外交部長に抗議を申入れたが、中共当局は同抗議文を開封して読んだにも拘らず何らの回答も確認も行わず返してきた。十日に米国務省はイギリス外務省にこれが交渉を依頼、イギリス政府は直ちに北京駐在外交官に訓令を発した。しかるに十三日午後三時卅分クラブ総領事は現地の軍事管制委員会から十四日午前九時に総領事館所有財産を接収する旨の指令を受理した。総領事は再び抗議を申入れ、『中共がこの指令を施行すればアメリカの正式抗議を無視した関係当局者の全責任である』旨通告した。しかし十四日午前九時五十分中共警察隊、私服官吏四名が総領事館に侵入した。

このような在華米領事館財産に対する侵害事件はさきにワード瀋陽米総領事と全館員に対する不法待遇、オリーブ上海米副領事殴打事件、さらに現在未解決の青島での二米人飛行士抑留事件などがあげられるが、これは一九〇一年と一九四三年の米華条約によって確認された条約上の権利を侵害するものである。アメリカは条約上の権利ならびに国際的慣行の基準をはなはだしく犯したこの情勢を非常に重大視している」（全文）

この記事に登場する「ワード瀋陽総領事と全館員に対する不法待遇」というのは、東北地方で共産党軍が瀋陽を占領した一九四八年一一月二五日から瀋陽の米総領事館のアンガス・ワード総領事以下館員が現地当局によって領事館構内に軟禁された事件を指す。軟禁は約一年続き、一九四九年一一月、米国務省がソ連を含む三十か国に北京政権に共同で抗議するよう要請した後、同月末、ワード総領事以下十二人の館員全員が国外追放となった経過を指す。しかし、同じく記事中の上海副領事殴打事件、青島の飛行士抑留事件については報道がなく、詳細は不明。

なお当時、北京には米国のほか、北京政府を承認していない仏、オランダの総領事館が残っていたが、これらも米に続いて接収された。

一月一九日『朝日』〔北京十八日新華社＝共同〕「中国人民解放軍北京市軍事管制委員会はすでに市内の前米、仏、オランダの兵営敷地を回収するとともに、軍事的必要から同敷地上の兵営およびその他の建物を徴用した。すなわち軍事管制委員会は一月六日布告を発するとゝもに米、仏、オランダ前領事に対し、七日後に兵営を明渡する（ママ）ように要求したが、各前領事は『国民党反動派』との間に締結した不平等条約を口実とし、引延ばしと拒絶を企図した。軍事委員会は国家主権を保護する厳正な立場をとつたので、これら三国の前領事は命令に服従し明渡

しを行った。よって十四日と十六日に前仏、オランダ兵営と米国兵営を全部接収した」（全文）

この記事に言う「国民党反動派との間に締結した不平等条約」とは米国務省が指摘する「一九〇一年と一九四三年の米華条約」などを指している。一九〇一年の条約とは前年に起こった義和団事件の際に日、米など八か国が北京に出兵し、翌年、清朝政府との間に結ばれた「**義和団事件最終議定書**」（辛丑条約）のことで、賠償金などの取り決めとともに「北京における公使館区域の設定とそこにおける外国軍隊の駐兵権」を認めている。また一九四三年の条約とは、この年起こった外国租界を取り戻そうという中国民衆の**主権回復運動**の結果、武漢などの外国租界が中国に返還され、あらためて諸外国の中国における権利を定めた条約である。

これらを中国共産党は不平等条約として認めない立場から、新政権を承認していない米、仏、オランダなどに兵営の返還を求めたものだが、話し合いもせずに、通告だけで一方的に回収したのはいささか性急に過ぎたともいえる。

米政府は北京の総領事館が接収された翌一月一五日、中国にある五か所の領事館の官員百三十五人の即時引揚げを命令するとともに、約三千人の在華米人に引揚げを勧告した。

一月一七日『毎日』［ワシントン特電（UP）十六日発］「米国務省は十五日在華領事館五ヵ所の政府官吏百卅五名に即時引揚げを命令するとともに今なお中共地区に踏み止まる約三千人の米人に引揚げを勧告した」

［ワシントン特電（UP）十五日発］「中共政府の米北京総領事館接収に対し、米国務省は在華米外交官全員の即時帰国を指令した結果、在華米外交官は急ぎ帰国準備を進めている。国務省筋によれば中国本土にある五米領事館の百卅五名の館員はすでに中共当局に出国許可を申請していると次のように語っている。

国務省としては、今回の事件については南京、上海、北京の各領事館から閉鎖命令受領の報告があり、青島、天津両領事館からは回答がないというほかには別に発表することはない。……」

日本としてもアチソン演説でいったんは「再び貿易相手国」として身近に捉えた北京政府がこの領事館接収によって、

あらためて共産主義陣営の一部であることを思い知らされた格好となった。

一月一六日『朝日』社説「民主々義陣営の先頭に立つアメリカに対する一撃は、中国における反米運動の気勢を高めるとともに、アメリカの勢威を傷けることにもなろう。とすれば、アメリカが中共のちょう戦的行為を如何に受取るかによって、アジアにおける冷たい戦争は一九五〇年の年頭から火花を散らすことになるであろう。

中共が決定的にソ連の陣営に立っていることはいまや明白となった。……」

一月一七日『毎日』社説は、北京政府の行動をすでに一か月を超えてモスクワに滞在している毛沢東とスターリンとの会談に由来するものではないかと見て、次のように述べる――

「この会談はすでに一ヵ月に及んでおり、友好同盟条約や経済文化協定の成立が確実だとされているが、このような中ソ全般の問題とともにアジヤの共産主義の問題についても広く意見の交換が行われたのはいうまでもあるまい。その見地からわれわれは今度の北京事件も、日本共産党に対するコミンフォルムの批判も、それぞれ別個のものでなく一種の共通する反米闘争とみるのだがこれはス・毛会談の線に結ばれており、対アジヤ攻勢の積極化を物語るものと思われる」

中国の日共批判

ここに言う「日本共産党に対するコミンフォルムの批判」とは一九五〇年一月、ソ連、東欧、それに仏、伊の共産党の国際組織、コミンフォルムがその機関誌『恒久平和と人民民主主義のために』に「日本の情勢について」と題する論文を掲載し、「米軍の占領下でも平和革命は可能だ」とする野坂参三ら日本共産党指導部の理論を「米帝国主義を美化するもの」と批判したことを指す。

一月八日『毎日』［ブカレスト特電UP六日発］「コミンフォルム（欧州共産党情報局）の機関誌『恒久平和と人民民主主義のために』は日本共産党領袖野坂参三氏についてその態度が〝ブルジョア〟的であり、更に日本の〝帝国主義的占領者たち〟の下ぼくであると次のように述べている。

『野坂氏は日本が占領下にあっても人民民主主義を樹立することが可能だとの報告書を日本共産党中央委員会に出したが、この野坂氏の論は日本人民を誤まるものである。日本における人民の指導者と人民愛国者は日本が帝国主義とその同盟国から絶縁した時においてのみ、すなわち日本が民主主義と社会主義の道をとる時において初めて偉大なる独立国となりうるものであることを認識しなければならない』」（全文）

この批判を受けて日本共産党は連日、対応を協議し、一月一二日、正式態度を記者会見で発表した。

一月一三日『読売』一面トップ「コミンフォルム機関誌及びプラウダ紙の痛烈な批判をうけ、重大転機に立たされた日本共産党では連日態度を検討中であったが、十一日の政治局会議で結論に到達、十二日午後一時伊藤律政治局員は『日本の情勢についてに関する所感』と題し、同党の正式態度を内外記者団に発表した。同所感は前段には一応儀礼的言辞を使い、野坂理論の欠陥も認めてはいるが、その後段においては

一、野坂理論の欠点はすでに克服されており、現在の基本方針は批判が指摘するように『四年間の誤謬が累積されたもの』ではなく、正当なものである。

一、占領下における共産主義活動の特殊性が考慮されずに批判されている点は受け入れ難い、として全面的にプラウダ及びコミンフォルムの攻撃を反ばくしていることは注目に価する。……」

この「所感」に対してはこの後、党内からコミンフォルム批判の全面的受け入れを主張する意見（国際派）が出て、共産党は**所感派**と**国際派**に分裂し、同じころ左右に分裂した社会党の動きとともに、この年の政治の流動化の一翼を担うことになる。

また「所感」に対しては**中国共産党もコミンフォルムの側に立って日本共産党を批判**した。このことはそれまで国共内戦という「対岸の火事」の一方の主役にすぎなかった中国共産党あるいはその政権が、今や実体として日本に向き合っていることを日本国内に認識させた歴史的な出来事であった。

一月一九日『毎日』［北京十七日発新華社＝共同］「北京政府機関紙北京人民日報は十七日附で『日本人民解放の道』と題する社説を発表、コミンフォルム機関誌の『野坂批判』を支持する論文を掲げたが、その骨子は次の通り

一、野坂の見解は議会を通じて平和革命が達成できるというのであって、これは大きな誤りであり、コミンフォルム機関誌の見解は正しい。

一、外電により推測する日本共産党政治局の態度は間違いであり極めて遺憾の意を表す。われわれは中央拡大委員会議で事態を正しく認識し、野坂の誤りを直す適切な手段を講ずることを希望する。……

一、野坂の誤りは単純な誤りでなく、また偶然的失敗ではない。ブルジョア支配の下では労働者の国家権力闘争は革命的闘争によってのみ達成でき、議会はこの闘争の補助的手段であり、敵の暴露を行う演壇であるにすぎない。……」

米など西側各国の領事館接収、コミンフォルムの立場に与しての日本共産党批判は建国間もない中国共産党政権がまぎれもなく東西冷戦の一方に自らを置いたことを宣言したに等しく、英に続いて新政権承認に向うかと思わせた米を引き戻すことになった。

そして世界の目はモスクワでの中ソ首脳会談の行方に注がれた。

五 「中ソ友好同盟相互援助条約」

対日軍事同盟

毛沢東がソ連に向ったのは一九四九年一二月一六日であった。モスクワ到着後、中国の文献には毛沢東は一二月二一日にはスターリンの生誕七十年祝賀式典に参加して祝辞を述べ、一九五〇年一月二日には前述したようにタス通信記者と会見、一月一一日にはレーニン廟に参拝して花輪を捧げた、などの行動が記録されている。しかし、ソ連のスターリン首相、ヴィシンスキー外相との間で本格的な条約交渉が始まったのは一月二〇日に周恩来首相兼外相がモスクワに到着して以後とされている。

その間、日本の新聞では「ス・毛会談」という言葉が生まれ、そこではアジア諸国の共産主義化の戦略が話し合われ、また満洲、新疆、内外モンゴルなどにおけるソ連の権益拡張が議題となっているといった観測がしきりに行われた。「ソ連、中国北辺を併呑」(一月二七日『毎日』一面トップ)とか、「日鮮はソ連が指導、東南アジアは中共に委す。『ス・毛会談で密約?』」(一月二九日『読売』)などの見出しが躍った。

また二月一日、バニューシキン駐米ソ連大使がアチソン米国務長官に日本の天皇を追加戦犯として裁判にかけることを要請し、二月二日、トルーマン米大統領が水爆の製造を指令するなど、東西の対立激化を象徴する出来事が続いた。天皇を裁判に、というソ連の要求に対しては、米国務省が二月三日、「この要求はソ連が抑留している日本人捕虜卅七万の送還を行わず、またその運命を説明しない事実から注意をそらすために行ったものである」との非難声明で応酬した。

このように緊張した空気の中で二月一四日、モスクワで**中ソ友好同盟相互援助条約**が付属協定とともに両国外相によって調印された。このニュースは二月一五日の『朝日』が［新華社放送＝共同］で四行の速報を載せ、翌一六日には三紙がいずれも一面トップで全六条の条約本文と二つの付属協定の全文を［新華社＝共同］で掲載した。そしてそろって社説で取り上げた。

この条約は前文で「（中ソ両国は）日本帝国主義の復活および侵略行為にあたつて何らかの形で日本と提携するその他の国の再侵略を共同で防衛する決意にみたされ」とあるように日本とその「提携」国と目される米国を対象とする軍事同盟（第一条）条約である。そして第二条では「対日平和条約の早期締結」、第三条は「中ソの相互不対抗」、以下「相互の協議」（第四条）、「相互援助、経済協力」（第五条）、「**有効期間三十年と自然延長**」（第六条）を謳った短い条約である。

付属協定の一つは「中国長春鉄道、旅順口および大連に関する協定」で、いずれも対日平和条約の締結後、一九五二年末以前に中国への返還または移管する内容。もう一つはソ連から中国へ三億ドル相当の借款を年利一％、五年間均等分割で供与し、ソ連から引き渡されるプラント設備などの代金支払いに当てるという内容である。

敗戦から四年半、なお占領下にあって、国民は日々の暮らしに苦労していた当時の日本にしてみれば、自分たちが軍国主義を復活させて再び侵略に乗り出すことを想定し、中ソがそれに対抗するための軍事同盟を結ぶというのは、いかにも現実離れしているが、生まれたばかりの中国の新政権が東西冷戦の一方の主役たるソ連と手を組んでことさらに日本と対抗する姿勢を明らかにしたことは、日本人にとってはやはり大きな衝撃であった。

二月一六日『読売』社説は、この条約は「世界情勢に重大な影響を及ぼさずにおかないだろう」とした上で――

「同時にこれは中共政権チトー化観測に最後的な回答を与えたもので、今後両国は共同目的達成のため最も緊密な連携を維持して行くだろう」

と述べて、中国共産党は同じ共産党でもソ連の社会主義とは違う道を歩むのではないか、ソ連に対してユーゴスラビアのごとく独自性を主張するのではないか、という期待がむなしかったことを認めている。

そして「日本軍国主義の復活」については、「われ〳〵としてはそのようなことは夢想もされない」として、この条約の目標は「日本と結びつくその他の国家」、つまり米国であることは明らかとして――

「中ソ両国が条約の中でアメリカをはつきり仮想敵国としたことは極めて重大といわなければならない」

と東西冷戦における中ソ同盟と位置づけている。

また借款供与協定についても――

「この借款成立によって中国がソ連の援助にのみ依存しようとする方針が裏付けされたわけである」、『冷い戦争』の舞台は今や極東に移り、アメリカも中共の進出に対抗して新極東政策を樹立しようとしている時、中ソ両国が同盟条約によって陣列を整えたことは、東西の情勢に新段階を画したものということが出来よう」

と結論している。中ソが一枚岩となって西側に対峙したという見方である。

これに対して同日の二月一六日『朝日』社説はまず――

「中ソ友好同盟条約の発表によって、モスクワ会談のナゾの一部は解けたようであるが、その全部が氷解したとはいえないようである」

と書き出して、ナゾの存在を読者に意識させる。

「新中国がソ連の衛星国たることに甘んずれば、モスクワ会談は一週間で片づいていたであろう。会談が約二ケ月を要したことは、両国の立場についての相互の認識に大きな食い違いのあつたことを示すものではあるまいか」

「中国革命は帝国主義の打倒とこれと密接につながる国内封建勢力の根絶とを当面の二大任務としている。……外国の支配から中国を解放することは、またソ連からも独立することでなければならない」

「公表されたものからは、両国の関係が如何に規定されたかを論断するに足るだけの十分な手掛りは得られない。たゞユーゴにおける苦い経験から、クレムリンも今回は極めて慎重な態度をとつたのではあるまいかとみられる」

中ソ双方の立場は大きく食い違ったはずであり、新条約は妥協の結果という立場である。したがって結論はこうなる――

「新条約により中国の事態は大して改善されるようにはみえない。三億ドルの借款供与も新中国再建の五ケ年計画には二百億ドルを必要とすると推計されているのであるから、焼石に水の感を免れない。……破壊された国土の上に新中国を再建するためには、民主々義諸国に門戸を閉ざすことはできないであろうから、新中国が呼号するように、向ソ一辺倒でおし通すことには大きな困難が伴うであろう」

と最後まで推測と推論で押し通している。

一方、二月一六日の『毎日』社説は、中ソ両国の間に「重大な意見の食い違い」があったかなかったかについては――

「そのいずれが正しいかは今後長期にわたつて検討しなければなるまいが、少くとも現在の中共がソ連と同調し一体となつて国際共産主義陣営の強化を図りつつあることは否定できないのである」

と述べて、結論的には『読売』に近い立場を取る。同時に――

（中国の国民的関心事である）「鉄道および旅順を期限つきで中国に返還し、大連港の問題は対日講和締結後に処理するという今度の協定が国民に満足を与え中共支持を強化したかどうかは疑問であろう。……日本の軍国主義が壊滅した今日、ソ連から即時返還されたとしても不思議はないのである」

と、鉄道、旅順、大連の処理に両国間のきしみの痕跡を見ている。

しかし、この社説の特徴は日本が攻勢の的になっていることを重視し、国民に心構えを説いている点である――

「さらに注目すべきは中ソ攻勢の目標が、アジヤでは日本に重点を置くことが明かにされた点である。東南アジヤを一応のねらいとしても、最終的には日本の動向が物をいうことになるのであろう。それだけに日本の立場は重要性を加えたといえる。……条約文に明白に日本問題が取り上げられているのは、共産主義の対日攻勢の激化を示すもので、……われわれの心構えも当然一新され確立されねばならぬ時期に来ている」

日本の反応

それではこの中ソ条約に日本の政界はどう反応したか。

二月一六日『読売』一面下部三段。見出し「民自は沈黙、各党見解」。「中ソ友好同盟相互援助条約の発表にたいして吉田首相は十五日朝、全民自党員にたいし、現下の国際情勢からみてこの条約については一切公的に批判しまたは談話を発表することは差控えるよう厳命した。

民野党・北村外交対策委員長談――　一、この際、日本の完全独立と平和的生存の保障を米ソ両国に懇請してやまぬ。一、中国の民族自決とわが国経済提携の促進を希望する。一、これを機会に極右民自、極左共産の対立による国の分裂を全力をあげて阻止する。

社会党左派・声明――　戦争能力なくかつ戦争の意思をもたない日本を対象として第一条のごとき内容をもった条約の締結されたことを不可解とする。これは中ソ両国が日本を対象として戦争準備体制を一歩前進せしめたものといわざるをえない。わが党はあくまで世界人類の平和と福祉に貢献する。

社会党右派・水谷書記長談――　一、日本としては日本帝国主義の再起はおろか他国を侵略する意思もなければ力もない。従つて日本からの侵略防止という眼目で締結されたことは現在の日本にとつては遺憾千万である。一、対日講和早期締結に同意を得たことは全面講和を主張しているわが党の建前としては賛成だ。

国協党・井出政調会長談――　一、ソ連の東亜における積極攻勢が奏功し、中共がソ連に完全に屈服した以上はそのチトー化は望まれない。しかして中共は政権維持のためには具体的物資の裏付けがなくてはこの友好協定も空文に等しい。一、中共に工業物資を補給する力は日本以外に期待出来ない。その意味でソ連の日本に対するこう乱工作は一段と激しくなろう。一、われわれは共産党の唱える全面講和、永世中立の実態を見破って、真の民族独立に邁進しなければならない。

労農党・政策委員長木村禧八郎氏談――　一、中ソ友好条約は早期全面講和をうたっており講和の遅延の原因が中ソ両国でないことが明白となった。一、中ソ借款協定によって中華人民共和国はいよ〳〵建設的段階に入ることになり、その物資需要は膨大となるであろう。したがって全面講和の締結ができ、中日貿易が正式展開されることになれば日本経済安定再建のためにも望ましいことである。

共産党・見解――　一、資本主義諸国の憶測を打破して世界平和わけてもアジア諸民族の独立と平和のため偉大なそして強固なトリデが作られた。一、日本人民がつねに要求している講和の促進について特別の考慮が払われており、ポ（ツダム）宣言に基く全面講和を即時成立させる強力な条件になるものである。一、ソ同盟が大連、旅順および長春鉄道を中華人民政府に移すことを協定した事実は戦争を準備する外国独占資本および国内に軍事基地を提供し、隷属に甘んじようとする日本の反動勢力に重大な打撃を与えるものである」（全文）

当時のわが国の政界は、一九四八年一二月の第二十四回総選挙の結果、吉田首相率いる民自党が二百六十四議席で第一党となり、以下民主党六十九、社会党四十八、共産党三十五、国協党十四、労農党七という勢力分布となった。しかし、その後、民主党は民自党と連立する派と野党にとどまる派に分かれ、記事にある「民野党」とは民主党で野党に留まったグループを指す。また社会党は左右両派の亀裂が深まり、一九五〇年二月当時は実質的に分裂状態にあった。

記事で見る限り、中ソ条約に対しては共産党と労農党は好意的であるが、社会党の両派を含めて他党は批判的あるいは警戒的である。それにしても最大勢力を擁する民自党が吉田首相の指示で党員に態度表明を禁じたのは興味深い。政権党として講和条約の締結を急ぎたい立場からは、この条約にどういう反応をすることが最適であるか、にわかに判断することが難しかったものと推測される。そこで吉田首相としては与党の党首として所属議員が思い思いの発言をすることと、とりあえず差しとめたものであろう。

しかし、その吉田首相は国会で態度表明を迫られた。

二月二三日『朝日』「廿二日の衆院外務委員会では佐々木盛雄（民自）竹尾弌（同）仲内賢治（同）菊池義郎（同）福田昌子（社）聴涛克巳（共）各氏の質問に対し吉田首相から次のように答弁した。

佐々木氏　一、二十日の民自党役員会で、こゝ数年のうちには戦争は起るまいと首相が述べたが、国会を通じ、再び首相の考えとその根拠を明らかにしてほしい。一、共産主義は議会主義を妨害し、講和を妨げるものと思うが、政府の対策はどうか。

首相　私の考えも長年外交官として苦労してきたカンに帰着せざるを得ないが私のカンとしては当分戦争はないと思う。『戦争が起る』というのは、カンのない人、ことさら言い触らす者、知識のない人のどれかだろう。一、共産主義については、（日本は）思想の自由を認めた以上は、たとえ概念として共産主義は講和を妨げるものだといえても、それだけで取締るわけにはいかない。しかし、これが行動に現われ、現実に講和を妨げるということになれば断固たる処置をとる考えである。

竹尾氏　……一、中ソ条約締結の結果、アジア情勢は緊迫すると思うがどうか。

首相　一、中ソ条約は中ソ二国間のことであり、政府として批評はさし控えたい。しかし中ソ条約によって、東亜情勢が緊迫したというが緊迫しないという説も成立つ。中国に共産主義政権が出来ている以上、この中ソ条約を有利に利用してゆこうとするだろうが、日本にとって大した影響はないと思う。大連、旅順の返還についても、条約が出来たからといつて必ずそれが行われるとはいえない。ソ連は過去において条約を破棄したことも何度かあり、一九五二年に返還するといつても、実現するかどうか多少の問題がありはしないかと思う。中国内部はともかく、必ずしも、これが極東情勢に大きい影響があるとはいえないと思う。……

菊池氏　中ソ条約は日本を敵性国と見なしているが、こうした情勢の下に日本はいかなる対外政策をおしすゝめるつもりか。

首相　敵意がある国でも日本に好意をもつてくれるようにしむけるような外交をすゝめたい。

聴涛氏　中ソ条約は日本からの侵略、および日本とむすびつく外国を目標にむすばれている。日本として思いあたることがあるか。

首相　思い当ることがあるともないともいえる。しかし連合国の占領下日本はこうした批判にいち〳〵反対する立場にない。また日本の軍事基地化が進んでいるとは思わない」

この時期の吉田首相の答弁はなかなかユニークである。もともと人を食ったような物言いをする人ではあるが、中国の内戦で共産党が勝った時にも「大して影響はない」と言い、この中ソ条約についてものらりくらりとした答弁で腹の内で何を考えているのかつかみ所がない。占領下という状況ではいかなる判断を持とうとも、外交的に独自の手を打てない以上、余計なことは言わないに越したことはないということであろうか。

もっともこの問答を見る限り、野党のほうも明確な立場に立って首相と論争するという姿勢ではないから、こうした答弁でも国会を切り抜けられたのであろう。この日の答弁で唯一はっきり言ったのは「私のカンでは当分戦争はないと思う」というくだりだが、このわずか四か月後に朝鮮戦争が起こったのは皮肉である。

それでは国民はどう反応したか。敗戦でうちのめされ、上から下まで戦争はもうこりごりという気分でいるところへ、「日本の再侵略」を想定して他国が軍事同盟を結んだというニュースだから、国民は驚いた。

二月二〇日『朝日』投書欄にシベリア帰りの会社員が投稿している。

「中ソ友好条約締結の発表で日本軍国主義の復活を予想している隣国があるのかと思えば、それがたとい外交的言辞であると解っていても、ゾッとする思いがする。……異国の丘の四年を終えて、タイセットの山奥から帰る十日間のシベリア鉄道では、これが最後と、停車する度に傍らのソ連人の老若男女を問わず話しかけたが、彼らの多くから『今後はお互に絶対に戦争をしないように誓おうではないか』のことばをきかされた。ハバロフスク近くの小駅では十五、六の二人のむすめが『戦争はコリゴリ、いつまでも仲よくネ』と男ばかりの貨車の中に上体をさし込んで話しかけたので、私たちは度胸のよさに驚いたこともあった。抽象的な講和論、形式的な平和論よりも、国民一人が常に良心に訴えて、平和への関心と熱意とを十分発揮したい。……」

二月一七日の『毎日』のコラム「余録」は――

「さきにありしものはまた後にあるべし、さきに成りしものはまた後に成るべし、日のもとに新らしきものなしと伝道の書にあるが」

と前置きして、中ソ条約を十九世紀末の**露清密約**になぞらえている。日清戦争後の講和条約で日本は遼東半島の割譲を清国に認めさせたが、ロシアは仏、独両国とともに日本にいわゆる三国干渉を行い「遼東還付」を強要した。その見返りに結ばれたのが露清密約で、それによりロシアは満洲に利権を獲得した。日本は「臥薪嘗胆」して日露戦争に備えた。この故事を思わせると、筆者は言う。そして結論――

「日本人としては、夢にも興奮して薪の上に寝たりキモを嘗《な》めたりするばかな真似はしない。ファッショ風は御免である」

『朝日』の投書も、『毎日』の「余録」も、東西冷戦の激化できな臭さを加える風潮に戦後日本の平和主義が抵抗している格好である。

米の反応

この中ソ条約に米の反応はどうだったか。

二月一七日『読売』［ワシントン特電（ＩＮＳ）十五日発］「アチソン国務長官は十五日、中共はソヴエトとの間に卅ケ年の友好同盟相互援助条約を締結したことによつてソヴエトが他の衛星諸国にたいして用いたと同様な戦術にひつかかつたと言明した。すなわちアチソン長官はこの日の記者会見で中ソ条約では秘密条項が含まれている可能性があり、またその他多くの理由によつてこの条約に疑惑を抱いていると語つた。秘密協定が調印されたかも知れないという考えはソヴエトが東欧衛星諸国との間に結んだ条約の単なる写しにすぎないこんどの条約を起草するため毛主席がモスクワに九週間も滞在する必要は明かにないという確信から出て来たものである。また同長官は……さらに次の諸点を指摘している。

一、これまでソヴエトと条約を結んだいかなる国といえどもその条約が自国にとつて幸いな取極めだとみなしうる国はない。

一、ソヴエトは中共に五ケ年で三億ドルの物資、サーヴイスを提供することに同意したが、中国の多くの地域に飢餓に近い状態があることを考えればこの援助額は貧弱なものだ。……」

条約に現われない秘密協定では、援助と引き換えにソ連が新疆や東北地区（満洲）に何らかの利権を得たのではないかとか、中国がシベリア開発に大量の労働者を送ることに同意したのではないか、などの観測が行われたが、それらを裏付ける材料はその後現れなかった。

中ソ条約で高まった緊張の中で二月二一日、米が東欧のブルガリアと断交する事態となった。原因は同国駐在の米国公使がスパイ事件に関連した疑いありとして、ブルガリアが米にその公使の召還を求めたことで、これに対して米が断交をもって応えたのである。東西対立に火花が散り始めた。

翌二月二二日は米初代大統領ワシントンの誕生日にあたり、この日、バージニア州でのワシントン像の除幕式に臨んだトルーマン大統領は「民主主義を防衛するためには武力を用いることも辞さない」として、次のように述べた。

「今日、民主主義に対する敵の中で最も侵略的なものは共産主義である。共産主義の危険は、この主義がその影響を武力をもつて伸展させようとする武装帝国主義の道具である事実にある」［USIS電］（二月二四日『毎日』）

三月半ば、アチソン国務長官は西海岸に赴き、三月一五日はサンフランシスコで対極東政策、翌一六日はバークレーで対ソ政策を演説した。一五日の演説では中ソ条約締結後の中国についての見方を明らかにしている。

三月一七日『毎日』［サンフランシスコ十五日発USIS＝共同］「……民衆の欲望が中共に利用されて中国はソ連政治体制とソ連経済の従属物となつた。私が一月極東について演説して以来ソ連の中国に対する意図を明らかにする新しい兆候がある。それは二月十四日発表された中ソ友好同盟条約とその他の協定のなかにこれを見ることができる。

第一に満州にある財産の一部返還だが一九四五年ソ連軍が奪い去つた満州の工業施設は返還していない。第二にソ連の五ヵ年三億ドル借款供与であるが、この発表の直後ルーブルの価値引上げのニュースが発表された。これによつて援助の有効価値は四分の一ほど切り下げられた。

ロンドン・エコノミスト誌は二月廿五日号で次のように述べている。

中ソ協定の考え方は中国経済を以前よりも植民地化し、シベリヤの新工業地域に食糧と原料とを供給するにある。これによつて中国は米国の経済援助の可能性から切断された。

中国民衆の直面しなければならない現実はソ連が中国の犠牲において帝国を建設するということである。中国民衆の現在の境遇はかれらの自由意思で選んだものでなく、強制されたものである。しかしまた中国民衆が新しい指導者に指導されて国境を越える侵略に出ることがあれば重大な紛争をもたらすだけである。……」

アチソン長官はかねて中国の内戦における共産党の勝利を飢餓と外国支配に対する民衆の反抗と見て、中国の民衆は共産主義の支配を望まず、やがては自由な体制へと立ち上がると予想し、台湾に逃れた国民党をこれ以上支えることはせずに中国国内の情勢変化を観望する方針を明らかにしていたが、中ソ条約の締結は彼に失望をもたらしたことがこの演説からうかがえる。しかし、引用部分最後の一節の警告が一年も経たないうちに現実のものとなるとは予想していなかったであろう。

一方、中ソ条約締結に至る毛沢東の長期のモスクワ滞在については、中ソ両党間にさまざまな行き違いや疑念があったことを示す中国側の文献はあるが、定説といったものはないようであるし、本稿の主題からは外れるので、ここでは立ち入らない。とにかく、中ソ条約によって、新政権率いる中国が東西対立の一方の陣営に属することが確定した。

このように中ソ友好同盟相互援助条約は日本に大きな衝撃をもたらしたが、それから二十余年を経た一九七二年九月、日中国交回復のための田中角栄・周恩来会談で興味深いやりとりが交わされているので、それを紹介しておく。

国際問題を議題とした九月二七日の第三回会談で、田中首相が――

「日本では中ソが一枚岩であるとの前提に立っていた。それは中ソ友好同盟条約（ママ）や、北朝鮮とソ連・中国との条約を考慮してのことである。しかし、中ソが一枚岩でないことが、日本人にも理解されてきた。……」

と発言したのに対して、周首相は次のように述べている。

「中ソ友好同盟条約は源泉がヤルタの密約（注：一九四五年年二月、クリミヤ半島のヤルタに米ルーズベルト、英チャーチル、ソ連スターリンの三首脳が集まって、戦後処理やソ連の対日参戦などについて協議、協定を結んだ）にある。対日問題もヤルタから出発している。米国は中国の東北地方と西北地方をソ連に任せた。ソ連は国民政府との間に、中ソ友好同盟条約を作ったが、これは日本に対抗するためである。当時、蒋介石はヤルタの密約を知らなかった。このとき国府はモンゴルの独立を承認した。また、ソ連の中長鉄道租借を認め、旅大地区にソ連の進出を許した。中国共産党が政権を握ってから、毛・周がモスクワに赴き、中ソ友好同盟相互援助条約を作った。その際、毛・周はモンゴルを中国の家庭に入れたいと言ったがソ連に反対された。しかし、中長鉄道は取り返し、旅大地区は三年以内に返還する旨約束させた。

同条約には日本を対象とする部分がある。同条約の有効期限は三〇年であるが、この条約が実際に効果を見せたのは、最初の六年くらいで、フルシチョフが政権を取ると、彼はこの条約を無視した。……」（『記録と考証　日中国交正常化・日中平和友好条約締結交渉』岩波書店、六二～六三頁）

ここで周首相は一九五〇年の中ソ首脳会談では、国民政府がソ連に譲った権益を取り戻そうとしたことに重点を置いて説明し、対日軍事同盟の部分は五〇年代末にはすでに無意味になったと述べている。確かに六〇年代、七〇年代は中ソ関係が最も悪かった時代であったから、こういう発言となったのであろう。

それからさらに四十年余、二〇一五年には対日戦勝を記念する行事が中国とロシアの共催でとり行われようとしている。ちょっと長い物差しで見れば、歴史の動きはまことにあわただしい。

第十二章　建国直後の中国国内　一九五〇年

一　その後の上海、北京など

情報がとだえた

中国の新政権は一九五〇年一月に英国政府承認を受ける一方、米、仏、オランダが北京に残していた領事館を接収し、また二月にはソ連との間で「友好同盟相互援助条約」を調印するなど、国際的には存在感を増したが、国内の状況については情報が途絶してしまった。

その中で一九五〇年二月四日の『読売』に「国府軍爆撃機初の同乗記」という珍しい記事が載った。

〔舟山列島国府空軍基地にてウオルター・シモンズ記〕（シカゴ・トリビューン特約）「記者がこの日国府爆撃機に同乗を許されて空から上海を眺めて得た結論は〝上海はいまや死の都だ〟ということだ。……工場の煙突の煙も見えず、黄浦江は小さなジヤンクと二千トン余りの船舶が六隻バンドの附近に停泊しているだけだつた。波止場の辺りには労働者の影も見えず、洋車や通行人でひしめき合つている街路にもトラックの往復する姿はなかつた。六百万市民を擁する上海から八方に流れる公道上にもトラックの姿はなく、走つている列車も見えない。操縦士の話だといま上海では国府空軍の機関車爆撃を恐れて、午後五時までは汽車は一切沿岸地区を走つていないそうだ。

われ〳〵の爆撃機が上海附近に近づくと早速中共砲兵陣地から高射砲が打ち出されたが、意外にも反撃はわずか二発にすぎなかつた。……中共軍の反撃は上海東北方にある旧練兵場江湾飛行場からだと思われたが、同飛行場には一台の飛行機も見当らず、また龍華、虹橋、大場の各飛行場も荒れはてたまゝだつた。間もなく副操縦士が記者に目くばせするので眼下を見ると十八階建のブロードウェイ・マンションの窓に青や白の洗タク物が列をなしてはためいている。やがて攻撃目標の江陰港に近づいた国府軍機は代る〳〵江陰港の船舶群に対して二百五十ポンド爆弾を十二発投じた。しかし十二発ともほんの卅ヤードばかりの差で波止場と大船からはずれた。……」

どこか牧歌的な感じのする爆撃同乗記であるが、当時はまだ国府軍による沿海封鎖と爆撃が続いていた。

上海についてはこの記事の三か月後、五月一〇日の『毎日』に四月まで上海に滞在し、その後、来日したリン・チェーズという米女性記者が「中共治下の上海」という一文を寄せている。

「……かつて繁栄を誇つた東洋最大の港上海もこの一年間は全くさびれてしまつた。何千という中小商業経営者は店舗をしめて、田舎に疎開してしまつた。中共は一年間、海港封鎖によつて生じた諸困難を克服するのを第一の目標とし、色々な方法でその実現に努力して来た。その大多数が共産主義者でない中国の民衆はイデオロギーよりもむしろこの困難を克服するのに成功するか、失敗するかで中共政府のよしあしを判断するだろう。

第二次世界大戦が終つて以来はじめてのことであるが、二月中旬の中国の旧正月から私が上海を脱出した四月十三日までの丸二ヵ月間に**上海の物価が安定**したことは重要である。米、燃料、綿布のような生活必需品の価格はこの期間低落傾向を示した。……

農民に対する税金は依然高く、農民の大多数は彼らの父祖と同様に依然小作人である、ともいつている。しかし、彼らは次のように主張する。税金は軽減されつつあり、中共は真面目に課税し、税金を集めている。小作料や利子も減額され古い解放区では農地改革が実行され、新しい解放区では農民組合が結成されて**土地再分配の準備**をしている。

（米国で教育を受けた一中国人の話として）古い農民たちは集会に出席するよう促されると仮病をつかう。彼らは公開の集会で中共側が封建主義の典型とみなしている地主や県長に対する不満を申し立てろといわれることを恐れている。彼らは中共が今後も長く政権を握っているとは信ぜず、やがて国府軍が政権を取り返し、地主やその他のもとの支配勢力をつれもどすことになりはしないかと心配しているのだと私のその友人は語った。……

税金については外国人実業家も中国人実業家も不平満々である。商社が封鎖と空襲でどんなにひどい打撃を受けても、それにはとん着なしに税金はかかって来る。知合いのある中国人の言葉を借りると、**税は『法外でひん繁』**である。……

国営の工場は上海電力の被爆後は一週に一日か二日の操業だったが現在では元通りの一週六日操業制にもどっている。私営工場は平均して一週間に五日操業している。労働不安は減少の方向をたどっているように見える。かえって企業経営の困難が認識された結果各方面で従業員の自発的賃金値下が行われていると新聞は報道している。

……」

引用が長くなったが、政権発足直後のさまざまな思惑が交錯する状況がよくわかるリポートである。

また四月二八日の『朝日』は、日本留学後、そのまま日本に留まっていた邱玉成という上海出身の三十歳の雑誌編集者が香港経由で天津から北京に入り、上海、広東と南下した「中共地区縦断記」を掲載した。

「（北京）……食べるものは昔のままで値段も安い。二、三人ぐらいで酒を飲み腹いっぱいに食べても、二、三米ドルで足りる。映画館も昔のとおりであるが、ただソ連ものが一番多く、それにアメリカ映画も上映している。京劇は昔のままの古い筋のものをやっている。有名な東安市場（現在の王府井東風市場）のなかに寄席があり、そこでは日本の掛合漫才のようなものをやっていた。だし物はみな解放軍の英雄や作戦美談などだ。北京に日本人がどれくらいいるかはわからなかったが、日本人に対する反感は見られなかった。……

北京の市民はよく政府に協力しているらしい。これは南方とは全く反対の現象でだれからも不平は聞かれなかった。これについてはたとえばある家主のおばあさんが家賃がとれないので人民裁判所に持つて行つたら直ぐ受けつけて仲裁してくれたという。昔の国民党だつたら受けつけてくれなかつたものだ。バクチが跡を絶つたことも驚きに値することだ。もしバクチが発見されたら女には解放軍のクツや軍服をつくろわせる。男だつたら街を掃除させられる。……

（上海）昼間は国府軍の爆撃を受ける危険があるため上海に着く列車は皆朝早くか夜遅くつく。有名なフランス公園や競馬場では国府空軍の来襲にそなえて高射砲を置いてある。駅前の料理屋はみな徹夜営業をしており、しかもみな満員だ。上海では地味な北京の服装と違つてパリッとした背広を着たものが多い。外見は花やかでも百貨店などの売行きは悪く、数えるほどの人しか入つていない。……

中共は人民勝利公債の消化に躍起となつており、これは一応自由意志という建前になつているが、実際は強制割当である。金持であれば沢山買わされる。……

在留日本人は大体五百人くらいといわれるが、かれらは『上海は楽だ。死ぬまで帰らない』という。しかし日本人の大部分は生活も臨時の仕事で食つているというような不安定な生活らしい。二月十日の国府空軍の上海爆撃は非常に命中率がよかつた。それでこれは必ず日本人だろうというので日本の帝国主義という言葉が新聞に出て来たが、民間の人たちには日本人に対する反感はない。……

北の方にくらべて中共の政策にたいする反感は相当強いようだ。また料理屋などでも政府の悪口を公然といつている人が沢山いる。コジキ（ママ）の多いのも北京とはいゝ対照だ。

（広東）……上海から杭州を経て広東に向つた。沿線の物価はまち〳〵で上海で卵は一個七、八百元、南昌附近では二百五十元だつた。ききんと伝えられている湖南省にもききんらしい様子はなさそうだつた。広東人は中共を非常にきらつている。だから蒋介石が第一番に帰つて来るのは広東だろうというような話も出ていくわけだ」

共産党政権に対する国民の目が地域によって大きく違うことが報告されている。これは首都をおいた政治の都である北京と、伝統的に商都である上海、広東に対しては、政権の側の政策にも何かにつけて違いがあったことの反映とも考えられる。

二　「広がる飢饉《ききん》」報道

「香港情報」登場

『朝日』の縦断記にも触れられているが、一九五〇年春には大陸が広く飢饉に見舞われているというニュースが頻々と伝えられた。多くは外部からの報道であったが、三月一一日の『読売』は次のように政府当局者の話を伝えた。

〔北京十日発新華社〕（SP＝本社特約）「董必武中共政府副総理は去る二月廿七日の中央災済委員会々議で全国にわたる飢饉の状況を次のように報告した。

現在全国で直ちに救済を要する災民は七百万に達しているが、とくに重大化しているのは河北、江蘇北部、安徽、平原＝河南＝各省である。中央政府は目下『一人の餓死者も出すな』のスローガンのもとに各地方政府救済委員会を通じ次の工作を推進している。

一、全国人民は食糧節約を遵守する。このため政府工作員、解放軍将兵は毎日一両（十匁《もんめ》）ないし五両（五十匁）の食糧を節減する。

二、応急救済のため治水、道路工事を起し賃金として食糧を供与する。すでに賃金として出した食糧は中南区四億斤、黄河流域地区三億九千万斤に上っている。（注：一斤は五百グラム）

三、各地の貿易公司は地方合作社と提携、副業を奨励し土産品の生産と輸出に努力を尽くしている。

かくして河北省の合作社が収買した土布（注：手織りの錦布）はすでに五千万平方尺に上っている」（全文）

じつはこの日の『読売』はこの記事より大きなスペースを割いて「全中国を襲う食糧飢饉」という見出しで［ワシントン特電（AFP）十日発］（ジョルジュ・ヴォルフ特派員）という記事を掲載している。それは前文で——

「中国の膨大な民衆にたいする食糧の供給という赤い中国にとって全く死活の重大問題が現われてきた。そしてこの問題はたしかに中共当局者たちの間に沈痛な不安を巻き起こしている。中国の指導者たちは〝中国民主革命の完遂〟という大きな悲願が飢饉という事実の前にすっかり消散してしまう事実をだれよりもよく気づいているはずだ。そしてこの飢餓ゆえにこそ中国の革命が刺激されてきたのだ。……」

と、ことの重大性を指摘し、条約を結んだソ連からの援助は期待できず、東南アジアも戦火のために食糧が不足しており、西側諸国とは英を除いて国交がないと、中国の経済的孤立を強調している。

三月二四日の『朝日』は米、英、香港からの関連記事を掲載した。

［ワシントン米特電二十三日発＝AP特約］「アチソン国務長官は二十二日『国務省は中共治下の飢餓地帯において重大な事態が進展しつつある旨の報告をうけている』と言明した」

［ロンドン特電二十三日発＝ロイター特約］「ロンドン・タイムスは二十二日の社説で『中国の民衆は中国史上最悪のききんに直面している』として次のように論じている。

中共治下のききんに関する詳細な情報を得ることは困難であるが、しかし北京からの公式声明だけからも、かつて九百万人以上の餓死者を出した一八七八年の大ききんと同じようなききんが現在中共地区を襲っていることが分る。中共当局は救済委員会を設けてこれが対策に懸命な努力を続けているが、大規模な救済事業は今日のところ不可能である。というのは台湾の国府が食料および医薬品の供給諸国から中共地区を封鎖によって遮断しているからである」

［香港二十三日発UP＝共同］「二十三日の漢口発中共放送は『中共治下の大ききんは目下華東地区から華南、華中両地区へ波及しており、この結果中国のもっとも人口密度の高い地域をふくめてほとんど全中国の半分にわたっている』と次のように報じている。

中国のききんは現在では揚子江以南から華南の海岸線に至る間の湖南、江西、広東各省内の数百万人もききんの影響をうけている。

このため中共当局者も最近漢口で会議を開き対策を協議したが、家を失った数百万の人々が食糧を買うために子供や家畜、その他の品物を売りとばしているという報告を聞いて地方当局の意識を批判し減税、食糧の供給増加等の対策を講ずるよう命令した」（いずれも全文）

この飢饉については四月一日の『朝日』が「解説」を載せている。それによると、原因は1、前年度の水害、日照、病虫害の被害　2、内戦による農村の疲弊　3、外国からの食糧輸入の途絶　4、政権が軍事費、行政費を賄うため「公糧」（現物税）の取立てを厳重に行っていることへの農民の非協力　などとされている。

具体的な被害状況については、前年（一九四九年）一一月北京で開かれた解放区水利連席会議の席上、朱徳副主席の報告として、「被害耕地は一億二千万畝（日本の約七百二十万町歩）、被災人口約四千万」という数字を紹介し、また一九五〇年二月二七日、周恩来首相が公表した前年の全国農業生産高として、「抗日戦争前の平均生産高に比して四分の一の減収、対日戦争以後の新解放区では三分の一の減収」という発言を紹介している。いずれにしろ共産党政権は発足早々に大変な農業危機を迎えたわけである。

こうした状況が伝えられる中で『毎日』は三月二九日、「中国飢饉の救済」という社説を掲げ――

「われわれはいま原因を論じようというのではない。中国人を大量餓死の暗い夢から救いたいと念願するのである」と訴えた。そしてまず大量の食糧を輸出しているソ連に中国救済を求め、また米国内に中国救済の声が上がってきたことに期待をつなぐ。結論――

「もしソ連が中国民衆の苦境を傍観し、米国が助けるというようなことがあれば、中国民衆の心には、非常に大きな影響を与えるであろう。中共政府はこれを好まないであろう。しかし生命と人道は、イデオロギーや政治より重要である。中国の飢饉救済は人道上の見地から、世界的に実践されなければならない。政治がこれを妨げたならば、それは許すべからざる人類の悲劇である」

社説で救済を訴えた『毎日』は一日おいて三月三一日、一面トップに「餓死線上に四千万名」というショッキングな横見出しで[香港特電(AFP)廿九日発]を掲載した。

「広東からの報道によれば江蘇省北部、浙江省、福建省などの飢きんのひどい地域から南方へ移住が許され大量の移動が始まっているといわれる。華東軍政委員会は華南の官吏に救済計画をたててこの飢餓部隊に職を見つけてやるよう指令しているが、広東では廿九日その先頭二千名がすでに省の北部を通過したといわれている。……」

続けて――

[香港特電(UP)ケンドリック特派員廿九日発]「中国はいま過去五十年間最大の飢きんに襲われ、四千万に及ぶ人口の運命を左右しようとしている。……

中共当局は事態の重大性を騒ぎたてさせぬため懸命になっており、災害地の回復が急速に進められているという公報まで出して、食糧不足は生産の不足からではなく、すべて輸送力の欠乏からだと主張している。しかし安徽省の使節団(注:救済基金募集のための)はもっと根深いものがあると強調し青年を軍隊に徴収したことに加えて家畜を屠殺し、しかも膨大な中共軍に食糧を取立てられたことが天災及び十三年も打続いた戦禍によってすでに悪化していた事態を一層ひどくしたと指摘している。……」

日本国内の同情と疑問

『毎日』の大上段に振りかぶった社説、報道に対して、『朝日』は「投書欄」で対抗した。三月三一日の「声」欄――

「◇中国におけるききんについて新聞はニュースとして取り扱つているが、われ〳〵日本人がこれを単なるニュースとして見すごしてよいであろうか。そして何もしてやることができないというのだろうか。終戦直後、私たちは飢餓がどんなものであるかを身をもつて体験した。ききんのために人が死んでゆく―思つただけで目の前がまっくらです。家畜のえさをたべ、野生の草木で命をつないできたことを思い出します。◇だが、現在の日本においてはじゃがいもやさつまいもが人間の食糧としては安くみられている状態です。私は素直に提案します。中国人を餓死から救えと。国民一人分の米麦を急送しよう。一日をいもでくらし、隣国人の飢餓を思い、戦争と平和について考えましょう。（東京・石井安一＝労働者）◇私たちも飢餓を身をもつて知つておりかつ自業自得といわれても仕方のない状態から、力強く大きな手で救われたときの喜びを身にしみて感じている。◇幾百万の中国民が食べ物がなく死なゝければならないとしたら悲惨の極みではないだろうか。現在中国民の窮状を救えるのは、米国と米国民であろう。そして米国民の努力には、事情を知るかぎりのアジア諸国民の大きな期待と深い信頼が寄せられているのではあるまいか。（千葉・杉山□（不詳）郎＝団体役員）」（全文）

続いて四月三日の「声」欄も――

「◇声欄で提案された石井さんの短い文章ほどこのごろ私の胸を打つたものはない。中国人どころか、とも考えられるし、身辺にも餓死から救われねばならぬ人たちがたくさんある。それを放つておいてというのではない。同じ手を中国人たちにもさしのべたい。◇私たちはまず貧者の一燈を献じたい。『国民一人分の米麦を急送しよう。一日をイモで暮らし、隣国人の飢餓を思い、戦争と平和について考えましょう』という石井さんの素直な提案に私も素直に賛成したい。新聞などもこの提案をとり上げて、さっそく寄付金の取次からでも始めてもらえないものか。（東京・林　要）◇『素直な提案』に心から賛意を表するものです。米国の援助によってやっと食糧をまかなっている国民が、という方もあるかもしれませんが、軍備を撤廃し、人間お互の関係を支配する崇高な理想を深く自覚することを宣言した国民が、自分自身の節約によってさらに貧しいものを救うのは当然のことです。◇また中国に未帰還の家族が残っておられる方々にとって、人情としてつらい点もなくはないが、日本国民が進んで罪をあがなう意志を表明することこそ最も有効な帰還促進の運動であると信じます。……（東京・飯田泰二＝進駐軍労務者）

この後、四月九日の『読売』が［台北特電（中央社）八日発］で「華東の死者三万」と以下のように伝える。

「水害干害による中国本土の飢饉は日とともに悲惨極まりない状況を現出しているが、中共華東軍管委管下の救済機関である華東生産救済委員会の統計によれば華東一帯の災害状況はつぎのごとくである。

①華東全区の被災耕地面積五千二百余万畝（一畝は日本の五―七畝）、完全無収穫地二千二百万畝、損壊家屋百卅万八千戸、水死者三千三百、災民合計三千六百余万、死者三万以上

②安徽省北部地区＝災民八百五十万（重災民四百四十万、患者七十余万）死者一万五千、食糧皆無で草根木皮を食い妻子を売り、または集団自殺をするものあり

③山東省＝災民三百余万（重災民百六十万、餓死者二千余）

④江蘇省北部＝災民三百卅万（重災民卅万は四ケ月以上炊事を中止）

⑤浙江省＝三ケ月以上炊事のできないもの五百万

⑥江蘇省南部＝災民二百卅五万、炊事のできないもの卅万

⑦福建＝災民百十万

⑧上海地区＝難民、失業者二百万

⑨南京地区＝難民、失業者卅万」（全文）

このように被害の重大性を強調する報道が相次いだのだが、注意深く見ると被災民が「数千万」単位で報道される一方、死者となると、三月二三日のロンドン発ロイター電が十九世紀の災害時の死者「九百万人」を引き合いに出していたのに、この台北電は「三万以上」とずいぶん落差が大きい。中国については、この後、永らく観測者の政治的立場によって、国内情勢のとらえ方が大きく異なる報道内容が交錯する状況が続くのだが、どうやらその始まりはこの飢饉報道であったように思われる。

また国内の直接取材ができないところから、報道の密度においても、粗密の差が大きい。この時点で中国報道の持つそうした面を指摘する興味深い文章が現われている。四月一六日『朝日』学芸欄に載った「中国のキキン？」と題する竹内好（中国文学者）の一文である。

「中国に大キキンがあって、何千万の人間がうえているというニュースが出てから、もうかなりたつが、その後、どうしたわけか、さっぱり消息がわからない。……日本でも、自分の食事をへらしてでもいいから貧者の一燈を献じたいという熱心な読者の投稿が新聞にのり、私は感動してそれをよみ、自分もその気になったのだが、いまではその感動が戸まどいしている。

ちかごろ、中国のキキンはデマではあるまいかという説が一部に行われている。またあれは国民党の悪宣伝だとか、その他いろ〳〵の浮説が行われているのだが、何にしても、新聞に報道がのらないのだから、どちらを信じていいかわからない。真相のわからぬことは何でも、鉄だか竹だかのカーテンのせいにしてしまえば、ニュース提供者の責任はすむかもしれないが、それでは私たちの戸まどっている感動は処置できない。……

『すべての自由は知る権利から』という新聞週間の標語があった。この標語の根底には、真実は一つだという人間の理性にもとづく信念が横たわっている。もし真実が二つあって、立場によって選択が許されるなら、知るということは無意味だ。中国にキキンがあるかないかは、世界観以前の問題である。……」

残念ながら、その後の中国報道は「真実は二つ」の状態がつづく。この一九五〇年の飢饉についての共産党政府当局者の発言は三月一〇日の新華社電が伝えた董必武発言（三三九頁）と、四月一七日の『朝日』に載った次の陳雲発言である。

［北京十四日発新華社＝共同］「陳雲北京政府副首相は十三日政府委員会の席上、食糧難を克服する見とおしがついたと次のように述べた。

昨年の災害は非常に深刻であるが、一九三一年の災害に比べるならばまだ軽い方で、被害人口では一千二百万人も少なく、反面食糧は三百六十万トンの増収をみている。昨年以来満州から百三万トンの食糧が移入され、今年政府が各種の方法で救済用に放出した食糧額はすでに七十六万八千トンに達した。一九三二年に国府が放出した救済食糧はわずか五十一万二百トンに過ぎなかった。われわれは災害に打勝つことができるばかりでなく、永年達成できなかった食糧値段の安定期が近く訪れるはずだ」（全文）

この陳雲発言は比較の基本になる数字を明らかにしない、典型的な共産党スタイルの言い回しであり、それがまた外部世界に「推測の自由」を与え、農産物や工業製品の生産高をめぐってさまざまな数字が飛び交う状態を永続させることになった。

なおこの飢饉については一九五〇年六月六日付けの中国共産党七期三中全会における毛沢東の書面報告では次のように述べられている。

「昨年、わが国は広大な地域が凶作で、およそ一億二千万畝の耕地と四千万の人民が大小さまざまな水害や干害に見まわれた。人民政府は、被災者に対する大規模な救済活動を組織し、多くの地方で大規模な水利建設をおこなった。ことしの作柄は昨年よりよく、夏の収穫は一般によさそうである」（『毛沢東選集』第五巻、二一頁）

三　海南島の攻防

蒋介石、総統に復帰

一九四九年の年末で、大陸における国共内戦は終結し、国民党の蒋介石以下主力は台湾に移ったが、福建省沿岸のいくつかの島嶼《とうしょ》をなお手中にしていた。南部では一九四九年一二月の両広戦役（広東・広西戦役）終了後も、国民党は海南島に十万の兵を残して、同島を抑えていた。

蒋介石は一九四九年一月に李宗仁を総統代理として、一線を退き故郷の浙江省に隠棲したが、大陸失陥とともに台湾で事実上、国民党の指導者に返り咲き、一九五〇年三月一日、正式に国民政府総統職に復帰した。

三月一日『朝日』［台北特電廿八日発＝ＡＰ特約］「蒋介石総統は総統職復帰の決意を示す次の声明を発表した。

私は三月一日から総統職に復帰することを決意した。李宗仁総統代理が去年米国に出発して以来中国には総統がおらず、軍隊には最高統率者がいなかつた。中ソ条約が締結されて以来、世界の情勢は特に悪化の一途をたどっている。この時局の激変にかんがみ世論の要求に応えて私は総統職復帰を決意したのである」（全文）

この記事に『朝日』は解説をつけ――

「いずれにしても蒋総統の復帰はこれまで敗退し続けて来た国府将兵の士気に大きく反映し、国府陣営は精神的に強化されるだろうと見られる」

と予測し、また同日の三月一日『読売』も蒋介石の総統復帰の理由として――

「アメリカの台湾不干渉声明も情勢によつては変化するかも知れないと観測されるような国際情勢の推移」を挙げ、「ともあれ蒋氏が総統に復帰したことは国府が世界情勢とにらみ合わせ、台湾を背水の陣としてもう一度最後の決戦に出る事を決意したものとみてよく、その実力の如何は別としても中ソ同盟に対する回答とも見られるものであろう」

と論じた。

共産党軍、海南島を奪取

一方、共産党政権の側では台湾への進攻の前にまず海南島の奪取を目指した。しかし、共産党軍には軍艦がないため、対岸の広東省雷州半島から民間の木造船で小部隊を何組かに分けて秘かに送り込み、最後に主力部隊が上陸して、先に島にいた部隊とともに国民党軍を挟撃する作戦を立てた。

先遣部隊は一九五〇年三月五日から海南島へ向うが、この段階ではそのニュースは伝えられていない。海南島攻防戦が紙上に登場するのは、共産党軍主力部隊が上陸した四月一七日以降である。四月一九日『朝日』が一面左側に四段の見出しに地図入りで「中共　海南島に上陸」と報じた。

［台北特電十七日発＝AFP特約］「海南島からの国府側半官筋の報道によれば、中共軍は海南島に対してこれまでにない大規模な上陸作戦を開始した。攻撃は十六日午後五時にはじまり、約二個師の林彪軍は二百隻以上のモーター・ジャンクに分乗、十七日早暁二時から海口西方六十五キロの臨港湾に沿う数ケ所に上陸を開始した」(全文)

［香港特電十八日発＝ロイター特約］「国府側は十八日『六千名の中共軍が海南島の上陸に成功して奥地に進出し

た。しかし国府側の反撃によって中共軍は四千名の死者と九百名の捕虜を出し、残存部隊は十八日夜までに投降か全滅のいずれかの運命をたどるだろう』と発表した」（全文）

同日の四月一九日『毎日』もやはり地図入りで同内容を［中央社特約］［AFP特約］で伝え——

「朱徳中共軍総司令は林彪将軍に対し六月末までに海南島攻略の完成を命じたといわれる。……一説には国府軍は台湾防衛に手一杯で海南島への兵器、食糧の補給が満足には行われていないといわれ、現在のところは相当効果的な抵抗を試みているようだが、果たして海南島の国府軍が最後まで闘うかどうかは疑問視されている」

という解説をつけている。

これに対して『読売』は一面中央に「中共の海南島上陸」という横見出しの「解説」を掲げ、その後に台北発と香港発の短い本記がつくという構成である。その解説は——

「中共軍の海南島上陸作戦はこんどで十二回目に当たる。これまでの十一回では敗残兵に等しい極く少数が島内に潜入した程度で全部失敗、今回も中共軍の大半は撃滅され、上陸に成功したのは一部だけの模様だが、どうやら今度の作戦は規模が今までと比較して大きいことや、その他次のような事情からみて従来とちがって本格的な攻略戦の展開と見られるフシもある」

として、一回限りの上陸でなく、後続部隊がいること、司令官の林彪が北京で上陸作戦近しをほのめかしていることなどを挙げる一方で、逆に国民党軍有利の要素をも並べている。

興味深いのは以下の結論部分である——

「もし中共がこれで（本格戦だとして）再び失敗せんか、国府側は一躍勇気百倍、台湾防衛の自信もさることながら、いよ〱軍部の合言葉たる〝本土上陸〟気運も高まるだろうし、中共治下のゲリラ活動と民衆への影響も打ってかわつたものとなる可能性がある」

と、内戦再開への導火線になることを期待するような書きぶりである。

このように『朝日』はニュースだけ、『毎日』と『読売』は勝敗を逆に予想ないし期待しているが、情報の乏しさからかなり恣意的な背景説明や見通しをその時々に書き連ねるという、その後の中国報道の弱点が先の飢饉報道に続いて、この海南島攻防戦でいよいよはっきりした観がある。

実際の戦況はどうだったか。共産党側の記録の『中国人民解放軍六十年大事記』（四八四頁）には――

「（一九五〇年四月）十七日未明、海南島北部海岸への上陸に勝利し、十日間余の激戦を経て、五月一日に全島を解放した」

とある。戦いは二週間ほど続いたことになるが上陸数日後には外電が早くも首都の海口の危機を伝えていた。

四月二三日『朝日』［香港特電二十二日発＝AP特約］「二十二日のホンコン・スタンダード紙によれば、海南島の中共軍は、国府の大勝利発表にもかゝわらず、すでに海口をさる九・六キロの地点に迫った。また海南島からの電話連絡によれば国府防衛軍司令部はすでに海口を撤退、商社は店をとじて同市はほとんど死の街と化している。また未確認ではあるが、信ずべき筋の情報は海南島への国府空軍の増援は六機の輸送機にすぎなかったとも伝えている。しかし海南島への民間輸送機はまだ就航している」（全文）

この日は『毎日』『読売』もほぼ同内容を伝えたが、じつは海南島攻防戦の報道はこれで途絶える。地図、解説つきで始まりながら、結果は「国府軍防衛司令部の撤退」の一句で終った。この後、五月一六日、国民党側は上海封鎖の拠点としていた浙江省沖の舟山列島を放棄して、同地の陸海空軍を戦わずして撤退させたことを発表するが、それを伝えた五月一七日の『毎日』が「注」の中で「海南島功略後、中共軍は……」とあるのが、海南島攻防戦の結果に触れた唯一の例である。

四　南下していた在満邦人

届いた手紙

この海南島攻略戦は日本に思わぬ副産物をもたらした。この戦いを担った共産党軍はすでに名前が出てきたように林彪指揮下に東北（満洲）から南下してきた東北野戦軍（一九四九年一月に「第四野戦軍」と改称）であったが、この部隊が海南島対岸の雷州半島に到着した三月以降、この部隊に同行していた邦人からの便りが国内に届くようになったのである。

一九五〇年三月三一日『毎日』社会面に「中共軍に従い流れ歩く『満州の邦人』」という記事が載った。

「満州に抑留されているものとばかり思っていた人々から最近中国の南端、国共戦の最前線雷州半島発信でひんぴんと便りが日本に舞いこみ近親者をひどく驚かしている。本社の調査だけでもこの通信はすでに百数十通に達しているがこの便りによつて目下世界的視聴を浴びている中共の海南島、台湾攻略作戦に日本人三万六千が遠く北辺から強制動員されていることが明らかとなつた。……」

この記事では、敗戦時、満洲に取り残された日本人は約十万人、うち共産党軍に徴用された者は、医療関係が男四千人、女七千人、技術関係が男百人、女十人、野線軍関係が男女三万とされている。そして看護婦、付添婦、女兵として、軍とともに南下した女性は約二千と推定される、としている。記事には三通の手紙が採録されている。そのうちの二通を紹介する――

［福岡発］　中共軍に徴用された看護婦寺田松枝さん（二四）から母親の福岡県宗像郡上西郷村字内殿（ママ）農業寺田ツタノさん（五十）へさる十四日生々しい現地からの手紙が届いた。「お母さま、つまちゃんお久しうございます。突然のことにて皆様お驚きになられますことでございましよう。四年ぶりに文通が出来ると聞き早速筆を手にいたしました。再び脱しえぬと覚悟したあの牡丹江の戦火の中を幾百名の患者とともにくぐり抜けて南下し、そして昭和廿一年二月鞍山にて人民解放軍に入らなければならなくなりました。満州各地を歩き有名な万里の長城を歩いて越えたのも一昨年の末、そして黄河を渡り揚子江を渡つて現在広東省の雷州半島におります。よくここまで歩いて来られたものと驚くくらいです。お母さま、つまちゃん必ず待つてて下さい。必らず帰ります。一九五〇年一月廿三日　松枝

お母さま、つまちゃん

追伸　返事は左記あてに出してください。中国人民解放軍第四野戦軍四十軍後勤衛正軍野戦一所　寺田松枝

追伸　お母さま一日でも早く私たちが帰れるよう手続きをとつてください。一日でも一時間でも早く帰国出来る日を―それのみを夢に描きつつお母さま松枝は生きています。強く帰れる日まで生き抜きます。二月十二日　お母さま」（全文）

［山形発］　同じく第四野戦軍の看護婦、斉藤千代子さん（三五）から夫の山形県最上郡吉口村の斉藤一郎氏（四〇）にあてた三月二日づけ手紙「あなたと別れて五年間の労苦、きびしい監視の下にたよりのできなかつたことをお許し下さい。三年前から野戦病院の看護婦となり前線にいますが、いま雷州半島、海南島作戦中で内戦が終つたら帰れると思い最後のしんぼうをしています。……私の同僚の中にはすでに中国人と結婚した人もいますが私はあなたを信じどんなことがあつても身を落すようなことはいたしません。私の覚悟は決死的です。最後まで身を守り

ます。御安心ください。

夫一郎氏の話　私も満州で生別、シベリヤに抑留され引揚げるまで千代子は生きているとは思えなかった。あの労苦のなかで帰る日を待ちがん張っている千代子にただ感謝しつつ私は一日も早くともに二人で働ける日を待ちます」

この記事に触発されて国会では四月六日、衆参両院の有志議員によって「同胞救護議員連盟」が結成され、また国会外でも引揚援護、社会事業などの四十団体による「抑留同胞救出国民運動準備会」が結成され、同日都内の小学校で引揚促進決起東京大会が開かれた。しかし、中国の新政権には意思を伝える方法もないことから、この大会では中国における抑留者や戦犯の氏名の公表や帰国をソ連の責任で行えという請願書を出すことにして、ソ連代表部に大会から代表が赴いて、請願書を手渡した。(『毎日』四月七日)

四月八日『毎日』は社説「中共にうったう」を掲げた――

「われわれの率直な願いは、中共にこれまでの沈黙を破ってもらいたいことである。そして帰還させるためのどういう計画があるのかをできるだけ明かにして国民の不安を一掃してほしいのである。……終戦後五年半、残留日本人がどのような生活を送っているかも判明せず、しかも生死さえ不明のままに放置することは人道問題としても許されるものではあるまい」

このように残留者についての情報開示と帰国促進を要求する一方、この社説は共産党軍によって日本人が内戦に動員されていると伝えられることを取り上げ、これまで元日本軍兵士が内戦で国民党軍に参加していることを、共産党側は「反動日本」の象徴として攻撃してきたではないかと指摘して、次のように述べる――

「これは中共軍に対しても同じことがいえる。国府と中共と二つの場合に区別があってはならないのである。中ソ同盟条約も裏がえせば日本が民主化され、平和国家に成長することを期待したものにちがいあるまい。もし日本人が中共軍に強制編入されているとすれば、中共の日本に対する期待と主張にも矛盾するわけだ」
どうだ一本取ったぞ!といった書きぶりだが、いかんせん両国間には通信も往来もないため、この訴えは実を結ばなかった。しかし、雷州半島の邦人からの手紙に内地から出した返信への再返信が六月に届き、『毎日』はそれも記事にしている――
六月一八日『毎日』［高山発］　海南島戦線の政井二三子さんから再返信が十七日朝、高山市に住む母親政井せんさんに届けられた「お母様、昨日（五月十二日）は私が生涯一番うれしかった日です。昨日戦線から帰ったばかりですが、そこに夢にも忘れなかったお母様からの便りが来ていたのです。お父様も兄も妹もみんな元気だとのことですつかりうれしくなり中国の人達からも笑われたりした程あちこちをふり回して昨晩は一晩中懐かしいお手紙を抱いて泣き明しました。戦も漸く終りました。二三子は必ず生きて帰ります。それまではみんな元気でいてください」（手紙は全文）
残留日本人の問題はその後も長く未解決の懸案として残される。

五　日中貿易再開への動き

米も援護射撃

荒廃した経済を復興させるためには中国との貿易の再開が不可欠という思いは敗戦後の日本の経済界に根強く流れていた。国共内戦の帰趨が明らかになった一九四九年五月四日、商工業者に加えて日本共産党の野坂参三を含む国会議員や中国研究者、それに在日華僑代表らが参加して**中国貿易懇談会**が東京・丸の内の工業倶楽部で開かれた。そこでの決定を受けて**中日貿易促進会**が一九四九年五月三〇日、内山書店の内山完造らを世話人にして発足した。

その設立趣意書はこう言う——

「最近における中国情勢の激変は、近い将来新しい中国が生まれ出ることを示しています。その中国が、日本に期待するものは、従来の侵略性をすてさった民主日本との真の提携であります。特に広大な地域に建設計画を進める中国は、日本の各種の建設資料や、それに伴う技術を真剣に求めています。この要求に応えることこそ、日本の平和産業の復興と、国民経済の繁栄をもたらすものであると共に、新中国の建設に貢献し、アジア経済に、ひいては世界の平和に貢献するものであります。……」

そして、各地にそれぞれの地名を付した「中日貿易促進会」が続出し、また六月には大手企業を中心とする**中日貿易協会**が結成された。さらに同月、苫米地義三を会長に**日中貿易促進議員連盟**も発足した。（以上は押川俊夫『戦後日中貿易とその

周辺』図書出版、二二五〜二三〇頁による)

一方、中国の対外貿易政策はどういうものであったか。一九五〇年一月二九日の『朝日』が「中共貿易の見通し」という解説記事を載せている。それによって共産党政権の貿易政策の概要を辿ると——

中国共産党が「初めて対外貿易規則を発表したのが一九四八年の暮れ」で、一九四九年一〇月に「それまでの物々交換方式から今後は本格的な貿易のやり方である外貨建取引方針に切替え、十二月にはその方針を具体化した華南地区貿易規則によって完全な外国為替による決済制を採用、またこの一月には、北京の人民銀行券と米ドルおよびポンドとの為替レートを決めるなど、中共は一躍正常な国際的貿易態勢をとゝのえてきている」

日本との貿易はどうか——

「昨年の秋以来、中共との直接貿易は非公式ながら始まったものゝ、現在までにできた契約はわずか七、八件にすぎない。この不振の原因は、日本からの輸出は〝戦略物資でないもの〟で、〝支払条件が確かなもの〟に限られていたため、このワクにピッタリ合う契約がなか〳〵少いことや、中共地区の経済復興が進まないためだと商社筋ではいっている」

こうした状況への援護射撃となるようなニュースが三月、ワシントンから伝えられた。

三月一七日『朝日』[ワシントン特電十五日発＝AP特約]「アチソン米国務長官はサンフランシスコで『米国は公平な基礎に立って中共との貿易を行う用意がある。しかし米国に害を及ぼすような物資の輸出は禁止するであろう』と述べた。この声明の根拠はワシントン・ポスト紙が『米国政府は民需物資の対中共輸出を日本に許可するという最高政策の決定をマックアーサー元帥に通達した』と報じたことにあるとされている。ワシントン・ポスト紙の報道は要旨つぎの通りである。

マ元帥は彼の判断で民需物資と思われる商品の中共、北鮮向け輸出を許可し、同地区を通じてソ連に輸出される恐れのある物資の輸出はこれを禁止する権限を与えられたことになる。輸出を管理される物資は鋼鉄線路、鉄板、ボイラー用鉄板、同鉄管、銅管、発電機、機関車、採鉱機械などで直接に軍事的価値をもつ商品の対中共地区輸出は禁止されることになろう。安全保障の立場から無害とされる物資は、中共が買い入れかつ支払いうる限度まで自由に輸出が許されるはずである」（全文）

このワシントン・ポスト紙の報道については、米国務省と在日本の占領軍総司令部がそれぞれ声明と談話を発表し、『朝日』はそれを併載している。

［ワシントン特電十五日発＝AP特約］「ワシントン・ポスト紙の報道に関し米国務省では十五日つぎの声明を発表した。

米国は中国の民間需要に供せられる商品が中共へ輸出されることを妨害するものではない。日本から中共への輸出もこれと同じ原則に従うべきものと国務省は了解する」（全文）

［AP特約］「米国務省では日本が民需物資を中共へ輸出することを妨害するものではないと言明したが、総司令部外国貿易課のラッセル・ヘール氏は十六日、総司令部の中共貿易政策がこれによって大きく変わることはないだろうと次のように言明した。

国務省のこの政策は事実上総司令部がこゝしばらく採用してきたものと変らない。総司令部は日本の対中共輸出を監視し、戦略物資の輸出は数回にわたって禁止したが、一方、鉱山用機械、ある種の化学製品のような物資の輸出を許可していた。そして最近では対中共貿易が増加する兆候が見え、中共治下から日本への大豆の輸出はやゝふえ中共側の日本製品に対する関心も次第に高まっている」（全文）

三月二七日の『朝日』には中国新政権から日本に通商協定の締結を申し入れてきたという英紙記者の報道が載った。

［ロンドン二十六日発ＡＦＰ＝共同］「二十六日のサンデー・タイムズ紙は同紙の東京特派員の報道として中共政

府が日本側に長期の通商協定締結を申入れ、日本側は好感を示しているとつぎのように述べている。

日本の経済界は中国と大規模な通商協定を結ぶ交渉の可能性について非常な好感を示している。大阪商工会議所でもこの問題につきすでに日本外務省に報告を出している。この報告は日本の輸出先の割合が中国四十％、ポンド領域四十％となることを主張している。また中国との通商協定ができれば、現在大阪、名古屋、横浜の倉庫にある莫大な繊維品の滞貨をさばくことができ、中国向けに大量の施設用資材を定期的に供給することもできるといっている。一方中国からの輸入品としては主として鉄鉱石、石炭、大豆などがあげられている」（全文）

こうしたムードの中で吉田首相も「中国貿易に努力したい」と国会で答弁する。

三月二八日『朝日』「吉田首相は二十七日の参院予算委員会で帆足計氏（緑風）の質問に対し、中国貿易についてつぎのとおり答えた。

中国は距離も近いし歴史上の関係もあり、人種も同種同文であるから、もし中国の政情が落着き通商貿易が盛んに自由になるという時代が来れば、むろん日本としては経済、政治その他において善隣外交を完うすべきである。現在では遺憾ながら香港を通ずる以外に正当な貿易ルートがない。しかし最近の実情によれば華北あたりからも取引の引合いが来ているし、総司令部としても隣邦との貿易、交通をひん繁にするようにということで相当調査、努力をしていると承知しているから、将来は日本政府としてはこの点について十分努力したい」（全文）

実際の貿易額はどれほどであったか。六月二二日の『毎日』に過去十か月の金額が掲載されている。

［UP通信（東京）廿一日＝本社特約］「廿日UP通信がマッカーサー総司令部計画統計課から入手した日華貿易に関する報告によれば、本年四月卅日までの十ヵ月間に日本は中共と総額二千四百万米ドルに上る通商を行ったが、最近の海運状況からみて日本の対中共貿易は両国間に外交関係がないにも拘らず今後も更に増大する模様である。

右報告は日本政府が米国の影響から自由になり、容共的になるまでは日華経済関係の発展は望めないという共産党の宣伝に基く一般の考えを覆すものである。

現在日本各港と天津、青島間には定期的に船舶が往来しており、在京経済専門家筋では日本がその製鋼業用に大規模な開灤炭の輸入を行おうとしている努力を日華通商の飛躍的発展を刺激する動きとして注目している」（全文）

第二次大戦終結以来、すでに五年目に入ったにもかかわらず、この時期は日本、ドイツとの講和問題が東西対立の中で膠着状態に陥っていた。その中で日本国内に湧き上がった日中貿易再開への機運を、三月一五日のアチソン発言およびそれに対する在日総司令部の態度に見られるように、米政府、在日総司令部ともに肯定的に受け止めて、軍需物資以外の民生用物資に関してはその取引を後押ししようとしていることが注目される。その後のきびしい対中禁輸政策を考えると、この時期の寛容さは意外であるが、その背景には米の対日占領政策の行き詰まりがあった。

前章で紹介したように一九五〇年一月一二日、米アチソン国務長官はナショナル・プレスクラブでアジア政策について演説し、アチソン・ラインと言われる新防衛ラインを提起したが、その対日政策の部分では、「政治面ではマッカーサー元帥は非常な成功を収めており」としながらも、「経済面では、われわれは政治面におけるほどの成功は収めていない。……経済問題は日本に原料の輸入と工業製品の輸出を可能ならしめることが必要だという点にある」と述べていた。

そして解決の道筋を次のように示した。

一月一四日『読売』［USIS］「その線とは日本が世界で必要とする物資を買い付け、さらに輸出用物資をアジア本土、東南アジアその他世界各地で売却するのにもっと自由を、できれば完全な自由を認めようとするものである。これは困難な問題であるが、占領軍、日本政府、われわれ自身とその他のものが努力しているものである。この解決には魔術的な方法はあり得ない」

日本に自由に貿易させようという政策については、英労働党左派系の「ニュー・ステーツマン・アンド・ネーション」

誌がアチソン外交を論評した文章に次のような一節があることが三月二八日の『朝日』に紹介されている――

［ロンドン特電二十六日発＝ＡＦＰ特約］「……また米国民は日本の救済費をいつまでも米国が負担することには賛成でなく、日本と中国、とくに満州との戦前の貿易が回復するよう希望している。……」

東西対立の顕在化に伴って、米の対日政策は「民主化・非軍事化」から「アジアの工場」化、「反共の防壁」化へと変化したが、この段階ではそのためのコストをいつまでも米国民に負担させるよりは、日本にかつてのような中国大陸との経済的結びつきを復活させるほうがいいという腹づもりであったことがうかがえる。

前章で取り上げた「中ソ友好同盟相互援助条約」が「日本帝国主義の復活および侵略行為……を共同で防衛するため」とあるのに、日本国民は驚いたのであるが、それは当時の現実の日本を見ての警戒ではなく、むしろ米の対日政策が再び日本を大陸での権益確保に向わせるのではないかとの疑念に基づくものであったのではないだろうか。

こうして一九五〇年の前半は、一方では内戦に動員され、敗戦五年を経てなお祖国の土を踏めない邦人の消息に胸を痛めつつ、一方では新しい商機到来の予測に経済界は沸き立つという矛盾した状況のうちに過ぎた。

六月二五日、それらを吹き飛ばす事態が発生する。朝鮮戦争である。

第十三章　朝鮮戦争　一九五〇年

一　東西対立がついに発火

驚きの開戦

一九五〇年六月二五日未明、北朝鮮軍が北緯三八度線を越えて南に進攻したことで、朝鮮戦争が始まる。

六月二六日『朝日』「北鮮、韓国に宣戦布告」［京城特電二十五日発＝ロイター特約］「二五日午前四時ごろ南北鮮境界線である三十八度線にそった春川、甕津、開城付近と東部海岸地区などで北鮮軍と韓国軍との間に戦闘が開始された。これに関して韓国政府は同日北鮮との間に全面的内戦が発生したと公表したが、同日朝の北鮮側平壌放送は韓国側にたいして正式に宣戦を布告したと伝えている。……」

六月二六日『毎日』「北鮮・韓国に戦線布告　38度線総攻撃」［京城廿五日発＝UP特約］「平壌のラジオ放送は廿五日午前十一時をもつて正式に宣戦布告したと放送した。……」

六月二六日『読売』「朝鮮の内戦・全面戦闘に突入す　北鮮軍、急速に南下」［ソウル（京城）特電（INS）廿五日発至急報］「北鮮軍は廿五日午前四時卅八度線三百四十キロの全線にわたつて攻撃を開始したが、李韓国政府スポークスマンは同日『北鮮政府は廿五日午前十一時（現地時間）韓国政府にたいし宣戦を布告した』と発表した。……」

この後三年にわたって続く戦争の幕開けであるが、敗戦の記憶がまだ生々しい時期だけに各紙の社説は驚きを隠せないものとなった。

『朝日』「理解しがたいことが起る。故意か無思慮か、その結果の重大を思わないのは、実に常識をもつては理解すべからざることである。突如たる北鮮軍隊の韓国侵入がこれである」

『毎日』「北朝鮮がしきりに連合政府の樹立による南北統一の呼びかけを行ったのは周知の通りである。だから、このような北鮮側の政治的な動きから判断すれば、こんど突如として武力攻勢に転じたことは不可解な印象を与えないでもない」

『読売』「これは今までわれわれが非常に観念的かつ抽象的に考えていた〝極東の危機〟なるものゝ真の正体かもしれない」

隣国朝鮮での戦火だけに一般国民はつい五年前に終わった戦争体験を蘇えらせた。

六月三〇日『毎日』の投書欄「戦争はいやだ」――

「◇わが国に最も近接した隣国朝鮮でついに戦争がボッ発した。私たちが最もきらい、最も恐れているものが一番近いところではじまったのである。戦争はいやだ。早く、国連の線にそつて解決することのみを望んでいる。まき込まれるのは絶対にいやだ。（埼玉県・福田寿）◇私は戦争のために体をすり減らし、終戦後の無理がたたつて結核を患い、ついには妻にまで感染させ、いまでは可愛い子供を人手に預けて国立療養所で国家のごやっ介になっている。私はどこの国のいかなる理由による戦争にも反対である。積極的に平和運動にてい身出来ない現在の私ではあるが、そう強く信じている。（新潟県・患者・南波駒市）◇『熱い戦争』がアジヤの一角朝鮮に燃え上つた。戦争放棄を憲法にうたい、世界平和にてい身を誓ったわれわれとしてはまことに残念に堪えない。あくまでも民族の総意として戦争の否定、平和の欲求を堅持しなくてはならぬ。（東京足立・福田町男）（全文）

こうしてわが国にとってはなによりも驚きとともに始まった朝鮮戦争（当初は「朝鮮動乱」と呼んだ）であったが、この戦いは第二次大戦の戦後処理でなお未確定だった部分を東西対立という確固たる枠組によって確定していく契機となった。

まず発火点となった朝鮮半島では激しい戦闘が半島中央部を何度も上下したあげくに開戦前の三八度線がわずかに角度を変えた休戦ラインに代わっただけで南北の対立が固定化した。中国では、大陸における内戦で敗北を喫し、かろうじて台湾に踏み止まっていた国民党政権がその後も長く中華民国の看板を掲げて大陸中国に対抗することを可能にした。わが国はいわゆる全面講和か単独講和かという形で国論が割れていた講和問題が米国の主導によって単独講和へと急速に収斂し、ソ連、中国（大陸・台湾）、南北朝鮮との戦後処理が個別の課題として後に残された。その後、台湾（一九五二年）、ソ連（一九五六年）とは比較的早く一応の解決をみたものの（ソ連との平和条約はいまだに未締結）、韓国とは一九六五年、中国とは一九七二年まで国交は回復せず、北朝鮮とは世紀を超えてもなお国交を開けないでいる。

北朝鮮軍、ソウル占領

一九五〇年六月二五日、北朝鮮軍の南下越境によって始まった戦闘は、奇襲の勢いにのる北朝鮮軍が三日後に韓国の首都、ソウルを占領した。

六月二九日『読売』［ワシントン廿八日発ＵＰ］（共同）「米国防総省スポークスマンは廿八日韓国の首都ソウル（京城）の陥落を確認するとともに、首都陥落後の状況を次のように説明した。『韓国軍が総崩れになつて退却していることは全然ない。北鮮軍は大体漢江以北を占領している。ソウルは陥落し、仁川港も保持できそうにもない状態だ。ソウルの東を流れる漢江南方の戦闘地域にある韓国軍は四ケ師である』」（全文）

［ＡＰ特約＝東京］「平壌放送は廿八日朝鮮中央通信社報道として『朝鮮民主人民軍総司令部が廿八日人民軍がソ

ウル（京城）を完全占領した』との発表を次のように放送した。人民軍は廿七日ソウルを包囲し、さらに市内に突入のうえ市街戦を展開、廿八日午前三時卅分（現地時間）ソウル中心地に進出、韓国政府の諸官庁、市庁、裁判所、放送局、新聞社、銀行その他重要施設を占拠するとともに二つの刑務所を占拠し政治犯を釈放した。かくして人民軍は午前十一時卅分ソウルを完全に占領するに至った」（全文）

六月三〇日の『毎日』は北朝鮮軍に占領されたソウルの状況を伝えている――

［大田廿九日ジェームス特派員＝UP特約］「京城は空っぽの牢獄と自動車どろ棒と孤立した市街戦の街となった―廿八日午前十一時京城を脱出して廿九日午後大田に着いた一韓国軍通訳は、このように前置きして北朝鮮の手中に帰した京城の表情を次のように語った。

北鮮軍が入城すると同時に早速軍法会議が開かれ、市内で捕えられた韓国官吏の処刑がどしどし行われた。街頭には『解放者歓迎』と書いた大文字が至るところに見られ、北鮮軍はピカピカ光つた新しい米国製自動車を分捕つて市中を乗りまわしている。北鮮軍は牢獄を開いて政治犯はもちろん泥棒や殺人犯など一切の囚人を釈放した。

北鮮政府当局は秩序の維持並に米国人住宅からの掠奪を防止するのに大童となつている。これは彼らがそれを自分の住居にしたいからである。商店や住宅の戸口には〝歓迎〟の文字が大書してあるが、北鮮軍を信用して店を開けている店はほとんどない。……」

トルーマン声明と安保理決議

この事態に米トルーマン大統領は米軍に韓国軍を援護、支援するよう命令を発した。

六月二八日『毎日』［ワシントン廿七日発＝UP特約］「トルーマン大統領は廿七日米国空軍および海軍部隊に対

し韓国軍を援護、支援するよう命令した。また同大統領は『余は第七艦隊に対し台湾に対するいかなる攻撃をも防御するよう命令した』と発表した」

六月二八日『読売』「ワシントン廿七日発UP」（共同）「トルーマン大統領の声明要旨はつぎのとおり。……かかる情勢にかんがみもし共産軍が台湾を占領するような事態となれば、それは太平洋地域の安全にたいし、またその地域で合法的かつ必要な機能を果たしつゝある米軍にたいし直接の脅威となる。したがつて、私は第七艦隊にたいし台湾にたいするいかなる攻撃をも阻止するよう命令した。この行動に関連して私は台湾の国府にたいし本土にたいする海空のあらゆる作戦を中止するよう要請する。……」

このトルーマン大統領の声明はさらに在フィリピンの米軍に同国政府への支援促進を指示し、またインドシナの仏軍への軍事援助強化のため軍事使節団の派遣を指令したことを明らかにしている。つまり米国は開戦二日後にアジア全域において共産主義と軍事対決をいとわない姿勢を明らかにしたのであった。もっともこの声明について、米国防総省では陸軍は動員せず、また三八度線以北には軍事行動を広げない方針であるとして、この段階では限定的な支援であることを明らかにした。

また国連の安保理事会も六月二七日、北朝鮮への武力制裁を要求する米提案の決議を可決した。

六月二九日『毎日』［レークサクセス廿七日発＝UP特約］「北鮮に対して国連の全加盟国の武力制裁を要求した米提案は廿七日安保理事会で表決に附された結果、賛成七、反対一（ユーゴ）棄権二（エジプト、インド）で可決された。なお国連が侵略国に対し武力制裁の挙に出たのはこれが最初である。ただしソ連は出席しなかった」（全文）

ソ連はこの年（一九五〇年）一月から中国代表権問題で台湾の国民政府代表が中国の議席を占めていることに反対して、国連をボイコットしていたのだが、安保理の北朝鮮制裁決議には激しく反発した。

六月三〇日『毎日』［パリ廿九日発＝ＡＦＰ特約］「廿九日早朝パリで傍受したモスクワ放送によれば、ソ連政府は廿八日リー国連事務総長に覚書を送り『国連安保理事会が廿七日、国連加盟国に韓国援助を要請した決議は法的に無効である』と次のように通告した。

国連憲章によれば、安保理事会の決定には五常任理事国を含む七ヵ国の賛成投票が必要であるにも拘わらず、今回の決議が採択された時には常任理事国のうちソ連、中国の両国が欠席していた。当日出席して賛成投票をした蔣廷黻国府代表には中国を代表する法的権限はない。以上の理由により右決議が何らの法的効力をも有しないことは明白である」（全文）

この決議にしたがって米軍のほか英、仏、オランダなど二十か国以上が参加してマッカーサーを司令官に国連軍が組織され朝鮮戦線に赴くことになった。（注：したがって戦闘は「北朝鮮軍対国連・韓国軍」であるが、実際には国連軍の主力は米軍なので、以後の記述では「米韓軍」を多用した）

二　台湾海峡に動き

朝報に沸く台湾

それにしても一九五〇年六月二七日のトルーマン声明は大陸からの進攻の不安におののいていた台湾の国民政府にはまさに神風であった。というのも、朝鮮半島で火の手があがる直前の六月二三日に米アチソン国務長官が台湾に軍事援助は与えない方針に変更はないと言明したばかりであったからだ。中国の国共内戦は一九二〇年代に始まる中国内部の政権争奪の継続であり、米もそのようなものとして結果を受け入れていたのが、朝鮮戦争によって東西冷戦の一部としての性格が加わり、共産党軍による最後の一撃を覚悟していた台湾に拠る国府に新しい国際的役割が与えられた。

六月二九日の『読売』は台北の『中央日報』馬社長へ国際電話をかけてその喜びを聞いている――

「本社…ト大統領の決意を台湾ではどういう風にうけとったか。

馬社長…一言にいって未曾有の朗報だ。この朗報はけさ廿八日の午前二時に新聞社に入った。深夜だったがとりあえず関係方面へ電話で連絡、まず喜びを分ち、それから徹夜で号外を印刷して夜明けと同時に台北の街中へばらまいた。起きぬけに市民が号外をふりあげて歓声をあげるという光景があちこちに見られた。なにしろ北鮮軍の侵入以来、正直にいってびく〳〵していたときだからね。……

本社…アメリカは台湾防衛の責任を取るから国府軍は大陸作戦をやめよと忠告していたが国府軍は大陸作戦をや

めたか。

馬…これは共産主義の侵略に対しては断固防衛するがこちらからは相手を侵さないというアメリカの態度を物語るものだが六十万の台湾の国防軍の中の血気にはやる連中には少し不満な気持もあるようだ。空軍はほとんど連日大陸に出撃していたがそれができなくなるので寂しいんだろう。しかし海軍の沿岸封鎖は今後も続けられる。私はまだ直接軍人の意見は聞いていないが全軍の士気がこの朗報でわきあがったことはいうまでもない。……」

台湾が喜びに沸いていた六月二八日、北京政府はあくまで台湾を解放すると声明した。

六月三〇日『読売』［北京二十八日発新華社］（共同）「周恩来北京政府首相兼外相は廿八日、トルーマン大統領の声明にたいし、『私は中国人民政府を代表し中国の全人民は団結し台湾を解放するため徹底的に戦うことを宣言する』と声明した」（全文）

これに対して台湾の国府は身の安全が確保されたことを喜ぶところから一歩進んで自らも朝鮮半島に軍を送り込んで、反共戦線の一角を担おうとした。

七月一日『毎日』［台北卅日発（ガウル特派員）UP特約］「政府筋が卅日語ったところによると国民政府は歩兵及び機械化部隊三万を韓国に派遣することに決定した。同筋では国民政府は地上部隊二個師団、機械化部隊一個師団をマッカーサー元帥の指揮下に置くよう卅日または一日に米国政府へ申し入れる予定で、目下国府外交部でその通告文を起草中であるが、直接米国政府に発送され、マッカーサー司令部へは送らないと語った。……」

一方、大陸側からも軍の動きが頻々と伝えられた。

七月三日『毎日』［ワシントン一日発＝AFP特約］「一日ワシントンに達した未確認情報によれば相当数の中共軍が北鮮と満州の国境地帯に集結中であるといわれるが消息筋はこの中共軍の集結は北鮮軍が敗退した場合に国境を守備する目的のためにとられた措置とみられると述べている」（全文）

七月三日『毎日』［台北二日発＝ＵＰ特約］「国府情報機関筋は二日中国本土の中共軍が満州、タイ、インドシナ国境、台湾対岸に向け大規模な兵力移動を急いでいると語った。……」

［香港二日発＝ＵＰ特約］「漢口からの報道として二日附の大公報は中共空海軍首脳が米軍の台湾防衛に対する報復手段を協議するため会議を開催中であると次のように述べている。報復手段として討議されたうちには中共の空海軍の訓練強化が挙げられている。……」

七月四日『毎日』［香港三日発ＡＰ＝共同］「広東およびマカオからの中国紙の報道によれば、二万六千の中共軍部隊は北鮮軍と合流するため華南を出発、北方に向け移動中であり、さらに他の中共軍部隊も同様の命令を受けたといわれる。右報道によれば広東及びマカオ地区の中共軍二万以上は四十日間以内に『満州前線』に到着し『いかなる事態の発展にも備えよ』との命令を受けている。また広東からの他の報道によれば中共軍百卅七師の約六千の部隊は一日鉄道で広東から漢口に輸送され、同地でさらに命令を待っているが、この部隊も同様北鮮軍と協力するため急派されるものとみられている」（全文）

これらの情報はワシントン、台北あるいは香港を発信源とするもので、どれほどが事実に即したものであるかは分からない。『中国人民解放軍六十年大事記』（四八九頁）の一九五〇年七月の項には、朝鮮戦争の勃発を受けて「軍事委は七月十三日、旧第四野戦軍（注：東北戦役を戦った林彪指揮下の野戦軍）第十三兵団を主体に四個軍、三砲兵師団、一高射砲団、一工兵団を配する東北辺防軍を組織し、東北の国境地帯の安全を担保する任務を与えた」とあるので、それなりの部隊の移動はあったのであろう。

中国軍が北朝鮮国境に軍隊を配備しているところへ国府軍が韓国軍の支援に赴き、共産党軍が北朝鮮を支援して戦闘に加われば、当然、台湾海峡にも火の手が上がり、国共内戦が大規模に再現する可能性も考えられる事態となる。米政府は国府の軍隊派遣の申し出を謝絶した。

七月四日『毎日』〔ワシントン二日発＝UP特約〕「米国は二日、三万三千の国府軍を台湾から韓国に派遣し連合軍を援助するとの国府の申入れを謝絶した。しかし将来もし必要な場合にはこれを使用する途を残してある。米国の回答は二日午後ワシントンの中国大使館に手交されたもので、回答要旨は次の通り。

米国は国府がこの速かなかつ実質的な国連支持の表明をされたことに感謝する。しかし中国本土から共産主義者の侵略の脅威が中共政府スポークスマンによつて繰返された点から見て朝鮮へ部隊を輸送することによつて台湾の防衛を弱くするような決定を行う前にマッカーサー司令部代表が国府軍当局と台湾防衛計画を協議することが望ましい。

なおワシントン当局者は国府軍を南鮮に派遣すれば中共軍は北鮮に進出するものと判断しており、また朝鮮に内戦を持込むことになる。中共軍は大部隊を北鮮に繰り出すことができるので、軍事的な不幸を招くとみている」（全文）

強力な米軍と一緒に共産党軍と内戦の第二ラウンドを戦って、逆転勝利を夢見た国府の思惑はこうして外れた。そればかりか米国は朝鮮の戦火が台湾海峡に飛び火するのを抑えるため、その後、台湾海峡に自らの武力で監視に入る。

七月一七日『朝日』「総司令部十六日午後二時半特別発表＝米第七艦隊は六月二十七日付大統領指令を遂行し、台湾に対するいかなる攻撃も阻止するとともに、中国本土に対する国府軍の空海作戦を阻止するため海軍航空部隊をもつて、台湾海峡および華南海岸の警戒を開始している。なお警戒に当つている部隊に対しては中国本土及び台湾の領海外で行動するよう厳重な訓令が発せられている」（全文）

台湾海峡ではことを起こしたくないという米の方針に対して、中国は国府支配下の金門島への砲撃という動きにでる。

七月二四日『毎日』〔台北特電廿二日発＝中央社特約〕「厦門湾内金門島付近の大澄、小澄両島にある中共軍砲兵隊は廿一日午後八時国府側の□（不詳）金、亀山、帯林など金門東北区に対し八十余発の砲撃を加えた。また金門島の西北に当る囲頭、大澄、小澄、□（不詳）頭、厦門から嶼子尾に至る線には千三百余隻の舟艇を集結し、大挙金門島を攻撃しようとしている模様であり、国府側は厳重に警戒している」（全文）

七月二四日『朝日』〔台北特電二十三日発＝AP特約〕「国府当局が二十三日公表したところによれば、中共軍の金門島砲撃は二十二日夜に至ってさらに激化し、二十三日朝もなおつゞいているが、同島の国府守備隊もこれに対して応戦している」（全文）

国民政府は七月二二日、この大陸からの攻勢に米はどう対処するかをただす覚書を送ったが、米は取り合わなかった。

七月二六日『朝日』〔ワシントン特電二十四日発＝AP特約〕「米国務省スポークスマンのマクダーモット氏は廿四日の新聞記者会見で『中共軍が金門島攻撃を企図しても、米国はこれに干渉しないであろう』と次のようにのべた。トルーマン大統領が六月二十七日の声明で国府と中共の戦争を阻止したのは台湾と澎湖島にだけ適用されるものである」（全文）

マッカーサー、台湾へ飛ぶ

米は台湾をどこまで守るのかに注目が集まる中、マッカーサーが七月三一日、台湾へ飛んだ。

八月一日『朝日』〔ラッセル・ブラインズAP東京支局長記〕「マックアーサー元帥は蒋介石総統およびその他の国府指導者と軍事上の会談を行うため卅一日午前六時、羽田飛行場からバターン号で空路台湾に向った。アーサー・D・ストルーブル米第七艦隊司令長官および幕僚数名が随行した。マ元帥が極東における米国の防衛線上の東部拠点をなす台湾を訪問したのは今度が最初である。マ元帥はこれまでもたえず米軍事使節団の管理下に国府の台湾防衛を援助すべきであると主張していた。……」

〔台北特電三十一日発＝中央社特約〕「マックアーサー元帥は幕僚多数を帯同して専用機バターン号および四発の輸送機に分乗、三十一日午後一時十分台北に到着した。一行のなかには何世礼駐日中国代表団長も交じっていた。この日飛行場には蒋総統以下陳誠行政院長、王世杰総統府秘書長、周至柔参謀総長、孫立人陸軍総司令、桂永清海軍総司令らの国府首脳部が出迎えた。マ元帥は何団長の紹介によって蒋総統と挨拶を交わし、直ちに台北郊外の蒋総統官邸に向かい同所で会談を開始した」（全文）

空港への出迎えの顔ぶれからも蒋介石以下国府側がこの訪問をどれほど歓迎したかが分かる。会談は七月三一日午後から翌日におよび、八月一日に簡単な声明を発表して元帥は東京に戻った。

八月二日『朝日』〔台北にてムーサ特派員一日発＝ＡＰ特約〕「マックアーサー元帥は一日台北で声明を発表、蒋介石総統の韓国防衛のために三万三千の国府部隊を派遣するとの提案を拒否するとともに、つぎのように声明した。

現在国府軍を韓国に派遣することは、台湾の防衛を著しく危くする可能性があり、適当な措置ではない。私が台湾を訪問した第一の理由は、中共軍の攻撃に対する台湾の潜在的防衛力を検討することにあった。私の指揮下にある米軍と、国府軍との間には敵性軍隊が愚かにも試みるかもしれない、いかなる攻撃にも対処するよう、効果的な協力を行う取決めが出来上った。私の見解によればこのような攻撃はほとんど成功する機会はない。米第七艦隊は中共の台湾進攻を防止するトルーマン大統領の命令にしたがって、台湾と中国本土間の海域を警戒している。この政策は台湾が澎湖島とともに現在軍事的な侵略の対象となっていないことを明かにしている。この決定を実行することは私の責任であり、また確固たる目的でもある。蒋総統の共産主義者の支配に反抗しようとする不屈の決意は、米国の共通の利益と目的に合致するものである」（全文）

こうした米・国府側の動きに大陸側は人民解放軍の朱徳総司令が応えた。

八月二日『毎日』〔北京一日発新華社＝共同〕「朱徳中共軍総司令は一日、中共軍建軍廿三周年記念日に当りつぎのように演説した。六月廿七日トルーマン大統領は突如として米国海軍に台湾解放を阻止するよう命令した。われわれも全世界に向いわれわれは必ずやこのような侵略に反対し必ず中国の領土及台湾を解放すると声明する」（全文）

この一連の動きの中で眼を引くのは、国民政府が三万三千人の兵員の韓国への派遣を申し出たのに対し、米がそれを拒否したことであるが、これについて『蒋介石秘録』には興味深い記述がある。蒋介石はマッカーサーとの会談では「共産主義の脅威に対処するための台湾の共同防衛、米中軍事合作について完全に意見が一致した」とした後、国府軍の韓国派遣案についてこう述べている。

「マッカーサーは、統合参謀本部にたいし、中華民国の申し入れを受け入れるよう提案した。しかし、すでに大陸の共産政権を承認していた英国が『中華民国の軍との共同作戦はできない』と反対、自由世界を守るための提案は葬り去られた」（『蒋介石秘録』下、四九〇頁）

マッカーサーと蒋介石は「軍事合作について完全に意見が一致」しながら、国府の軍隊を韓国に派遣する案が陽の目を見なかったのは、英の反対のためだというのが蒋介石の立場である。しかし、英の反対もあったにしても、現状維持を目指すワシントンと共産主義への反撃を狙うマッカーサーの亀裂がこのあたりからすでに兆していたのではないだろうか。

八月二日の『毎日』にはこんな短い記事が載っている。

［ワシントン卅一日発＝UP特約］「権威筋では卅一日米国が台湾に関する態度を中共指導者に説明するようインドに依頼したその詳細を次のように明らかにした。

トルーマン大統領が台湾海峡に第七艦隊を派遣したのは『全般的地域』が平和になるまで現状を維持しようということ以外に他意があるわけではないということを北京駐在インド大使を通じて中共側に伝えるよう提案した」（全文）

三　日本への影響

「共産主義の防波堤」へ

一九五〇年は日本の戦後史においても大きな転換点であった。東西冷戦、なかんずく中国における共産党の勝利は米国の日本占領政策に大きく影響し、日本の軍国主義復活を抑止することより、共産主義の防波堤としての日本の役割がいよいよ重視されるようになった。一月のコミンフォルムによる日本共産党の野坂参三批判、二月の中ソ友好同盟相互援助条約締結などに対する社会の不安、警戒感を背景にマッカーサー司令部は日本共産党への弾圧を強め、六月には同党幹部の追放指令、同月末には『アカハタ』の発行停止が命じられる。「共産党」という文字が無条件に「敵」として人々の意識の中に植え付けられていった。

六月二七日『読売』の朝鮮戦争についての「解説」——

「今までのような局部的紛争といったものではなく、ハッキリと韓国の完全征服を目指すとともにさらにアジア全面共産化というソ連の〝既定の計画〟を実現しようとするアジア共産党の新たな行動の一部をなすものであることが窺われる。従ってこの北鮮軍の行動は単に北鮮軍としてのものではなく互に連携をもつアジア共産党の行動の一翼をなすものとみられお隣りの中共とも密接な下打ち合せの下になされたことは疑問の余地がない。……」

脅威の対象として「アジア共産党」という新しい言葉を作って議論を進めるのは、今から見れば奇妙ではあるが、当時の社会のムードを反映しているのであろう。

六月二八日、吉田首相は内閣改造を行うが、二九日の『毎日』は新内閣の特徴の一つをこう書いた――

「新労相保利（茂）氏は多難な労働行政に対する腹のすわった男だとの点を買われ、新法務総裁大橋（武夫）氏はまた衆院考査委における活躍ぶりから党内有数の反共理論家という点が抜てきの理由とされている。改造後の政府の国内治安対策は大橋、保利の関連によって反共諸対策が一層積極的に推し進められよう。……」

六月二九日『毎日』のコラム「余録」の一節――

「（朝鮮戦争について）ソ連は沈黙しているが中共中央委員会の機関紙、北京日報は社説で〝米国がいかなる援助を与えようとも、北鮮軍は勝ち抜くであろう〟といっているし、日本のアカハタ紙は北鮮共産軍を〝人民解放軍〟といって侵略戦争を正当化した。共産陣営がそう結論し正当化するのは当然で、それを気に病むなら病む方の頭がゼロだ。……」

さらに七月一七日の『毎日』は社会面トップに「日本革命に躍るスパイ網」という横見出しで、設立間もない民間の友好団体**日中友好協会**に秘密のスパイ組織「H機関」が存在すると大きく報じた。

「去る一月十二日参院議員会館で準備会を開いた日本中国友好協会＝千代田区丸の内二の二丸ビル四六六号＝は中、日両国間の文化、技術、経済の交流を目的として発足したが、最近同協会内に一般会員の関知しない秘密情報フラクが極東コミンフォルムの直接指令を受け極秘裏に諜報活動を行っている事実を関係当局が探知、調査を進めている」

右の書き出しに続いて、同協会は野坂参三ら政、財、文化界の有識者および在日華僑を主要役員として一万人に上る会員を擁していることなどを紹介し、その情報フラクなるものを次のように書く――

「中国人李平凡氏（丁玲女史、趙樹理氏らの工作員と共に日本に潜入）をフラク最高責任者として在日華僑十七名によって構成されている。……なかには中日合作フラクの構成メンバーとして日本の著名な文化知識人十三名（特に秘す）が名を連ねており、かつての〝ゾルゲ機関〟と同様、それぞれの地位を利用して情報収集に努めているが、日本人の立場には全く自主性がなく中国人指導者の命令には無条件服従とされているようだ」

丁玲、趙樹理という具体的な中国人名が登場するが、二人は「新中国の作家」として日本でもある程度知られていたから、話に真実味を持たせるために使ったのであろう。しかし、二人とも日本とは無関係であり、工作員を日本に送るような立場にないことは、多少なりとも中国についての知識があればすぐに分かる。反共の時流に便乗したガセネタに『毎日』はまんまとしてやられたのである。『毎日』は七月二六日の投書欄に日中友好協会準備会常任理事の作家、豊島与志雄の「中日友好」と題する次の一文を掲載して、実質的に記事を取り消した。

「◇本月十七日の本紙朝刊は日中友好協会の中に、極東コミンフォルムに直属するスパイ組織H機関があり、協会はこれに踊らされているという驚くべき記事を掲げた。……◇然しそのフラク責任者として挙げられている李平凡氏は一九四二年来日以来神戸中華同文学校の美術教師をし、版画の研究に専念、日本の文化人から親しまれている人である。……◇……当協会は中日両民族の宿命的な友好を目的として何ら他意なく活動をつづけていることを世間も新聞もはっきり認識され、いたずらにひぼうするようなことのないよう切望する」

「警察予備隊」誕生

社会全体が共産党は国のいずれを問わず怖いものという観念に染まってゆく中でマッカーサーは一九五〇年七月八日、警察予備隊の創設を日本政府に指令する。

七月九日『毎日』「マッカーサー元帥は八日正午吉田首相宛書簡を送り、政府直属の**警察予備隊七万五千の創設**

と海上保安庁員八千名増加の権限を政府に付与した。岡崎官房長官は外相公邸でこれを受理、箱根の吉田首相に報告した。政府としては国内治安の確保から警察制度の改正及びこれに伴う警察力の増強についてその必要を痛感していたが、最近の朝鮮動乱によって国内体制の整備、治安の維持はさらに一層緊要の度を加えつつあった折からマ元帥今回の書簡はこの点の政府要望に応えたものといえよう。よって政府は直ちに必要な措置をとることになった」

こうしてこの年、警察予備隊が誕生することになるのだが、七月二六日の『朝日』はその背景についての米の専門記者の記事を紹介している。

［ワシントンにて中村特派員廿四日発］「……ニューヨーク・タイムスの軍事専門記者ハンソン・ボールドウィン氏は二十四日次のように書いている。

一、米国は戦略的にはわき道の朝鮮にはあまり深入りしてはならない。主な舞台は他にある。

一、米国としてどこに集中すべきであるか。その主目標を絶えず考えねばならない。……

一、世界いたるところでの『局地戦争』に応じ得るには人的動員力が必要である。米国としていかなる地点へでも米兵を派遣することは出来ないからである。

一、この人的動員力は日本とドイツとに期待せざるをえない。日本との単独講和を直ちに結ぶべきである。これによって日本にその防衛の責任を持たせ、同時に日本から軍事基地の提供を受くべきである。

一、西ドイツの警察力または兵力を増強すべきである。国連下に日本および諸外国による軍隊を新設すべきである」

米政府当局者の発言ではないが、その後の日米関係の基本的構図がこの段階ですでに明らかにされていると言ってもいい。朝鮮戦争がその後の日本の進路を決めたわけである。

「特需」景気

同時に朝鮮戦争の日本への影響で忘れてならないのは経済面でのいわゆる**特需**である。開戦から一か月、七月二五日の『読売』は「朝鮮戦争とわが経済」というタイトルで、銀行、紡績、重工、商社の経営者を集めての座談会を掲載している。その前書き——

「この動乱がどの程度発展するかはなか〳〵見通しがつかない。しかし現在のところでは相当長期間続くだろうという見方に一致しています。そこで被占領下にあり兵站基地としての日本は経済的に相当影響があるだろうとみられる。特に特需というか進駐軍関係の需要が相当起るであろうし、また各国の買漁りによる輸出増が期待される。それとともに国内的にも思惑買が出てどうしてもインフレ的様相を呈するのではないかとみられています」

主な発言を拾うと——

「貿易公団には日本内地で売れないような厄介な品物の手持が総額七百廿億円といわれている。これは市場に対する大きな圧迫であったが今度の朝鮮動乱で恐らく全部とはいかないが大部分は一掃されると思う」（紡績）、「朝鮮動乱が始まってから差し当って米軍関係の特需方面が相当忙がしいのでいろ〳〵な建設資材、たとえば一番初めに土嚢に使うジュートの特需が起った。そういうものから入って先程の自動車の部品、いろ〳〵な木材、食品関係では乾パンとかそういう物が動いて来た」（商社）、「特需関係でいわゆる金ヘン（金属業界）関係が比較的いいと思うが、大体日本の経済全体が糸ヘン（繊維業界）が非常によく金ヘンは非常に悪かった。これは経済全体が健全に動いていないということだ。ところが金ヘンがずっと操業率が上昇して来ると日本経済全体の健全性が非常によくなって来る」（銀行）、「世界的に商品が上れば日本の物価も下にいることはできない。過去の日本のインフレ時代の物価高は一挙に二倍とか三倍上ったが、今度は一割とか一割五分とか普通の国の経済状態における物価高だと思

う」（銀行）

ほかにも戦争が長期にわたった場合、日本に落ちるドル資金は二億五千万ドルから三億ドルに上るであろうとか、労働力需要が増し、完全雇用とはいかないにしてもそれに一歩近づくといったことが話題になり、日本経済にとって大きなチャンスという空気が支配する座談会である。

また中国大陸から戦後初めて米が輸入されるという話が新聞で紹介された。

七月二九日『朝日』「今年中に約百万トンの外米を輸入できる見通しがつき、食糧庁ではたとえ朝鮮問題がどのように発展しても、米食率を引下げる心配はまったくないばかりか、場合によっては米の配給をふやす自信もあることを明かにした。朝鮮米の輸入がとだえたため、苦境に立つた外米事情は、加州米五万トンの身替り輸入でまず息づいたが、こんど新たに香港経由による満州米四万トンの輸入契約が成立、にわかに活気づいてきた。その第一船は、八月はじめ神戸入港の予定だが、内地米の味に近い満州米の輸入は戦後はじめてだという。……」

一方、朝鮮戦争によって存在がクローズアップされた台湾とは、マッカーサー元帥の台湾訪問の際に日台貿易を促進させるための協議が行われた。

八月三日『朝日』「台北特電二日発＝中央社特約」「今回のマックアーサー元帥の台湾訪問に当っては軍事関係だけでなく日台貿易の発展についても協議が行われた。すなわち同元帥の随員マーカット少将は一日午前国府財政当局者と日台貿易について意見を交換した結果次のような結論を得たといわれる。一、日台貿易協定草案に規定した輸出については原則的に同意し、年間輸出入総額をそれ〴〵四千万米ドルとする。一、貿易の決済及び為替問題についても原則的に同意し、台湾銀行からナショナル・シティ銀行東京支店に委託して処理する。……」

文字通り対岸の火災として起こった朝鮮戦争であったが、日本にもこのようにさまざまな影響を及ぼした。その結果、国民の意識にはいかなる変化が起きたか。八月一五日の『読売』は「きよう終戦五周年　アメリカをどう思う？」という全国世論調査の結果を掲載している。

第一問「好きな国」、第二問「きらいな国」では、好きな国の第一位が「アメリカ　六十五・七%」、第二位「スイス　三・九%」で米が圧倒的である。以下は「英　二・一%」、「ソ連　一・六%」、さらに仏、独と続いて第七位に「中共　〇・五%」である。

きらいな国では、第一位が「ソ連　六七・九%」、第二位「中共　三・九%」、第三位「アメリカ　一・六%」、以下、英、独と続く。

好きにしろ、きらいにしろ、当時の日本人には米ソ両国しか視野になかったと言っていいだろう。

「国民はハッキリと〝親米反ソ〟の感情を表白した。昨年五月の時事通信の全国調査の場合よりも約三・七%親米的となり、反対に一四・九%反ソ的になつている。『すきな国』にスイスが二位に出ているのは永世中立国への憧れの現われであろう」

との解説がついていた。

明確に「親米反ソ」ではあるが、第二問の「現在世界における米・ソ間の紛争であなたはどちらが優勢と思いますか」への答えでは、「アメリカ　四〇・四%、ソ連　二七・二%、わからない　三二・四%」で、両国はかなり拮抗している。

さらに第九問「あなたは日本人が朝鮮の事件になんらかの形で協力すべきだと思いますか」では、「協力すべし　三〇・八%、協力すべきでない　五六・八%」で、「国連への協力の是非を判断するよりも前に、まだ惨烈な戦火の印象の消えない日本国民として、朝鮮動乱に介入することは、たゞちに日本を戦争の渦中にまきこんでしまうだろうという恐れの感情にかられたからであろう」と解説は述べている。

四　仁川上陸作戦で戦況一変

起死回生・ソウル奪回

一九五〇年六月二五日の開戦以来の戦況は、南下を続ける北朝鮮軍に押されて米韓軍は退却を続けた。北朝鮮軍は開戦一か月の段階で韓国のほぼ中央に位置する大田を中心に東北の丹楊、西南の全州を結ぶ線に進出、開戦二か月の八月末には米韓軍は半島東南端の釜山から洛東江沿いに大邱、そして東海岸の浦項を結ぶ南東端の一角を確保するのみという苦境に追い込まれていた。

そこからマッカーサーが打った起死回生の一手が、九月一五日に決行された韓国に攻め込んだ北朝鮮軍の背後を衝く仁川その他への米海兵隊の上陸作戦であった。

九月一六日『朝日』一面見出し「国連軍・大反攻を開始　仁川、群山へ上陸」
九月一六日『毎日』「国連軍仁川上陸・京城へ殺到　マ元帥が陣頭指揮」
九月一六日『読売』「国連軍・東西海岸に上陸　仁川港を奇襲」

各紙に掲載されている「（在京）渉外局特別発表十五日午後十時十五分」の記事――

「米海兵第一師団部隊は十五日早朝、仁川港内の要点月尾島を攻撃しこれを占領した。この作戦はわずか卅分以内の記録的短時間のうちに最小の損害で達成された。月尾島および同島と仁川市を結ぶ突堤の占領は海兵隊、軍艦、海軍および海兵隊飛行部隊の密接に協力した時計のように正確な計画にしたがつて行われた。同島に対する艦砲射撃は第五巡洋艦戦隊司令官ジョン・ヒギンス海軍少将の指揮下に行われた。砲撃は海兵隊の上陸攻撃に先立つ四十五分間にわたつて行われ島内の敵の砲および軍事施設を沈黙させた。艦砲射撃が行われている間に空母から飛び立つた艦載機も攻撃に参加、すべての敵拠点に対しその威力減殺に努めた。ロケット弾が発射される中を海兵隊は上陸を開始し卅分足らずのうち同島の最高所は晴れの星条旗を掲げた。マッカーサー元帥は同島が占領された直後、ストループル第七艦隊司令官およびドイル上陸作戦司令官に対しつぎの賛辞を送った。

海軍および海兵隊が本日朝ほどの赫々たる戦果に輝いたことはこれまでに前例がない」(『読売』による)

この上陸作戦は戦局に劇的転換をもたらした。米韓軍はソウル奪回に向かい、北朝鮮軍の激しい抵抗を押し切って九月二六日、同市を完全に占領した。南部の戦線でも九月一七日、大邱北方で四キロにも連なって北へ退却する北朝鮮軍が米軍機から目撃(AP電)されるなど、情況は逆転した。

九月二七日『朝日』[京城にてランバート記者二十六日発＝AP特約]「米海兵隊は二十六日、京城市内で電車通りに陣地をかまえ、あるいは家の中や幾重にもまがりくねつた小路にひそむ北鮮軍を掃射しつゝ、幾つかの学校や旧日本軍の弾薬貯蔵倉庫、前造幣所、もとの仏教布教所、京城刑務所などを占領した。京城刑務所は空つぽであつた。……北鮮軍は小火器や自動兵器をもつて北鮮軍独特のこつそり襲いかゝる戦法で戦つているが、これに対し海兵隊は小銃や騎兵小銃、手投弾それに戦車をくり出して戦つた。ポケット陣地によつた北鮮軍小部隊の抵抗は猛烈で、ついに米海兵隊は曲射砲を使用せねばならなかつた。……」

[大邱にてパロット記者二十六日発＝ロイター特約]「米軍スポークスマンは二十六日『北上する国連軍と南下部隊との前線は現地時間の二十六日午後六時二十分現在まだ接触しておらず、恐らく二十六日夜までには両軍の距離は三十二キロ以内に短縮するものと信じられる』と言明した」(全文)

九月三〇日『朝日』〔京城にてヴァレンタイン記者二十八日発＝ロイター特約〕「権威筋は二十八日夜ロイター記者に対し北鮮政府の金日成首相は北鮮軍に対して国連軍との接触を断ち、三十八度線以北に撤退するよう命令したと次のように語った。

米軍情報部は金日成首相から北鮮軍野戦司令官に対して、出来るだけ多数の将兵が武器および装備をもつて三十八度線以北に撤退するよう命令した極秘指令を入手していた。米軍情報将校も最初はこの命令の真実性を疑ったが、最近の戦場における事態や北鮮の和平提案説などを合せ考えるとこの命令は本物とみてよいようだ」（全文）

そして月末には東部海岸線を北上した韓国軍が三八度線に到達、そこで米軍顧問から停止を命令された。

九月三〇日『毎日』〔第八軍司令部廿九日発＝UP特約〕「第八軍は廿九日夜韓国軍は米軍事顧問団から卅八度線まで進撃し同線上で停止するよう命ぜられたと発表した。

第八軍スポークスマンはこの情報は米軍事顧問団から来たもので韓国軍は卅八度線を越えないよう命ぜられたものであると語った。なお李大統領は最近韓国軍は卅八度線を突破して北鮮に進入すると言明している」（全文）

中国はどう出る？

こうなると朝鮮半島における次の局面の焦点は、米韓軍は三八度線を越えて北朝鮮に進攻するか否かに移った。その可否を判断する場合、もっとも注目されたのは当然のことながら「中国はどう出るか」であった。

仁川上陸作戦後、最初にこの問題を取り上げたのは『毎日』だった。九月一九日に「中共は果して動くか」という長文の「解説」を載せた——

「国連軍は北朝鮮軍を三十八度線以北に押し返せば目的は達成されたわけで、軍事行動は終結することになるが、それにはソ連、中国がこれ以上動かないことが条件になる。そしてソ連としては自分が動くより満州の中共軍を繰り出すことが順序だが、『革命早々の中共、しかもあの慎重な中共があえてそのような冒険に出るかどうかは大いに疑問がある』。『中共が少なくともみずからの意思で直ちに米軍正面に挑戦することは朝鮮についても台湾についても考えられないのだ』。『中共の外交政策は宣伝とはむしろ逆に慎重であり、特に朝鮮問題については中共はどちらかというと終始消極的であったとさえいえる』」（要旨）

中国の派兵はまずあるまいという立場である。

『朝日』は九月二三日に社説「中共はどう出るか」を掲げた——

「ソ連は強大な非共産主義国の出現を希望しないと同様に、強大な共産主義国の出現をも欲していないとするならば、中共をアメリカと戦わせることは、現在の敵と将来の敵とを同時に傷けることで、ソ連は二重の利益を得ることができることにもなる」「敗勢を立直すためには、即時中共軍が救援する以外に道がない。中共がこれまで国連を通じて達成しようとして来た国連加盟や台湾水域からのアメリカ艦隊の撤退の二つの目標は、政治的手段では実現の見込みが極めて薄くなつて来ている」

と、ソ連、中国とも中国軍の参戦に傾く理由を挙げながらも、この社説は最後の判断を保留する。

「中共がその要求を実現することができないとの見切りをつけたとしても、直ちに軍事行動に出るとは限るまい。軍事行動が中共自身にもたらす結果の重大さは、あまりにも明白だからである」

この間、現地では九月二九日に韓国の首都を再びソウルにもどす首都返還式典が行われ、いよいよ国連軍が三八度線を越えて北進するかどうかの決断が迫られるに至った。

こうした情勢に中国も沈黙を守っていたわけではない。周恩来首相が「中国人民は朝鮮への侵略を傍観できない」と述べていた。

一〇月三日『毎日』［北京一日発新華社＝共同］「周恩来中共政府総理兼外交部長は卅日政治協商会議全国委員会招集の幹部会の席上、過去一年の施政を報告したが、その中で周総理は『中国人民は朝鮮への侵略を傍観できない』と次のように述べた。

中国人は平和愛好の国民である。中国人民が自国の全領土を解放した後、平和な環境の中でその農工業生産と文化、教育に関する事業を復興、発展させることを欲していることは明らかである。もし米国の侵略者がこれを中国人民の軟弱を示す一つの兆候であると考えるならば、かれらは国民政府の反動分子と同じ致命的な失敗を繰返すだろう。中国人民は平和を熱愛する。しかし平和を護るためには侵略戦争に反対することを恐れない。中国人民は外国の侵略を決して許容しないし、またその隣国が帝国主義による侵略を（ママ）手をこまぬいて見ていないであろう。……」

しかし、この周恩来発言は真剣には受取られなかった。

同日の一〇月三日『毎日』［UP特約（東京）二日トレメイン記者］「総司令部の責任ある筋は二日UP通信に対し『中共軍が鮮満国境を越え南下するとは信ぜられない』と次のように語った。

現在鴨緑江北岸には中共軍廿万が待機中と報ぜられているが、中共軍が朝鮮戦乱介入の前兆として国境線上で大規模な動きをしているという情報は何も入手していない。周恩来中共総理兼外交部長の演説は何も目新らしいことではなく、中共がかねてからやっている米国の〝帝国主義的侵略〟反対を繰り返したものにすぎないと見ている。……」

同日の一〇月三日『朝日』は同じUP通信の東京支局長の記事を掲載――

［ホープライトUP東京支局長二日記］「東京の外交および軍事筋では、もし中共が朝鮮の戦乱に手出しすれば、逆に手に負えない結果に落ち込むだろうと信じている。いま東京の外交および軍事最高筋の中国情勢にたいする観

測をまとめてみると次のとおりである。

一、中共が国境を突破し、朝鮮戦乱に手出しすれば直ちに蒋介石軍が華南で攻勢に出るだろう。二、中共の韓国にたいする攻撃はとりもなおさず国連軍にたたいする攻撃であり、中共首脳者は大量の米機が頭上に襲いかかることを覚悟せねばならない。三、日本にたいする考え方が急速に修正され、日本の武装兵力を直ちに動員し、日本の人的資源と日華戦争で得た経験を使用する好機が作り出されよう。また日本にいかなる軍事力の保有をも許さないという現在の計画は日本を守るために放棄せねばならなくなる。……」

こうした戦場に近い東京の「外交・軍事筋」の見方が反映したのかどうか、一〇月七日、国連総会は**国連軍に朝鮮全土仮占領を許す決議**を賛成四十六票対反対五票、棄権七票で可決した（反対はソ連、ウクライナ、白ロシア、チェコ、ポーランド。棄権はインド、エジプトなど）。これに対してソ連は、朝鮮における戦闘行為の即時中止、各国軍隊の撤退、国連委員会（朝鮮の隣接国を含む）の管理下における選挙の実施を内容とする決議案を提案したが五十二票対五票で否決され、さらに朝鮮における米空軍の爆撃中止と国連朝鮮委員会の解散を求める決議案も五十五票対五票で否決された。

米軍北上

ところが米軍はこの決議より先に三八度線を突破していた。

一〇月九日『毎日』［開城八日発至急報＝UP特約］「米軍部隊は七日午後五時十四分はじめて開城付近で**卅八度線を越えて北進**した。米第一騎兵師団の第十六偵察中隊は七日払暁開城地区の偵察と掃蕩命令を受けたが、この命令は主として開城地区卅八度線の偵察であり、同偵察部隊は短時間北鮮軍と交戦したのち何らの損害なく開城に引揚げた」（全文）（注：開城は現在、北朝鮮の領域内であるが、位置は北緯三八度線の南側である）

［UP特約（東京）八日］「マッカーサー元帥は北鮮軍に最後の打撃を加えるため卅八度線以南に国連軍の大部隊を集結しているが、そのうちの第一騎兵師団は七日午後五時十四分平壌南方約百四十三キロの開城地区で卅八度線以北に偵察隊を派遣、ここに米軍地上部隊は開戦以来はじめて卅八度線を越えた。注目すべきはこの卅八度線突破は国連がマッカーサー元帥に対し北鮮軍を粉砕し、約九千名に達するといわれる米軍捕虜を救出するため北鮮に対する地上攻撃につき広範な権限を附与する以前に行われたことである。第一騎兵師団の主力は七日、米軍捕虜が多数抑留中といわれる沙里院の南方七十五キロの地点まで前進した。高官筋では『この進撃は北鮮軍に捕えられている多数の米兵解放への大きな戦闘に発展するかも知れない』と語つた」（全文）

こうして戦争は新しい局面に入った。これまで米韓軍が北朝鮮に入ったら、という仮定で語られていたソ連、中国の動向予測がにわかに現実味を帯びて来た。しかし、一〇月九日の『読売』社説「最終段階に入った朝鮮動乱」の予測はそれまでと同じ見方を踏襲していた——

「当面の問題は、これに対して北鮮およびソ連、中国がどう出るかである。韓国軍がすでに北鮮深く進出しているところから見ると、北鮮軍の抵抗力は極度に低下しているようである。従つて北鮮としてはソ連と中共にすがるより外なかろうと思われるが、実際問題としてソ連も中共も施すべき措置に窮しているのではあるまいか。一時ソ連の北鮮再占領説も伝えられたが、現在では時期を失しており、ソ連にもそのような動きは見られない。中共にしても同様で朝鮮問題に介入しなければならぬ理由をあげることも出来ない。……ソ連が色々の手段を講ずることは予想に難くないが、中共は恐らく動かないだろうというのが一般的な観測である」

「一般的な観測」と言っているところから見ると、これが東京の司令部、もしくはその周辺で語られていた見方であったと思われる。こうして、中国の介入なしとの予測のもとに、米韓軍は北朝鮮の内部深く攻め込んで行き、一〇月一八日には首都・平壌に到達する。しかし、実際は国連での北進容認決議の直後の一〇月八日、中国では毛沢東主席が「朝鮮人民の解放戦争を助けるため」中国人民志願軍に朝鮮国内への出動を命令し、**志願軍は一九日、鴨緑江を渡る。**決着間近と見られた戦争はこの後、休戦までになお三年近くにわたって続くことになる。

五　共産党軍、チベットへ

長い悲劇の始まり

朝鮮での戦争に世界の目が奪われていた一九五〇年の夏から秋にかけて、中国共産党はチベットへ軍を進めた。国民党軍を大陸から追い出して政権を樹立した戦いのいわば仕上げの作戦である。当時、この問題はそれほど注目を集めず、報道も断片的だったが、一応流れを追っておきたい。

八月二五日『朝日』［ニューデリー二十四日発UP＝共同］「二十四日のパキスタン放送によれば北京放送は中共軍部隊が青海省からチベット東北部に侵入し、国境の小部落を占領したと報道している。これは北京放送が伝える最初の公式報道である」（全文）

［ロンドン特電二十四日発＝AP特約］「中共軍がチベットに侵入したという報道は二十四日朝現在ロンドンではまだ公式に確認されていない。英外務省スポークスマンは『英国政府は中共軍のチベット侵入準備についてはしばしばきいている』とだけのべ、さらに英国がチベットと何ら外交関係をもっていないことを指摘した」（全文）

この第一報の後、続報は途絶える。そして一か月半後――

一〇月八日『毎日』［香港七日発＝UP特約］「七日の新華社報道は中共の新疆分局王震書記長の西部新疆地区の年次報告を伝えているが、それによれば中共軍は辺境民族軍と協力し全新疆省を解放するとともに北部チベットにも進撃した。同報告はこの中共軍の北部チベット侵入が最近行われたのか、ずつと前に行われたのか明らかにしていないが、チベットに侵入したとの公式報道はこれが最初である」（全文）

そしてまた二十日近くが経過して、今度は『毎日』が事態をフォローする。

一〇月二六日『毎日』［香港廿五日発＝UP特約］「香港大公報の報道によれば、チベット政府は国境に集結した中共軍の圧力に屈服し、中共の主権を認めることを条件として中共政府と交渉するため代表を派遣することに同意した。すなわちチベット政府は廿二日中共の提案を受諾し、チベット代表に直ちに数ヵ月来北京へ赴くよう命令した。チベット代表はすでにニューデリーにあつて中共政府との連絡のつくのを待つていたが、中共は明らかに軍事的な準備が完成するまで交渉を延引していたものである」（全文）

［ロンドン廿四日発＝UP特約］「廿四日の新華社重慶電によれば、中共軍は『三百万のチベット人を帝国主義の侵略から解放するため』チベットに前進するよう命令された。廿四日ロンドンで傍受した新華社放送によれば中共西南分局、西南軍区第二野戦軍司令部はチベットに向かい前進中の人民軍に対し進撃命令を発した」（全文）

［重慶廿四日発新華社＝共同］「中共軍に対し下された進撃命令次の通り。チベット人を解放し、全中国を統一し、帝国主義者が祖国の寸土をも侵略することを阻止し、さらに中国国境地帯を保衛することはチベットに前進する人民軍の光栄ある事業である。人民軍はチベット人と密接に結びつき、共同綱領に示された少数民族に対する政策を忠実かつ正しく実行しなければならない」（全文）

チベットに対する中国側の軍事行動に対して、インドが反発した。

一〇月二八日『毎日』［ニューデリー廿七日発＝UP特約］「インド政府は廿七日、中共政府が中共軍に対しチベット侵入命令を出したことについて中共政府に抗議を発した。インド外務省は廿七日新聞で声明を発表し、インド政府は中共政府が中共軍部隊に対しチベット進撃を命令したとの報道に重大な関心をもち、北京駐在のバニッカル・インド大使に対し、今回の中共政府の措置についてインド政府が驚きかつ遺憾に思つていることを中共政府に伝えるよう訓令した。……」

［北京廿六日発ロイター＝共同］「ラサの現ダライ・ラマ政権と対立して中国西部青海省に亡命しているパンチェン・ラマの関係者は廿六日北京でロイター記者に対し、チベットが解放された場合、ダライ・ラマに代わつてパンチェン・ラマがチベットの精神的首長となり、かつ臨時政府主席に任ぜられようと語つた」（全文）

［ニューデリー廿七日発AP＝共同］「カルカッタその他共産圏諸国からの廿六日の報道によれば、中共軍は問題となつているチベット国境を突破し、チベット内地に侵入している。カルカッタのステーツマン紙は中共軍前衛部隊はすでにチベット領深く侵入し、チャムド（漢名＝昌図）を通過して同地西北六十五キロのネーウーチーへ一日行程にまで迫つている」（全文）

［台北廿七日＝UP特約］「中共軍がチベットへ進撃したことについて国府軍筋の見解は次のようなものである。中共軍のチベット首都ラッサ占領は容易である。しかしチベット軍に戦意があるならチベットのように広大な土地を席巻するには長期間を要するであろう。中共軍はチベット征服のため冬季戦の装備をつけた五万の兵力を使用したと思われるが、これに対しチベットの正規軍は約一万で大半が旧式な英軍武器である」（全文）

一〇月二九日『毎日』［レークサクセス廿七日発＝UP特約］「インド政府は廿七日、中共のチベット侵入が事実ならばインドは中共の国連加入支持を止めると警告したといわれる。……国連筋に流布されているこのような風説は中共のチベット侵入の報道によりレークサクセスの中共代表問題が全面的に変つてくるのではないかとの観測を生んでいる」

当時、日本にとってチベットははるかに遠い文字通りの異郷であり、情報も断片的にしか伝わってこない。そのためか各紙の扱いはまちまちで、みてきたように『朝日』は八月末に第一報を掲載して以来、紙面からチベットは消え、『毎日』

は一〇月末に何本か集中的に載せた後、沈黙する。『読売』はまったく関心を示さなかった。

この間の動きを中国軍の記録で見ると、共産党中央が党中南局に第二野戦軍の一部を主に西北軍区の一部の協力でチベットへの進軍準備を指示したのはこの年一九五〇年の一月であった。そして六月、共産党中南局がチベット当局にチベットの平和解放についての十項目の政策を提案したが、チベット当局が交渉を拒否し、かつ共産党軍の進駐を実力で阻止したために、一〇月六日から二四日にかけて当時チベットと四川省の間にあった西康省の省都・昌都（注：前掲の『毎日』記事では「昌図」）を攻略したとしている。（『中国人民解放軍六十年大事記』四九五頁）

この昌都攻略作戦を『朝日』は一一月二日に新華社電で掲載する。

［西康チベット前線一日発新華社＝共同］「チベットに向け前進中の中共軍は十月七日金沙江を渡河し、十一日西康省中部の寧静を占領、さらに十九日にはチベット公路上の要衝にあたる西康省西北部の昌都を占領、チベット軍四千を全滅したほか、昌都駐在のチベット代表ほか高官二十余名を逮捕、また英人二名、インド人二名を捕えた。

注：北京の新華社電は一日、チベット進攻中共軍の昌都占領を公表したが、これは中共側が発表した最初の戦況報告であり、これで中共のチベットに対する武力行使がはっきりと認められたわけである」（全文）

この日の『朝日』は合わせて関連記事と解説を載せた。

［ニューデリー一日発＝AP特約］「中共政府は中共軍のチベット進攻に関するインド政府の覚書に回答をよせたが、インド外務省当局は一日その内容を次のように発表した。

一、中共は中国への侵略基地として辺境のヒマラヤ山地を使用しようとする外国勢力の陰謀を打破するためチベットの解放に乗り出した。

一、チベットは中国の主権下にあり、中国の行動は全くの国内問題である。中国は中国のこの行動に対して外国政府が異議をさしはさむいかなる権利をも認めることはできない。

一、インドの覚書は誤つて〝侵略〟とのべているが、中国の行動はチベット三百五十万人民の解放である」（全文）

［ニューデリー一日発＝AP特約］「インド外務省が一日言明したところによれば、インド政府は中共軍のチベット進攻を国内問題とした北京政府の回答に対し、再び覚書を送り、中共の立場についての説明に不満の意を表した」（全文）

この記事につけた『朝日』の「解説」では、チベットに対しては国民党政府も宗主権を主張していたが、それが名目上のものにすぎなかったこと、共産党政権はあらためてチベットに対する宗主権を宣言し、解放する決意を明らかにしていたこと、しかしチベットは歴史的に英国、インドとつながりを持つことなどを説明し、こう結論する——

「要するに中共としては、朝鮮戦乱に伴う米第七艦隊の台湾水域派遣によつて、台湾攻撃の延期を余儀なくされているこの機会に、かねての懸案であるチベットの解放を決意したものと見られる」

記述をすこし先走れば、共産党軍の昌都占領によって、チベット代表と北京政府との交渉が翌一九五一年五月に北京で開かれることになり、そこで「**チベットの平和解放に関する協議**」が結ばれ（五月二三日）、八月に中央政府のラサ駐在代表が着任、一〇月に共産党軍がラサに進駐した。

それにしてもこの秋の何本かの記事はそれまでまず日本の報道に現われることのなかったチベットについてのニュースの初登場であった。そしてそれは今に続く中国共産党とチベットとの長い不幸な歴史の始まりを示すものであった。

第十四章　中国軍参戦で長期戦へ　一九五〇年秋

一　平壌（ピョンヤン）陥落

敗走する「北軍」

一九五〇年一〇月の朝鮮戦線はその後の二〇年以上にわたるアジアの緊張の構造を作り出した。ここを境に朝鮮戦争の主役は南北朝鮮から米中両国へと替わる。

一〇月一九日、大量の中国軍が鴨緑江を越えて朝鮮の戦場に入った。建国一年の「新中国」の実体的、直接的な国際デビューであった。それは西側諸国にとっては頑強無比な「敵役」としての登場であった。もちろん、わが国にとっても同様であった。その登場ぶりは西側の目にどう映ったか、をやや詳しく見てゆくことにする。

中国軍が参入する直前の朝鮮戦線はすでに「大勢決す」であった。九月一五日の仁川上陸作戦で苦境から脱し、形勢を挽回した米韓軍を主力とする国連軍は北緯三八度線を越えて北上、一気に平壌攻略へ向かい、一〇月一八日、その一部を占領した。

一〇月一九日『朝日』［京城にてドーディ記者十八日午後六時発＝AFP特約］「国連軍部隊は十八日午後おそく平壌市の一部を占領した。北鮮軍残存部隊は依然ある程度の抵抗を行っているが、これに対して国連軍の掃討作戦が続けられている」

［京城にてドーディ記者十八日発＝AFP特約］「十八日平壌郊外に最初に突入したのは、遂安からの道路上を西

北進した韓国軍第一師団の部隊であったが、その直後米第一騎兵師団がこれにつゞいた。戦闘は京城の時ほど激しくはない。平壌の全市はまだ国連軍の手中に確保されてはおらず、戦闘は主として同市の北部地区でなお続いている。しかし京城の時と同様に、たとえ平壌が占領された後でも小ぜりあいがつゞけられることはほゞ確かであろう」（全文）

この頃、東海岸沿いを北上した韓国軍は一〇月一八日、北緯四〇度線に近い咸興、興南を占領した。しかし、韓国内に残っている北朝鮮軍もなお活動を続けており、一〇月一九日の『朝日』にはこんな記事も見受けられた。

［AP特約］「総司令部スポークスマンは十八日、南鮮内の六都市が再び北鮮軍の手中に帰したと言明したが、これらは居昌、群山、清州、ジュジュ（漢字不明）、三陟、蔚珍で、木浦地区の情勢もはっきりしない。同スポークスマンは、彼らはおそらく食糧をさがして略奪に出たもので、国連軍が引かえせば、すぐに四散せしめることが出来ると語った」（全文）

三八度線をはさむ南北両側で、なお両軍がまだら模様で戦っていたわけであるが、戦線の全体は北上し、平壌が陥落して、北朝鮮軍は北方へ退却する――

一〇月二〇日『読売』［平壌にてAPホワイト・ヘッド特派員十九日発］「北鮮の首都平壌市の大部分は十九日国連軍の手に帰した。現在死物狂いの北鮮軍若干と狙撃兵が米第一騎兵師団と韓国軍第一師団の進撃に応戦しているにすぎない」（全文）

［渉外局特別発表十九日午後七時五十分］「一、米極東空軍機は十九日平壌地区の国連軍を強力に支援し平壌防衛の共産軍を攻撃した。軽爆撃機は平壌市の東方および北方の脱出路上の敵軍を爆撃し他の中爆撃機は平壌市の北方および東北方地区の交通機関を爆撃した。

一、十九日午後F80ジェット機搭乗員の報告によれば平壌市の北方および北西方の公路は退却する北鮮軍の輸送車両で充満し、部隊若干をまじえた各種車両の長い隊列が続いていた。……」

一〇月二一日『毎日』［UP特約（東京）廿日］「米落下さん部隊は廿日朝平壌から撤退する北鮮軍の退路をしゃ断するため平壌北方の粛川、順川の二ヵ所に降下、マッカーサー元帥は愛機スキャップ号に搭乗、上空を旋回しつつ自らこの作戦を指揮した。なお粛川は平壌北方四十一キロ、順川は同北方四十四キロ位にある」（全文）

［マッカーサー元帥搭乗機上にてホープライトUP東京支局長発］「……マ元帥はこれによつて戦闘の終結を早め、多くの国連軍の人命を救うことが出来ると信じている。

これらの精強で十分訓練された米落下さん部隊は平壌から北方へ通ずる二筋の道路及び鉄道を押えることになり、一方南方から北進中の国連軍部隊はこれをたてとして敗走中の北鮮軍を撃滅出来るわけで、この降下はまさに北鮮軍の北方への退路を断ち切ることになろう。……

降下部隊は第十一空挺師団の百八十七連隊約四千名である。武器その他も千五百フイートの上空から投下された。大きな純白の落下さんが空一面に波のように拡がり、ジープやトレーラーや一〇五ミリ曲射砲までが降ろされた。実戦でこのような装備が空から正確に降ろされたのは初めてのことである」

［UP特約（東京）廿日］「北鮮軍は廿日遂に首都平壌を国連軍の手に委ねた。即ち米第一騎兵師団および韓国軍第一師団は平壌の中心部を流れる大同江西岸の橋頭堡から躍進、平壌の中心街へ向け進撃したが、これに先だちすでに崩壊状態となつた北鮮軍は同市の北方及び西北方に向け続々敗走を開始した」

一〇月二一日『毎日』［平壌にてマッカーサー元帥とともにホープライトUP東京支局長廿日発］「マッカーサー元帥は廿日平壌でウォーカー第八軍司令官と会見したが、その時マ元帥は直ちに韓国軍を鮮満ソ国境へ進撃させよと命令を与えた。すなわちマ元帥はウォーカー中将に対して韓国軍第六師団を北方へ進撃させ、国境線内を掃射するように命じた」（全文）

この戦局逆転の時期、南北朝鮮の指導者の動きはどうだったのか、韓国の李承晩大統領は緒戦のソウル陥落時には韓国政府とともに避難し、米韓軍の仁川上陸作戦の後、九月二七日に韓国海兵隊が、翌日国連軍がソウルに入ったのに続いて、九月二九日、マッカーサー司令官とともに空路ソウルに戻って、首都奪還式に参席した。

一方、北朝鮮の金日成主席は米韓軍の北進を受け、一〇月一六日未明、ソ連製乗用車ボルガで雨の中を平壌から脱出した。当時八歳の長男、金正日はすでに十日前に中国の長春に避難していた。金日成は平安北道の熙川郡に到ったが、反共の住民たちが蜂起していて乗用車での走行は危険となったので、徒歩で山道を歩いて、二六日にようやく中国との国境地帯の平安北道江界郡満浦面別午里に到着したという。ちょうどこの日、李承晩大統領は北朝鮮側の元山市に入り、市民の歓迎大会に出席し、さらに一〇月三〇日には平壌でも十万人あまりが参加した大会で演説した。（以上は『朝鮮戦争―原因・過程・休戦・影響』論創社、二〇五頁、二二〇～二二一頁による）

二　中国軍参戦

捕虜に中国兵が

北朝鮮軍の南進によって始まった戦乱は、その北朝鮮の首都が落ちたことによって大勢は決したと見られた。南北に権力が存在する状態は解消し、朝鮮は統一される、北朝鮮の意図とは逆に南の政権によって――、という筋道が見えてきた。次の問題は北朝鮮の権力がどうなるかだが、それは勝者の軍がどこまで進むかにかかっていた。

一〇月二〇日『読売』の「解説」――

「問題は平壌失陥後北鮮がどう出るかだが、あらゆる兆候からして組織的抵抗はすでに終了、長期かつ執ようなゲリラ戦に移るものとみられる。……しかし朝鮮問題の軍事的段階は平壌失陥によつてピリオドをうたれたといえよう。

このことは最近ソ連、中共各紙とも朝鮮戦況を軽く扱うとともに、中共政府機関の新華社放送も朝鮮戦況のかわりにインドシナ問題をとりあげるに至つておりアジア共産陣営も朝鮮動乱を二義的に扱つている事でも明かだ。従つて残るは政治的経済的再建という問題となるわけだ」

一〇月二一日『毎日』の社説「平壌以後の政治戦」も――

「（平壌を失った北朝鮮は）政府成立以来約二年、南鮮の侵略を開始してから四ヵ月で、ほとんど致命的な打撃を受けたわけだ。少くとも今後組織的に抵抗することは不可能となつたとみてよかろう」と書いた。そして『読売』と同じく「北鮮軍はゲリラ戦にきりかえるほかなくなるだろうが、このゲリラの戦力をどこまで維持できるかが、北鮮にとっては唯一の期待といえるだろう」とし、「朝鮮問題はその再建復興という困難な問題をひかえて、政治戦に重点がおかれてくるようである。平壌の攻略がその転換となるだろう」と結論する。

国連軍をどこまで進めるか、についてはーー

一〇月二二日『毎日』［UP特約（東京）廿一日ボーツ記者記］「総司令部スポークスマンは廿一日『韓国軍はもちろん米、英連邦軍も朝鮮の北部国境まで進撃するであろう』と語った。また英連邦代表も『第廿七旅団は平壌市内西部の掃討を完了次第北進を続ける』と語っている。なお総司令部スポークスマンによれば満州国境に向け退却中の北鮮軍は組織的な兵力としては三万五千以下に減少、その多くは武器を所持していない。情報将校の十九日午後十二時現在の推定によれば、北鮮軍の武力は北鮮地区に六万三千、うち二万七千が平壌の防衛に当っていた。平壌守備隊の大部分は戦死もしくは捕虜、あるいは平壌北および北東で米落下傘部隊と北上した米、韓歩兵部隊により捕そくされた。国連軍は廿日だけで捕虜約七千を得ている。落下傘部隊は廿日成功裏に降下後、平壌北方四十キロの地区の北鮮軍小部隊を一掃した」（全文）

北部国境、つまり中国（ごく一部はソ連）との国境まで進むといっても、すでに北朝鮮軍はせいぜい数万、それもほとんど武器を持たないとなれば、それは戦闘の継続というより、勝利を確定するための占領地の拡大であったはずだ。ところがーー

一〇月二六日『毎日』［第一軍団司令部廿五日発（スタックハウス特派員）UP特約］「米第一騎兵師団司令部への報告によれば、韓国軍が捕虜とした中共兵は二万の中共軍が北鮮の防衛陣地に配備されていたと述べている」（全文）

［平壌廿五日発（ドーディー特派員）AFP特約］「韓国軍第一師団スポークスマンによれば、同師団の第十五連

隊は廿五日新安州北東約卅三キロの□（不詳）山附近で中共軍兵士二名を戦死させ、他の一名を捕虜にした。この中共兵の語るところによると二万名の中共軍が去る十九日鴨緑江を渡って北鮮地区に防衛陣地を築いているといわれる」（全文）

中国兵の初登場を伝えるこの記事は一面中段左端、「中共軍二万参戦」という三段見出し、比較的地味な扱いであった。翌一〇月二七日の『朝日』でも一面トップの「元山に五万が上陸・米海兵師団、後方確保へ」、その下の「鮮満国境へ進撃、第一軍団で指令発す」、「韓国軍、国境へ到達か」という米韓軍の北上を伝える大きな記事の下に、『毎日』よりさらに地味な二段の「中共軍と衝突」の見出しで中国軍が登場する——

［ロイター特約］　「二十六日夜京城に入った無電報告によれば、国境地帯に向って進撃中の韓国軍第六師団は、約五千の中共軍と衝突したといわれる。しかし、東京の総司令部当局では、中共軍の戦乱介入に関する数しれないうわさを完全に否定している」（全文）

一〇月二八日になって、中国軍参戦はくっきりとした像を結ぶ——

一〇月二八日『毎日』［軍隅里廿七日発（スタックハウス特派員）UP特約］　「韓国第二軍団長劉冉興少将は廿七日『中共軍第四十軍団部隊四万が朝鮮に侵入している』と次のように語った。

中共軍は雲山の戦闘に投入された。私は数個の理由から中共軍が朝鮮に入っていることを信じている。最も重要な戦略的理由は鴨緑江沿いにある多くの発電所を保護することである。

韓国軍と行動を共にしている韓国軍事顧問団の米人将校もこの報道を確認し『捕虜の談によれば侵入した中共軍にはソ連人顧問がついている』と語った」（全文）

この後、中国軍のニュースは連日伝えられる。しかし、中国が本気で朝鮮の戦乱に介入するのかどうかについては、なお懐疑的な空気が強かった。

一〇月二九日の『朝日』は「?の中共越境説」との見出しを掲げ、中国軍参戦への疑問を呈している――

［AP特約＝東京］「総司令部スポークスマンは二十八日、中共軍の北鮮侵入説に関する総司令部筋の見解を次のように語った。

北鮮領域内に中共軍が入っているかどうかについては情報部においていまのところ確認も否定もできない。しかしこの問題はそれほど心配するに当らないようだ。情報部将校たちは総じて北鮮に侵入したといわれる中共軍はたぶん満州生れの朝鮮人で、中共軍から訓練をうけた部隊であろうとみている」（全文）

［ワシントン二十七日発＝AFP特約］「中共軍が鮮満国境を突破して北鮮に入ったことについては二十七日朝までのところ米国務、国防両省ともこれを確認していない。この問題に関する公式声明はまだ出されていないが、当地の消息筋では、中共軍侵入の報道に対して依然としてその真実性を疑っており、中共軍が北鮮に侵入しないよう希望しつゞけている。

当地の官辺筋では、いまや朝鮮の復興を目的としており、全般的に軍事作戦段階はほとんど完了したと見ている。権威筋でも中共とソ連が直接介入するような危険な時期はすぎ去ったとの意見をもっている」（全文）

東京とワシントンに加えて、ソウルの米第八軍司令部スポークスマンと国連軍空軍スポークスマンも中国軍参戦の報についてそれぞれ「真実かどうかを疑っている」「全く疑わしい」と語ったという原稿を掲載して、この日の『朝日』は全体として中国軍参戦否定に傾いた紙面を作っている。

しかし、さらに数日が過ぎるとようやく米軍の言い方にも変化が現れる。

一一月一日『朝日』［AP特約＝東京］「国連軍総司令部スポークスマンは三十一日中共軍兵士十名が北鮮で捕虜になったことを確認したが、しかし組織的な中共軍部隊が北鮮に入っているかどうかはまだ明らかになっていないとつぎのように言明した。

朝鮮派遣の国連軍司令部筋からは、中共組織下にある中共軍が北鮮軍あるいは中共軍司令部の指令の下に朝鮮の紛争に参加していることを確認するに足るだけの十分調査された報告はまだない。十名の中共軍兵士は泰川、雲山、温井および太平で捕虜になったものである。これらの捕虜が組織的な中共軍部隊の兵士であるかどうかは朝鮮にいる司令官たちの判断にまつべきもので、総司令部では現在第八軍および第十軍司令官からの確実な言明を待っているが、まだ正式報告は来ていない。

しかし、次のような事実は、中共軍が朝鮮の戦乱に介入したのではないかという可能性を強く示唆している。

一、中共軍兵士が捕虜になった四地区は相当広く分散していること。

一、さる二十七日以来北鮮軍の抵抗が急激に増大したこと。

一、情報によると北鮮軍がどこかから増援軍を得たことが確認されている。同スポークスマンはこれら増援軍はかねてから存在するかもしれないと思われながら確認されなかったいわゆる『ゆうれい部隊』かもしれないと説明している。

一、北鮮軍は確かに武器の再補給を受けている。これらの武器は中国から来たものかもしれないが、しかし、その種類はすでにこれまで朝鮮で使用されていた戦車および兵器の種類と異ったものは一つもない。これについて総司令部スポークスマンは『減少する北鮮軍部隊にたえず戦車が出現することは、北鮮軍が鮮満国境を越えて補給を受けていることを示している』と語った」（全文）

この記事によると、数日前から「北朝鮮軍の抵抗が急激に増大した」とされており、その頃から中国軍が本格的に戦闘に参加したものと思われる。しかし、米軍、韓国軍側では前の記事にあるように、すでに「軍事作戦段階」は過ぎたものと考えており、この頃の合言葉であった「クリスマスまでに帰国」を根底から覆すような現実には目を向けたくない心理が軍スポークスマンたちの談話に現れているようである。

三　戦況再転

本格参戦

一九五〇年一一月二日早朝、ついに米韓軍は中国軍の奇襲を受け、大きな損害を出す――

一一月三日『毎日』一面トップ。見出しは「米軍、中共軍と初交戦」［立石二日発＝UP特約］「米第一騎兵師団、韓国軍第一師団の二個連隊は二日早朝、雲山で騎兵を含む中共軍大部隊の奇襲攻撃を受け大損害をこうむった。この戦闘は死傷者の数から見ても朝鮮戦乱中最も激烈と見られる」

［第一軍団二日発（べニホフ特派員）UP特約］「米第一騎兵師団の一個連隊は一日夜、雲山西南六・四キロで中共軍及び北鮮軍に包囲され、二個大隊及び若干の砲兵部隊は本隊との合流に成功したが、他の一個大隊は二日夕刻に至るも包囲され、同救援隊は龍山洞で北鮮軍砲兵の猛射を受けた」

［第一騎兵師団二日発（パーソン特派員）UP特約］「雲山附近で中共軍および北鮮軍に包囲された米第一騎兵師団の一個大隊は二日夜遂に連絡不能に陥った。同師団の救援部隊はラジオで孤立部隊と連絡をとっていたが、二日午後五時以降は連絡が絶えた」

［米第一軍司令部にて二日発UP＝共同］「米空軍飛行士二名が最近雲山北方で墜落、敵中に孤立した韓国軍第六師団の一連隊とともに数日間を過ごしたのち国連軍戦線に帰還したが、米第一軍団スポークスマンは同飛行士の報

告した中共軍の動きを次のように述べた。

楚山から南方に通ずる道路は雲山北方地区の中共軍への主要補給路となつており、中共軍の制服を着た中国兵の大部隊がこの道路を南下している。雲山北方一帯の地区には二ないし三個師団の敵軍が戦闘態勢をとり、後方には多数の兵力があるとみられるがまだ確認されていない」（以上四本、いずれも全文）

これらの記事に登場する雲山は平壌北方約百二十キロ地点、楚山はさらにその北方約九十キロ、鴨緑江を新義州から約百五十キロ遡った地点の中朝国境の町である。この楚山—雲山—平壌を結ぶ南北のラインを雲山—平壌のほぼ中間地点で西南から北東へ清川江が斜めに横切る地点が安州、さらにその上流で雲山の北東約三十キロに熙川がある。雲山、熙川は北朝鮮の西海岸に沿って広がる平野部が山地に入る手前の街である。このあたり一帯は「西北戦線」としてしばしば記事に登場する。

一一月四日『毎日』［UP特約（東京）三日ホープライト支局長記］「中共及び北鮮軍十三個師団約十三万は三日、朝鮮西北部の国連軍戦線に殺到、猛攻撃を加えているが、このため国連軍は十六ないし廿キロ余後退を余儀なくされ、朝鮮事変の早期解決の希望は放棄されるに至つた。一部では国連軍は現在の戦線から平壌地区まで後退しなければならないかも知れないとさえみている」（全文）

［第一軍団三日発（ベニホフ特派員）UP特約］「……過去三日間における中共軍および北鮮軍の攻撃は雲山地区で激烈を極め、このため十六キロから廿四キロの距離に展開する韓国軍第一師団、米第一騎兵師団および韓国軍第二軍団所属部隊は後退を余儀なくされた。……

米第二師団の探察隊は雲山東南で八十キロほど浸透したが、そこで少数の中共軍部隊に遭遇したと報告している。探察隊の報告によると多数の部隊、戦車、自走砲および車両が国境地帯から南方に移動している。韓国第二軍団も猛攻をうけ、その第八師団は大損害を出したといわれる。かくて前線の状況は緒戦同様の趣を呈し一般民は続々雲山地区から南下避難しているが、情報将校によればその中には多数の中国兵が軍服の上に白服を着てまぎれ込んでいるといわれる。なお米軍将校はもし中共の援助をうけた北鮮軍が中央山地を南進して来れば北鮮にある国連軍の大半は孤立する危険があるといっている」

この日（一一月四日）の『毎日』には、中国側からのニュースも登場した。

［UP特約（東京）三日ボーツ特派員記］「中共は三日、朝鮮の戦争に全面介入準備していることをあらゆる点で明らかにした。中共指導者は中国人民に対しまだ中共軍が朝鮮戦争に参加しているとは表明していない。しかし中共は中共の介入について人民の支持を得るため宣伝運動に全力を投入している。同運動の範囲と趣旨から毛沢東中共主席およびその軍隊が北鮮の同志に最大の貢献をしようと意図していることは明らかである」（全文）

［上海二日発新華社＝共同］「上海大公報は一日『朝鮮を援助し平和を防衛せよ』と題する社説を掲げ、次のように述べている。

米国の国防線は今日ヴェトナム、中国に移ろうとしている。中国は道義上でも朝鮮を助ける責任をもっている。朝鮮人民は過去において中国革命を助け中国人民とともに共同の敵に当ってきた。今日われわれは朝鮮人民と共に米国に抵抗しなければならない」（全文）

同日の一一月四日『読売』一面トップ。見出しは「中共軍、北鮮投入の目的　米軍を長期釘付け　水豊発電所支配を狙う」。主な記事は［INS特約＝東京］（ハワード・ハンドルマン極東総局長記）で、中国軍参戦の目的について、米軍を長期間にわたって朝鮮に釘付けにしつつ、朝鮮・中国双方に電力を供給している鴨緑江の水豊発電所を確保するためであろうとの見方を伝えている。

同時に［ソウル（京城）特電（AFP）三日発］で戦況の変化を報じている――

「安州北方の国連軍の遮断をねらつて攻撃して来た北鮮軍と中共軍は数ケ所で国連軍戦線を突破し安州からわずか

廿キロの軍隅里（クヌリ）地区に進出するに至り西北部方面の国連軍は清川江岸に後退を余儀なくされ、さらに西部海岸を進撃中の米軍師団も安州防衛のため引退らざるを得なくなる模様である」（全文）

同じく一一月四日『読売』［ソウル（京城）特電（AP）三日発］「共産軍は三日平壌から七三・二キロ以内に迫り、西北方面の国連軍は全戦線にわたつて後退を余儀なくされるに至つた。すなわち同方面の米第廿四師団はさきに所属戦車隊が鮮満国境廿四キロの地点まで進出したが、同師団は包囲攻撃をさけるため約八十キロを後退、同時に英連邦軍部隊も米軍部隊とともに後退した。

米第一騎兵師団の二個連隊は雲山地区で遮断されるに至つた。……」

『毎日』『読売』ともに中国軍の参戦によって、戦況が急転しつつあることを強調しているが、『朝日』はこの段階では北朝鮮内の中国軍が果たして組織的かつ大規模に介入してきたのかどうかにもっぱら関心を寄せていた。

一一月五日に至って『朝日』も一面トップに「中共軍、戦闘に参加」の見出しをつけた——

［第八軍司令部にて四日発＝AP特約］「第八軍当局は四日、北鮮西部戦線で少くとも二個師団に相当する中共軍部隊が参加していることを確認した。この確認は捕虜の言によつて得られたものである。しかし、第八軍の情報では、大隊程度の数部隊が参加していることは認められているが、師団または軍単位の部隊が参加しているという確実な証拠はまだ得られていない。これに関して第八軍は次のような声明を発表した。

第八軍は国連軍と交戦している中共軍部隊は少くとも二個師団に匹敵する兵力を有することを確認している」

（全文）

もっとも報道ぶりの違いは各紙がそれぞれ独自の立場から事態を見ていたというより、各紙が特約関係にある外国通信社の立場を反映していたと見るべきかもしれない。

一一月五日の『朝日』は前の記事に続けて、参戦した中国の意図を探る記事を載せている。

［第八軍司令部にてエリクソン記者四日発＝ＡＰ特約］「……中共軍の参加についてはなお次のような疑問が残されている。
一、中共は北鮮軍にたいする援助約束を果すためにしるしばかりの軍隊をもってこれを援助しているのか？
一、もし中共の援助がしるしばかりとしてもそれはどの程度のものであるか？
一、中共はいまや国連軍を朝鮮から追い出すために朝鮮戦乱に介入しつゝあるのか？……」

この記事は中国軍の参戦が願わくば本格的なものであって欲しくないという米軍内にある願望を示しているように読み取れる。

こうして中国の参戦が「情報」から「現実」に変わった時点で、三紙はそれぞれ社説を掲げた。一一月五日『毎日』「中共の介入問題」、六日『読売』「北鮮における中共軍の参戦」、七日『朝日』「理解し難い中共の介入」である。この三本の社説は、中国が国連軍に本格的な戦争を挑むことはあるまい、したがって参戦の目的は戦乱を長引かせて、政治的に有利な立場を得たいというものであろう、とする点で一致している。

『毎日』「中共が朝鮮に介入するといっても、内心では事件の拡大をよろこぶはずもなかろう。できるだけ局地化を計る半面では解決を長びかせ、その間政治的に有利な立場を回復しようという、どちらかといえば軍事的に国連軍と勝負を争うというよりも、ゲリラ活動による政治戦が重要なねらいになるのではないかと思う」

『読売』（水豊発電所防衛のためという見方があるが、そのためなら他に取るべき手段があるはず、として）「次に考えられるのは、動乱解決を長びかせ、米軍を長期にわたつてクギ付けにし、北鮮及び中共にとって政治的に有利な地位を回復しようとするねらいである」

『朝日』「中国の内部情勢からすれば、中共はあくまでも戦争の回避に努めなくてはならないはずである。……この点から中共の態度を推すならば、中共はせいぜいのところ朝鮮戦争の長期化を策しているとも見られよう」

一日ずつずらして掲載された社説が同じ論調というのは珍しい。通常なら後から出すほうは前者とどこか違えて、新味を盛り込もうとするものだが、この時点では中国の参戦についてはほかに書きようもなかったということであろう。そして――

「朝鮮問題の早期解決を望むわれ〱としては中共が即時危険な行動を停止し、その意図を全世界に明かにするよう要望せざるを得ない」(『読売』)

「情勢と事実の判断を誤って予測しなかった戦争を引き起した史実は世界の歴史に少くない。中共の指導者が、歴史の教訓に学べば、中国民衆を救うばかりでなく、世界の平和を害わずにすむであろう」(『朝日』)

と、中国に自制を求める点も共通している。

四　中国の戦略

中国、米韓軍の仁川上陸を予期

ここで朝鮮に介入するまでの中国の動きを見ておきたい。と言っても、この当時、中国の内部は西側のメディアにはまったく閉ざされていたから、日本での新聞報道ではそれを知ることはできない。後の研究に頼らざるを得ないのだが、参戦に至る経緯については朱建栄『毛沢東の朝鮮戦争』（岩波現代文庫、一九九一年）が詳しい。

それによると、開戦間もない一九五〇年七月一三日、中国は兵力二十五万余の「**東北辺防軍**」の結成を決定する。国境防衛と戦況によっては北朝鮮援助を準備するためである。そして北朝鮮軍が韓国軍、国連軍を南の釜山一帯に追い込んで有利に見えた八月の段階で、すでに中国首脳部は国連軍の仁川上陸を予想し、戦局を憂慮していたという。

しかし、実際に国連軍が仁川に上陸し、北朝鮮軍が敗走し始めた後でも、中国首脳部は参戦で意思統一していたわけではなかった。終始、参戦を唱えたのは毛沢東で、彼は北朝鮮を制圧した米軍は必ずや中国に攻め寄せてくると確信して参戦を唱えた。しかし、多くの幹部は参戦に消極的であった。国連軍の近代的な兵器、豊富な補給に挑戦する自信がなかった。当初、参戦する場合の司令官に擬せられていた林彪も参戦に反対し、結局、病気を理由に総司令官就任を拒否する。

九月末、金日成は駐平壌中国大使に「三十八度線以北ではもはや守備に当たる部隊が残っていないこと、南にある主力部隊は後退する道を完全に米軍に切断された」と告げた（『毛沢東の朝鮮戦争』二一一頁）。

そして一〇月一日、金日成から正式に出兵要請があり、この日から中国共産党は連日のように書記局会議での討論が続く。またモスクワ、平壌との間でも緊迫した、かつ微妙なやり取りが続けられる。

一〇月七日、国連総会で全朝鮮を対象に「統一、独立、民主政府を樹立するために、選挙の実施を含む制憲的行為が国際連合の賛助のもとに行われる」ことを求めた決議が採択され、また同日、マッカーサーが再度、人民軍最高司令官に降伏を要求する勧告を発表したことで、中国は国連軍の北上が間近になったと受け止め、八日、毛沢東は「**中国人民義勇軍の設立に関する命令**」を発した（『毛沢東の朝鮮戦争』二九一頁）。

しかし、その後もソ連が空軍による支援を拒絶したことで、中ソ間がギクシャクするなどの経過があったが、ついに一〇月一九日、彭徳懐を総司令官とする中国軍が安東（現在は丹東）、長甸、輯安の三か所で鴨緑江を渡り、朝鮮に入った。その総数は**二十八万余**。この日は米軍が平壌に突入した日でもあった。

すでに見たように、中国軍が米軍、韓国軍の前に姿を現すのは、一〇月二五日である（前掲の一〇月二六日の『毎日』）。捕虜となった中国兵は一九日に鴨緑江を越えた兵力は二万と語っているが、この捕虜は渡河した中国軍全体の規模を知らず、自分が所属する部隊の兵員数を述べたものであろう。

そして中国軍が米韓軍に対して本格的な戦闘を開始したのは一一月二日である（前掲の一一月三日の『毎日』）。この事態に一一月六日、国連軍総司令官マッカーサーは中国と名指しすることはせずに、新たな共産軍が国際法を無視して、無通告のまま参戦してきたとの声明を発表した。

その声明は、北朝鮮軍の十三万五千が捕虜となり、その他二十万の損害を合わせれば、三十三万五千となり北朝鮮軍はすでに壊滅した、と述べた上で――

「したがって現在の情勢は次のとおりである。すなわちわれわれが最初交戦した北鮮軍は壊滅あるいは戦闘不能状態に陥ってはいるものの、他方敵には容易に達しうるが国連軍にとっては現在軍事行動の範囲外にある場所に十分な補給地をもった巨大な外国の予備兵力の補充をうける可能性をもった新しい軍隊がいまやわれわれの前に現れたのである」（国連軍総司令部発表、一一月七日『朝日』による）

と、これまでとは違って後方に巨大な補給基地を持つ敵が出現したことを強調する。そして声明の最後の部分は――

「われわれの現在の使命は朝鮮およびその国民に統一と平和をもたらすという国連の目的を達成するため北鮮において現在われわれに向って配備されているこれらの勢力を破壊することに局限されているのである」

と、中国領へ戦線を拡大できないことへの不満をあらわにしている。

中国軍、五次の戦役

『中国人民解放軍六十年大事記』によれば、中国軍は北朝鮮において一九五〇年一〇月の参戦から翌一九五一年七月の休戦会談開始までの間に**五次にわたる戦役**を戦ったとしている。その最初の「第一次戦役」（一〇月二五日～一一月五日）では大規模な中国軍の攻撃を予期していなかった韓国軍、国連軍は各所で奇襲を受け、大きな損害を出して後退を余儀なくされた。それが前節冒頭の一一月二日、三日の戦況ニュースである。

続く「第二次戦役」（一一月二五日～一二月二四日）では、**西北戦線**で平壌を取り戻し、**東北戦線**では長津湖周辺の米韓軍に大きな損害を与え、海路による撤退を余儀なくさせた。ちなみに毛沢東の長男、毛岸英が米軍機の投下したナパーム弾を浴びて戦死したのは一一月二五日、第二次戦役が始まった日であったが、もちろん、西側メディアは知る由もなかった。

この第二次戦役の前に彭徳懐は「**誘敵深入**」（敵を深く誘い込む）のため全軍にいったん自分たちが戦場に予定する地域までの後退を命じる。相手に自らを見くびらせて油断させる戦術であった。確かに第一次と第二次との間では「国連軍、各所で進出」（一一月一三日『朝日』）、「米軍、国境卅二キロへ」（一八日『毎日』）、「国境廿キロに迫る　甲山突破の米第七師」（二〇日『朝日』）、「米軍、鮮満国境へ到達」（二二日『朝日』）といった米韓軍が攻勢に出たことを思わせる記事が登場する。そして――

一一月二七日『朝日』、見出しは「共産軍、反撃を開始」。［AP特約＝東京］　「共産軍は二十六日西北部戦線で強力な反撃に出て、米軍部隊を押し返し、二個師団の中間にクサビを打ち込むとともにその一個中隊を包囲した。現在西北戦線にある推定十万の中共北鮮両共産軍の前衛部隊は国連軍戦線の両翼と中央部におそいかゝっているが、さらに多くの共産軍部隊が予想される大決戦にそなえて移動中であると伝えられる。

すなわち敵の反撃をうけた米第二十五師団の一機甲部隊は雲山南方で数キロ後退を余儀なくされ、雲山東南六・五キロの上九洞付近に新陣地をしいた。一方別の共産軍は米第二十五師団と第二師団の中間を進撃して清川江に到達した。

清川江南岸の球場附近にある第二師団の部隊は二十六日朝依然敵の攻撃下にさらされている。球場北東八キロの新興洞付近で第二師団所属部隊を攻撃した共産軍は米軍一個中隊の陣地を突破し、さらに一個中隊を包囲網に入れた。新興洞地区における共産軍の攻撃は米軍砲兵陣地にも及んだが、米軍砲兵隊は撤退に当って高射砲一門を除くすべての砲を引揚げることに成功した。……」

この事態にマッカーサーは一一月二八日、再度声明を発表する。前回、一一月六日の声明では中国軍と名指しせずに「共産軍」としていたのを、新たな声明では「中国本土軍」「中共軍」という言葉を使い、「われわれは全くの新たな戦争に直面するに至った」と述べている。

一一月二九日『毎日』［国連軍司令部特別発表廿八日午後五時廿五分］　「過去四日間にわたる国連軍の攻撃作戦の進展に伴い、敵は軍、軍団および師団編成からなる中国本土軍約廿万以上を北朝鮮にある国連軍にたいして配備していることが明らかにされた。さらに国境北方の特権的安全地帯内には現在有力な増援軍が集結して前進を続けているが、これによつてみれば敵はこれら兵力を支持する意思をもつて準備を続けていることは明らかである。したがつてわれわれは今や**全くの新しい戦争**に直面するに至つた。

中共軍の朝鮮動乱介入は中共側が公表していた通り個人単位の義勇軍による形だけのものであるとのわれわれの希望を打ち砕き、また朝鮮の戦争は国連軍が急速に国境まで進撃してのち速かに撤退し、その後朝鮮問題の解決は朝鮮人自身に任せることができるというわれわれの大きな期待は、この新事態によつて完全に裏切られたわけである。……

この情勢は困つたものではあるが、国連軍総司令部の権限を越える問題を提起している。それは国連の諸会議と世界各国の最上層部内で解決さるべき問題である」

ここでマッカーサーは朝鮮の戦場だけでは朝鮮問題は解決できなくなったとして、国連と世界の指導者層が中国を相手に戦うことを彼に認めるよう促している。この辺りから、後のマッカーサーとトルーマンとの対立が姿を見せ始めた。

この日（一一月二九日）の『毎日』には、「全戦線で後退」の見出しで、この段階の戦況が整理されている。

［UP特約（東京）廿八日ホープライト支局長記］「マッカーサー元帥の声明は中共軍が朝鮮北西部の国連軍戦線東端に対し全面的にクサビをうちこみ、韓国第二軍団の三個師団を再起不能なまでに撃破し、さらに平壌北方にある五個師団の米韓両軍残存部隊を寸断しそうになつている時に発表されたのである。現在主な危険区域はやはり西北戦線東端の徳川寧遠地区である。

なお国連軍当局スポークスマンの談によると、米第二師団の一部は少くも二マイル撤退、うち二個大隊は部分的に包囲されつつ球場東方で死闘を続けている。トルコ旅団もこれに参加している。米廿五師団も敵の突入をうけて数マイル撤退したが、戦線中央部を浄化するため第九軍団の指揮下から第一軍団の指揮下に入つた。その他韓国軍

第一師団、米第廿四師団などそれぞれ□（不詳）分撤退の止むなきに至っている」（全文）

［東北部戦線廿八日発（ムーア特派員）UP特約］「戦車を先頭にした共産軍は廿八日午前九時五十分長津湖東端にある米第七師団第卅一、第卅二両連隊を攻撃し、また中共軍は同湖西端の米海兵隊に対して攻撃を開始した。アーモンド第十軍団長は前線に赴き、同湖東端の両連隊は陣地を確保し、正午近く戦闘は弱まりつつあるとの報告をうけた。西側の海兵隊も共産軍の攻撃に対して陣地を堅守している」（全文）

ここに登場する長津湖とは、発信地が東北部戦線とあるように黄海に面した西側の平野部ではなく、朝鮮半島の中央部を南北に走る狼林山脈の東側に位置する貯水池である。ここをめぐる攻防戦も中国軍の第二次攻勢では西北戦線とならぶ激戦であった。

西北戦線では一一月二九日、米第八軍が清川江の南岸に撤退した。三〇日の『朝日』の記事は中国軍の戦いぶりを伝えている。

［米第八軍司令部二十九日発＝ロイター特約］「……前線からの最新報道によれば、中共軍は西北戦線に得意の〝人海戦術〟を展開、国連空軍および砲兵隊による間断なき銃爆砲撃を無視しつゝしかばねを踏みこえて進撃を続けている。中共、北鮮連合軍の損害は極めて多大であると報告されているが、約八万の第八軍部隊はこの攻撃の前にじりじりと黄海方面への後退を強いられ、包囲の危機に直面している。……」

九月の仁川上陸作戦から二か月余り、緒戦の不利をはね返して北緯三八度線を越えて北朝鮮に攻め入った米韓軍は中国軍という新たな敵を迎えて苦戦に陥ったのであった。

五　中国代表国連へ、米は原爆声明

安保理で激論

中国軍の参戦について、前述のようにマッカーサーは一九五〇年一一月七日、声明を出して、中国の名をあげずに新たな共産軍の介入を非難したが、これを受けて一一月八日に開かれた国連の安保理で米のオースチン代表はこのマッカーサー声明を討議する安保理に中国の代表を参加させることに反対しないとの態度を表明した。そして英国代表が中国代表を招請すべきであるとの動議を提出し、それが賛成八、反対二（国府、キューバ）で可決された。

じつはこれに先立つ九月、安保理は中国が米の台湾、朝鮮侵略を非難したのに関連して、中国を安保理に招請する決議を可決したが、この時、中国はそれに応じなかった。

安保理の一一月八日の招請決議に対して、中国は一一日、外交部長周恩来の名前でリー国連事務総長とベブラー安保理議長に電報で回答し、中国の参戦を議題とするとした八日の決議には応じられないが、安保理は朝鮮問題と台湾への米の侵略をともに討議すべきであると述べた。そして外交部ソ連東欧司々長の伍修権を首席代表に指名、建国以来初めて国連に代表を送ることになった。一行は二四日、ニューヨークに到着した。

注目の安保理は一一月二七日に開会された。

一一月二九日『朝日』［レークサクセス二十七日発ＡＦＰ＝特約］「『米国の台湾武力侵略』に対する中共政府非

難につき中共代表からその意見を聴取するため招集された国連安保理理事会は現地時間二十七日午後三時（日本時間二八日午前五時）から開かれ、伍修権首席代表以下の中共代表も出席した。この日新聞記者席および傍聴席は超満員であった」（全文）

［レーク・サクセスにて中村特派員二十七日発］「……二十七日の安保理理事会は議題採決の手続問題でマリクソ連代表とオースチン米代表およびベブラー議長（ユーゴ）との間で二時間半もんだ。これは要するに、米国は『台湾侵略』問題に関する中共代表の討議は認める。しかし朝鮮問題については中共軍介入の事実を報告したマッカーサー報告の討議にのみ中共代表の参加を認めるというのであり、これに対しソ連の主張は、台湾問題はもちろん朝鮮問題についても全般的に中共代表の討議参加を認めるというのであった。結局、朝鮮問題については各代表の自由な発言にまつことで落着いたが、いずれにしても中共は周恩来首相から国連事務総長に電報で台湾問題と朝鮮問題は密接な関連があるとの意思表示をしており、米国も中共の言分とは意味が違うにしても台湾、朝鮮問題の関連性を認めているので、北鮮に対する中共軍の介入および台湾問題が引続く安保理事会の討議の焦点となるであろう。……安保理事会は中共代表の参加によって蒋（廷黻）国府代表と伍中共代表とが扇型のテーブルで相対している。この相対座する二つの顔には中国の悲劇があり、それはまたアジアの悲劇でもある」

一一月二八日の安保理では米中代表の激しい論戦が繰り広げられた。──

一一月三〇日『朝日』［レーク・サクセス二十八日発＝AFP特約］「二十八日の安保理事会でオースチン米代表は次のように演説した。……

私は中共代表に対し中共政府が朝鮮戦乱介入を決定した理由はどこにあるかを聞きたい。国連と米国政府は中国の領土および合法的な中国の権益に対してなんら野心をもっていないことを繰返し保障したが、中共政府はなぜこれを無視したのか。中共政府はわれ〳〵が凶悪な意図をもっているとしているが、国連がこのような意図をかくしていないことを中共政府当局に再び保障し、かれらを納得させるために安保理事会はどうしたらよいのか。……

国連の目的はあらゆる外国の勢力から独立し、統一された朝鮮を確立し、出来るだけ早く朝鮮からその軍隊を撤収するにある。中共政府は果してこの種の朝鮮政権と善隣関係を維持し、平和のうちに共存できると考えているのか、あるいはまた、朝鮮が共産主義の政府によって支配された場合にのみ安定感を得るにすぎないのであろうか。……

中共軍の介入は真に中国々民の利益のためになされているのか。実際は背後にある大国ソ連の利益のためではないかと問いたい。……

中共政府はまた台湾に対してどういう意図をもっているか。中共政府は平和的な解決策を受諾するつもりがあるか。あるいはまたなんらかの好戦的な行動によってさらに国際的平和を乱す危険をあえて犯そうとするか。……

トルーマン大統領が米第七艦隊を台湾水域に派遣する決定を下したのは、台湾を中立化するためであって、これを侵略したり、封鎖したりするためではなかった」

［レーク・サクセス二十八日発＝ＡＦＰ特約］「伍修権中共政府代表は二十八日午後の安保理事会で朝鮮戦況の重大性は米国の台湾に対する『侵略』によるものであると前置きし次のような処女演説を行った。……

朝鮮における内乱の誘発は米国の朝鮮介入、台湾に対する侵略、ヴェトナムおよびフィリピンにおける米国の地位強化のための単なる口実であった。米国政府は台湾に対してトルーマン大統領がとった措置は一時的な性格をもつものであると宣言しているがこれはいつわりである。マックアーサー元帥は、台湾は不沈空母であると言明しているではないか。台湾を中立地域にするという米国の政策は中国の国内問題に対する介入である。国連は米国に制裁を課するよう要求する。私は安保理事会が次のような措置をとることを提案する。

①台湾および朝鮮に対する侵略という犯罪行為について米国政府を責める。

②米軍の台湾からの完全撤収をはかるための措置を講ずる。
③米軍その他の軍隊を朝鮮から撤収させ、朝鮮人民に自分たちの問題を解決させるための措置をたゞちに講ずること。

マッカーサー元帥は全アジアがきらつている日本の戦犯を釈放すると同時に、日本の人民をくさりでつなごうと考えている。これこそアジアにおいて米国が帝国主義的な政策をとつている証拠である。朝鮮における米国の武装侵略は中国の安全保障を脅かしている。

米国は台湾に軍事基地および海軍基地を設置し台湾の経済を管理することによつて日本の帝国主義者の役割を果している。米国の帝国主義者と米国政府は反動的な国民党一派を支持しているにもかかわらず、中国および米国民の友情は依然として続いている」

双方とも相手に対してそれぞれの言分を直截にぶつけ合っており、堂々の論戦である。翌一一月二九日の安保理では米オースチン代表が中国軍の撤兵を要求する決議案の採択を求めたが、中国の伍修権代表は討議への参加を拒否した。

一二月一日『朝日』［レーク・サクセス二十九日発＝AFP特約］「中共国連代表は廿九日、安保理事会の討議に参加することを拒否した。中共代表スポークスマンはこの参加拒否の理由は安保理事会が台湾、朝鮮問題を一括討議することになつたためであり、中共代表としては台湾問題だけを討議したいのだと述べた」（全文）

米大統領、原爆声明

この後も安保理での討議は続くが、それは米ソ代表が互いに相手の決議案に拒否権を行使しあう展開となる。その国連を横目で見ながら、米トルーマン大統領は一一月三〇日、記者会見で「中共軍に対して原爆を使うことも考慮中である」

と、いわゆる「**原爆声明**」を打ち上げる。

一二月一日『朝日』〔ワシントン三十日発＝ＡＰ特約〕「トルーマン大統領は三十日の定例記者会見で『米政府は朝鮮の新たな危機に対処するため、どうしても必要とあらば、中共軍に対して原子爆弾を使用することも考慮中である』と言明し、さらに次のように述べた。……

一、もし中共の朝鮮侵略が成功したならば共産主義の侵略はアジア、欧州にものび、西半球にとつても脅威となるであろう。……

一、朝鮮における中共軍の攻撃はソ連の示唆によるものである。われ〳〵は中国の国民がソ連の極東植民地化政策のために奉仕することを止めるよう希望する。……

一、私は原子爆弾は最後まで使用されないよう心から希望している。だが現在では利用し得るあらゆる武器を使用することが考慮されており、原爆を使用するかどうかも現地司令官の決定一つにかかつている。……」

この突然の「原爆声明」には世界が驚いた。英アトリー首相はすぐさまトルーマン大統領に会談を申し入れたが、これは「西欧を代弁して、戦争の回避を討議するため」（ＡＦＰムーリエ記者、一二月二日『朝日』）と見られた。米とすれば中国軍の予想外の参戦によって戦況が一変したこと、さらに中国代表を国連に招いて直接対話を試みたものの成果をあげられずじまいに終わったことなどに対する憤懣がこういう形で現れたものであろう。

しかし、「原爆」が登場しては日本も動揺せざるを得ない。一二月二日『毎日』社説「米大統領の原爆声明」は、トルーマン大統領の本意は原爆使用にあるのではなく、「中共介入による世界戦争の危険の前に、米国は不退転の決意を明かにしたのである」として、次のように述べる――

「懸念されることは、米国が原爆使用の決意をし、直ちにそれが行動になつて現われるだろうという誤解である。ＵＰロンドン電によれば、西欧では米国が朝鮮で原爆を使用すれば、ソ連の報復原爆攻撃が西欧に加えられるのではないかと恐れているという。同じことは、日本についてもいい得るであろう。これは無用な動揺を作り、共産党のかく乱宣伝に利用される恐れがある。トルーマン大統領の声明の真意をよくくみとつて、原爆動揺をおこさないように、気をつけることが必要であろう」

この日（一二月二日）、『毎日』の「余録」の書き出し――

「原爆の第一号地は広島、第二号地は長崎。この二弾で第二次大戦の幕は下りた。第三号地もアジヤの何処かも知れない情勢になつている」

同日の一二月二日『朝日』の社説「危機回避への努力」――

「兵は凶器であり、戦争は盲目である。中共の真意が、北鮮侵入をもつて外交交渉に有利な立場をきずくにあるとしても、勢いの赴くところ、事態は時に予測せざるほど発展し勝ちなものであることは忘れてはならない。また無謀な戦いや強引な政策は、単に相手側を奮起させるばかりでなく、今まで中共の将来に何らかの期待をもった国々をも失望させ、正面からその反対側に追込むであろう。……中共が世界平和に対する責任の重大を顧みることを願うのである」

中国に自制を求めると同時に、「中共の将来に何らかの期待をもった国々をも失望させ……」というくだりは、中国に対する当時の日本人の感情を現しているように思われる。

六　平壌（ピョンヤン）再度の陥落

中国軍ひた押し

米国で外交戦が続いている間にも中国軍はひた押しに北朝鮮の失地の挽回を進めた。主戦場の西北戦線では国連軍は清川江の南岸に撤退する。

一九五〇年一一月三〇日『読売』［米第八軍司令部にてAPエリクソン特派員廿九日発］「西北戦線の国連軍各部隊は廿九日氷結した清川江南岸に撤退、米第八軍司令部は廿九日午後七時四十五分つぎの戦況を発表した。……

要衝安州東方二二・八キロの軍隅里方面の情報は目下混乱しており、同市西方に中共軍の戦車が目撃され、第廿五、第二両師団は重圧下におかれている。……

中共軍は廿九日壊滅した米第八軍の右翼を突破、徳川西南の三所里で順川から救援に出た米第一騎兵師団の探索小隊と激戦を展開中である。中共軍の突破兵力は大体一個連隊らしく米軍はすでにこれに五百ないし六百の損害を与え、戦車も現場に急行しているが、中共軍は損害を無視した〝人海戦術〟に出ている。一方中共軍約四個連隊が、再編中の韓国軍第二軍団を援護する韓国軍に対し攻撃を加えつゝ平壌からわずか六十キロの北倉地域まで進出した」

一二月二日『毎日』［UP特約（東京）一日ホープライト支局長記］「国連軍は一日平壌北方に半円形の防衛線を

確立したが、空中観測によれば共産軍の増援部隊は引続き満鮮国境から南下している。米軍機は全戦線を飛び回り、空からの猛攻を続けている。米軍筋では中共軍は平壌防衛軍に対する攻撃のため兵力と武器を集結中であり、戦闘が中だるみ状態なのはこのためだとみている」（全文）

一二月三日『朝日』［平壌にてランバート記者一日発＝AP特約］「平壌駐在の国連軍部隊は二日夜同市から南方への撤退を開始した。米軍当局は同時に国連当局に勤務していた高級官吏をふくむ千五百名の北鮮市民の引揚計画を完了した」（全文）

［AP特約＝東京］「中共軍は二日夜数千の大部隊を平壌攻撃に集中した。平壌東北四十八キロの成川陥落は同市防衛線の右側を強力な中共軍の攻撃に明渡した形で、国連軍部隊の平壌撤退は二日夜成川陥落の直後に開始された。平壌市内には同市解放を示すビラがまかれ、共産第五列の進入が警告されている。平壌市の入口には各所にきびしい警戒網がしかれた。前線報道は成川がいつどうして中共軍の手におちたかを伝えていないが、第八軍攻撃のためさらに強力な中共増援軍が鴨緑江から南下しつゝあるといわれる」（全文）

一二月四日『毎日』［UP特約（東京）ホープライト支局長三日記］「国連軍は三日平壌北方の西北戦線から総撤退を開始し、第九軍団スポークスマンもこの事実を確認しているが、平壌地区からの撤退は整然と行われており、中共軍は未だこの撤退軍に追いついてはいない。空中探索は中共軍約三万五千が平壌からわずか卅二キロの了波附近の丘上に集結していると報告している。国連軍がたとえ卅八度線以北で止るとしても今のところどの程度南へ後退するかは不明である。しかし平壌南方卅二キロないし四十八キロの沙里院および黄州地区一帯のような山岳地帯や幾つかの河川が少くとも一時的な立ち直りのための自然の要害となるであろうと思われる」（全文）

［第八軍司令部三日発（李嘉特派員）中央社特約］「国連軍は平壌撤退を準備中であるが、韓国軍は絶間もなく外部へ通ずる道を押合いながら平壌から撤退している。平壌近くの弾薬庫は国連軍によつて爆破され、ガソリン貯蔵

所には火が放たれた。負傷した米兵および韓国兵は三日午前四時以降三、四分毎に平壌飛行場から輸送機で運び出されている。平壌は廿四時間ないし四十八時間保持されると見られる」（全文）

平壌をめぐる攻防は同地一二月三日発を最後に伝えられなくなる。中国側の『中国人民解放軍六十年大事記』は「十二月六日、中朝人民軍は平壌を奪回、一部部隊は三八度線に向って追撃継続」と記載している。

米軍東北戦線から撤退

平壌の再陥落が迫る頃、東北戦線でも米軍は後退していた。

一二月三日『朝日』［東北戦線二日発＝AP特約］「米第十軍団は二日夜『長津湖東岸で中共軍に包囲された第七師団の部隊は非常な損害をこうむりながらも敵中を突破して下碣隅里に到着した』と発表した。同軍団スポークスマンによれば海兵隊と歩兵部隊はすでに共同作戦を展開しており、下碣隅里に対しても南方および東南方からする中共軍の圧迫がつづいている。

米第一海兵師団の第五、七両連隊は一日柳潭を放棄して長津湖西南を南下しつゝあるが、二日は終日中共軍の攻撃をうけた」（全文）

「南方および東南方からの中共軍の圧迫」とあるのは、中国軍が米軍の東南方への退路を断つ形で回りこんでいることを示している。東北戦線の米軍がこの後、無事撤退できるかどうかが戦局の焦点となる。

一二月一〇日『朝日』［AP特約＝東京］「二万以上の米第一海兵師団および同第七歩兵師団と若干の英軍部隊は、興南へ到達しようとしている最大の完全部隊である。これらの部隊は長津湖地区から海岸に向ってじりじり南下しつゝある。長津地区の米軍は八日、古土里の包囲を破り、七十二キロ離れた興南を目指して前進を開始した。

空軍の支援を妨げる大吹雪のなかで戦うこれら二万の米軍は、低地と海岸に通ずる凍った山道を見下す高地に布陣する中共軍から射撃された。……」

一二月一二日『読売』［ソウル（京城）にてＩＮＳフェレロ特派員十一日発］「東北前線の米第一海兵、第七両師団は中共軍六ケ師団（第五十八、第五十九、第六十師団および第七十六、第七十七、第八十九師団所属の各連隊）の包囲下に十三日間にわたつて脱出戦を行つたのち十一日突破脱出に完全に成功した。なお両師団は六倍の圧倒的な中共軍に対する五十六キロにわたる突破作戦で非常な犠牲を払つたが、一方中共軍の犠牲はこれよりはるかに多大であつた。すなわち第十兵団スポークスマンの言明によれば、同方面の中共軍は十一月廿八日からさる十日までの地上戦闘で戦死者約一万五千、海兵隊所属機および陸海軍機の攻撃による戦死者約五千の計二万の戦死者を出した。……」

一二月一四日『朝日』一面トップ。見出し「興南から海路撤退　東北戦線六万の国連軍」――

［興南十三日発＝ＡＰ特約］「東北戦線の狭い橋頭陣地にあつた国連軍は十三日興南港から静かに撤退中である。しかしこれは一刻を争う問題で、長津湖地区から国連軍を押し返した中共軍は国連軍に最後の打撃を加えようと集結中と伝えられている。国連軍の撤退作業は興南港と咸興市の周辺に半円形をなしている強力な後衛陣地によって保護されている。問題は興南港を見下ろす雪の山々から中共軍が攻撃してくる前に、国連軍が無事撤退出来るかどうかということである。……」

この撤退作戦はこの後十日ほどをかけてようやく終了したが、第二次戦役は東西両面で米韓軍の完敗であった。

一二月一四日『朝日』の右の記事に続く［ブラインズＡＰ東京支局長記］――

「東北戦線の国連軍撤退は事実上の北鮮放棄を意味することになろう。西部戦線では米軍その他の部隊がなお三十八度線の北方に残つて戦闘に従つているが、これは明らかに平壌地区から中共軍の包囲網を打破って卅八度線南方への撤退に成功した米第八軍の集結を容易ならしめるための部隊である。……」

この事態に米のトルーマン大統領は一二月一六日、「**国家非常事態宣言**」に署名、「共産主義の侵略に対抗するため、米国の陸、海、空、民間防衛をできるだけ速やかに強化する」と宣言した。一方、国連安保理に出席後、米国に留まっていた伍修権中国代表は同じく一六日、記者会見して「国連総会で圧倒的に採択された朝鮮における**停戦案**は米国陣営が作った落とし穴である」との声明を発表し、一九日、米国を発って帰国した。ここに言う「停戦案」とはアジア・アラブ圏十三カ国が提案した「休戦案を作成する三人委員会」を構成するよう国連政治委員会に要請するというもので、一二月一二日に総会で五十二対五（棄権一）で可決されたものである。

こうして開戦当初、北朝鮮軍の急速な南下進撃によって、米・韓国軍を主体とする国連軍が朝鮮半島南端においつめられた戦争は、九月の国連軍の仁川上陸によって形勢は逆転、国連軍が三八度線を越えて北に進撃し、一時は北朝鮮政権の存続さえ危殆に瀕したが、一〇月、中国軍の参戦によって、形勢は再度逆転、国連軍は三八度線の南に押し返された。

その間、中国はニューヨークの国連に登場し、米と激しい外交戦を演じたが、ここでも停戦、和平への道は開かれず、戦いは二年目に入ることになる。

この間、戦況報道はどうしても断片的になるため全体状況を把握することが難しいが、一〇月の中国軍（「中国人民志願軍」）参戦以降の戦局を一方の当事者である中国側はどうまとめているかを『中国人民解放軍六十年大事記』（四九八～四九九頁、五〇〇～五〇一頁）によって、概略を見ておくことにする。

●**一〇月　中国人民志願軍　第一次戦役を挙行**

中国人民志願軍の入朝以後も米国を頭とする「国連軍」と南朝鮮軍は分散して狂ったように前進し、先頭部隊は古場洞からさらに鴨緑江河畔の楚山へと前進した。この情況に基づいて志願軍の首脳は戦略戦術的に奇襲を利用する決意を固め、移動中の敵の一部を殲滅した。続いて志願軍の主力は分かれて、それぞれ温井、雲山、寧辺、熙川及び古場洞地区の敵に猛攻を加え、一一月二日に雲山を制圧した。

こうした情況から西線の「国連軍」と南朝鮮軍は四日にはその主力のすべてが清川以南地区に撤退して、一一月五日、志願軍の第一次戦役は勝利のうちに終結した。志願軍の東線における二個師団は朝鮮軍の一部とともに赴戦嶺地区で米韓軍の猛攻を阻止した。

今次戦役では「国連軍」と南朝鮮軍合わせて一万五千人を撃滅して、「国連軍」の「感謝祭」（一一月二三日）までに朝鮮全土を占領するという企図を粉砕した。

●一一月　中国人民志願軍　第二次戦役を挙行

米国を頭とする「国連軍」は一一月二四日に二十二万の兵力を集中して、東西両線に分かれて、いわゆる「クリスマスに朝鮮戦争を終わらせる総攻撃」を発動した。

志願軍は戦線を平壌、元山を結ぶ線まで前進させて誘敵深入（敵を深く誘い込む）方針を採り、その誘い込む予定作戦地区を定州、香積山、新興洞、妙高山及び長津湖とし、その後、戦術的反撃に急転することとした。

一一月二五日、西線の「国連軍」は志願軍が予定した作戦地区に到達した。その夜、志願軍の六個軍が反撃を開始、一二月一日、西線の「国連軍」は大量の輜重装備を放棄して、「三八線」およびそれ以南へ逃走した。

東線の志願軍の二個軍（後に一個軍を追加）は、一一月三〇日夜、新興里で包囲した敵への攻撃を開始、一二月一日、米第七師団の強化一個連隊を全滅させた。米軍はやむなく海上から逃亡した。戦役は終結した。

この戦役で中朝人民軍は三万六千人の敵を殲滅して、裏陽以外の「三八線」以北の全地域を奪回し、朝鮮の戦局を逆転した。

第十五章　戦線膠着・休戦会談へ　一九五一年

一　三八度線をはさむ攻防

ソウル、二度目の陥落と奪回

一九五一年は九月にサンフランシスコ講和条約が調印され、わが国が国際社会への復帰へ進む節目の年であるが、年明けのアジアでは朝鮮戦線で引き続き中国・北朝鮮軍が攻勢を続けていた。

中国・北朝鮮軍は一九五〇年一二月三一日から**第三次攻勢**に入り、一九五一年一月四日、ソウルは再び共産軍の手に落ちた。

一月五日『毎日』［第八軍司令部四日発（パーソン特派員）UP特約］「京城は共産軍によってついに占領された。第八軍は四日午後四時五十分これを正式に確認した。四日正午過ぎ共産軍は京城の都心に侵入したが、これはここ六ヵ月と五日間に二回目のものである」（全文）

［渉外局発表四日］「国連軍諸部隊は三日**京城地区から整然と撤退**した。京城西北方の敵部隊は国連軍陣地に対する圧迫を続けているが友軍部隊も強力に反撃、村落二を奪回した」（全文）

一月五日『朝日』［AP特約＝東京］「総司令部は四日、総数十二万の中共四個軍団ないし七個軍団と、北鮮軍二個軍が京城南東方八十八キロの原州に向って進軍中であると発表した。原州が占領されれば共産軍は栄州、利川、水原の線にまたがって、西北部および西部に配置された国連軍包囲の態勢を続けることが出来、同時に堤川、栄

州、安東を通って釜山に至る南方への進路を利用出来ることになる」（全文）

このAP電の予測どおり中国・北朝鮮軍はさらに南下を続け、一月六日に水原、七日に原州を落とした。

一月八日の『朝日』は「国連軍に重大脅威　共産軍、大田・大邱をねらう」との見出しを掲げて、「もし共産軍の進撃が成功すれば、国連軍は一層危機にさらされることになろう」とのロイター電を伝えた。

しかし、共産軍は一月八日までに水原、利川、驪州、原州をつなぐ線まで進出したところで、追撃をやめる。『中国人民解放軍六十年大事記』はその理由をこう明らかにしている。

「この時、〝国連軍〟はすでに三十七度線近くまで後退していた。中朝人民軍は〝国連軍〟の一歩ずつの後退はわが軍を深く誘い込む意図であることを察知し、追撃を停止した」

敵を誘い込んで兵站線が延びたところで攻撃を仕掛けるのは中国軍の得意とするところであるだけに、自らがその罠にはまることを避けて踏みとどまったというのである。

そうなると今度は国連軍が攻勢に出ることになる。一月一六日に水原を奪回、その後、じりじりと北上を続け、二月初旬にソウルに迫り、二月一〇日、二度目の奪回を果たす。

二月九日『毎日』〔UP特約（東京）八日〕「京城に向け進撃中の国連軍は八日、京城南方七・二キロないし九・六キロの線に新陣地を構築した。前線報道によれば国連軍左翼正面における共産軍の抵抗は事実上崩壊したといわれるが、共産軍は京城南方の漢江屈曲部に布陣して京城防衛を企図している模様で増援軍が相次いで南下中である」（全文）

二月一一日『朝日』〔AP特約＝東京〕「国連軍野砲、戦車隊は京城南方で京城砲撃をつゞけており、戦艦ミズーリ、巡洋艦セント・ポール、英巡洋艦ベルファストの巨砲もこれに協力している。西部戦線における漢江南岸の共産軍全防衛線は崩壊し、中共、北鮮軍は京城東方ならびに東南方の山地に主防衛線を布いている」（全文）

〔永登浦十日発＝AP特約〕「国連軍戦車歩兵部隊は十日午後三時三十五分金浦飛行場を奪回、さらに仁川―京城回廊を西北方に進出した」

そして戦局の主導権はふたたび国連軍に移る。

二月二〇日『読売』〔第八軍司令部にてロイター通信バチェラー特派員十九日発〕「米第八軍戦線正面への集団攻勢に失敗した共産軍は十九日二百四十キロの全戦線にわたり総退却を開始し武器、軍需品を捨てて北方に敗走している。一方原州、京安間八十キロの線で北上を開始した国連軍は抵抗を受けることなく進撃を続け、一ケ所で漢江を渡河、横城西方の道路交叉点から四・八キロの地点に達した。……」

中国軍の参戦によって後退を余儀なくされた国連軍がふたたび優勢に立つことになった理由をこの日の『読売』〔INS特約＝東京〕電は、次のように解説している――

「……朝鮮動乱の初期には国連軍は砲も弾薬も少く、さらに夜間戦闘における照明もなく、空軍および砲兵隊の活動は制限されていたが、現在では必要なときはどこでも照明を使用し得るし、……一方国連軍の兵力も米軍を初めとして他の国連加盟各国軍の参加を見るに至って着々と充実してきた。……」

しかし、戦局はこの後も一進一退を繰りかえす。『中国人民解放軍六十年大事記』によれば、中国・北朝鮮軍は**第四次戦役**（一九五一年一月二五日〜四月二一日）、続いて**第五次戦役**（一九五一年四月二二日〜六月一〇日）を発動したが、二月中旬以降は全戦線にわたって南進をやめて「機動的防御」の段階に入った、としている。そして三月一四日には最終的にソウルから撤退して、三八度線付近で国連軍の北上を阻むことになる。そして、現在の休戦ライン付近での攻防が、七月の休戦会談開始まで続く。

二　国連で中国非難決議

停戦をめぐる折衝

一九五〇年一一月末に国連に登場した中国の代表団を相手に論戦を展開したものの、朝鮮における戦闘を解決する糸口をつかめなかった米国は、一九五一年の年頭から国連で中国を侵略者とする決議を採択させるべく動き出す。

一月八日『朝日』［ワシントン六日発＝ロイター特約］「米国務省当局筋は六日『米国は国連加盟の三十ケ国に対し、国連が中共を朝鮮に対する侵略者であると宣言し、これに政治的、経済的制裁を加えるよう要請している』ことを明らかにした。右によれば米国のこうした外交活動は主としてロンドン、パリをはじめとする各国の首都及びレーク・サクセスの国連において行われている」（全文）

［ニューヨーク六日発ＵＰ＝共同］「国連米代表団は六日、アジア・アラブ諸国の国連代表と会見し、国連は中共を侵略者と呼ぶことをこれ以上ためらってはならないという米国の見解を伝えた。米国の中共にたいするこの強硬な態度はアジア・アラブ十二ケ国がこれ以上ムダな停戦努力を続けることを止めさせるためである。国連代表団は過去二日間、国連加盟五十五ケ国の非共産主義国代表を説いて回ったが、ことにオースチン代表はアジア・アラブ諸国代表にたいし『**馬を馬と呼ぶときが来た**』とはっきり語った。米代表団は今週中も各国代表と会談して説得運動を続行する計画をもっている」（全文）

米国は一九五〇年一〇月の中国の参戦後、それを大陸反攻のチャンスにしようとする台湾の国民政府を抑え、また米自身も中国を攻撃する意図はないことを中国に伝えて、中国に朝鮮から手を引くように働きかけて来たが、その後の経過で中国の継戦意志の固さが明らかになったために第三国による停戦への斡旋努力などに見切りをつけ、中国に侵略者のレッテルを貼ることで国際社会に対する敵対者であることを明確にすることにしたものである。

これより先、アジア・アラブの国々は中国との停戦交渉実現に努力することを主張し、休戦案作成のための**三人委員会**を作ることを国連政治委員会に要請し、一九五〇年一二月一二日、国連政治委員会の可決を得て、総会議長エンテザム(イラン)、インド代表ラウ、カナダ代表ピアソンが三人委を構成した。

年明けの一九五一年一月一一日、三人委は即時休戦、段階を追っての非朝鮮人軍隊の撤収、米・英・ソ・中の四国を含む機構で台湾問題・中国代表権問題の解決を図る、など五項目の原則をまとめ、政治委に提出した。政治委は一月一三日、それを採決に附し、五十対七、棄権一で可決した。

これに対して中国がどう出るか、大いに注目されたが、一月一七日、周恩来外相は拒否の回答と同時に中国としての反対提案を行った。

一月一九日『毎日』〔北京十七日発新華社＝共同〕「周恩来北京政府外交部長は十七日国連政治委員会が十三日採択した朝鮮停戦ならびに四大国会議開催案に関しウルダネタ・アルベレス政治委員会議長あてに拒否の回答を寄せるとともに次の四項目からなる反対提案を行った。……」

その反対提案の主な内容は、まず即時停戦は米軍を休養させるだけなので、条件を決めた後に期限を決めた停戦に応ずるとした上で、1、朝鮮からの一切の外国軍隊の撤退と朝鮮の内政は朝鮮人民自身が解決する　2、米軍の台湾および台湾海峡からの撤退の協議　3、協議に参加するのは中国、ソ連、英、米、仏、インド、エジプトの七カ国とし、その会議の招集によって国連における中国の法的地位を確定する　4、会議の開催地は中国とする、というものであった。

この中国の提案は朝鮮問題と同時に台湾問題、中国の国連代表権問題をも同時に解決しようとするもので、それは前年一一月に伍修権代表が国連の場で明らかにした態度と一貫している。またその手順についても、まず停戦して話合いに入るという三人委の方式では協議は水掛け論に終わるだけだとして、停戦前の交渉を主張している。

この中国提案について、米は直ちにアチソン国務長官が「受諾できない」と拒否の態度を鮮明にしたが、「英、インド、アラブなどはまだ態度保留」で米の強硬姿勢とは一線を画し、『朝日』の中村ニューヨーク特派員は一月二〇日の紙面で「来週にかけて国連の足どりは悩み深いものがある」と書いた。

一月一九日の『読売』は他紙に先駆けてこの問題を社説で取り上げた——

「……これ（中国の反対提案）により朝鮮問題の平和的解決の最後の機会も失われ、情勢はいよ〳〵重大な段階に入ろうとしているような観を呈している」

と述べ、中国が朝鮮問題以外の懸案をも一気に解決しようとしていることに対して、

「現在のような切迫した情勢下でこれらの問題を一挙に解決しようとするのは無理であり、その要求が全部通らないからといって停戦に応じなければ、事態はますます重大化するばかりであろう」

と中国を批判した。

ところが中国は一月二二日、駐中国インド大使を通じて、先の提案についての覚書という形で停戦への条件を緩める「期限つき停戦案」を国連に提案した。それは「まず交渉、その後に停戦」という前案を「七カ国会議の第一回の会合で一定期限つき停戦を交渉し、かつこれを実施することによって交渉をさらに進める」と修正し、停戦が実施された後の交渉では従来どおり朝鮮問題以外の問題をも取り上げるというものである。つまり七か国会議さえ開かれれば、そこでまず期限つきとはいえ停戦を決め、それから実質的な交渉に入るという形で、「まず停戦、その後に交渉」という国連案に大きく歩み寄ったわけである。

この中国の新提案に対して、米の国連代表は「自由世界を分裂させ、国連の平和への活動をおくらせようとねらった見えすいた努力にほかならぬ」と決めつけたが、英代表は「中共の新しい提案は国連停戦案の承諾へさらに近付いたように見える。慎重に検討しなければならない」と好意的に受け止めた。そして米が提案した中国侵略者決議案の検討を二四日まで延期するよう求めたインド提案を国連政治委は二十七対二十三の小差で可決した。

一月二四日『朝日』［レーク・サクセスにてジョンソン記者二十三日発＝AP特約］「多くの国連代表は、オースチン米代表の速かに行動せよという呼びかけに反対して米案審議の延期を可決したことは、過去五ケ年を通じ米国が国連で最悪の敗北を喫したものとみている」

この事態に一月二四日の『朝日』『毎日』は中国の新提案について社説を掲げた。

『朝日』「中共は一歩譲歩したかの如くである。しかし七ケ国会議において、米軍の台湾撤退、中共の国連加入と国府の除外などを要求している。この条件の提出は、七ケ国会議の議題を限定することによって、会議の成果を先取りしようとするものともみられる。したがって実質的にみれば、交渉によって中共の要求が達成されたならば停戦するという従来の方式に変りはないものともいえる。中共は果して真実に停戦を希望しているのであろうか」

『毎日』「もし一部で警戒されているように、中共の停戦意向が米国の中共非難決議案の国連に提出された機会をねらって、米国および西欧陣営の足なみを乱すためのものにすぎないことがわかれば、こんどは逆に米国の非難決議案を可決させ、情勢は一変することになろう」

両紙とも完全に米国の思考回路のなかで問題を捉えていることが明かだが、朝鮮での戦火という目前の現実が中国への対し方を大きく制約していることが感じられる。

非難決議可決

こうして決着が引き延ばされた中国非難決議であったが、結局、一月三〇日の国連政治委でまず採決に付され、**可決**された。

二月一日『朝日』［レーク・サクセスにて中村特派員三十日発］「国連総会の政治委員会は三十日、終日にわたる大論戦のすえ同夜深更におよんでついに米国の提案である中共の介入を侵略とみる決議案を賛成四十四反対七、棄権八票で通過、ここに重大な歴史の一ページをしるした。……

三十日の政治委員会はまことに息づまるような緊張に終始した。ソ連陣営、あるいはアジア・アラブ陣営、または米国陣営にしてもそれぞれの主張は違ったが、そのいずれもが同夜の政治委員会の結論が今後の世界情勢をある程度左右するものであることを承知していたからである。同委員会が深更におよんだのはソ連陣営およびアジア・アラブ陣営がなんとかして米国の提案を回避し、米国の決議案が通るまでに少しでも中共との接触を生もうとして採決の引延しを図ったのに対し、米国は採決が引延ばされると、新たな情勢の展開をみせるかもしれないことを心配して同夜中の採決を主張したためである。しかし結論はついに出た。注目された英国も、米国の態度に同調した。英国としては最も苦しんだところであろう」

反対はソ連圏五か国とインド、ビルマ。棄権はアフガニスタン、エジプト、インドネシア、パキスタン、スウェーデン、シリア、イエーメン、ユーゴであった。

政治委員会に続いて、国連総会も二月一日午前の本会議で中国非難決議案を採決に付し、同じく賛成四十四対反対七（棄権九）で可決された。

国連政治委での中国非難決議採択については、『毎日』『読売』が二月一日に、『朝日』が二月二日に社説で取り上げた。

『毎日』「米国が強硬なのは、中共が国連の停戦三人委員会の即時停戦の決議を拒否した結果、米国としては当然の態度である。中共は停戦決議に対して、全外国軍隊の撤退、朝鮮内政不干渉、台湾水域からの米軍撤退、国連加入をもってむくいた。米国としては、これは武力行動によって要求を通そうとするものであり、国連の平和維持原則と全く矛盾するとする立場を取ってきた。米国としては中共を侵略者と断定せざるを得ない。

中共を侵略者と認めまいとする提案は、中共を含む会議を開いて解決の方法を見出そうとするもので、中共に同等の立場を与え、朝鮮問題ばかりでなく極東問題の全般にわたってその主張を考慮しようという含みをもっている。ことにインドを中心とするアジヤ、アラブ十二ヵ国の考え方は、極東問題の解決は中共の参加がなくては不可能だというのであって、中共の存在を強く表面に押出そうしている。これは米国から見れば、侵略行為の収穫をみとめることにほかならない」

『読売』「いずれにせよ、中共は策略を弄し過ぎて自ら今日の事態を招いたものと言えよう。中共が朝鮮問題解決と引きかえに、台湾問題、国連加入問題を解決しようとはかつたことは明かだが、これらの重大問題を一挙に解決しようとするのは無理であるにもかゝわらず、アメリカその他各国の態度を見あやまり、かけ引きのみに終始した結果、何一つ解決されない不利な立場に追込まれたのである」

『朝日』「かくて中共非難決議は可決された。国連の行動に筋は通った。問題はこの決議に基づいて起るべき中共に対する制裁問題である。世界正義の上から侵略者と断ずることと、これに制裁を加えることとの間には、その間になお開きが存在する。この開きを無視して直ちに制裁行動を求めれば、非難決議支持者間に無理を生ずる。殊に相手が中共のように国際的に重要な地位を占める国の場合において然りである」

中国軍の参戦について、それを議論の余地ない非とするか、あるいはそれをアジア情勢安定への一つのきっかけと考えるかが、非難の対象とするか否かの別れ道であったが、国連の判断は大きく前者に傾いた。東西対立が激化し、その中で米国の主導の下に講和会議に臨もうとしていたわが国にとっては、国連の大勢に従う以外の選択肢はなかった。三紙の社説がこぞって決議支持の立場をとったのは自然の流れであった。

しかし、これによって建国から一年四か月、直接の接触がまったくないままに、中国はわが国において敵役として定着した。それは同時に日中関係を、たんに二国間関係として捉えることを不可能にし、まず全地球的な東西対立の文脈の中にそれを置いた上で、その一部として日中関係を考えるという枠組が形作られた。

二月四日『毎日』は国連の非難決議に対する中国の反応を、(A)というイニシアルを末尾に付した解説記事で次のように報じた――

「国連総会が中共を朝鮮における侵略者と断ずる米決議案を採択したのに対し周恩来中共政府外交部長は三日午前十一時から一時間五十分にわたる北京放送を通じて要旨次の如き声明を発表した。

一、国連総会の決議は中共代表不参加のうちに米国の支配と強制によっておこなわれたものであるから非合法かつ無効であり、朝鮮問題の平和的解決の途を閉ざすものであるから中共政府は国連の調停機関を拒否する。

一、米国は朝鮮、台湾の占領を継続し対日単独和平および日本の再武装を行うことによって世界征服を夢見ている。

一、中共は実力によって米国を打ち負かす決意を固める。……」

非難決議に続いて、米は中国に対する経済封鎖という制裁措置を課す決議を採択することを要求したが、中国と国交を持ち香港を通じて貿易関係を維持している英などが消極的であったためにこちらは延び延びとなった。

しかし、五月に入ると英政府内にも米からの非難を沈静化させるためにも対中国貿易を再検討する気運が高まり、その結果、五月一四日、国連集団対策委員会は中国に対する**戦略物資禁輸決議案**を賛成十一、反対なし、棄権一で可決した。

五月一六日『朝日』［ニューヨーク十四日発＝AP特約］「対中共禁輸案の内容は次の通りである。

一、中共の支配する地域および共産主義北鮮に対し武器、弾薬、軍需資材、原子力原料、石油および武器、弾薬、軍需資材の製造に役立つ品目の輸出を禁止する。
二、各国はその領土から輸出される商品のうち、いかなる品目が禁輸品に該当するかを決定し、その輸出を禁止する。
三、各国は対中共輸出禁止案に参加しない国を中継地とする再輸出の如き禁輸決議回避策を阻止するよう努力する。
四、各国は禁輸案を実行するために互いに協力する。……」

同日の五月一五日『朝日』はこの問題で社説を掲げた――

「北鮮が三十八度戦を突破したとき国連は三日を出でずして侵略者に対する武力制裁に乗出した。中共の介入によって侵略がさらに大規模に再現されたとき、中共に侵略者の極印を押すのに二カ月を要した。侵略者の戦力を養う戦略物資の供給を禁止するまでに半年かかったわけである。小国と大国、弱国と強国では同様の行動に対する扱いはこれほど違っている。しかし、それは国の大小強弱ばかりでなく、中国問題そのもののむつかしさでもあった。……


中共に制裁を加えることは、事実上中国問題に一歩深入りすることは争えない。だが同時に、中共制裁の決議は、自由世界が朝鮮動乱の解決方式において、再び協調を取りもどしたことを示している。……

共産軍の春季攻勢の失敗から、ワシントンでは戦乱の解決近しとの期待が抱かれているという。中共指導者が、侵略は引合わないものであることをさとりはじめているとすれば、中共制裁に示された国連の結束と不退転の決意とは、共産勢力をして朝鮮から手を引かせることに大きく貢献するかもしれない」

三　「悪役」イメージの固定化

分裂する情報

中国の参戦に対する国連の非難決議、経済制裁の決定によって、西側世界においては建国後まだ一年余りの中国共産党政権の「悪役」イメージが固定化した。その結果、といえると思うが、通常の報道では「ニュース」にはなりえない出所のあいまいな「情報」がこと中国については大手をふってまかり通ることになった。もちろん、中国自身が外国メディアに自国を開放していなかったこともそうした「情報」を氾濫させる一因であったが、中国政府の公式発表や友好国、友好人士の伝える中国と、香港や台湾から西側に流される中国像が、天地ほどに違うという長期間続いた中国報道の特性がこの時期に形成された。

三紙に登場したそれらのいくつかの見出しや中味を見ておくと――

一九五一年一月八日『読売』一面トップ。［香港にて本社特置員中行記］のクレジットで、見出しは「アジアの主役中共の実体・裏切られた民衆・ソ連にがんじがらめ」――内容はニュース源抜きで新政権の政治が暴虐を極めていると強調し、農村では地主がいじめられ、都市では商工業とも火の消えたような状態にある。また中国共産党はソ連によってがんじがらめにされている、というもの。

二月九日『毎日』一面左五段。［香港発＝ＵＰ特約］「ソ連の重圧に喘ぐ満州・農民を移入属領化・民衆、奴隷扱いで強制労働」―内容は「最近、香港へ脱出してきた中国の著述家の証言によれば、ソ連が永住目的で五十万人の農民を満州全土に送り込んで、中国農民が奴隷化されている」というもの。

三月九日『朝日』の「世界の十字路・中共の粛清・ねらわれる〝三資階級〟」――ニュース源は「最近中国大陸から香港に逃避してきた人々と台湾国民政府の機密情報網」で、資本家や反革命分子が大量に殺されているというもの。

三月二四日『毎日』の「血の粛清に狂う中共・対象は国府系分子・十一月以来廿万が処刑」――ニュース源は台湾国民政府の国連代表で、執筆は「A記者」と匿名である。内容は見出しの通り、大陸に潜む国府系の反共主義者が激しい弾圧にさらされているというもの。

また内戦に破れて台湾に逃れ、かろうじて中華民国の旗を守っていた国民党政府は、一九四九年八月に米国務省がいわゆる「対華白書」を発表して以来、いわば見捨てられた形であったのが、朝鮮戦争で息を吹き返したことは前述した。そして中国の悪役イメージの固定化とともに蒋介石の掲げる「大陸反攻」、あるいはその逆の共産党による「台湾解放」、そのいずれもがかなりの現実味をともなってこの時期の紙面に登場してくるようになつた。

一九五一年一月一四日『読売』の一面トップはPANA通信編集長の執筆で「台湾海峡に青信号近し・国府軍の反攻作戦・朝鮮救う唯一の道」の見出しの下、「国府の本土進攻は、マッカーサー元帥が中共の全面的介入は〝朝鮮における新しい戦争〟であると言明したような情勢の発展によってもはや軍事上必要欠くべからざるものとなつた」と説く。

一月一七日『朝日』の「国府の大陸反攻・現地の観測はまちまち」という記事は「台北にてホワイト記者発＝ロイター特約」で「現在国府側は間もなく本土に向って進攻作戦を開始することや一年以内に南京に新しい中国の首都を建設すること、および一九五三年までに中共軍を完全にたゝきつぶすことなどをおおっぴらに語り合っている」と伝えながら、同時に「当地の外国人」は「これを計画された宣伝戦だと考えている」と安全弁もつけている。

二月七日『朝日』は「ブラインズAP東京支局長記」で、「当地の消息筋は六日、『マッカーサー元帥は中共軍に対する広範な戦いに国府軍を使用すべきであると確信している』と言明した」という記事を載せ、その理由として「元帥は国府軍の中国本土攻撃という脅威だけでも相当数の中共軍が満州から撤退することになろうと信じているものと思われる」ことを挙げている。

同日の二月七日『読売』は「危機の中の台湾」の見出しで［台北にてニューヨーク・ヘラルド・トリビューン特派員マーガレット・ヒギンズ記］の中国の進攻で台湾が敗北するという予測を載せる。「もしアメリカの援助がなければ、蒋総統はソ連に援助される中共の台湾進攻に長期間対抗することはできないであろう。中共軍が台湾攻撃を開始すれば、国府軍は当初は果敢な戦闘を展開することは必至だが、結局は弾薬の欠乏から敗北するであろう」

ところで『毎日』はこの時期、台北に特派員を送り、三月二六日一面トップにその第一報「反共の基地台湾」が載る。しかし、その内容は「台湾の情勢は予期に反して極めて平穏無事の感じである。……内外で注目されている国府軍の大陸反攻説も、現地では反共抗ソ意識の高揚のためしばしば議論されることはあっても今直ちに実現されるといった情勢にはないのである」というものであり、その後の経過から見てこの観察が結局、正しかったといえるだろう。

悪役イメージといえば、『読売』が中国は日本人もしくは外国人を他国侵略に使おうとしているという「情報」を一九五一年春に集中的に流していることも目につく。

一月六日の「日本人部隊五個師・中共、満州諸都市で編成開始・日本侵攻の目的か」という記事が最初で、クレジットは［香港にて金達夫特別寄稿］。内容は「旧満州各地から集められた日本人捕虜やその他の日本人七万人が、外国人志願兵部隊に編成されている」というもの。

三月六日にも同じ［金達夫特別寄稿］で「北京で日共幹部訓練・邦人四千を集結・団長はソ連人・六月ごろ終了」の記事。コミンフォルムの指示で「日本人民革命軍政幹部訓練団」が教育されている、とする。

三月一〇日には「北海道をねらう・赤い日本人部隊・中共の手で編成・日共も受入れ態勢」という「M記者」の署名記

事が社会面のトップを飾った。直接の情報源は八日のAP電がワシントンで赤化日本人部隊が北海道をねらっていると「取沙汰」されていると伝えたこと。

この情報に一月六日の記事を組み合わせて、その日本人部隊が「樺太に派遣されたといわれる」と書く。

さらに四月一六日には「満州の赤い国際軍・十一ヶ国で編成・総司令にソ連将軍・旧関東軍の七万も」という〔台北特電（中央社）十四日発〕。内容は香港の週刊雑誌『新聞天地』の記事の紹介。「総合兵団主力」とか「第二線主力」とか細かい編成までが書かれている。

マッカーサー解任

一九五一年前半という時期は、朝鮮での戦闘と平行して日本国内では、この年秋のサンフランシスコ講和会議にむけて、日本を西側陣営の一員に組み入れて主権を回復させるという米国の方針が着々と浸透していた。講和会議での中国代表をどうするかという問題の処理、また敗戦以来、国内にひろまっていた「東洋のスイスに」といった中立志向の清算のためには「悪役としての中国」が有用かつ不可欠であったのであろう。

この間に特記すべき出来事があった。四月一一日、**米トルーマン大統領がマッカーサー司令官を解任**したのである。四月一二日『毎日』〔ワシントン十一日発＝UP特約〕「トルーマン大統領はマッカーサー元帥解職に際し次のような声明を発表した。

私は非常に遺憾ながらマッカーサー元帥がその公式義務に関する事項に関し、米国および国連の政策を心から支持することが出来なかったという結論に達した。米国憲法と国連安保理事会の決議にもとづくマッカーサー元帥の責任について私は極東司令官を更迭しなければならないという結論に達した。……」

第二次大戦では日本を打ち負かして、日本の占領統治の責任者をつとめ、また朝鮮戦争では国連軍の最高司令官として戦局を指導してきた元帥であったが、朝鮮戦争をあくまで局地的、限定的なものにとどめて置くというトルーマン大統領の政策に対して、元帥は朝鮮戦争を世界的な共産主義との戦いのアジアにおける戦線と位置づけ、ヨーロッパとの二正面作戦をも避けるべきではないとの立場をとり、それには戦線の中国本土への拡大、台湾の国民政府軍の参戦をも避ける必要はないと公言し続けたことが解任の理由であった。

しかし、国民的人気の高いマッカーサー元帥を解任するのはトルーマン大統領にとっても大きな勇気のいることであったに違いない。トルーマン大統領は四月一一日全米向けラジオ放送で極東情勢について演説し、その立場を説明した。

四月一三日『朝日』［ワシントン十一日発ＵＳＩＳ＝共同］「……われわれは朝鮮の戦いが拡大することを欲しない。われわれは世界戦争を防止しようとしている。これを防止するための最良の道は米国および自由諸国が攻撃に対してはあくまで抵抗することを明らかに知らしめておくことである。しかし諸君は『しからばなぜに侵略者を処罰する他の手段をとらないのか』『なぜ満州や中国本土を爆撃しないのか』『なぜ国民政府を助けて中国本土上陸を決行しないのか』との疑惑を起すかもしれない。もしもわれわれがこれらのことを行うとなれば、全面戦争を開始する重大な危険をおかすことになろう。

私は戦いを朝鮮のみに局限するよう努めなくてはならないことを確信するが、それは（一）米国の将兵たちの貴い生命がムダにならぬようあくまで万全の手を打つため（二）米国および自由世界の安全感が不必要に危険にさらされることのないようにするため（三）第三次大戦を防止するため。以上三つのきわめて重大な理由にもとづくものである。

多くの事件はマ元帥がこの政策に同意しなかったことを立証した。したがって私はわれわれの政策の真の目的について疑問や混乱が生じないようマ元帥を解任することが根本的に必要であると考えた。……」

日本の三紙はマッカーサー元帥の解任についてそれぞれ社説を掲げた。その内容は――

『朝日』四月一二日　「日本国民が敗戦という未だかつてない事態に直面し、虚脱状態に陥っていた時、われわれに民主主義、平和主義のよさを教え、日本国民をこの明るい道へ親切に導いてくれたのはマ元帥であった」

『毎日』四月一二日　「元帥は日本人を愛し、日本人を信頼した。四年前に、対日講和がまだ問題とならなかったころ、率先して、日本が講和の資格をもつまでに民主化されたことを認めて、早期講和を提唱したのは元帥であった」

『読売』四月一六日　「このうえ元帥にお願いすることは何もない。たゞ今まで日本国民に寄せられた深い愛情と理解に対し心から感謝の念をさゝげ、元帥の将来に多幸あれと祈るのみである」

というふうに、その占領政策への感謝や惜別の思いを述べるに留まり、解任理由となった中国政策についてはいずれも言及を避けている。しかし、マッカーサーが朝鮮戦争への中国の参戦以来、一貫して中国に対して連合国側でもっとも強硬な姿勢を堅持し、それゆえに対日講和を目前にして解任されたことは、日本国内において「悪役」中国イメージを増幅する方向に動いたことは間違いないであろう。

もっとも建国一年半を経過した中国は、西側世界が中国共産党に抱いていたある種の期待を裏切ったことは確かで、四月三〇日の『朝日』一面トップに載ったロベール・ギランの寄稿がこの段階での西側の中国観の落着き先を示している。

「ロベール・ギラン（ル・モンド外報部長）――香港にて記す」見出し「深まる中ソの結合　チトー化の予想外る」

「……二年前、中国に長い経験を持つ欧州人の中国に対する予測的見解は、いずれも『老いた中国』という形容詞をつけた上での解釈だった。彼らはいった。中国は常に中国だろう。奇妙な不道徳な秩序のない国、統治に服さぬ人間と確信のない政府の国だと――。そしてさらにもう一つの幻影をつけ加えた。それは共産主義こそ中国にのまれてしまうだろう。そして経済的必要が、政治の上にゆくだろうということだった。つまりドルの力が共産主義の引く力よりも強いだろう――と。しかもこれらの予言は結論として中国のチトー化を述べ、中国の革命は間もなく『中国化』するに違いないと述べた」

ところがその「予言」は外れた。ギランは三つの事実を挙げる――

「第一の事実は、スターリン的共産主義がすべての指導的組織を完全に包んでいるということ。……大衆をも包み込んでいるということだ。

第二の事実は、この革命の異常な発展性ということだ。たとえ内部的には『まだ中国的である』ということは間違いないとしても、共産主義の病菌があらゆる組織をおかして行くあの速力をどうしても認めねばならない。

第三の事実は、失望と不満がだんだん拡がっているにもかかわらず、中共政府の基礎は強化されたということだ。

そこで新政権を弱化させるというような考え方、東と西の間の中間的立場までこれを引っぱってゆこうというような考え方は取消す必要がある。……いずれにせよ中国の『方向を変える』という機会はすでに過ぎている。すでに中国はソ連陣営に深く入っているのだ」

なぜ予言は誤ったのか――

「第一次、第二次大戦間の中共とコミンテルンの古い関係をわれわれはあまりに過小評価してはいなかったか。中国革命はその深い動きの中で、ソ連への中国の併合であって、中国に対するソ連の侵入ではないというのが正しいだろう。毛沢東とその一党に政権をもたらしたものは主としてソ連の兵器ではなく、ソ連の思想である」

朝鮮戦争の影響は？――

「この『ソ連化』の運動が開始されてから数ヵ月後には一つの反動が起きた。中共指導者の耳には十分に『再教育された』中国大衆が、批判的に不平を鳴らすのが聞かれた。それは中共の闘士の感情とは違って極めて自然な感情であり、一般大衆からすれば、毛沢東の写真の上にスターリンの影がうつることに不満を持ったのである。しかし、朝鮮動乱が発生してからソ連は、中国にとってより親しめるものになった。そうした結果は、ソ連に欲するままの利益を与え、ソ連は中国を非常に従順な同盟国として握ることができたのである。……」

西側に中国の「悪役」イメージが定着するのと平行して、中国国内では反ソ感情が消えて、同盟関係が深まっていったとすれば、たんにイメージ定着どころか朝鮮戦争はまさに第二次大戦後の世界の構造を確定したといえる。

その事情は中国の立場から見ても同じであった。毛沢東は建国二年が過ぎた一九五一年一〇月二三日、中国人民政治協商会議第一期全国委員会第三回会議で開会の挨拶を述べ、その内容が「三大運動の偉大な勝利」と題して『毛沢東選集』第五巻（七一～七三頁）に収められている。ここで言う「三大運動」とは抗米援朝、土地改革、反革命鎮圧であるが、朝鮮戦争（抗米援朝）参戦についてこう述べている。

「抗米援朝の偉大な闘争は、いまなおつづけられており、アメリカ政府が平和的解決をのぞむようになるまでつづけられなければならない。われわれはいかなる国をも侵略しようとは思わない。ただ、わが国に対する帝国主義者の侵略に反対するだけである。だれもが知っているように、もしもアメリカの軍隊がわが国の台湾を侵略せず、朝鮮民主主義人民共和国を侵略せず、わが国の東北国境地帯にまで攻めよせてこなければ、中国人民はアメリカの軍隊と戦うことはなかったであろう。だが、アメリカ侵略者がわれわれに攻撃をかけてきた以上、われわれとしては反侵略の旗をあげないわけにはいかない。それは、まったく必要なことであり、まったく正義にかなったことである。全国の人民は、すでにその必要性と正義性をよく理解している。

この必要で、正義にかなった闘争をひきつづき堅持するためには、われわれは抗米援朝の活動をひきつづき強化しなければならず、増産と節約につとめて、中国人民志願軍を支援しなければならない。……」

アメリカの軍隊が攻めてこなければ、「中国人民はアメリカの軍隊と戦うことはなかったであろう」という毛沢東の言葉には米との対立を中国は望んでいなかったという思いが込められている。しかし、米軍が韓国軍とともに三八度線を越えて中朝国境に迫り、一方、南では一度は見放した台湾の国民政府を再び同盟国と扱い始めたからには、米政府が国民政府の大陸に対する武力行動を抑えたにしても、それは米に対する中国の判断を左右するものではなかった。

建国後の毛沢東の発言を収めた『毛沢東選集』第五巻では、朝鮮で戦火が上がる直前、一九五〇年六月六日の「国家の財政・経済状態の基本的好転のためにたたかおう」という中央委員会総会への書面報告に「偉大な歴史的意義をもつ新しい中ソ条約は、両国の友好関係を強固なものにして」というくだりがある以外、ソ連は登場しなかったが、右に引用した挨拶ではこの後、「ソ連をはじめとする平和・友好陣営の硬い団結」、「友好同盟相互援助条約を基礎とする偉大な中ソ両国のかたい団結」、「われわれのもっとも親密な同盟国ソ連の力」、「われわれの盟友ソ連としっかり団結し」といったフレーズが相次いで登場するのである（『毛沢東選集』第五巻、七三〜七五頁）。

西側世界にあった中国共産党はソ連とは必ずしも一体ではないのではないか、そうあってほしいものだという希望を交えた観測はこうして朝鮮戦争という現実によって裏切られた。しかし、歴史に仮定を持ち込むことの無意味さを承知で、もし朝鮮戦争が起きなかったらと考えれば、「対華白書」に寄せた書簡で中国に別の新しい政権の誕生を期待した米のアチソン国務長官（本書二七六〜二七六頁）も、共産主義は中国に合わないと見た吉田首相（本書二八九〜二九〇頁）も、その他中国のユーゴ化を期待した論者たちも、ともに必ずしも間違いではなかった可能性が高いと思えて来る。

一九五〇年二月に結ばれた中ソ友好同盟相互援助条約についての、日中国交回復交渉における日本の田中首相と中国の周恩来首相とのやり取りを第十一章の最後（本書三三一頁）で紹介したが、その時、周恩来は続けてソ連がいかに中国にひどい仕打ちに出たかをるる説明している。

別に新しい材料ではないが、新政権発足当時の外部世界の中国に対する見方と対比するとすこぶる興味深いのであえてここに採録しておきたい。

「フルシチョフが『中ソ友好……条約』を無視した」というくだりに続けて、周恩来は言う――

「一九五五年に、ソ連は、中ソで連合艦隊を作り、旅大地区を共同で防衛しようと提案した。そこで毛沢東は、ソ連が海から来るなら、我々は山に入ってゲリラ戦をやると言った。

一九五九年六月、フルシチョフは中国との間に締結した原子力に関する協定を一方的に破棄した。インドの挑発によって発生した中印国境紛争に際しても、ソ連はインドを支持した。

フルシチョフはアイゼンハウアーとの会談がうまくいかなかったので、その鬱憤を中国に向けた。

そこでソ連は対中国援助物資の提供を打ち切り、一、三〇〇余の技術者も一斉に引き上げた。

ソ連は反面教師であり、我々は余儀なく自力更生の原則に立った。一九六三年七月のはじめ、モスクワで両党会談が行われたが、これが党と党との最後の会談になった。七月一九日、ソ連共産党は我々との会談を決裂させた。その翌日、二〇日には三国核実験停止条約が締結された。フルシチョフは信用を重んじない男だった。そこで我々はブレジネフに期待をかけた。しかし、ブレジネフの政策もフルシチョフと変らず、したがって、ソ連との話し合い、うまくまとまらなかった。……」（『記録と考証 日中国交正常化・日中平和友好条約締結交渉』六三頁）

ここで周が最初に挙げている一九五五年の話は、旅順の軍港をソ連艦隊に使わせろという要求に毛沢東が激怒した一件だが、朝鮮戦争の休戦協定が結ばれてわずか二年後のことである。「中ソ友好……条約」の付属協定ではソ連の満洲における鉄道や旅順・大連地区などの権益は対日平和条締結後、一九五二年までに中国に返還することになっていたが、吉田首相（三二六頁）も、アチソン長官（三三〇頁）も、そこに中ソの摩擦の芽を予見していた。朝鮮戦争が起こらず、中国が米と戦うことがなかったら、五五年以前にもこうした問題をめぐって中ソ関係は緊張した可能性があるのではないか。そして中国のありようも変った可能性があるのではないか。

その後の中ソ（露）関係の転変を見れば、歴史はどのようにも変りうることを思い知らされる。

第十六章　講和条約と中国問題　一九五一年

一　米英ソの駆け引き

単独講和と全面講和

朝鮮における戦乱が二年目を迎えた一九五一年は日本にとっては悲願の講和条約締結・独立回復が現実味を帯びてきた年であった。東西対立が朝鮮半島での戦火となったことは日本をアジアにおける西側陣営の拠点として再生させるという米国の政策が対日講和をも加速する方向に働いたからである。

ただ日本は米軍を主力とする連合軍の占領下にあって、同時に朝鮮で戦う「国連軍」の基地でもあったから、朝鮮で戦火を交える西側諸国と中国が対日講和会議で一堂に会することは想像もできなくなった。

前年、一九五〇年一月に東京と京都の研究者・知識人が集う「平和問題懇談会」が講和問題で声明を発表して、吉田内閣のいわゆる**単独講和**方針を批判して**全面講和**（西側陣営だけとではなく、同時に社会主義陣営とも講和条約を結ぶこと）を主張したが、そこでは中国についてこう述べられていた。

「日本の経済的自立は、日本がアジア諸国、特に中国との間に広汎、緊密、自由なる貿易関係を持つことを最も重要な条件とし、言うまでもなく、この条件は全面講和の確立を通じてのみ充たされるであろう。伝えられるが如き単独講和は、日本と中国その他の諸国との関連を切断する結果となり、自ら日本の経済を特定国家への依存及び隷属の地位に立たしめざるを得ない」（『世界』岩波書店、一九五〇年三月号）

こういう声が激しい戦火の中にかき消されてしまったわけだが、ここで特筆されている「中国との貿易関係」は単独講和の後にも日本の対外関係における課題として通奏低音のごとくに響き続ける。そして「断絶期」を終わらせたのもその響きであったが、そこまでにはなおしばらくの時間が必要であった。

対立の交錯、米英と米ソ

東西対立において西側も内部に矛盾を抱えていた。それは朝鮮半島において主役として中国軍を相手に直接戦火を交える米国と、すでに「新中国」を承認して外交関係を維持している英国との立場の違いであった。両国はこの年、中国政策でしばしば対立の調整を迫られる。

一九五一年五月一二日『毎日』［ロンドン十一日発＝ＡＦＰ時事］「モリソン英外相は十一日下院で次のように述べた。

昨年十二月十四日アットリー首相は『台湾問題は極東問題のうちもっとも困難なものの一つだ』と述べたが、この事実は現在も変っていない。それ故台湾問題によって対日講和条約締結が遅らされるようなことがあってはならない。

一九四三年のカイロ会議で英国と中国とは終戦とともに、台湾を中国に返還すること、そして同時にまた自由かつ独立の朝鮮をつくること、侵略と領土的野心は放棄すべきであるということに意見の一致をみた。しかし朝鮮に関するカイロ宣言の条項を実行に移す意志のあること、及びカイロ宣言の根本原則を承認するということを中共が行動によって示さない限り、台湾問題を満足のゆく方法で解決することは困難だろう。

英政府としてはカイロ宣言の目的は極東問題の真の満足すべき解決の中にのみ解決されうるものであり、そのための第一歩は朝鮮動乱の解決でなくてはならないと考えている。

政府としては台湾問題はいずれ適宜の時期に国連諸国によって有効に考慮されうるものであり、さし迫った問題ではないと考えている。だから朝鮮で作戦が続いている限り台湾の将来を討議するのは尚早だと思う。もっともこの台湾問題は対日講和条約の文中には現われて来るだろうが、その場合でも最終的な解決を示すということはなされないであろう」（全文）

もって回った言い方で、一読しただけでは文意がつかみ難いが、要するに中国大陸と台湾とに二つの政権が存在している状況が続いているのに、どちらの政権が中国を代表するとか、台湾はどの政権に帰属するとかについて、無理に結論を急ぐべきではなく、それは「いずれ適宜の時期に国連諸国によって有効に考慮されうる」まで待つべきだというのである。したがって対日講和にあたっても、時間をかけてまでこの問題の「最終的な解決」を目指すべきではない、ということになる。これに対して、米の態度はすでに明確であった。たまたま同日（五月一二日）の『毎日』にはモリソン英外相の発言と並べて、短いながら米マーシャル国防相の議会証言が載っている。

［ワシントン十日発＝UP特約］「マーシャル国防相の米上院軍事外交合同委員会における四日目の証言は十日午前十時十分から開始された。

十日の証言では質問は米国の対極東政策に集中され、マ国防相は必要とあれば米国は中共の国連参加提案には拒否権を使い、また台湾を中共に与える問題の討議もあくまで拒否すべきであることを強調した」（全文）

さらに――

五月二〇日の『毎日』［ニューヨーク十八日発＝UP特約］「ラスク米国務次官補及びダレス米大統領特別代表は十八日ニューヨークの中国研究所主催の晩さん会で、蔣介石政権を支持する米国の態度を表明し、間接的にではあるが、中国民衆に中共政権に反抗することを呼びかける演説を行い、それぞれ次のように述べた。

ラスク次官補『中共政権は中国の政権ではなく米国はこれを認めない。国府の統治下の領土がどんなに制限されたものでも米国は国府を中国の正式政府として認める。一方北京政府はソ連の植民地政府いいかえれば、スラヴ化された満州を大規模にしたものであり、中国人による政府ではない』

ダレス代表『中共政権がモスクワのカイライにすぎないとのラスク国務次官補の見解には私も同感である。また米国は中共が対日講和条約の起草に参加することには絶対に反対である』

なおこの演説は、一九四九年の米国務省対華白書の中で米国が事実上蔣介石を見放して以来、米政府当局が行った**最も力強い国府支持の表明**である」（全文）

米は共産党政権を中国の代表政府と認めず、台湾をそれに対抗する政府として擁護してゆく姿勢を明確にして、一九四九年の「中国白書」と翌年の「アチソン・ライン」を事実上放棄していることを周知させた。

米英の対立を横目に睨みながら、東西対立の一方の盟主、ソ連は対日講和について一九五一年五月七日、ボゴモロフ外務次官がカーク駐ソ米大使に長文の覚書を手交した。

五月八日『朝日』［ワシントン七日発UP＝共同］「米国務省は七日『アラン・カーク駐ソ米大使は七日、ソ連政府から対日講和条約問題に関する長文の覚書を受取った』と発表した。

マクダーモット国務省スポークスマンの発表によれば、カーク大使は七日朝、ソ連外務省から呼ばれ、ボゴモロフ・ソ連外務次官からこの覚書を手交されたが覚書は目下翻訳中で、現在のところ国務省はその内容を明らかにしていない」（全文）

このソ連の覚書に対する米の回答は五月一九日に行われた。

五月二一日『朝日』［ワシントン十九日発＝ロイター特約］「パーキンス米国務次官補（欧州問題担当）は十九日、ソ連がさる七日、米政府に申入れた対日講和条約に関する提案への回答として米政府の覚書をバニューシキン駐米ソ連大使に手交した。米官辺筋の語るところによると、米政府はこの覚書の中で対日講和条約に関する交渉に中共の参加を要求したソ連の提案を拒否したといわれる」（全文）

五月二二日『朝日』［ニューヨーク＝中村特派員二十日発］「米国務省は二十日午後七時（日本時間二十一日午前九時）パーキンス米国務次官補が十九日パニューシキン駐ソ米大使に手交した対日講和条約に関するソ連の提案に関する米政府の回答内容を公表した。米政府はこの回答で太平洋戦争を主として戦った国として、また日本占領に責任をもった国として、米国が対日講和に主導的地位をもつのは当然であるとし、またソ連が度々引用するカイロ宣言にある中国は国民政府をいうのであって、中共政府を意味するものではないことを明かにし、かつソ連政府の提案する四カ国（注：米、英、ソ、中国）外相会議による対日講和討議の手続きは適当でないと反対した。……

ソ連の主張は対日講和に中共を参加させること、講和後は占領軍が撤退することを重点とするものであるが、米政府は今度の回答で、ソ連政府が日本に対する集団安全保障を拒否するのは対日侵略の謀略があるためのものと述べている」

このように米はソ連の覚書には同じく覚書でという形で、その要求を斥けたが、英との対立の扱いにはかなりのエネルギーを割かねばならなかった。

二　米英ロンドン会談

中国の代表はどちらか

一九五一年六月三日、米ダレス大使（大統領特別代表）はロンドンに飛ぶ。英モリソン外相との直接会談によって対日講和における中国の扱いを調整するためである。この会談について、ニューヨーク・タイムス紙のジェームス・レストン記者は次のような予測記事を書いている。両国の論点がよく整理されていると思われる。

六月五日『朝日』「ワシントン＝レストン記者三日発＝ニューヨーク・タイムス特約」「ダレス大使は四日から対日講和に関しモリソン英外相と会談するが、この会談によって米英両国は、中共に対する政策の不一致問題で試練に直面するであろう。

ダレス大使は対日講和には国府が調印すべきであり、中共は朝鮮での侵略を止めぬかぎり講和の交渉から除外されるべきだと主張するよう厳格な指令を受けているものとみられる。このような指令がダレス大使に出されているとみられるのは中国の合法政府として中共を承認している英国が中共の対日講和交渉参加と調印を認めるべきだとの態度をとって来たからである。……

これと同じような米英の食い違いが対日講和の中で台湾をどのように取扱うかという問題にもあらわれている。カイロ宣言では台湾を『中華民国』に返還すると規定されている。しかし米国はこれと同じ言葉を対日講和条約の中に織りこむことを考えておらず、日本は今後台湾に対するすべての権利を放棄すべきであると主張している。いずれの中国が台湾を領有するのかという問題については未解決のまゝにしているわけである。

ダレス・モリソン会談に入る前の予備交渉で、英国はこれとは少し違った態度をとっている。すなわち対日講和条約の中で、日本は『中国』のために台湾に対するすべての権利を放棄すべしと記述すべきだと主張した。

対日講和をめぐる米英間の食い違い第三は経済問題に関するもので、米国は日本に対しすべて寛大な解決をしたいと考えているが、英国はダレス大使の見解によれば日本に対してまさしく『強硬な線』とみえるものをとっている。

例えば米国は日本の造船問題について日本の自由にまかせておくという立場をとっているが、英国はこの点で日本の自由を制限したいと考えている。

かくしてダレス・モリソン会談は西欧側の極東政策に関する大きな基本的な意見の食い違いに直面するものとワシントンでは予想されている。英国は中共が朝鮮で敗北を喫したのにもかかわらず、なお台湾の国府よりも中国人民の意志を代表する政府であると信じている。……英国政府としては現在の政治的な条件で、極東における将来の出来事までも律することを望んでいない。……」

この記事でダレスが「日本に台湾を中国に返還させる」ことに反対し、日本にはただ「台湾に対するすべての権利を放棄させる」だけにとどめることを主張し、カイロ宣言の文言どおり台湾は中国に返還すべきであるとする英国と対立しているとの指摘は注目される。日本の外務省の一部に根強く引継がれている「**台湾帰属未定論**」の原型が朝鮮戦争下の米国ないしはダレスの発想であることがうかがわれる。

ロンドン会談は六月四日から一四日まで断続的に続く。その間、ダレスは仏に飛んで、六月一一日にパロディ仏外務次官とも会談した。この会談では対日講和会議に中国、国府はともに参加させないことで一致したが、同時に仏は日本から賠償を取立てることを主張したとされる。

六月一三日『毎日』［パリ十一日発ロイター＝共同］　「消息筋によれば十一日のダレス代表とパロディ仏外務次官との会談の成果は次の通り。

一、米仏両国は中共、国府の双方とも対日講和に参加させないことに意見が一致した。

一、条約草案中政治的、経済的条項の一部についてフランス側は多くの条項を保留した。

一、フランス側は価格切下げ競争を恐れて日本に最恵国待遇を許すという形で完全な通商上の自由を与えることに反対した。

一、フランス側はダレス代表に対し戦時中インドシナで日本軍のためうけた損害、フランス市民の対日損害補償要求および戦前に行われた借款の返済額に相当する七千億フラン（約七千二百億円）を賠償として取立てたい旨を述べた。

一、ダレス代表はヴェトナム、カンボジャ、ラオスなどが調印に参加することに同意した」（全文）

米英会談は六月一四日に英外務省と在英米大使館が共同コミュニケを発表して終了した。

六月一六日『朝日』［ロンドン十四日発＝ＡＦＰ特約］　「英外務省は十四日夜コミュニケを発表し、モリソン英外相とダレス米大使は十四日午後の会談の結果、対日講和条約草案およびその他すべての主要懸案につき両者の間に完全な意見の一致に達したと声明した。コミュニケはつぎの通り。

◇モリソン英外相とダレス米大統領特使は対日講和条約に関する会談を終るにあたって両者が条約草案ならびに未解決のその他一切の主要問題について全幅的な意見の一致に到達したことを発表する。……意見の一致に達したという事実は米英両国の目的が根本的に一致していることを重ねて強調するものである。……」

しかし、このコミュニケは対日講和会議に中国のどちらの政権を参加させるかについては言及していない。コミュニケに対する米紙の評価の一つ――

六月一六日『朝日』〔ロンドン＝ダニエル記者十四日発＝ニューヨーク・タイムス特約〕「……モリソン英外相とダレス米大使は対日講和条約草案とその他今日まで未解決であった主要問題のすべてについて全幅的な意見の一致に到達したと発表したが、この発表に関する限り、ダレス大使は訪欧の使命を成功のうちに果したわけである。同大使はこれによって、従来のように戦勝国が懲罰的な講和条約を課するという伝統を破るとともに、終局的には敗戦国日本を西欧の同盟国としようとする和解的な条約案について英仏両国の同意を得ることに成功したのである。……

（しかし、コミュニケは会談の結果の真相をほとんど明らかにしていない、として）例えば、先週の会談を行詰らせた中国の参加問題がどのように解決されたかということを少しも示していないし、また二つの中国のうちどの政府を承認するかという問題をめぐる米英の見解の相違を調整するため、どんな方式が最終的に採用されたかという点についても何の暗示も与えていない。

しかしながら、非公式の情報によると、米国代表は対日講和条約の調印を英国が承認している中共にさせるか、それとも米国が承認している国府にさせるかは条約調印後に**日本の自由選択にまかせる**という米国の既定の方針を事実上大して譲らなかったといわれる。……」

このように対日講和会議には大陸、台湾いずれの政府も参加させず、講和条約調印後に国府を日本が選ぶことを前提に日本が選択した中国の政府と別個に講和条約を結ぶという方式が西側主要国の間で決定された。ダレスはこの月の下旬、ラジオのインタビューで日本が国府を選択するであろうことを示唆する発言を行っている。

六月二六日『朝日』〔ニューヨーク二十四日発中央社＝共同〕「ダレス大使は二十四日NBC放送で対日講和に関するラジオ・インターヴューを行ったが、『日本に国府、中共のいずれと講和を締結させるか了解が成立したか』

との問いに対しこれを否定せず、さらに日本が国府との講和締結に同意するであろうことを暗示して次のように述べた。

日本がいずれと講和を結ぶかについて私は日本と中国本土との貿易を重視しない。その理由は中共対外貿易当局の厳格な統制下にある中国大陸との貿易では日本はその思うような物資を獲得することができないからだ。これに反し日本の台湾貿易は戦前台湾が日本統治下にあった当時の数量に達している。国府は対日講和を準備するに当って十分相談を受けており、国府から多くの建設的な意見が提出されている。中共政府もソ連を通じて講和条約草案を手に入れたが、その示した反響は全くソ連と同じことである」(全文)

ここでダレスが中国大陸との貿易が日本の望むような形にならないであろうとの予測を、日本が北京政府を講和の相手として選ぶのを思いとどまらせる根拠に挙げているのは興味深い。先に引用した「平和問題懇談会」の声明にもあるように、中国についての「悪役」イメージの増幅とはまた別に中国との貿易なくしては日本の復興はないとの声が日本国内に強いことを念頭においての発言であることは明らかである。

三　日本の選択

二つの政権の前で

こうして中国を参加させない形で対日講和会議を開くという骨格が決まり、対日講和条約も一九五一年七月九日にＡＰ通信がその「新改訂草案（米英共同草案）」を報道したことで、内容が明らかとなった。講和会議は九月に米・サンフランシスコで開会と決定された。八月一八日、吉田茂首相を首席全権とし、野党の民主党からも苫米地義三最高委員長が加わって日本全権団が結成された。

それでは将来、日本によって「選択」されるべき中国の二つの政権の対日態度はどのようなものであったか。大陸については五月二三日の『朝日』に次のような記事が見える――

［香港発＝ＰＡＮＡ特約］「……北京政府は昨年二月に締結された中ソ友好同盟条約の線に沿ってその宣伝機関をあげて日本向けに切りかえ、日本の将来の意図に関する中国民衆の恐怖と疑念をあおっている。……すなわち彼等によれば、米国はアジアを征服するために努力しており、この目的のため真っ先に踏みにじられるのは中国であると信じている。そして中国を制圧するためにはアジア大陸に対する橋頭陣地とともに優勢な陸上部隊が必要であり、そこで日本は再軍備されつゝあると中共側では信じている。

中共はまた日本の降伏が、中国における中共第八路軍および新一軍（ママ）の根強い抗戦とソ連の参戦の結果によるものである以上、中ソ両国が対日講和から除外されるのは我慢の出来ないことであると言明しているのである。……

反日運動を開始するに当って中共幹部はさらに、米国は中国本土から情報を集めたり、中国本土で反革命活動を行わせるために、日本人の情報関係専門家を使用しているとも称している。……」

中国にすれば朝鮮半島で対峙している米軍（国連軍）の司令部が日本にある以上、日米を軍事的に一体のものと見なし、かつ警察予備隊の設置を日本の再軍備と受け取るのも不可避であったろう。そしてこの見方がその後長く中国の対日態度に影響する。

八月二一日、中国は対日講和会議について北京放送を通じて、次のような警告を発した。

八月二二日『毎日』［UP特約（東京）廿一日］「中共は廿一日夜日本がもしサンフランシスコで中共及びソ連の参加しない講和条約に署名した場合、それは中ソ両国に対する宣戦を意味するであろうと警告した。この警告は上海大公報紙上に発表された公開状の形式のもとに北京放送を通じて行われたものであり、特に全文を英語で放送しその重要性を強調している。なお同公開状は日本人民に〝起て、日本を日本人自身の手に返すために〟と檄しているる。なお右放送は更に次のように述べている。

日本が米国によって準備された単独講和条約に調印するかどうかは日本の運命にとって決定的な因子となるだろう。われわれは中国とソ連の参加せぬ単独講和が右両国に対する宣戦布告を意味するものであることを日本国民が理解しているものと信ずる。われわれは単独講和の締結後も中ソ両国と日本との間には戦争状態が存在するものと信ずる。吉田首相が受諾しようとしている単独講和は遠方の諸国との友好関係をつくるだろうが近隣諸国とは敵対関係をつくることになろう」（全文）

一方、台湾の国民政府はこの時期、外国の新聞記者を積極的に受け入れて首脳が会見に応じ、反共を強調していた。

五月二七日の『読売』と『朝日』には期せずして同時に蒋介石との会見記事が掲載された。『読売』はINS通信記者が会見した模様が五月二五日にニューヨークでテレビ放送されたのを伝え、『朝日』は同社特派員がロンドンに赴任する途中、五月二六日に台北で会見したものである。

『読売』〔ニューヨーク特電（INS）二十五日発〕「蒋介石総統は……彼には台湾に六十二万の軍隊があり、この軍隊は『十分な補給』をうければ、それから六ケ月以内に共産主義者の支配する中国本土に進攻する能力をもっていると言明した。……質問に答えて『本土の人々は共産主義者の大量殺りく、その他の残虐行為および不正のもたらすものを身近く感じているので、今では共産主義者の宣伝に踊らされていたことを知るようになっている、本土の人々は国民政府を救主として頼っており、われ〳〵の軍隊が本土に上陸して彼らを鉄のカーテンの中から救い出す時の来るのを待ちあぐんでいる』とのべた。……」

と、国民党軍が朝鮮戦争によって一九四九年の敗戦から立ち直り、大陸反攻を呼号するまでになっていることを伝えた。

『朝日』の会見記の要点は蒋介石の次の談話である――

「今日世界の諸国民は自由か、奴隷か、光明か暗黒かのいずれかをえらばなければならぬ関頭に立っている。中日両国民はいまや五十年前に孫中山先生が唱道した革命および維新の際の日本の志士の努力を想起し、遠大な視野をもってアジアの前途を考えるべきである。自由世界と共産集団との闘争は長期にわたる闘争であり、決して短期間に終るものでない。アジア民族の独立、自由のための闘争こそ最後の成功をもたらすものである。中日両国民が民主和平のために合作すれば、アジアおよび世界に対して重大な貢献をなすことが出来る。自分はこれこそ中日両国関係の基礎であると信じている」

この時期が蒋介石にとっては捲土重来、大陸を取りもどす期待が大きく膨らんだ時であり、それが言葉の端々にうかがわれる。日本に対しても、たんに講和の相手としてこちらを選ぶべきだというのではなく、東西対立の中で自由世界の仲間として手を繫ぐのは当然だという姿勢である。

ひるむ吉田首相

そこでいよいよ日本政府の態度如何、ということになるわけだが、全権団が結成された八月一八日、参院本会議で吉田首相は平和条約の相手に中国のどの政府を選ぶかについて奇妙な答弁をして注目された。

八月一九日『読売』「吉田首相は十八日の参院本会議で中国との講和に関する堀真琴氏（労農）の質問に対し、日本が将来平和条約第廿六条に基いて中国との間に個別的に二国間の平和条約を結ぶ場合、いずれの中国を選ぶかの選択は『連合国によって決定さるべきものである』と答弁した。

これは去る四日外務省が発表した講和白書の『中国政府の選択は日本政府の責任でなければならない』旨の解釈と矛盾するものとして注目された。中国との個別講和の問題は中共を承認する英国の立場と国民政府を正統中国政府と認めて中共政府否認の立場を崩せない米国の事情を考慮したあげくの苦肉の策としてダレス氏が平和条約参加国から中国を落とす提案を行って、両国間の衝突を避けた事情がある。

よって中国正統政府の選択はむしろ独立後の日本に委ねようというのが定説であり、外務省が法的に『選択の責任が日本にある』と断定したわけである。従って首相が『選択は連合国が決定する』といったのは講和条約締結後の国際情勢の動きに応じて、連合国がその必要から遠からず正統中国政府を決定するであろうという国際政治的見通しのもとに日本もこれら連合国と足並みを合せていずれかの中国政府を正統政府として選び、この政府との間に二国間講和を結ぶ意志であるとの政治的見解を表明したものとみるべきだとする見解が有力である」（全文）

吉田答弁については、同日の八月一九日『毎日』のほうがやや詳しいので、それも引用しておく――

「中共が調印するか、国府が調印するかということは連合国において協定せらるべきものであって、わが国としては容喙の権利はなく、静かにその決定をまてばよい」

この吉田発言は形の上だけにもせよ選択権を与えられたのに、それを積極的に行使することをあらかじめ放棄し、いわば大勢に順応しようというもので、当時の吉田首相の正直な腹積もりであったのだろう。八月二〇日の『朝日』の「解説」はこう述べる――

『読売』や次の『朝日』の記事にない「わが国としては容喙の権利はなく」の一節が加わっている。

「……吉田首相は『中共が調印するか国府が調印するかということは連合国によって決定されることで、わが国は静かにその決定を待てばよい』と言明した。この点外務省では法的には日本に選択権があることは明白で、厳密にいえばその選択権は中国側がいい出さないのに、こちらから進んで相手を選ぶのではなくて、先方がいい出したものを選択できると解釈すべきで、首相が連合国に選択権があるといったのは、国際情勢の推移に応じて主要な連合国の動きできまるという政治論であろうから、食いちがいはない、といっている。

たゞ外務省でも、中共が講和条約の内容に反対しているから、締結を申出ず、国府だけが申込んできた場合、日本はもう選択の余地がないから、国府を選ばなければならないのか、それとも、国府と締結するしないは日本の自由かはハッキリしない、との見解である。戦敗国が戦勝国を選択することはありうるかという疑問も一部にあるが、この点は双方共戦勝国の正統政府を主張しているかぎり、必ずしも戦敗国が何れかを選んではいけないという法的根拠はないとしている」

この吉田発言は米政界にも波紋を投じた。

八月二六日『朝日』［ワシントン＝中村特派員二十四日発］「吉田首相が先の議会演説で国府か中共政府かそのいずれと日本が講和を締結するかは連合国が選択するといったことは、米政府当局をいたく刺激したが、首相演説につゞいて現れた『外務省の見解』を検討した結果、この問題はひとまずおさまったことになっている。

しかし、吉田首相として、日本が選択するといい切れなかったその日本の国内情勢に米政府当局は多少の不安をもっている。米政府当局の見解では、吉田首相はダレス氏との会談によって、日本が中共か国府かを選ぶという主旨をよく了解しているはずだというのである。もっとも吉田首相が果してダレス氏との間になんらかの話合を決めたかどうかについては言明を避けている。……

日本はその経済自立の上から中国本土との関係を確立、安定させることを望むであろうということは、米国の識者はほとんど一様にこれを認めている。しかし一方中共に対する米国の反発は極めて強いものがあり、こんどの講和そのものが自由諸国家の結束をその一つねらいとしていることからいっても、日本の中国問題に対する動きを早くも注目する傾向がある。……」

外交官であった吉田がこの問題をめぐる米英のやりとり、その結果として中国除外の講和会議となった経緯を知らないはずもないのに、国会でわざわざこのような答弁をしたのは、所詮、日本の選択といっても実質的には西側の大勢、さらに言えば米の意向を無視しての「選択」はありえないのに、それを日本政府の自主的な選択のように装わされることは、その結果が中国大陸との経済関係の回復を困難にすることが明らかなだけに、甚だ迷惑といった思いによるものではなかったろうか。『朝日』の特派員電にある「日本の国内情勢」とは「日中貿易の邪魔をした」と言われることを吉田が避けようとしていることであるとすれば、日本には実質的に選択権はないのだということをあらかじめ公言しておいたほうが、国内に将来余計な紛糾の種を残さないですむという計算も働いたように思われる。

外人記者の見る講和

講和条約調印が迫った九月一日、『毎日』は現地サンフランシスコで諸外国の記者を集めて座談会を開き、講和について意見を聞いているが、その中での中国に関するくだりを採録しておく。

九月二日『毎日』〔サンフランシスコ一日工藤本社編集局長発〕「……工藤　日本が国府と中共とどちらを選ぶかは将来に残された問題だが……。

宋（徳和・PANA通信東京代表）　この問題は日本に関する限り簡単な問題ではないかと思う。要するに日本は外部からの圧力に従ってどちらを選ぶかをきめるということだ。

ホープライト（UP通信社）　私は日本は国府と特に緊密な関係をもちつつ国府と中共の両方と関係を保って行くのではないかと思うね。国府とは外交関係をもち、中共とは事実上の関係をもつわけだ。

クー（シカゴ・サン紙、ワシントン特派員）　英国は中共と外交関係をもっているが、それでも台北の領事館を閉鎖していないという理由で中共はこの外交関係を積極化しようとはしていない。日本も両またはかけられないと思う。

ヘンスレー（UP通信社）　私も日本は国府と条約を結んでしかも中共とも貿易を続けていったらよいのではないかと思う。

クー　日本にとって北支と満州は魅力があるに違いないが、米議会は中国大陸との貿易に反対している。要するにどちらの圧力が大きいかによる。

ホープライト　今でも日本と中国大陸との間には相当不法貿易が行われている。完全な禁輸は日本ではなかなか出来ない。これが日本の大きな問題で、リッジウェー総司令官は最近日本の問題は条約調印後さらに大きくなるだろうといっている。

クー　これまでは中国からえられないものは米国からえていたが、米国の納税者は日本に援助をいつまでも与えないといっている。

ヘンスレー　日本は中国大陸と貿易が出来ないので英国の市場に割込み、原料は米国から高い値段で買っている。これは不自然かつ損な方法で、日本はどうしても中国大陸を選ばなくてはならぬ。

宋　朝鮮の開城で多くの中共新聞記者と話したが、中共は六年間、日本との貿易なしでやってゆけた。今後も大丈夫やってゆけるといっていた。中共は独力でやってゆけることを世界に向って証明したいんだ。日本が国府と条約を調印して、しかも中共との貿易も保とうとするのは出来ないことだ。

ヘンスレー　しばらくそのままにしておいて、どんな圧力がくるかみたらいいんだ。まず米議会が条約を批准するのをまつ。それまでは何もしないことだ。……」

この座談会でもまた中国大陸との貿易が日本の死活問題であることが話題の中心であった。当時の政治情勢においては、日本が講和の相手に北京政府を選ぶことは考えられないにしても、台湾を選べばそれはただちに独立後の日本経済に大きな欠落を生むことを意味していた。

こうして最も長期間交戦国であった中国を空白にしたまま、対日講和条約は九月八日、サンフランシスコにおいて調印された。調印国は米英をはじめ日本を加えて**四十九か国**に上ったが、ソ連、ポーランド、チェコの三国全権は調印しなかった。

吉田全権は調印前日の九月七日の会議で演説に立ったが、その中での中国に関するくだりは次の通りであった。

九月九日『毎日』「中国についてはわれわれも、中国の不統一のためにその代表がここに出席されることが出来なかったことを遺憾に思うのである。中国との貿易が日本経済において占める地位は重要であるが過去六年間の経験の示しておる通り、しばしば事実よりもこの重要性を誇張されている」

また調印を拒否したソ連グロムイコ全権は記者会見して、次のように述べた。

九月九日『毎日』［サンフランシスコ八日発＝UP特約至急報］「……米英の対日講和条約は明らかに国際協定を侵犯して日本と単独講和を結ぶものであって、ソ連と中共の参加を不可能ならしめるものである。講和条約は中国に対する大きな不正である。五億の中国国民は米国の独裁者によって行われた議論の余地ない権利の侵犯を忘れないであろう。中国が出席せず、サルヴァドルやニカラグヮが出席するような会議は〝笑うべき〟ものである。条約は新しい戦争をひき起こそうとするものである。米国は日本国民を攻撃的帝国主義的計画のために大砲の餌食にしようとしている。……」

こうして中国抜きの講和、ソ連をはじめとする共産圏の国々との講和を先送りしての「単独講和」によって、とにかくわが国は占領から解放され、翌一九五二年四月、独立を回復した。

第十七章　独立回復と「中国選択」　一九五一年～一九五二年

一　日華平和条約への流れ

ダレス来日

サンフランシスコ講和条約と日米安保条約は一九五一年一一月一八日に日本の国会で批准された。次は形式的には日本の選択にまかされることになった、大陸か台湾か、いずれの政府を相手として「中国」との講和条約を結ぶかが、この年の年末から翌五二年の年初にかけての日本政府の課題となった。

もとより米は日本が北京政府を選択するとは想定していなかったが、なお残る不安を払拭し、所期のコースへ日本を確実に進ませるために、国務省顧問のダレスが一九五一年一月、講和条約について吉田首相と会談するため来日したのに続いて、一二月に再度日本を訪れることになった。ダレスの使命を巡る状況を米紙の記者は次のように観測している――

一一月二一日『朝日』夕刊「ワシントン＝ケネス・ハリス記者二十日発＝オブザーヴァー特約」「ダレス米国務長官顧問は明年一月米議会に提出される対日講和条約批准に関して最後的準備を整えるため十二月早々日本に赴くが、そのさい同顧問はいくつかの困難な問題に当面するであろう。……

吉田首相は左右両派および、中国に原料と市場とを求める実業家と製造業者、また現実に当面しようとする政治家たちから圧力を受けており、貿易関係が中共承認にまで発展する恐れのあることをワシントンでは認めている。

さらに米国の立場は蒋介石総統の態度によって困難となっている。すなわちワシントン駐在の顧（維鈞）国府大使が日本が国民党を台湾の政府として承認するならば満足であるとの意向を述べたのに対して蔣（介石）総統はこのような妥協案を拒否し、日本は国民党政府を全中国の代表として承認するよう主張したのである。

さらに米国はもう一つの困難にぶつかっている。それは米国の期待とまではいかなくとも、明らかに内心の希望が裏切られて、チャーチル（英）保守党政府が中共承認を撤回しようとする徴候が全くなく、現在の中共承認政策を続けるように見受けられることである。……」

そのダレスは一九五一年一二月一〇日に来日、二〇日に帰国するまでに、首相の吉田をはじめ衆参両院議長、日本商工会議所など各界の人々と接触した。来日最初の日程は一日早く東京入りしていたスパークマン、スミス両上院議員とともに臨んだ一一日の記者会見であった。そこでの中国に関する一問一答を一二月一一日『朝日』夕刊から抜粋すると――

「問　中国との貿易が出来なくても、日本が将来大きい経済力を持ちうると思うか。

ダレス氏　いろ〳〵の条件をもとにして考えると日本がより大きくかつ健全な経済力を持ちうることは明かである。吉田首相がサンフランシスコ会議での演説で述べたように日本が共産主義支配下にある中国およびアジアに経済的に依存しているということは非常に誇張されている。日本がこの地域にどうしても依存しなければならないと考える理由はない。……

問　もし日本が国府を承認する旨を明かにしない場合には、米上院はどうするか。

スパークマン氏　私は上院が講和条約を批准することを希望するが、各上院議員がその様な場合にどうするかはわからない。たゞ消極的にいえることは、中共を承認するとか中共との経済関係を緊密化するとかいうような予期しないことが起った場合には、それは批准に対して強力な障害になるだろうということだ。……

問　日本政府に対しいずれの中国を選ぶべきかという問題について何かの提案をする考えはあるか。

ダレス氏　日本政府へプレス・オン（押しつける）することは何の問題についてもやらない。たゞ日本政府からわたくしの意見を聞かれればできうる限りのことをして答えたい。

スパークマン、スミス両氏　ダレス氏のいわれたのと同感である。……」

「プレス・オン」しないと言いながらも、かなりあからさまな圧力である。当時の日本はこのような圧力を加えなければ米の意図に反する方向へ進むような状況であったのだろうか。

日本は「中国の選択」についてどういう態度であったのか。一二月一二日の『朝日』が第一面のおよそ半分を割いて、政界、財界、政府の態度を並べている。その要点は――

「政界―自由党首脳部の意向は米英両国間の立場が調整されるのを待って講和条約の発効後に態度を決するのが得策というものだが、党内には「国民政府」と「中共」のそれぞれを推す意見があるので、翌年春の講和発効後の世界情勢を見て決める方針である。民主党は静観の態度。緑風会は国府を選ぶのは必然としながらも、自らこれを提唱すべきでなく、米国等の斡旋を待つべきである。右派社会党は今はどちらと決めるべきでない。左派社会党は現実的に見て中国の政権は中共であることを率直に認めるべきである。

財界―朝鮮休戦協定に明るい見通しが出てきたので、出来るだけ選択を先に延ばすべきだ。

政府―進んで中共政府を承認しうる立場にはないが、さりとて国民政府を承認する方針も決めていない。国府から講和条約締結の申し入れがあった場合に、国際情勢を見極めて、慎重に態度を決定する方針をとることになるようだ。……」

このように左派社会党を除けば北京の政府と講和すべしという政党はなかった。しかし、大陸との貿易を考えると、進んで国府と結ぶべしという声も上げにくい。それに占領下から抜け出したばかりのせいか、自らの意志を表明する勇気にとぼしく、政府以下、外の情勢を見てという消極的な受身の姿勢が大勢であった。この煮え切らない国論を一二月一三日の『朝日』「天声人語」は次のように弁護する――

「……中国選択の問題は、民主主義陣営内でも米英の両横綱が持て余してタナ上げにしているくらいだ。ムコ選びは日本に自主性があるといっても、国際情勢を計算に入れるのは当然の話で、米国とも英国とも仲良くしたいし、朝鮮の休戦がうまくいけばアジアにもいくらか新しい道も開けてくるだろう。それを待ちたい気持はアメリカにもよく分ってもらえよう。中共貿易を過大評価するのも誤りだろうが、米国の大西洋岸からパナマ運河を通って運ばれて来る石炭は一トンにつき二十ドルの船賃がかゝり、大豆も同様十数ドルの運賃を要するそうで、これで製鉄業や製油業をまかなうのは息が切れるという声も財界にはある。経済は水のようなもので高きより低きに流れるのは自然の姿でもある。中共のイデオロギーは承認できぬにしても、経済とのカネアイをうまく調節できる線を探し求めるのは必ずしも無理な要望ではあるまい。……」

米がダレスを送り込んで来た理由はまさにこういう状況下にある日本政府の背中を国府の側に押すためであった。

ダレスと吉田との第一回会談は来日翌日の一一日に行われたが、この席にはスパークマン、スミス両上院議員も同席していたので、実質的な会談は一三日午後、井口（貞夫）外務次官とシーボルド駐日米大使だけが同席して総司令部外交局で行われた約一時間の会談であった。

一二月一四日『毎日』「……会談は友好裏に終始し、四分の三ぐらいはダレス顧問の発言で同顧問の信念たる自由世界が結束して共産主義の侵略を防止すべきことが述べられ、（一）国民政府と友好関係を樹立すること（一）防衛力の増強（一）賠償問題の三点について全く意見の一致を見た。

ダレス・吉田会談で明らかになったことは、日本が講和の相手として国府か中共かの二者択一ではなく、中共に関しては全然新しい措置はとらない一方、国民政府とは二国間条約を締結するのでなく、まず使節を派遣して通商貿易、文化等の友好関係を作るため協定を結ぶもので、吉田首相が顧慮していた台湾との関係樹立は英国の反対する恐れはないことが明らかになった。

よって政府としては（講和）条約発効と同時に国民政府を**限定承認**、すなわち中国全土を代表する政権とは認めず、現実に支配している台湾地域の代表政権として承認する方針である。しかしダレス氏は政府のこの方針に必ずしも賛意を表さず、国民政府の**全面的承認**を示唆した模様であり、この点は今後行われる日本と国民政府の間の交渉における最も大きな論点になるものとみられる。……」

一二月一四日『読売』「……消息筋では会談内容中最も重点をおかれたものは中国問題であると観測し、平和条約とは一応切り離して日本は国民政府との関係を限定的、中間的承認の域にまで進め、国府との友好的関係を漸進的に増大したいとする日本側の意向をのべたものとみている、これによって国府との関係の強化が自由世界の紐帯を強化することであるとする米国側の意見とほゞ一致したものと観測している。……」

一二月一四日『朝日』「……吉田首相はこれまでの方針を改めて強調した模様である。すなわち◇中国問題―日本政府としては、現状に即して国府との親善関係を一歩前進させるための措置を考慮している。しかし連合国、それも主として米、英両国間に中国承認の態度にくい違いのあることは、日本に中国政府選択の最終的態度をきめさせかねている。……と説明した模様である。

これに対してダレス氏からも、かなり多くの発言があったといわれるが、その発言は交渉とか勧告とかいう性質のものではなく、結論として政府の根本方針に変更を来すような事態に至らず相互の了解が成ったものと政府筋では解している。……」

会談後に正式の記者会見などは行われず、これらの記事はおそらく同席した井口外務次官のブリーフィングによって書かれたものと思われる。そこで吉田が国府を選ぶにしても全中国を代表する政府として講和条約を結ぶのでなく、現に統治している地域の政権として友好関係を取り決める協定にとどめたいとの態度を伝えたのに対して、ダレスがどのように応えたかが焦点であるが、三紙の記事はその点が食い違っている。

『毎日』がダレスは「必ずしも賛意を表さず、国民政府の全面承認を示唆した模様」と伝えたのに対して、『読売』は「消息筋では……米国側の意向とほぼ一致したものと観測している」と、消息筋を登場させて「日米一致」の見方に立つ。一方、『朝日』は「ダレス氏から、かなり多くの発言があったといわれる」と米側から異論が出たことを示唆しつつ、しかし、「結論として政府の基本方針に変更を来すような事態に至らず相互の了解が成った」との「政府筋」の解釈を紹介する形を採っている。

三紙の書きぶりから想像できることは、ブリーファー自身の口からはほとんど具体的な発言がなく、質問に対する受け答えから記者が会談の内容を推測した結果がこういう食い違いを生んだのであろうということだ。ここで分かるのは吉田が「国府限定承認論」を会談でダレスに伝えたことはブリーファーも否定しなかった、しかしそれに対するダレスの反応については言葉を濁した、この二点である。

状況から見るに、もし『読売』『朝日』の記事が正解だとするならば、ブリーファーはもうすこし方向性のはっきりした受け答えをしたであろうから、「言葉を濁した」事実から「ダレス氏は必ずしも賛意を表さなかった」という『毎日』の判断が正しかった。これはその後のやり取りで裏付けられる。

日本は今や与える立場

ダレスは一二月一四日午後、東京丸の内のユニオン・クラブで催された日米両商業会議所主催の昼食会に出席して演説した。この演説の内容を同日の『毎日』夕刊は第一面のおよそ五分の四を使って報じているが、ここではダレスはもっぱら東西対立における日本の立場を論じ、「**日本は今や与える立場**となり、自由世界に寄与する義務が生じた」として、自衛力の強化を促し、「中立と非武装」を時代遅れとして強く否定した。その文脈からは日本が講和の相手として北京政府を選ぶことは排除されるが、具体的に「中国選択」には言及していない。

吉田・ダレス会談はこの後一二月一八日にも行われ、一九日『毎日』によると、一、自衛力強化、二、中国選択、三、賠償問題について結論を得たという。中国選択についての結論は――

「中共政府との接近は問題にならず、中共貿易は行わなくとも米国は日本の経済自立を援助する。東南アジヤ、米国、英連邦等との貿易促進を建前とし、中共貿易に依存しないこと。台湾に対してはいま急速に承認をせずとも段階的に友好関係を締結し、明年一月ごろには親善特使を派遣する」

というものであった。

「急速に承認をせずとも段階的に」というくだりに吉田の「限定承認」の考え方が反映されているが、その前段で「中共貿易に依存しないこと」というのは、米が日本を中国大陸から政治的にばかりでなく、経済的にも切り離しておきたいとする意図を明確にしている。

このように吉田は翌五二年早々にも台湾に特使を派遣するというところまで、ダレスに歩み寄りつつ、しかし、中国をめぐる米英間の意見調整の行方を見守るための時間を稼いだと言える。吉田の腹の内を一二月二一日の『読売』は一面トップで次のように解説している――

「このように吉田首相が苦慮している理由は、

一、朝鮮休戦会談の進展と並行して米国が将来中共政権をいかに取扱って行くか

一、米国が台湾に政、戦略上どこまでの執着を持っているか

一、英国と中共との事実上の関係が将来どうなって行くか

一、自由世界の支柱である米英間の調整が早急に期待されるか

等の諸問題について正確な見通しが立てられなかったことによるが、ダレス氏今回の訪日によって米、英、国民

政府三者の関係が明かにされ、米国国務省筋の方針もほゞ了解されたので日本としても米国、国民政府間の交渉の進展に備えて対国府関係の国交回復の上に必要な準備を進めて行くことに決め、早ければ明年早々にも国民政府の対日戦争状態の終結宣言に関する正式発表を待って友好親善使節を派遣し、修好条約、通商航海条約の折衝に乗り出すものとみられている」

この記事はこれ全体でワン・センテンスである。その中にさまざまな要素をすべて盛りこんでいる。当時の新聞の文章の典型であるが、問題がどう「明かにされ」、どう「ほゞ了解された」のかはさっぱり分からない。ただ「中国選択」について、吉田茂のみならず、新聞社もまた判断に苦しむ不透明な状況をよく映しだしてはいる。

二　米英首脳会談

英の懸念は日本の経済力

日本がその行方を固唾を呑む思いで見守ったトルーマン大統領とチャーチル首相との米英首脳会談は年明け早々の一九五二年一月五日夜、ワシントンのポトマック河上の大統領専用ヨット「ウイリアムスバーグ号」で始まった。

会談はヨット上から始まってブレアハウス中食堂、英大使館の夕食会、さらにホワイトハウスにおける四回の正式会談と、延べ十七時間以上（八日ＡＰ電）に及んで八日に終了、九日に最終コミュニケが発表された。それによると、討議された項目は原爆基地問題（米が英国内の基地を使う際には両国の決定による）、欧州防衛、兵器の規格統一、原料問題（鉄鋼、アルミ、スズなど）、イラン問題、エジプト問題、北大西洋海軍司令官決定の問題、中東防衛計画、極東問題（中国問題）、朝鮮問題と広範囲にわたっている。

その中で極東問題についてコミュニケは——

「米英両国に関係ある極東問題も討議されたが、極東における共産主義の脅威に対処する必要は両国の中国政策に関する意見の相違をしのぐ重要性を持っていることが認められた」（一月九日ＵＰ電、一〇日『毎日』夕刊）

としか報道されていない。ここにいう「両国の中国政策の相違」とは何か。一月一〇日の『朝日』夕刊は次のような記事を載せている。

［ワシントン九日発ＡＦＰ＝共同］（チュレンヌ特派員）「ワシントンの消息筋が九日語ったところによれば、米国は最近英国が日本の貿易を中国に向けようと努力していることを非難しており、トルーマン・チャーチル会談の議題に日本と中共の関係を加えた原因もここにあったといわれる。

この問題は八日朝の両巨頭会談で概括的に討議されたが、結局将来に持越され、こんご米英両国外相ならびに専門家によってふたたび取り上げられることとなった。

この問題は昨年十二月ダレス大使の日本訪問中生まれたもので、この訪問でダレス大使は英国が故意に日本と中共との通商を促進していると確信するに至った。つまりダレス大使は英国が東南アジア市場における日本の競争を除くためこのような政策をとっているものと考えたわけである。消息筋によればダレス大使はこの問題をデニング駐日英大使に提起し、日本の経済を健全な基礎にもどそうとする米国の努力がこのような英国の政策によって複雑になっていると語ったといわれる」（全文）

英の見る台湾の地位

日本の経済力を東南アジア市場から排除して中国に向けさせようという英の政策がはからずも日本国内の日中貿易を重視する人々の立場を支えていたことになる。しかし、米英首脳会談では結局、チャーチルが折れて日本と台湾の国民政府が条約を結ぶことを了解したのだという見かたが登場した。

一月一二日『読売』［ワシントン特電（ＩＮＳ）十一日発］（ライクマン記）「米官辺筋は十一日トルーマン大統領とチャーチル英首相は日本が国府と平和条約を調印することに同意したと語った。同筋によるとチャーチル首相は蒋介石政府を台湾およびその支配下にあるいくつかの諸島だけを代表する政府として、これと条約を調印させる

よう提案したといわれる。この種の条約は蒋総統の主張する中国本土の合法的支配権を認めぬことになるわけである」（全文）

条約の適用範囲を国民政府の支配する地域に限定するという「限定承認論」がここにも登場した。同時に、それには国民政府自身が反対するであろうという記事も併載されている。

一月一二日『読売』［台北特電（PANA）十一日発］「国府筋が十一日明かにしたところによれば国府外交部当局は対日平和条約締結に先立って日本側が国府を地方政権として認めるようなさぐりを入れることには断固反対する声明を近く発表するものとみられている。……」

日本政府はこうした観測をどう受け取ったか。同日の一月一二日『読売』は、限定承認論を日本政府筋は「未確認情報」として見解の表明を避けていると伝え、しかし「権威筋は」として「国府との関係についてはほゞ次のような見解に一致しているようである」として、以下の見方を伝えている。

「一、**平和条約第廿六条**は一九四二年一月一日の連合国宣言に署名または加入し、かつ日本と戦争状態にあった国でこの条約に署名しない国から平和関係復活の申入れがあった場合、その条約内容が平和条約の内容と実質的に変らない限り（注：日本は）二国間平和条約を締結する義務があることを規定したものであるが、台湾政権は中国の代表権を具備していないから、台湾との個別平和条約締結はいまのところ考えられない。

一、しかし第廿六条は平和条約ではない修好条約のような関係を結ぶことを禁止していない。

このような理由から、権威筋は米英会談ではむしろ政治的な平和関係回復の問題として日本が平和条約発効と同時に修好条約を結び、実質的に国府を中国代表としてえらぶとの態度を順次明確化してゆくものと観測している。……」

ここで注目されるのは、（権威筋が）「台湾政権は中国の代表権を具備していないから、台湾との個別平和条約締結はいまのところ考えられない」と言いきっている点で、これがどこまで貫けるかがこの後の焦点となる。

米英首脳会談が行われている最中の一月八日、吉田首相は年頭の初閣議後、外交問題についての記者団の質問に答えた。そこで「中国との外交関係はどうか」との問に対して、次のように答えている――

一月八日『朝日』夕刊　「共産主義とは、おつき合いはできない。中国が共産主義国であって外国の治安を乱すというようなことがあってはおつき合いはできない。いずれの国でも日本の治安を乱さないようならその国からの講和条約の申出なども拒む理由はない。日本の治安を乱さないなら台湾のみならず何れの国といえども、つきあえる」

この談話の言葉遣いはよく考えてある。一見、北京政府とのつき合いをにべもなく拒絶しているようでいて、「日本の治安を乱さないなら台湾のみならず」いずれの国とも、つまり北京政府とも「つきあえる」と言っている。このように北京政府に対して含みのある態度を吉田はダレスに対しても示したことが明らかになったのが、ダレスあて「吉田書簡」の公表であった。

三　吉田書簡

苦心のトリック

前述のようにダレスは一九五一年一二月一〇日に来日し、二〇日に帰国したが、世に言う吉田書簡はダレス帰国後の一二月二四日の日付で出され、それが公表されたのは年明けの一月一六日であった。当時の新聞にも報道されているが、ここでは吉田茂自身の『回想十年』(一～四)の第三巻によって内容を検討してみたい。

まず書簡を出した理由について、吉田は——

「平和条約の国会審議ではさまざまな論議が行われ」、(中には言葉が)「前後の関係や背景から切り離されて引用され、誤解を生じたので、これを解きたいと思います」(『回想十年』七四頁、以下の引用も同じ)

と言ってから本題に入る。書簡は全体で千字余りのものであるが、本文の冒頭では——

「日本政府は究極において、日本の隣邦である中国との間に全面的な政治的平和及び通商関係を樹立することを希望するものであります」

と基本的な立場を述べる。ここでのキーワードは言うまでもなく「究極において」と「全面的な」である。同時に相手を「隣邦である中国」と言って、北京政府の正式国名を挙げていないのは、必ずしもすぐに北京政府と関係を持とうとしているわけではないという意思を明らかにしているものと解される。そして続く次の段落で——

「国際連合において中国の議席、発言権及び投票権をもち、若干の領域に対して現実に施政の権能を行使し、及び国際連合加盟国の大部分と外交関係を維持している中華民国政府とこの種の関係を発展させて行くことが現在可能であると考えます」

と述べる。ここでの「若干の領域」という言葉は前段の「全面的」と対比して使われ、また「現在可能であると考えます」という言い方は、前段の「究極において」と対比させて、「とりあえず」あるいは「暫定的なものとして」国民政府と条約を結ぶことが「可能である」と考える。つまり究極の目的とは異なるが、「やろうと思えばできる」という認識であると受け取れる。そしてその具体的な内容については――

「わが政府は法律的に可能になり次第（独立を回復し次第）、中華民国政府が希望するならば、この政府との間に、かの多数国平和条約（サンフランシスコ条約）に示された諸原則に従って、正常な関係を再開する条約を締結する用意があります」

と述べる。しかし、それは「正常な関係を再開する条約」であって、戦争終結のための「平和条約」を結ぶのではないことを示唆し、さらにその条約の適用範囲については以下の限定をつける――

「この二国間条約の条項は、中華民国に関しては、中華民国国民政府の支配下に現にあり、又は今後入るべきすべての領域に適用があるものであります」

これが有名な**地域限定条項**である。吉田の頭の中では**中国大陸は条約的には白紙のままに残される**のである。

書簡はこの後、「中国の共産政権」について、国連により侵略者として制裁をうけていること、日本もそれに従うこと、中ソ友好同盟条約は日本に向けられた軍事同盟であること、日本共産党を支援していると信ずべき理由があること、などを挙げて、この政権と「二国間条約を締結する意図を有しないことを確言することができます」と結んでいる。

この書簡を細かく読めば吉田の中国に対する考え方は明らかだが、吉田自身が『回想十年』でより明確に述べているので、それを引用しておこう。

「私としては、台湾との間に修好関係が生じ、経済関係も深まることは、固より望むところであったが、それ以上に深入りして、北京政府を否認する立場に立つことも避けたかった。というのは、中共政権は、現在までこそ、ソ連と密接に握手しているが如く見えるけれど、中国民族は本質的にはソ連人と相容れざるものがある。文明を異にし、国民性を異にし、政権をも亦異にしている中ソ両国は、遂に相容れざるに至るべしと私は考えており、従って中共政権との間柄を決定的に悪化させることを欲しなかったからである」（『回想十年』七一頁）

この吉田書簡について、発表翌日の一月一七日、『朝日』と『毎日』が社説を掲げた。しかし、いずれも問題点を的確にとらえているとは言い難い。

『朝日』の社説、「何故世論に問わぬか」はタイトルどおり突然重大な決定が行われたことに異を唱えている——

「何よりも国会において、その所信を問うてみるような措置は一つもとっていない。したがって、国民としては、こゝでも重大事が国民の知らぬ間に、ずん〳〵進められてゆくという感をおゝい得ない」、「我々は現政府が、何故に本問題に対する世論の成熟を待たなかったかを遺憾に思う。それは、日本の民主政治が試金石の上にのっている今、二重の意味において残念である」

この社説は別に吉田書簡の選択が間違っているというのではない——

「国府を捨てゝ中共を選ぶことが不可能に近いものであることは、まず明かであろう」（としながらも、）「しかし、事は急ぐか待つかによって、微妙な点から大なる相違を生むことは、過去における少い経験ではない」

と、吉田首相の独断に不満を表明するという、当時の無難な議論に逃げ込んでいる。

『毎日』の社説、「中国の選択と吉田書簡」となるとどうにも趣旨が読み取れない——

「日本のいまの立場としては中共との話合いを進めることは難しい。しかし、さればといって日本が台湾の国府との平和回復を計ることにも論議の余地がないのではない。その支配する地域、人口、資源の点でも国府は中共にはるかに及ばない状態である」（と自明のことを繰り返し、最後に）「（日台）両国間に講和を結ぶことが、万一アジヤの紛争を拡大させる口実となるようなことがあってはならない」

と、無理やり結論めいたものを仕立てて締めくくっている。

『読売』は一月一七日朝刊の社説では吉田書簡を取り上げなかったが、社説欄の下に「解説」を載せている。そこではこの書簡が米議会の平和条約審議が滑らかに進むようにという目的で出されたとの見かたを示した後、次のように問題点を指摘する――

「しかしこの書簡には微妙な表現が使われているので場合によっては両政府間の解釈上の混乱も予想されるが、この点について外務当局では、

一、書簡にいう二国間条約とは対日平和条約第廿六条（加入条項）の適用にもとづいて行われる『二国間平和条約』を意味しない。

一、中国国民政府を中国全体を代表する政府とみとめているのではないとの明確な解釈をとっている。したがってこの考え方をとる限り具体的には今後国府から二国間条約締結方を申入れてきた場合、修好条約というような形によって実質的に平和関係を両政府間に樹立する以外にないわけである。

一方国府側にはこの考え方に対して相当の反対があるといわれ、最近の台北電も日本が国府を〝中国を代表する政府〟としてでなく、一台湾の政府として臨時的な修好条約を結ぼうと試み、依然中共に対する日本の発言権を留保しようとするならば自由諸国にとってこの上もない不幸である、と報道している。……」

この解説は吉田書簡の眼目を正確に捉えている。『朝日』『毎日』が論旨の不明確な「社説」を掲げたのに対して、社説を見送った『読売』がきちんとした解説をしているのは皮肉である。もっとも『読売』もこの日、「解説」よりはるかに

大きな紙面を使って報じた台湾からの特派員電は「吉田書簡に沸き立つ台湾」「日本への疑惑消ゆ」「口々に『おめでとう』」といった見出しで、台湾現地は日本の選択に喜び一色と描いていて、「解説」とは整合性がない。

台湾の反応

それでは当の台湾国民政府の反応はどうであったか。この時期に台北に特派員がいたのは『読売』だけであったが、その西村特派員は一月一七日午後、葉公超外交部長と会見し、一九日の紙面で葉公超部長の次のような談話を伝えた。

「こんどの吉田書簡は両国講和の第一歩をふみ出したもので今後の日華関係は順調の一途たどるものと信じている。講和の具体的問題については早急に両国政府が直接接触をもち万事相談のうえで事を決したいと思う。両国が民主主義に徹底しておれば技術的なことについては何ら問題はないと思う」

この段階では、台湾もとりあえず吉田書簡が国民政府を相手に条約を結ぶ姿勢を明らかにした点を評価し、その後に起こりうべき厄介な問題は「技術的なこと」として交渉の中で解決しようとしていたようである。

書簡の送り先、米の反応もきわめて好意的であった。

一月一七日『朝日』夕刊「ワシントン＝鈴川特派員十六日発」「……吉田首相のダレス国務長官顧問あて書簡はワシントンでは十六日朝、国務省から全文発表されたが、これに対する議会筋の反響は当然のことながら極めて良い。民主党のスパークマン上院外交委員（極東小委員長）は十六日、この書簡を直ちに上院議事録に載せるむね言明、吉田首相がこのような行動に出たことはきわめて『勇敢な』措置であるとし、共和党の同じく上院外交委員トビー氏も記者の質問に答え、『吉田首相の書簡に対しては非常に満足している。私は対日講和の成立にはできるだけ努力するつもりである』と語った。……」

逆に東南アジア市場から競争相手としての日本を排除するために、日本を中国に近づけたい英は吉田書簡に不満を隠さなかった。そこには吉田書簡が「中国選択」でストレートに台湾を選んだという国際的な受け取られ方が反映している。

一月一七日『朝日』夕刊［ロンドン十六日発＝ＡＦＰ特電］「日本が国府と条約を結ぶという吉田書簡についてイーデン英外相は英・加会談から帰国早々の十六日夜知ったが、この報道は英側に深刻な困惑を与えている。それは吉田書簡に非常に新らしい要素が含まれているからではなく、ダレス米国務長官顧問の日本訪問にすぐ引続いて書簡が発表されたからである。そして、このダレス顧問の訪問自体、日本に国府を承認させるため圧力を加えないというサンフランシスコにおける米英間の友好的諒解を破るものであると英当局では考えている。……」

一月一八日『毎日』［ロンドン十七日発＝ＵＰ特約］「英外務省スポークスマンは十七日の記者会見で英国政府としては米国が日本の国府承認決定について圧力を加えたことを遺憾とする旨を明らかにし次のように語った。

対日平和条約が批准され、日本が主権国家となり、日本政府が自ら最もよいと考えた方向をたどることが出来るようになるまでは、日本政府が他のどの国とどのような関係を結ぶかについてはいかなる圧力も加えられるべきでないというのがこれまでの英国の見解であったし、今後もそういう見解をとり続ける。……」

中国を代表するのは大陸の政府か台湾の政府か、という、この後も長い間政府を悩ませる問題についての一九五一年末における一つの結論が吉田書簡であった。当時は米のダレスの要求に吉田が屈したものか、応じたものかは別にして、書簡は結果としてダレスの要求を満足させたものと受け取られ、米と台湾の国民政府は歓迎し、英は不快感を隠さなかったのだが、吉田の真意は必ずしもダレスの意図に完全に沿うものではなかった。

吉田の意図は前述したように「日本政府は究極において、日本の隣邦である中国との間に全面的な政治的平和及び通商関係を樹立することを希望するものであります」の冒頭の一節が大前提である。しかし、当時の状況では大陸の政府と条約を結ぶことは不可能であるので、やむなく国民政府が支配している領域に限って、そこを対象とする条約を結ぶという、いわゆる「限定承認論」である。つまり大陸についてはあくまで「白紙の状態のままに残す」ということであった。

ダレスの意図はそうではない。台湾の国民政府を全中国を代表する政府として認め、大陸政権は形式的には「存在しないもの」として扱う、いわゆる「中国封じ込め」である。つまりダレスの目には大陸も台湾も国民政府の色に塗られているのに対して、吉田茂の目には大陸は白紙なのである。

吉田は一月二六日の国会答弁で自ら書簡の意味するところを答弁している。

一月二六日『毎日』夕刊　「吉田首相は廿六日の参議院本会議で岡本愛祐（緑）吉川末次郎（右社）両氏の『吉田書簡は国民政府を中国の統一政府とみなして条約を結ぶものでなく限定された地域を領土とする国民政府と平和条約を結ぶものとしてるのか』との質問に対し次の如く答弁した。

台湾政府との間に条約を結ぶということは中国を代表して日本と平和条約に入るということとは意味が違っている。現在台湾政府がある地域における統治の実権を握っているがその事実に基いて善隣の関係をよくするために講和条約を結ぶのである。

中共は日本に対する態度を改めざる限りは台湾政府と同様の条約に入ることは出来ない。しかし、これをもって中国関係が打ち切られたわけではない」（関係部分全文）

吉田答弁の後半部分にダレスの「封じ込め」に与することなく、中国大陸を白紙の状態で残すという立場が明確に現れている。

四「日華平和条約」

長びいた交渉

こうしてともかく日本と台湾の国民政府が条約交渉に入る環境がととのい、一九五二年一月末、日本政府は蔵相経験者の河田烈を、台湾側は葉公超外交部長をそれぞれ全権に任命した。しかし、交渉が迫るにつれて、吉田書簡の真意について台湾側でも疑念が広がる。

二月一〇日『毎日』［台北九日発＝印東特派員第一報］「……葉外交部長は蔣介石総統の主張たる日華双辺条約（日華両国間の平和条約のこと）にあらざれば、修好条約あるいは友好条約ならば一切受付けないとの強硬な態度をとっており、台北の世論では異口同音に日本政府が決定した『中国と戦争状態を終結し平常関係を樹立する』条約では不十分であるとなしいま一歩進めて何故平和条約締結をしないのかといぶかっている。吉田（茂）首相や石原（幹一郎）外務政務次官が国会で言明した『**限定講和**』なる言葉は中国側にいわせると意味がない。平和条約には限定も全面もあるものかというのだ。適用範囲は『現在支配し将来支配すべき地域』であっても平和条約の本質に限定はないはずだと主張している。これは中国式の本質論であり面子を重んずる国民性の然らしめるところである。……」

吉田書簡発表直後の空気とは変わって、緊張感が漂う中で河田全権は二月一六日夜羽田発、翌朝台北に着いた。出発前の記者会見で河田全権は「交渉にはどのくらいの期間を予定しているか」との問に、「ゆっくりやるつもりだ。わたしは一カ月とふんでいる」と答えている（『朝日』二月一七日）ところを見ると、前途については相当に楽観的であったことが分かる。台北到着後、河田全権は書面で声明を発表したが、これは中国国民にむけての戦後初の日本政府を代表するメッセージであった。一部を抄録すると——

「……われわれは『恨みに報いるに徳をもってせよ』といわれた蒋総統の宣言を体し、これを徹底的に示された中国国民の態度を日本国民の一人として厚く感謝し、かつ中国国民の伝統的良識を深く尊敬、信頼している。中国が日本に対し不快な記憶を有せられることと思うが、今やわが国民は過去を償い、日本を平和的な国家として再建するため多大の困難を忍びながら努力していることを認めて頂きたい。……」（二月一七日『毎日』夕刊）

交渉は二月二〇日の開会式から始まったが、この日早速、国民政府側は『**日華平和条約草案**』を日本側に手交した。できれば「修好条約」といった形にしたいという日本政府の意図に対して、いきなり「平和条約」をぶつけてきたわけだが、この問題は日本側が国民政府側の主張を容れ、二七日に解決する。

二月二八日『毎日』［台北廿七日印東本社特派員発］「廿七日正午から草山の外交部招待処で行われた第三次河田・葉非公式会談で日華条約の正式名称は日華平和条約（中国語で中日和約条約）と決定した。これは中国側が最初から主張し続けたものであり日本側は中国との将来の親善関係を考慮し大乗的立場から譲歩したものである。

……

ともかくこの譲歩によって中国側は非常に喜色をあらわし、今後の交渉は順調に進み一日ごろ正式会談を開いてきょうの決定を記録に留めるものとみられる。あとの逐条審議でも多少の困難はあるだろうが、これでようやく見透しは明るくなった。……」

しかし、交渉は予想以上に手間取った。河田全権の一か月という予測をはるかに超えて二か月余に及び、四月二八日、サンフランシスコ講和条約が発効したその日に、ようやく「日華平和条約」は調印された。その間、日本側は外務省の倭島（英二）アジア局長が訓令を携えて東京―台北間を二度にわたって往復するほどであった。双方の対立点は**戦争の開始時期**、**賠償**、**条約の適用範囲**などであったが、このうち賠償は国民政府側が請求しないことで決着した。

賠償請求権放棄の真実

この国民政府側の賠償請求権放棄については、日本国内には一部に誤解があるようである。日本の敗戦直後に蒋介石が「恨みに報いるに徳を以てせよ」と中国軍民を諭して、日本人を安全に帰国させてくれたことからの連想で賠償も進んで放棄してくれたという誤解である。共産党との内戦が続いていた当時、国民政府が強く、しかも性急に賠償実施を要求していたことはすでに見てきたが、台湾に移ってからもその姿勢には基本的に変化はなかった。

日華条約が国会で審議された当時、外務省の条約局長を務め、後に外務次官となった下田武三は『戦後日本外交の証言』（上下、行政問題研究出版局、一九八四年）という自身の回想録でこう述べている――

「国府側は賠償問題では、対日戦争の最大の被害者である中国が賠償を放棄することは中国の国民感情が許さない、として対日賠償請求権を強く主張した。これに対して日本側は、中国大陸における中国の戦争被害は大陸の問題であり、この条約の適用範囲外であるとして、条約からの削除を求めた」（上、一一九頁）

日本側は要するに「賠償は大陸との話だ」と言って国民政府側の要求を突っぱねたのである。ところが二十年後、一九七二年の日中国交回復交渉では、日本側は「すでに賠償請求権は国民政府が放棄しているから、中国政府には放棄すべき請求権はない」（要旨）と言って、中国の周恩来首相を激怒させた。もちろん、この時、中国側は賠償を請求したのではなく、「請求権を放棄する」と共同声明に書き込もうとしたのを、日本側が「中国側には賠償を請求する権利はない」と言って、結果的に「請求権」の「権」を削除させたのである（『日中共同声明』第五項）。

その時の周恩来の発言は日本側の記録によれば、こうである。

「蒋（介石）が賠償を放棄したから、中国はこれを放棄する必要がないという外務省の考え方を聞いて驚いた。蒋は台湾に逃げて行った後で、しかも桑港条約の後で、日本に賠償放棄を行った。他人の物で、自分の面子を立てることはできない。戦争の損害は大陸がうけたものである。……蒋介石が放棄したから、もういいのだという考え方は我々には受け入れられない。これは我々に対する侮辱である。田中・大平両首脳の考え方を尊重するが、日本外務省の発言は両首脳の考えに背くものではないか」（『記録と考証　日中国交正常化・日中平和友好条約締結交渉』五六～五七頁）

なぜ外務省が中国に対する賠償問題をこのような「二枚舌」とも見える方法で扱ったのか、今までのところ説明は目にしていない。ただヒントになりそうなのは、この交渉に外務省中国課長として加わった橋本恕（後に中国大使）が、周首相激怒の後の日本代表団の食卓の情景を回想した次の言葉である。

「大平（正芳）さん（当時、外相）がハシを取らないから田中（角栄）さん（同、首相）も遠慮してね。ましてや高島（益郎）さん（同、条約局長）や私らはシュンとして……、高島局長だって、いまさら二〇年間、日本政府は間違ってきました、なんて言えるわけがないのだが、それにしても自分の発言でこうなったというわけでね」（『橋本恕氏に聞く』大平正芳記念財団『去華就実　聞き書き大平正芳』二〇〇〇年より―『記録と考証』に採録、二二〇頁）

ここの「日本政府は間違ってきました」は「中国政府に賠償請求権はない」と言ってきたのを間違いと認めて、中国政府の請求権放棄を受け入れることであろうが、台湾と北京との狭間で外務省が残した矛盾の一つが賠償問題であることは確かだ。しかし、矛盾はこれだけではない。話を一九五二年の日華条約交渉に戻す。

「適用範囲」でのつばぜり合い

吉田書簡の眼目である条約の適用範囲の限定については、国民政府側の反対で本文には入れられず、交換公文第一号において河田全権が「この条約の条項が、中華民国に関しては、中華民国の支配下に現にあり、又は今後入るすべての領域に適用がある旨のわれわれの間で達した了解に言及する光栄を有します」と述べ、それを葉全権が受領したことを確認するという形となった。

しかもこの一節の中の「又は今後入る」の「又は」でも紛糾した。国民政府側は「又は」を「及び」とすることを要求したが、日本側は「及び」では国民政府が将来、中国本土に復帰することを前提としていると受け取られる恐れがあるとして拒否、or か and かで最後までもめた。結局、合意議事録で国民政府側が「『又は今後入る』という表現は『及び今後入る』という意味にとることができると了解する。その通りであるか」と日本側に確認を求め、日本側が「然り、その通りである」と確認する措置がとられた。こうしてようやく条約はまとまった。

調印式は四月二八日午後三時から台北で行われた。

四月二八日『朝日』夕刊——

「……この日華の『平和条約』はサンフランシスコで締結された連合国と日本との平和条約に基礎を置いたものである。しか（し）台北交渉が難航した事実に見られるように、日本としてはこんどの日華『平和条約』が中国本土に関し政治的にも経済的にも、これを制約しないものであることを原則として、貫いたものであり、この日本側の主張が条約の各条項と、交換公文議定書などにみられる。たゞし日華の協定そのものは国民政府側の主張が通って、『日本国と中華民国との間の平和条約』との名称になったが、その前文では、この条約は『両者の間の戦争状態の存在の結果として生じた諸問題の解決の必要』のためであることを明示している」

まぎらわしいが、この解説の前後の部分は「戦争状態の存在の結果として生じた諸問題の解決」と「戦争そのものを終結させること」は違うという意味である。調印当日に書かれた解説であるから、条約についての外務省の説明そのものと見ていいはずだ。

この日は日本の講和条約発効・独立回復と重なったために各紙とも日華条約を社説で取り上げることはしなかったが、条約の性格としては交渉の経過からしても、この『朝日』の記事のごとく、名前こそ「平和条約」であっても「中国本土に関しては制約しない」ものとして受け取られた。

この条約に対する北京政府の反応が現れるのは五月六日である。それも日華条約そのものよりサンフランシスコ講和条約の発効についての論評である。

五月七日『朝日』「中共政府は四月二十八日のサンフランシスコ条約の発効および日華平和条約の調印以来公式態度の表明をさけていたが六日、周恩来外相の名で次の要旨の声明を発表し、一切の『占領軍隊』の日本からの撤退を要求した。

中華人民政府は次のように声明する必要があると認める。いっさいの占領軍隊は絶対に日本から撤退すべきである。対日平和条約は絶対に承認できない。公然と中国人民を侮辱するとともに敵視した吉田、蒋介石の『平和条約』には絶対に反対する。（共同）」（全文）

日本としては吉田書簡の方針にしたがって、日華条約は大陸には及ばないものとして締結したとしても、北京から見れば日中戦争は中国大陸で戦われたにもかかわらず、戦中は日本の植民地であった台湾に逃げこんだ蒋介石政権との間で日本が「平和条約」と名のつく条約を結ぶことは認めがたいのは当然であったろう。それにしても、日本政府の立場はあくまで吉田書簡の立場であったはずである。

五　政府答弁の反転

下田答弁の怪

日華平和条約は吉田書簡の考え方をとにもかくにも貫いた条約であった。

ところがこの条約を審議する国会で奇妙なことが起こる。政府答弁がそれまでの説明を百八十度反転させるものになったのである。

六月一八日『毎日』「政府はこれまで中国は統一されておらず国府との講和は、国府を中国の代表政権であると認めて結んだものでない旨をくり返し言明していたが、十七日参院外務委での日華条約審議でこの点を追及され、『国民政府は中国の代表政府であり中共政権は事実上のものに過ぎない』ことを意味する重大発言を行いこれまでの主張を覆した。

すなわち同日の外務委で杉原荒太氏（自）曽祢益氏（右社）が『日華条約第一条で両国間の戦争状態を終了するとあるのはどういう意味か』と質問したのに対し下田（武三）外務省条約局長は次の通り答えた。

日華条約は交換公文において現に支配する領域または将来支配下に入るべき領域に適用すると適用範囲を限定しているが、**戦争状態の終了は適用範囲の限定とは関係がない**。中国全体との戦争状態がこの条約によって終了したことになる。従ってもしこのことを認めない政府があってもそれは事実上の問題であって法的なものではない。

この発言に驚いた曽祢氏は『これは重大な言明だが、外相の見解もその通りであるか』と重ねて質問したのに対し岡崎（勝男）外相はうなずいて同意見である旨を示した。

国府との戦争状態の終結はとりもなおさず全中国との戦争状態の終了であるとの言明は、中共政府を事実上は認めるにしても法的にはその存在を否認し国府を中国の正統政府であることを意味するものであり、限定講和というこれまでの衆院外務委における政府答弁の線を完全に覆えすことになる」（全文）

六月一八日『朝日』夕刊　「衆議院外務委員会は十七日の参院外務委員会で下田（武三）外務省条約局長らが『日華条約により日本と中国全体との戦争状態は全面的に終結する』と言明した点をとりあげ、並木芳雄（改）佐々木盛雄（自）黒田寿男（労）の諸氏から政府の従来の説明と食い違っていることをつく質問が行われた。

これに対して政府側は倭島（英二）外務省アジア局長から『十七日の政府の（答弁は）従来の説明と主旨において変りは無いが、日華平和条約とくにその第一条（中華民国と日本との間の戦争状態終結に関する条項）との関連において中国という言葉が使われたことから誤解を与えたようだ』として『この条約によって日本との関係において中華民国の領土に関する限り法律上、条約上、戦争状態が終了することは当然であるが、たゞその効果が現実に及ばない地域がある』と答弁した」（全文）

この二本の記事における下田条約局長と倭島アジア局長の答弁ははっきり食い違っている。条約局長は「戦争状態の終了は適用範囲の限定とは関係がない」と言いきるのに対して、アジア局長は「中華民国の領土に関する限り」と戦争終結を地域的に限定し、「その（戦争終結の）効果が及ばない地域がある」とする。

この食い違いについて、六月一九日の『朝日』は「日華条約の諸問題」と題する「解説」を載せ、条約局長答弁の根拠を次のように紹介した——

「もしこの時、政府側が『国府の支配地域にのみ法律的効果（戦争終結）が及ぶのだ』と答えたならば、中国大陸と日本とは依然戦争状態にあるということを認める結果となってまずい…交戦国であった中国全体のうちの一部と講和を結ぶということは、国際法にいわれる講和の考え方と矛盾する――というのが外務省の言分である。さらに外務省側では右の言明について『中国との講和は、法律的にいえば、この日華条約かぎりであって、中共と結ぶということはあり得ない。つまり国府を中国の統一政権として講和を結んだのだ』と記者団に対して説明した」

しかし、これは明らかにそれ以前の外務省の立場とは違う。『朝日』「解説」も次のように指摘している。

「これらの言明は、吉田書簡が出たとき西村（熊雄）前条約局長らが『国府との条約締結は、二つの中国について選択することを意味するものではない』といったことゝ食い違っていることは明らかだ」

吉田首相の答弁は

どちらが正しいのか。吉田茂に注目が集まる中、六月二六日午後の参議院外務委員会で、吉田が外交問題全般について野党議員の質問に答えた。そこでは当然、この問題も取り上げられた。吉田の答弁――

六月二七日『読売』「……一、政府としては主義として将来中国と全面的な善隣友好関係を結びたい。その第一歩として中華民国政府と条約を結んだのである。その意味で吉田書簡の精神は貫かれていると思う、要するにこの条約は台湾、澎湖島を現に支配している政府との間の条約であり、将来は全面的な条約を結びたい。

（これに対し中華民国政府を全面的に中国の代表政府として承認したのではないとの意味かとの曽祢（益）氏の質問に首相は『そうです』と答弁した）

一、中共政権と今後どういう関係に入るかは将来の発展にまつほかないと思うが、中共が今のやりかたを是正しない限り政治的、経済的関係に入ることはできない。この条約締結により中共の対日態度がさらに悪化したとも思わない」

この記事に『読売』は「(吉田首相が) 吉田書簡を再確認する旨を述べたことは、政府のこの問題に対する最終的態度を表明したものとして注目された」と注釈をつけているが、外務省内に吉田の真意とは違う立場でこの条約を解釈する考え方が存在することが明らかになった。この段階では吉田の確認によって、その「異説」は息の根を絶たれたかに見えたが、やがていつの間にかその「異説」が外務省の、つまり日本政府の公式見解となり、国連における中国代表権問題、はては日中国交正常化交渉の足を引っぱることになる。

この「異説」登場の背景はなにか。講和ということについての純粋に法律的解釈だとすれば、七十日にも及ぶ交渉の過程でそのことが問題にならなかったのは不思議である。あるいは条約局長が交代したことで見解が変わったということも考えられないではないが、そうだとしても、それが内部での調整なしに国会の野党質問に対する答弁でいきなり出てくるというのは不可解である。

それではほかに理由はあるのか。吉田書簡はダレス流の冷戦思考に完全には同調せず、現実の共産党政権とは当面関係を持たないにしても、いずれかの日に備えて、中国大陸を条約上は白紙の状態で残したいというのがその主意であった。米国務省がそれに不満を持ち、日本の外務省事務当局にいろいろ働きかけて、日華条約を中国全体との講和条約に事後的に変質させようとしたとも考えられる。とすれば、いったんは吉田首相の答弁で本来の姿に引き戻されたはずの日華条約が後日、「異説」の衣を着て再登場し、それが長く「定説」となったのも頷けないことではない。日華条約が吉田書簡の精神でその後も取り扱われていたとすれば、少なくとも「戦争状態の終結」と「賠償」は一九七二年の日中国交回復の際の難問とはならなかったはずであり、それは両国間のその後の信頼関係にもプラスの影響をもたらしたはずである。

第十八章　モスクワ経済会議・断絶の終わりへ　一九五二年

一　高い壁

モスクワ経済会議への招請

講和条約を結ぶにあたって西側陣営だけとの単独講和に踏み切るか、社会主義圏諸国をも含めた全面講和をあくまで追求するかの選択に際しての、一つの重要なファクターは単独講和に踏み切れば中国を含む社会主義圏諸国との講和は先延ばしとなり、それらの国々との貿易経済関係をもつ可能性が見通せなくなり、わが国の経済的自立に大きな支障が生ずるという懸念があった。先に引用した「平和問題懇談会」の声明（一九五〇年一月）はその典型的な主張であった。

講和は結局「単独講和」となったが、一九五二年一月、この年の五月にモスクワで開催される予定の「国際経済会議」に日本の経済人が出席するかどうかという問題が持ち上がった。

一九五二年一月一八日『朝日』「元満州重工業総裁鮎川義介、元大阪商船社長村田省蔵、元日産自動車社長箕浦多一、民主党最高委員北村徳太郎らの諸氏は十七日、東洋経済新報ビルで、来る五月モスクワで開かれる国際経済会議に日本から代表を送る件につき懇談、代表の人選や、パリにある同会議準備委員会の連絡機関として『国際経済懇談会』を創立することゝし、世話人に石橋湛山、村田省蔵、北村徳太郎の三氏、幹事に前参議院議員帆足計氏を決めた」（全文）

この記事に続く「解説」によれば、パリの同会議準備委員会から招請を受けたのは経団連会長の石川一郎ほか七人だが、石川氏以外はいわゆる経済人ではなく、北村徳太郎、帆足計の両氏に都留重人、平野義太郎、名和統一、稲葉秀三、蜷川虎三といった学者を中心とするメンバーであった。しかし、サンフランシスコ会議でソ連代表が講和条約への調印を拒否したことで、社会主義圏とのつながりが断たれたところであっただけに、このモスクワ会議への招請を新しいチャンスと捉えようとする動きが財界に巻き起こった。

またこの日の『朝日』には「**中共からも勧誘状**」との見出しで、中国からも同様の招請が届いたという記事も載った——

「モスクワの国際経済会議には別項八氏のほか、このほど中華人民共和国の中国人民銀行総裁で同会議準備委員である南漢宸氏から次の十氏に対し同会議へ勧誘を示唆するあいさつ状が到達した」

として、こちらは石橋、北村、箕浦の三人のほか現役の経済人の名前が並んでいる。

そもそもこの「モスクワ経済会議」とはいかなるものか。

一月二二日『朝日』の「世界の表情」欄が解説を加えている。それによると、会議は四月三日から一〇日までモスクワで開かれるが、ソ連とは特別の関係はなく、ことの起こりは——

「国際通商の不自然さに悩む仏、伊などの実業家の間に東西両欧貿易を再開せよとの叫びが起り、それが結局冷戦の緩和ということに発展する可能性があるところから、プラーグ（プラハ）の世界平和評議会がこれを取りあげ、そのイニシアティヴによって評議会とは別にパリにモスクワ会議の準備会が生れることになったといわれている」

背景には前年（一九五一年）夏に米が**バトル法**を制定し、ソ連圏諸国に対して「武器、弾薬、原子力材料、石油、戦略的価値のある輸送材料」などを自ら禁輸するとともに、米の援助を受けている国々にもそれを求めたために、ヨーロッパが大きな影響を受けていることがあった。

東西対立の狭間であくまで米に従って、社会主義圏との大規模な経済交流はあきらめるか、それともヨーロッパの独自の動きを奇貨としてそれに合流するか、日台条約交渉が進む中で日本の政治・経済界は悩ましい選択に直面した。

政府は当然のごとく日本の経済人がこの会議に参加することに否定的であった。

一月三〇日『朝日』夕刊　「石原（幹一郎）外務政務次官は三十日の衆議院外務委員会で佐々木盛雄氏（自）の質問に対し要旨次のように答え、政府の方針をさらに明らかにした。

モスクワ経済会議への招請は個人に対してなされたもので、政府にはなにも正式の申入れはないが、政府としては①これはソ連の平和攻勢の一つである②現下の情勢からこの会議に出席することは好ましいことではないと考えている。……（以下別件）」

経済界はどうだったか。

二月四日の『朝日』「記者席」欄「○モスクワ経済会議の招待は、いま財界にいろんな波紋を呼んでいるが、その主な声をひろうと、まずソ連行の積極的な音頭とりは元大阪商船社長の村田省蔵氏。『戦時、戦後を通じて財界人の頭は小さく固まってしまった。アメリカと一体になって進むのはよいが、日本がアジアの孤児にならないよう、ソ連、中共に対して大きく目を開くことだ』と引っ込みかける財界のシリをたゝいている。
○これに真ッ向から反対なのは石川（一郎）経済団体連合会長、岡野（保次郎）元三菱重工社長らで、石川氏は『重要な原材料まで分けてくれる米国に対し、日本がソ連や中共に色目を使うなどとんでもない。ぼくはモスクワ会議への出席をはっきり断った』とハレものにさわるよう！
○一方その中を取る論者は藤山（愛一郎）日商会頭、永野（重雄）富士製鉄社長あたり。藤山氏は『そんなに大さわぎをせんでもいゝでしょう。あちらがせっかく出した手ならばこれをふり払うこともなし、そうかといってこちらからムリに押すこともない―』といったあんばい。永い間国際的な舞台との接触をたゝれていた戦後の財界が、近くようやく独り立ちしようという矢先、鉄のカーテンからの時ならぬさそいの手にスッカリ歩調が乱れたという

かっこうらしい」（全文）

政府はさらに追い討ちをかける。

二月七日『朝日』「モスクワ経済会議について山本利寿氏（民）は六日の衆院外務委員会で政府の意向をきいたのに対し、岡崎（勝男）国務相は『参加することにより利益も不利益もともにあると思うが、利、不利を総合的に考えた場合、この際出席することは好ましくないという考えに傾いている』と答えた」（全文）

米からも逆風が吹きこまれる。

二月一〇日『毎日』［ニューヨーク九日佐倉本社特派員］「モスクワの国際経済会議に対して米政府は米国人を出席させたくないようだしその他の非共産主義諸国の出席も希望していないようだ。日本についても先日対日平和条約批准の上院外交委員会で質問があり、ダレス氏は『日本の出席につきはっきりした言明は行われていないが、出席しても日本はバットル法（米国の援助を受ける国はソ連圏に戦略物資を出してはならぬという法律）に縛られるから、実質的にどうということもない』と答えた。……」

こうした情勢から、経済界では社会主義圏との貿易の突破口になるかと思われた折角のチャンスを見送ろうという空気が強まる。

二月一三日『毎日』「この四月モスクワで開かれる国際経済会議への参加をめぐり、参加を好ましくないとする政府と、鉄のカーテン内の実情に触れたいという考えから出席を希望する石橋湛山、村田省蔵、北村徳太郎、加納久朗氏ら政、財界人とが対立した形となって話題を投げ、成行きが注目されたが、結局諸般の情勢から村田、加納両氏ははっきりモスクワ行きを断念し、石橋、北村氏らも静観の態度に軟化し、大体訪ソをあきらめたようである。

また政府としてもモスクワ経済会議招請はソ連平和攻勢の一環であるとして渡航申請があっても許可しない方針

なので、実際問題として訪ソは実現不可能で、この問題に終止符が打たれたようである。……」

結局、三月に入って、村田氏のほか石橋、北村両氏もモスクワ行きを断念した。

三月六日『朝日』「元大阪商船社長村田省蔵、元蔵相石橋湛山、改進党政策委員長北村徳太郎の三氏は、五日東洋経済新報ビルに会合、声明書を連名で発表し、モスクワの国際経済会議に諸般の情勢から出席を断念した旨正式に明らかにした。……三氏の声明要旨次の通り。

残念ながら今回は諸般の事情により、三人は同会議への出席を断念、かつその日本におけるあっせん役を辞退することにした。しかしこの種の国際会議が世界のためにすこぶる有意義な企てであり、これに参加することは日本のためにも有益だとのかねての信念に今なお少しも変りない。これはわれわれ三名に関するものであり、他の人々を拘束するつもりはない」

こうして東西冷戦構造にひとつの風穴を開ける可能性を持つとみられたモスクワ経済会議への日本の経済人の参加は、占領の最終段階における米の圧力という高い壁に阻まれてしまい、社会主義圏は日本人には引き続き遠いままにとどまるかに見えた。

二　高良とみ議員、モスクワに登場

予想外の盛会

一九五二年春、モスクワ経済会議の開幕が迫った。

四月三日『朝日』夕刊［ロンドン二日発ロイター＝共同］「国際経済会議は世界注目のうちに三日午後六時（日本時間四日午前零時）からモスクワの労働組合会館大理石の間で開かれる。会議の目的は共産圏と非共産圏の間の通商上の障壁を取除こうとするもので、各国から実業家、経済学者など約五百名が出席する。ソ連、中共はじめ共産諸国代表は共産諸国に対する西欧側の貿易制限緩和問題を持出すものとみられる。

ソ連政府は公式にはその役割を司会役だけに限定したい意向で、事実国際的な準備委員会が数ヶ月間にわたり会議のおぜん立てをしてきた。

西欧諸国代表は非公式の資格で参加、英国からは二十名以上、フランスからは約二十五名、その他西欧、南米、中近東、極東の諸国からも多数出席する」（全文）

そして四月三日に開幕した会議では東西両陣営からの経済人の接触が予想以上に活発に展開された。

四月四日『朝日』夕刊［モスクワ三日発ロイター特約］「国際経済会議に出席の中共代表団は三日英代表団と二時間にわたって諸問題を協議した。英、中共両代表団とも輸出入希望物資の一覧表の交換に同意し、具体的な話しを進めるため五日再び会談することとなった。……」

また中国代表は会議での演説で日本との通商を希望すると述べた。

四月五日『朝日』［モスクワ四日発＝ＡＦＰ特約］「国際経済会議に出席している中共代表南漢宸人民銀行総裁は四日同会議で〝中国人民は日本と正常な関係を再開したいと真剣に望んでいる〟と次のような演説を行った。

　日本が再軍備を拒否し、平等な基礎のもとに通商関係を開く用意があるならば、中共は商業関係を開く用意がある。中共と日本とは生存を確保するためにお互の協力を必要としている。中共は日本がやがて起るかも知れない戦争にまき込まれるのを見るに忍びない」（全文）

一人も参加者はいないだろうと言われていた米からも九人が出席した。

四月五日『毎日』夕刊［モスクワ四日発＝ＵＰ特約］「モスクワの経済会議（第二日）は四日午前七時、四十二ヵ国四百五十名の代表（うち九名は米国代表）が参集して英国のボイド・オア卿司会の下に開会された。席上米国代表の発言要旨次の通り。

　オリバー・ヴィッカリー米代表＝すべての輸出入制限を廃止して各国の間に自由な通商関係を回復することが必要である。自由企業は個人の創意を刺激し、いかなる他の体制によるよりも公正に生産と分配を行うことができる」（全文）

ソ連代表は西側諸国と同国の貿易量の大幅増加を予告した。

四月六日『朝日』［モスクワ五日発＝ＡＦＰ特約］「……ソ連代表、商業会議所会長ミカイル・ネステロフ氏は五日の同会議で、西欧諸国との貿易拡大の可能性について次のように述べた。

　ソ連と西欧、米国、東南アジア、中東、アフリカ、オーストラリアとの貿易は一九四八年において五十億ルーブルであったが、今後三年間にこの二倍ないし三倍に増大することができるだろう。またもし米国の実業界が同意するならば、ソ連は二、三年後に米国に四、五十億ルーブルの物資を発注することができるだろうし、東南アジア、中東および極東諸国から八十億ないし百二十億ドルの原料を輸入することもできる。イタリアからの船舶買付も二倍にすることができる。……」

中国の南漢宸の発言といい、ソ連のネステロフのそれといい、当時、西側でさかんに流されたモスクワ経済会議は東西対立における経済の衣を着た東側の政治攻勢だという見方をある程度裏づけるとも見えるが、しかし、それにもかかわらず米を含む西側からかなり多数の経済人がモスクワに集ったことは激化する一方の政治対立が通商に及ぼす負の影響をすこしでも緩和したいという願いに動かされたものであろう。

とくにネステロフ発言については、各国、各地域別にソ連が大規模な貿易プランを列挙したことで、米のＡＰ通信も「魅力的な提案」と受けとめた。

四月七日『朝日』夕刊　「西欧の観測者たちはこのネステロフ演説はこゝ数年間に行われたソ連政策に関する声明の中で最も重要なものとして慎重に検討する価値があると考えている」

『朝日』はこの記事に続けて、英代表団の次の声明を載せている。

［モスクワ六日発＝ＡＰ特約］「モスクワの国際経済会議に出席中の英実業家は中共代表との会談に関し六日つぎの声明書を発表した。

われわれは中共代表と話し合って、中共が英国との貿易を熱望していることを知った。われわれは中共代表との予備会談で中共が取引に熱心であることを知った。中共は宣伝戦を行ったり、激論を戦わすためにモスクワへきたのではなく、商売をするためにきたのである。英代表の一部はモスクワ会議のあとで北京を訪れ、同地で貿易会談を続ける計画を立てている。……」

意表をつく出席

こういう東西貿易の拡大を期待する雰囲気が盛り上がった中に突如、日本の女性国会議員が登場した。高良とみ参議院議員である。

これを伝えたのはパリ四月六日発のＡＦＰ電で、日本では七日の夕刊各紙に掲載された。電文は――

「タス通信が六日伝えるところによると国際経済会議に出席する日本とパキスタンの代表が五日モスクワに到着した。日本代表は高良とみ参院議員、パキスタン代表は実業家のババル・アリ・サイド氏である」

という簡単なものであった。

しかし、政府はモスクワ行きの旅券は発行しない、つまりモスクワへの渡航は認めないという方針だったので、「高良議員、モスクワ入り」の報は各方面に波紋を広げた。

四月七日『毎日』夕刊は次の解説風記事を載せた――

「高良とみ女史はニューデリーその他で三月中旬から開催される全インド婦人大会、パリのユネスコ・ワーク・キャンプ連絡委員会に出席、合せてデンマークの農業教育視察を目的として、渡航先はインド、パキスタン、フランス、デンマークの旅券を申請許可されたもので、三月二十一日空路東京を出発した。

その後パリのユネスコ連絡委員会には出席した模様だが、インド婦人大会に出席したかどうかは不明で、外電によればパリでソ連大使館の了解を得たうえ、去る五日フィンランドのヘルシンキ経由でモスクワに向け出発したとみられるので、十五日間のスピード旅行でモスクワに飛込んだことになる。

元来インド婦人大会やパリのユネスコ連絡委員会は出席せねばならぬほどの重要な催しではないので、これは単なる口実に過ぎず、はじめからモスクワ行が目的だったらしいと外務省ではみている」（全文）

これに続けて、外務省宮崎情報文化局長の談話――

「モスクワ経済会議には政府は旅券を発給しない方針を取っていた。帆足計氏らにはモスクワ会議に出席しないという条件でデンマーク行旅券を出した。高良（とみ）氏のように学識、経験のある人が法律に違反した行動を取ったとすればはなはだ遺憾なことである」

また法務府検務局の談話――

「高良女史はパリには正式の手続きをふんで行ったのだから、出入国管理令にはふれない。（パリからモスクワに在外事務所の許可を受けずに行ったとしても）今度の場合は取締るはずのソ連がかえって歓迎しているのだから法的には何の問題にもならない」

高良とみが所属する参議院緑風会の楠見義男は関わりを避けた――

「個人的な行動であるから、緑風会としては関知しない。もし緑風会に招請状が来ていたら断っていただろう」

東京の大騒ぎをよそに高良とみ本人の談話がモスクワから伝えられた。

四月八日『毎日』夕刊［モスクワ七日発＝UP特約］「国際経済会議に参加するため五日モスクワに到着した高良とみ参院議員は七日UP通信に対して大要次のように語った。……

このことは東京を出発する前から考えていたことで日本政府も知っていたのだが私を信頼するに足る保守派だと認めていたので別にこれを禁止しなかった。日本政府は私が宗教的平和主義者で何人の宣伝によっても動かされるおそれのないことを知っている。ソ連と日本との間に正式な外交関係はないが、モスクワに来ていささかの不安も感じないのは平和条約調印前に英、仏、米、印等の各国を旅行した時と同様である。

ソ連の人々は私の訪問を心から歓迎してくれた。七日の会議では未開発地域問題委員会で〝未開発地域援助に当って日本はいかなる役割を果すべきか〟という題で演説することになっている。……」

高良とみはさらに手記や国際電話を通じて、モスクワの印象などを積極的に国内に伝えた。

四月九日『朝日』　「……高良とみ女史（緑風会）は八日、モスクワから本社にあて次のような手記をよせて来た。

なお、この電文はソ連として異例な扱いともいえるローマ字で日本文を打電して来た。

モスクワ国際経済会議会場となっている労働会館のまわりにはソ連の民衆が立ちつくして各国代表団を歓迎してくれた。議場となっている同会館の〝柱の間〟には各国代表が並び、東も西もなく国際協力による平和な世界を経済面からつくる方法を熱心に討議し、国際貿易発展、社会問題解決、後進国問題に関する三分科委員会は十日までに具体案を作ることになっている。

モスクワに入った印象は農工業展覧会、三十五階建のモスクワ大学など高層建築がいくつもできたその発展ぶりと、接してみて割合礼儀も厚い遠慮がちな歓迎ぶりは予想外だった」

高良は四月九日、モスクワ経済会議の演壇に立ったが、その発言内容はこう伝えられた——

四月一〇日『朝日』〔モスクワ九日発＝AP特約〕　「モスクワ経済会議に出席中の参議院議員高良とみ女史は、九日の同会議で次のような演説を行い非常なかっさいをはくした。

○もし日本が中国、ソ連から年に八百万トンの石炭を購入し、この見返りに繊維品などの工業製品を送ることができるならば、日本経済はこれによって大いに利益を受けるであろう。日本は現在、世界の果てから原料を購入し、パナマ運河経由太平洋を横切ってこれを運ばなければならないため、生産コストが高くついているが、このような貿易をすればこの生産コストを低めるに役立つであろう。……」

四月一一日『毎日』〔ロンドンにて九日今村本社特派員発〕　「記者は九日午後十一時（ロンドン時間）……高良とみ女史と国際電話で一問一答を行った。

問　出席した動機は？

答　……日本人が共産主義に抱くいろいろの疑問を自分の眼で見ようと考えており、ぜひ一度ソ連を見なければならないと信じていた。

問　会議の模様は？

答　本会議は九日で一応休会に入り、閉会日の十二日まで小委員会が続く。九日の本会議で私は個人の資格で出席したこと、現在の日本の経済の窮状、日本人の平和の希望、日本の中国および東南アジヤとの必然的な関係について述べ、私は日本の生活条件改善方法を探究するために来たのだと説明した。

問　会議の内容および目的は。

答　共産圏と非共産圏との間の通商上の障壁を取除こうとするもので政治を離れて全く商業的な、つまり簡単にいえば、大規模な貿易の取引場みたいなものだ。ソ連は日本から綿製品、自転車などの輸入を希望しており、石炭、鉄材、食糧、油脂、砂糖などを輸出したいといっている。……」

この会議では実際の商談も行われ、英・中国間で一千万ポンドの取引が成約されたとか、仏も中国と千二百万ドル、東独と一千万ドルの商談をまとめたといったニュースが伝えられ、中国は結局、東欧、西欧の各国と合計八千万ドルの契約を結んだ。

占領期間中、日本人が外国へ出ることはきびしく制限され、まして社会主義圏へ渡航することは、社会主義圏の印象が中ソ友好同盟相互援助条約の締結や朝鮮戦争ですっかり敵役としてのイメージが定着しており、しかも政府が旅券の発給を拒否しているとあっては、どだい不可能なことという受けとり方が一般的であった。招請を受けた段階では強い関心を示した経済界も結局、代表派遣を断念せざるを得なかったのである。そうした中での高良とみの登場であったから、日本国内の反響はまず第一に驚きであった。

高まる東西貿易への関心

高良とみ議員のモスクワ経済会議への登場が大きな反響を呼んだのは当然であった。この会議にそれまでほとんど関心を示さなかった『読売』も四月一三日、一面左肩の「日曜評論」欄で山本登慶応大教授に「モスクワ経済会議の意義」を書かせた――

「そこでは政治的立場を一切抜きにして、あくまで経済会議として、とくに参加諸国の経済協力問題の討議が趣旨とされた。この事が、世界各国に異常な反響を生んだゆえんであり……」、「その受取り方によっては、これを世界平和の確立に役立たせることも可能であろう」

また『朝日』の篠原ニューヨーク特派員は四月一五日の紙面で影響をこう予測した――

「会議開催前にアチソン米国務長官は『善良な実業家などをだますソ連の新しいワナである』と断じ、同会議を無視する米国政府の方針を明らかにしたが、同会議が今後どんな影響を与えるか、……結論的には東と西の貿易を拡大しようとする各国実業家の意向が政治面に強く響いてゆくという見方をするものが多い」

『毎日』は四月一六日に「モスクワ会議の成果、日本貿易業界に波紋」との見出しで、経済界の反応を書いた――

「一千万ポンドに及ぶ英国、中共間の買附契約をはじめとして、フランス、イタリヤ、ベルギーなど西欧諸国と中共との取引交渉にみられたモスクワ経済会議の成果は、わが国貿易界の一部に新しい波紋を投げている。それはしばしば伝えられた同会議の『政治的性格』に対する再検討の声であり、またこのままでは中共市場をめぐる西欧諸国との競争で『バスに乗り遅れるのではないか』という焦慮でもあるがその背後には滞貨と輸出不振に悩むわが国産業、貿易界の苦悩があることはいうまでもない。……」

モスクワ経済会議に触発される形でわが国の対中国政策への焦りが表面化したのが、日台条約交渉がクライマックスを迎えた時期と重なったのは皮肉であったが、政府も**対中国貿易緩和への動き**を見せる。

四月二六日『朝日』「通産省では朝鮮動乱以来ほとんど中断している対中共貿易を講和条約発効を機にある程度緩和する方針で、品目別に具体的な検討をはじめたが、バトル法（米国の軍事、経済援助をうけている国のソ連圏むけ輸出を制限する法律）で輸出禁止になっていない品目や、日本以外の西欧圏諸国で輸出禁止になっていない品目などは輸出禁止を解きたい意向で、紡績機械、家庭用ミシン、針布などがこれに当るものとみられている。……

　通産省では総司令部当局が講和条約発効後も日本政府が従来の方針で対中共貿易を制限することを希望していることや独立後あまり大きな政策転換は国際情勢から面白くないなどの情勢も考慮して右の程度で制限を緩和することになったものである。……」

　モスクワ経済会議は朝鮮半島での戦火が続く中で東西両陣営間に経済で橋を架けようという試みであり、変則的な形ではあったが、高良とみが参加したことでわが国もその流れに加わったのだった。

　しかし、モスクワ経済会議の余波はこの後、断絶が続いていた日中関係にも大きなエポックを画す。ソ連に留まっていた高良にさらに日本から三人の現・元国会議員らが合流して、戦後初の中国入りを果したのである。

四月三〇日『毎日』［モスクワ二十九日発＝UP特約］「日産協元参与帆足計、衆議院議員宮腰喜助（改進党）および秘書の中尾和夫の三氏が二十九日モスクワ入りをし、来週には中共に入る計画を進めている。さきに入ソに成功し、最近スターリングラード地方の旅行からもどったばかりの高良女史はソ連の文化および宗教制度の研究をさらに続け、来週シベリヤに旅行するはずである。

高良女史は二十八日新たに入ソしたこれら三氏をUP記者に紹介して『この人たちは最初から経済会議出席を望んでいたのです』と語った。右三氏はモスクワ到着に当り次のように言明した。

政府のソ連渡航禁止は憲法違反である。私たちは中共、ソ連と通常の貿易を樹立する方法を見出すよう努力する」

　帆足、宮腰の二人はもともとモスクワ経済会議に出席するために日本を出たのであったが、旅程が大幅に遅れて会議閉会後にようやくモスクワに着いたのであった。それでもなおモスクワ入りしたのは、高良ともども中国をも訪れようとの計画があったからで、この後、高良と帆足、宮腰はそれぞれソ連国内を回って五月一三日、イルクーツクで再会、そこから一五日に空路北京に入る。

三　戦後初、三議員中国に入る

断絶状態に終止符

高良とみ議員が北京を訪れたのは、中国人民銀行総裁の南漢宸にモスクワで「あなたの国の軍国主義者が破壊した中国が、どうなっているかぜひ見てください」と言われたから、ということだが（『高良とみの生と著作』第6巻「和解への道」ドメス出版、一一四頁）、この訪中が第二次大戦終了後足かけ八年に及んだ両国間の断絶状態に終止符を打った。

北京入りした高良たちが日本の新聞に登場するのは五月二一日『朝日』二面のベタ記事である。

［香港特電二十日発］「このほど北京入りした高良とみ女史は二十日本社香港支局に北京の印象記を打電してきたが、その中で同女史は『宮腰喜助、帆足計両氏とゝもにさる十五日より中共政府の貿易当局との間で、バーター制ないし円支払による通商関係を樹立することにつき交渉を行っている』と述べている」（全文）

次いで五月二六日『毎日』夕刊に帆足、宮腰の二人が『毎日』香港支局に送った報告が載った――

［香港二十六日杉本本社特派員発］「……我々は中国人民銀行総裁南漢宸氏と協議し、また中日貿易促進会との密接な連携の下に文字通り現実的かつビジネスライクな視点に立って『日華間の貿易を如何に拡大するか』という問題を中国輸出入公司代表たちと協議を続けている。すでに五日間会談を行ったが、二、三日後には中共の対英あるいは対西独交易方式に似かよった方式で個人の資格において大量の商品取引契約を完了する見込みがついた。……

我々は日華貿易をさえぎっている鉄の扉を切り開くためには時間と忍耐が必要であることを十分知っている。しかし日華貿易は必ず実現するであろう。それは両国にとって地理的に宿命的な必要性をもっているからだ」

講和条約発効後、朝鮮戦争の**特需景気が下火**になったこともあって、この頃、経済界には中国との貿易の拡大を望む声がますます強まっていた。

これより先、五月三日の『毎日』は二面のおよそ半分を費やして「中共貿易はどうなる」という特集を掲載したが、その前書きは当時の雰囲気をこう書いている。

「産業界には不況の打開を対中共貿易に求めようとする動きがかなり活発になって来ており、一部には今年中に門戸が開かれないと中国市場は日本から失われるのではないかと見る向すらある。

これは例のモスクワ経済会議で西欧諸国の中国進出への具体的話合いが出来たことによる産業界の心理的衝撃の端的な現われでもあるが、一面独立による自主性回復を機にかつての市場を復活しようとする財界人の率直な動向として注目される。……」

そして記事では、輸出管理権が総司令部から日本側に移ったこの年三月一五日以降、中国側から鉄鋼石や石炭、大豆などとのバーターで鉄鋼製品などを購入したいとの引き合いが来ているが、米から援助を受けている国に共産圏への禁輸を規定したバトル法の制約や支払い条件など課題も多く、また通産省も朝鮮戦争休戦が成立しない現状では対中国貿易に乗り気でない。しかし、不況が集中的に現れてきている関西財界には中国貿易への関心が高い、といった状況が紹介されている。

反対する政府

こうした雰囲気の中であっただけに、北京において直接中国側と「通商関係樹立」についての話し合いが行われているというニュースは注目を集めた。

しかし、政府、とりわけ講和発効後、それまで吉田首相が兼務していた外相のポストについた岡崎勝男は米を盟主とする西側諸国との協調を重視し、中国貿易の拡大を求める声に水をかけ続ける。

五月二二日『朝日』夕刊　「岡崎外相は二十二日の衆院予算委員会で、中共貿易に関する有田二郎氏（自）の質問に対し、『中共貿易の緩和は賛成できない』と次のように答えた。

中共貿易については国連軍が朝鮮で処置をとっており、日本が米国から経済援助、希少物資の割当をうけバトル法の適用を受けている現在緩和するのは賛成できない。

日本の行くべき途は自由主義国家群と足並みをそろえていくことが第一で、これを乱す方法をとるべきではない。中共貿易を望むものは日本が前に中国本土に多大な投資があり、特権の上に立っていたときの貿易量を夢見ている。また中共は現在統制経済をとっており、貿易は望めない。……」

五月二四日『読売』　「岡崎外相は廿三日……外相就任以来始めての公開演説を行った。そのなかで同相は『共産陣営は二つの方法で対日宣伝を行っているため警戒の必要あり』と強調した。演説の要旨は次の通り……

一つは戦争の恐怖をかりたてゝ国民をおどかしていることである。日本が国連に協力するならば共産陣営から報復爆撃をうけ、再び日本は灰燼に帰してしまうだろうと宣伝している。……第二には以上の宣伝だけでは不十分であるとして経済の問題をとらえている。モスクワで世界経済会議を開いたり北京でアジア経済会議を開こうとしているのはこれである。日本でも大阪など輸出が停頓して滞貨になやんでいるところにたいしては中共貿易をするよう誘い水をかけている。……しかし以上の事はすべて謀略的な宣伝であることは間違いない。……」

五月二七日の『朝日』「天声人語」はこんなふうに書いている――

「中共貿易要望の声が国会の内外で盛んだが、政府はすこぶる乗気でない。日本は自由諸国と足並みをそろえて行かねばならぬ、というのがその理由である。……自由諸国はバトル法と国連の決議に縛られて、中共に対して戦略物資の輸出を禁じられている。日本も同じ拘束を受けるのはやむを得ないが、その拘束は日本に限って普通以上に厳しい。鉄製品と名のつくものなら薄いブリキ板もいけない。ミシンはもちろんご法度。それで中共から安い石炭や鉄鉱石も買ってはならぬというのでは、日本のソロバンはどんなに上手に弾いても合いそうにない。日本の国内では予備隊の機関銃もバズーカ砲も戦力ではないのだが、相手が中共となると、まさかシイタケもナマコの乾したのもすべて戦力だとして、中共の兵隊にはたゞの一グラムもエネルギーを補給してはならぬというのではあるまい。……」

しかし、岡崎（勝男）外相は「台湾とは外交関係を結ぶが、大陸は白紙」という吉田書簡に自ら新しい解釈を加えて、中国との貿易緩和を拒否する。五月二八日の衆議院外務委員会に於ける岡崎外相の答弁――

五月二九日『毎日』「中共とは現在の状況では〝つきあい〟は困難である。中国は観念的には一つだが、現実には中共と国府と二つの政府があり、支配地域を争っている。日本としてはどちらかといえば国府に対して同情を寄せている。これを文字に表わしたのが、吉田書簡である。将来中共が態度を改めたならば日本はどうするか、それは国府と中共が一体となった時であり、現在の日華条約がそのまま適用されることになるから新たに条約を結ぶ必要はないと考える。……

朝鮮動乱は日本の治安にとっても重大な影響のあるものであるから、日本だけが輸出制限措置を緩和して、自由諸国家群の足なみを乱すようなことは考えていない。むしろ率先して自由諸国家群の先頭に立って足並みを固めていきたい」

吉田書簡は蔣介石政権が大陸を回復することは現実的には無理という前提のうえで、日華条約の適用範囲を限定し、大陸とは共産党政権の変質もしくは新政権の誕生を待って、あらためて条約関係を結ぶ、それまでは白紙に留めておく、というのが趣旨である。ところが、ここでの岡崎答弁は蒋介石政権の大陸復帰が将来の唯一の可能性であって、大陸と条約関係を結ぶことはありえないとしており、まさにダレス流の冷戦構造、冷戦思想に一〇〇％乗っかって、吉田書簡の真意をねじまげている。

岡崎外相はこの日、当時、通産省が進めていた中国貿易の緩和策についても、記者団に否定的な見解を明らかにする。

五月二九日『毎日』「岡崎（勝男）外相は二十八日の記者会見で、通産省の考えている中共貿易の緩和策は行き過ぎであると次のように述べた。

現在の中共貿易で禁輸品目と許可品目のデコボコを調整する必要はあろうが通産当局の考えるような緩和措置は行き過ぎであり、外務省としてはこの問題で米大使館と交渉している事実はない。通産当局もこの点については了解済みのはずで、政府部内の意見は統一されている」（全文）

これに対して高橋（龍太郎）通産相が反論した。

同日の五月二九日『毎日』［大阪発］「二十八日私用のため来阪した高橋通産相は大阪駅で記者団と会見、次のように語った。

岡崎外相がどういう発言をしたか知らないが中共貿易の制限緩和の問題は通産省側の考えだけでそう簡単にかたづくものではない。しかしバットル法以上にあまり意味のない品目を制限しているのがある。それは国連とも話合って緩和の方向へもってゆくのが妥当と考える」（全文）

四　民間貿易協定が成立

積極的な中国側

中国貿易に対する積極、消極の両論がぶつかり合っている最中の一九五二年五月二九日、北京から連絡が入る。

五月二九日『朝日』夕刊　「目下北京に滞在中の帆足計、宮腰喜助両氏は二十九日左派社会党の野溝（勝）書記長、和田（博雄）政策審議会長らにあて『二千万ポンドに上る中日貿易交渉の結論に近づいている』と要旨次のように打電してきた。

私達は中日貿易促進に関する交渉をしている。いまやまさに二千万ポンドの交渉の結論に近づいているが、この中には紡錘機、農器具、タイプライター、医療器械、染料、化学薬品、綿糸布およびその他非常に多くの物資がふくまれている。中日貿易促進会を通じて指導してほしい。なお左派社会党では同日直ちに幹部会を開いて、対策を協議した」（全文）

五月三〇日『朝日』　「中日貿易促進会では本月五日中国進出口公司（中共の国営貿易機関）総経理盧緒章氏あてに輸出入ともに二千万ポンドの取引について条件、品目などを提示した書簡を送ったが、同会では二十九日北京滞在中の帆足計氏から、輸出入各三千万ポンドに上る中共側との取引がまとまったとの入電があった旨を発表した。

帆足氏の電報によれば三十日宮腰喜助、高良とみの両氏とともに中共側代表との間で取決めを調印するはこびで取引金額は日本側の申入れを千万ポンド上回る三千万ポンド（一ポンド千八円で約三百億円に当る）に両者の意見がまとまり、取引品目についても若干の変更があった。……」

『朝日』はこの後に「政府は警戒視」という記事を続けている――

「帆足氏ら三氏とは中共側との間に輸出入各三千万ポンドの取引について話合いがまとまったとの情報について政府筋では決済方法などに困難があるし、政治的にも中共の宣伝に乗るおそれがあるとして警戒的なので、たとえ取引がまとまったとしても実現は難しいとみられている。……」

岡崎（勝男）外相は早速三〇日の衆院外務委で「帆足氏が中共貿易について仮調印するというのはおかしな話だ」と批判（三一日『朝日』）したが、五月三一日『朝日』夕刊のコラム「今日の問題」は「とやかくいうのはまだ早いが、一つの試件として、注目されてよかろう」と、次のように論じた――

「〝中共の貿易政策にはエサがあり、過大に評価しては危い〟という見方も無視すべきではないが、中日貿易の促進に対する希望をすてきれぬ業者筋の心理もまた察してやらねばならぬ。それに中共の実情を正しく知るべくもないが、土地改革とともに応急ながら主要河川の治水工事が推進され、農業生産は活気づき、工業製品に対する需要は増大しているといわれる。海関、貿易政策によって都市の工業は外国製品との競争を免れ、かつては外国商社の手で輸出されていた原料は国内工業の需要に振りむけられているとすれば、これまで中国の経済発展を妨げていた障害はしだいに取り除かれているかもしれない。……中日貿易の前途は、いろいろと複雑な問題もはらんでいるが、思慮と忍耐とをもって、合理的な道を切りひらくことが考えられてもよかろう」

先の「天声人語」、この「今日の問題」と、『朝日』は概して対中貿易に積極的であったが、『毎日』『読売』はそうではなかった。この頃の『毎日』はニュースはそれなりに報じるものの、論評は注意深く避けているふしが見えるし、『読売』は扱いも低調で、「不況と輸出不振に苦しんでいる日本経済にとってなお当分の間、中共貿易は『郷愁』的存在となって残るであろう」（五月二八日『読売』の「中共貿易・業界活発に動く」という特集の最後の一節）に見られるように、現実的には日中貿易は拡大は期待できないという立場であった。

この時期、国会では日華条約の審議が進んでいたのだが、それへの論評も含めて、各紙とも中国問題を社説で正面から取り上げようとしなかった。それだけ問題が複雑で、判断が難しかったということであろうか。

その上、日中貿易業界からは帆足計らが中国側と協定を結んだことは越権だとする声も上がった。業界内にあった貿易に政治の介入は避けたいとする空気の反映であった。

六月一日『朝日』　「北京に滞在中の帆足計氏が中共側と輸出入各三千万ポンドの貿易取決めに近く調印すると伝えられたことに対して中日貿易促進会では三十一日『帆足氏には同会として何の権限も任せていないから調印などは起り得ない』との事務局談を発表し、北京の中国進出口公司（中共の国営貿易機関）あてに『貿易計画は直接促進会に連絡してほしい』と打電した。なお同会がとくにこうした発表をしたことは、中共禁輸の緩和問題が微妙な政治問題となっている際、帆足氏や一部の政党に政治的に利用されるおそれがあるとの声が強まったためといわれる。……〔注〕中日貿易促進会は昭和廿四年八月結成され、共産党員も役員であったがその後改組されて貿易商社を主とする純経済団体の立場をとっている。現在会員は約六十社……」

このようにさまざまな発言や思惑が飛び交う中で貿易協定は六月一日午前、北京で調印され、そのニュースは当日の夕刊に掲載された。その際、申し合わせたように各紙とも「日中」でなく「中日貿易協定」としている点が奇妙である。中国主導の協定という意識が働いたものであろうか。

六月一日『毎日』夕刊　「北京訪問中の高良とみ、帆足計、宮腰喜助の三氏は一日本社高田編集局次長あてに次のように打電してきた。

三千万ポンドにのぼる平和物資の取引を図る中日貿易協定は一日午前十時北京で中共側南漢宸貿易促進委員会委

員長、日本側高良とみ、帆足計、宮腰喜助の間に調印された。次いで双方からあいさつが述べられたが、これは電波を通じて放送された。この貿易額は本年度の中共、英国間の貿易協定額の三倍に相当するが明年度は中共内の消費者の需要次第で原鉱および農産物とバーター制による貿易額はさらに増額されることになっている。なお取引の細目は日本および中共側商社の間で取決めを要する」（全文）

この協定の具体的な内容は一日の北京放送を通じて明らかにされた。それによると対象となる商品は重要度に応じて、甲（全体の40％）、乙（30％）、丙（30％）の三類に分けられ、同種類の商品どうしで交換が行われることになっており、甲類では、中国側から石炭、大豆、マンガン鉱、鉄鋼、豚毛、日本側から赤銅、鋼鉄、鋼管、建築鋼材、鉄道資材、ブリキなどの商品が挙げられている。

また、北京放送は調印式での双方の挨拶を伝えたが、中国側南漢宸はこの協定を「両国人民の間の貿易関係回復の始まりにすぎない」として、「この協定を実施するために日本から民間商工業者の代表が北京にこられて具体的な取引契約を結び中日貿易の一層の発展を歓迎するものである」と述べた。

日本側の高良とみは「世界の軍備拡大はとみに日本の平和産業の倒産と輸出難をもたらし、失業軍を増加している。このときにあたり、中日貿易協定が結ばれたことを日本国民として深く感謝するものである」と述べ、帆足計、宮腰喜助二人の共同談話は「（協定が）民間的性格をもつものであるだけに、両国人民の親善と平和と経済発展への願を強調することにおいて力強いものがあると考える。中日両国民の間柄は米国といえどもその友情をはゞむことは出来ないというのがわたくしたちの信念である」と述べている。（六月二日『朝日』夕刊）

つき放す政府

関係断絶に終止符を打つ日中両国間の直接接触となった貿易協定であったが、国内の受け取り方は当時の状況を反映してさまざまであった。

外務省の渋沢（信一）次官が「このような〝協定〟が調印されたとしても、それは何ら政府を拘束するものではない」と、突き放す態度をとったのは当然としても、対中国貿易の緩和には一応積極的な態度を見せていた通産省でさえ牛場（信彦）通商局長は「通産省としても物によっては取引を許さないではないが、三千万ポンド（一ポンド千八円で約三百億円）という巨額の物資の取引が成立つとは思われない」と実行可能性には懐疑的であった。（いずれも六月二日『朝日』）

帆足計が協定に調印したことで、日中貿易に政治性が強まると反発した**中日貿易促進会**は、大勢としては「締結された協定が実を結ぶよう積極的な努力を払うべきだとの結論」（六月三日『朝日』）を出したが、会員社の中には脱会したところもあった。

新聞の論調はどうだったか。

『毎日』はつとめて論評を避けたように見える。協定調印が伝えられた翌日、六月二日の社説は「日本貿易に危険迫る」と題して――

「世界貿易全体が縮小の傾向を現わしてきた。弱点の多い日本の貿易は、特に縮小の傾向が決定的になったかとも見られる。これは重大な問題である。……」

と書き出して、警鐘を鳴らしているが、その中で対中国貿易については――

「一部には軍需景気や中共貿易による景気などに大きな期待をもつものもあるらしい」

と言及しただけで、締結された協定には触れなかった。

『読売』はモスクワ経済会議については一応の評価をしたものの、対中国貿易については否定的態度を保ち続けた。五月二一日の社説「対中共貿易に冷静であれ」は――

「……われわれは空想と取引することは出来ない。現実的には日米関係は完全に日本の生命線である。……例えば昨年中における日本のドル受取総額は十一億ドル余に達している。仮に中共との取引が復活するとしても、それは右の何分の一にも当らない。……この日本の巨額なるドル収入のおよそ七割ほどは、アメリカがいま中共をも含む共産国と闘争をしている事に原因し、そのアメリカは敵陣営の戦力を養う如き通商を極度に嫌い、かつ、日本もまた自由諸国の一員として結盟している事を深く考えなければならない」

と論じた。反共の論理は一貫している。

また協定調印後の六月一〇日の『読売』の社説「渡航議員の活動をどう見る」では――

「高良、宮腰および帆足三氏の行動は二重外交というほど過大視するほどのものではない。……けれども、そうかといって打捨ててもおけないのは、外交を主管する外交当局をさておいて、現に国会議員であり、またかってそうであった三氏が渡航して、政府の方針と必ずしも一致しない方向において、外交にやゝ近い活動を行っている点である」

と、三人の行動に批判を加えている。

『朝日』は先に紹介した「天声人語」が野次馬的に米の対中禁輸を論じたが、ニュース面では三人の行動をていねいにフォローしながらも、協定締結については社説などで正面から論評することをしなかった。唯一、六月八日の「経済問題を解く」という経済欄のコラムが「中共貿易」を取り上げている。そこでは――

「アメリカに同調して中共貿易は一切やらないとハッキリいい切ってしまう方が、政治的にはわが国として首尾一貫するかも知れない」

としつつも、輸出、輸入両面での中国の重要性を指摘し――

「これだけ業者を魅惑する条件を備えている市場との取引を、政治的な理由から断ち切らせるためには、余程しっかりした経済的な埋め合せの用意がなくてはならぬ」。(しかし)「アメリカ側が中共貿易なしでもやって行けると主張する時に示される日米経済協力と東南アジア開発については、具体的なものがまだ一つもない」と経済界の不満を代弁する。そして——

「政府が『日本は他国以上に対中共禁輸を厳重にすべきだ』というならば、それと同時に中共貿易なくして日本経済が自立して行けるという具体的方法を明示すべきであった」

と、日本政府にも矛先をむけるが、最後には——

「それを国民の前に明示しえないところに、政府の苦悩も存するのであろう」

と腰が砕ける。

占領下から脱して独立を回復する代償として負わされた「自由主義陣営の一員」という制約と現実の経済的必要との間で身もだえするわが国の状況に、三紙三様の反応であった。

五　三人の目に映った中国

戦後初の直接情報

高良とみ、帆足計、宮腰喜助の三人はそれぞれソ連および中国で見聞したことを新聞紙上に報告した。中国については新政権が生まれてから、日本人による初めての直接の情報であった。

七月一日『読売』［香港にて飯塚特派員廿九日発］「日本人として戦後始めてソ連、中共を訪れた高良、帆足、宮腰三氏の談話は判で押したようにこの二大共産国家の平和運動に対する礼賛であった。特に三氏が日本問題、朝鮮動乱に対する両国の態度について次のように語ったことは今後の日本政界、経済界、文化界その他に相当の影響を与えるものとして注目されよう。

一、ソヴエトは日本を昔日のような強大国とは考えておらず、日本問題をあまり重要視していないようだ。また対日貿易にも大した期待をもっていないが、これは日ソ貿易が大きな比重をもっていないことによるだろう

一、中共は日本の動向を注視しており、とくに日本が再び軍国主義国家になり、アメリカの基地化するのではないかと恐れている。この懸念はアジア平和会議準備会議に集まった各国代表の発言にも強く表明されていた

一、中国を視察した結果大きな印象をうけたことは民衆の間に戦争気分が全くなく、戦争回避の要望が極めて強いようにみうけられたことだ。これは中共が〝国内建設〟に手一杯であるためであろう。中共の政策の重点は〝経

済建設〟にあり、両国は内政に干渉してまで日本、朝鮮を〝解放〟するなどと考えていないことがはっきりした」

（全文）

七月二日『毎日』――

「鉄のカーテンにとざされているソ連、中共に入国して注目されていた帆足、宮腰両氏は一日夕刻帰国、極めて多忙な第一日を過したが午後八時から新橋エー・ワンで開かれた日中貿易促進会議主催の歓迎会が終ると寸暇をさいて本社を訪問、次の一問一答を行った。……（中国関係のみ）

問　日中貿易契約の署名はどんな資格でしたか。

答（帆足）　我々は全く個人の資格で署名した。私は中日貿易促進会に創立当初から関係しており、常務理事として日中貿易の流れをよく知っている。

問　今後の運営はどうか。

答（帆足）　具体的契約を結んで実施してゆきたい。決済にはバーター取引だから問題はないと思うが、中国側では若干の円が日本側に残っても構わないといっている。

問　中共貿易にはどこの船を使用するのか。

答（宮腰）　中共側は日本船でも中共船でもいいとのことだった。但し第三国の港を使用して受渡しはしない。中共側は港は天津一港だけを日中貿易にあてるということだった。中共側から日本の特定港を中共貿易のため指定してくるかもしれないが決っていない。

　両氏は記者団と空港ロビーで会見、次の一問一答があった。

問　捕虜問題については？

答（宮腰）　中共には捕虜は一人もおらず、**一般在留民が約二万五千人**いる。戦犯は多少いるが、これは日中貿易契約が成立した時に氏名住所を発表するということだった。

問　対日感情や日本の再軍備問題については。

答（宮腰）　中共の対日感情は悪くない。侵略的、帝国主義的再軍備には大反対だったが、自衛的な軍備は了承している。

問　中共貿易は政治的なものではないか。

答（宮腰）　中共貿易については現地で得た印象では政治性はない。今度の日中貿易協定調印に当っても、中共側は日本のおかれた立場を考慮し、戦略物資にはふれなかった。

答（帆足）　今度の協定調印にあたり、中共側ははじめ主に重工業建設資材を求めたが、日本がバットル法以上の強い制限をうけている現状を認識し、態度をゆるめ化学製品、消費財の輸入をも認めることになった。……いずれにせよ最近東独、チェッコスロバキヤ、ソ連品の進出が著しいから今のうちに市場を確保しないと日本はバスに乗り遅れるであろう。中共の対日貿易熱はかなり高い。また上海の紡績工場も拡張中だが、これらに使用されている機械は更新期にある。従って日本品需要は大きい」

七月二日『朝日』（帆足、宮腰両氏の会見中の経済部分）「中共の経済　農業の復興が最も著しい。治水は六、七割は解決しており過去二カ年間につくった堤防は高さ一メートル、幅一メートルにすると地球を二十四周するといわれている。重工業では東北（満州）鉄鋼業の回復が特に目ざましい」

七月三日『朝日』は三人に同行した宮腰議員の中尾和夫秘書が中国で撮影した写真二枚を「中共スナップ」として掲載した。一枚は長江中流域の荊江のダム建設現場、人民解放軍の兵士が人海戦術で土木工事に従事している場面、もう一枚は保育園の先生と子供のスナップである。

高良とみ議員は中国からさらにインドへ回り、三人より遅れて七月一五日に帰国した。

七月一六日『毎日』「戦後初のソ連入国者として話題を生んだ高良とみ女史は十五日午後三時四十五分BOAC機で香港から空路羽田に帰国、さきに帰国した帆足計氏や野溝勝氏（左社）に出迎えられ、直ちに空港ロビーで歓迎陣に対し次のような挨拶を述べた。

私は戦争か平和かを見きわめるため、また日本の進むべき道を知るため多くの人の意見を聞いて来た。ソ連にも日本に対する同情はあり、中共はアジヤの同胞として心からの友情と愛情を持っている。特に経済関係を重視し犠牲的な貿易をすすめてくれたので、あえて中日貿易を約束してきたのである。……」

なにしろ女性の身で単身真っ先に鉄のカーテンを越えたというので、高良とみの人気は高く、帰国の模様を七月一六日の『読売』はこう書いた――

「白のツバ広帽子、黒レース模様のワンピースにふとった体をつゝんだ女史はタラップを降りながら『内緒でコッソリ帰ってこようと思ったんだけど』と第一声、ターミナルのホールで約二百名の歓迎陣にもみくちゃにされながら『私は平和か戦争かをみきわめるためにソ連に入国した。平和な方法で平和を守らねばならぬと痛感した』とあいさつ、出迎えの神近市子、畑中政春、帆足計、平野義太郎氏らの歓迎のあいさつをうけたのち、ラジオ東京へ――」

また『毎日』七月一六日夕刊の「はりねずみ」という小さなコラムは「てごわい女神」というタイトルで高良とみを取り上げ、「この日、羽田は『女神』を迎えるにふさわしく、日米双方の警備厳重を極め赤アリの入りこむ余地のない静けさであった」と書いた。赤アリとは共産党員を指す。

朝鮮戦争以来、敵役としての中国イメージが定着していたはずだが、一方的なキャンペーンは、逆に「そうではない」という情報を求める気持をかき立てる。三人の帰国談に注目が集まったのは、あまりに当時のソ連、中国に対する反共の立場からの非難が激しかった反動であろう。

高良とみは香港からの帰りの機上で、『毎日』青木特派員に「中ソの旅から帰って」と題する手記を託し、それが同日の七月一六日紙面に掲載された。その中国に関する部分――

「新中国へは、外蒙とゴビの砂漠を越えて入った。楊柳の低く垂れた水辺と、小ぎれいに耕作された稲田を見ては『うちへ帰った！』というなつかしいアジヤ的郷愁を深くした。アカシヤの白花ににおう北京には、中山服の簡潔さの中に盛上る『新国家』の気魄に充ちた青年中国が待っていた。

日本人に対する特別な寛容互助の気持は、どこから出るのかと度々考えて見たら、現在までの指導者の枢要な地位にある人々は日本に留学し、または亡命した経歴をもち、どうしても同文同種の切っても切れない『身の内だ』というのが当らずとも遠からぬ淵源であると思うに至った。『日本向け解放軍』の有無の話が出ると彼らはいつも笑う。『誤解もはなはだしい』という風に。それ程打ちあけて私達と話合った」

文中の「日本向け解放軍」というのは、中国共産党が日本に革命を起こすために在留日本人を組織して訓練を施し、国内に送り込もうとしているといった話が、時に新聞紙上に出たりするのを指している。

高良とみは七月一八日、一九日の二回続きで『朝日』紙上に「ソ連・中共の家庭生活」というインタビューを受ける。話のほとんどはソ連に集中し、中国については最後に以下のように語っているだけである――

「中共の方は、北京郊外の農家の〝家庭〟を二、三訪ねただけだが、どこを見てもソ連をお手本にしてがんばっている感じがあふれていた。台所や便所などは、以前と別に変っていないが、ただハエなどが昔にくらべると驚くほど減っているのが目立った。台所の改善、便所の改良などの方面では、日本人も大いにお手伝いできそうな気がした。

ソ連と中共の生活に触れて、私はいちばん、子供の教育のことが立派に行われているのに心をうたれた。日本もこの点で、しっかりしなくてはと思った」

ここで興味深いのは、中国の農家にハエが少なくなったという報告で、この後、多く訪問者がその事実を伝え、戦前、戦中の中国を知る人にある種の衝撃をあたえて、新中国についての一種の伝説になった。その嚆矢をはなったのは高良とみ議員であった。

＊＊＊＊＊＊＊＊＊

ともかくこうして断絶期は終わった。この後、日中間には経済人や政治家、あるいは学者・研究者、芸術家などの往来が徐々に行われるようになり、「新中国」の様子もある程度伝えられるようになった。しかし、政治的にはダレスが課した反共陣営の一員という役割を忠実に果たし続けた歴代の保守政権が両国間に外交関係を開く努力は一切行わなかった。

それればかりか、吉田茂首相が苦心の末に考え出し、ダレスの承認をとりつけた日華条約の適用地域を限定することによって、大陸中国は条約的には白紙の状態に残すという構想も、すでに日華条約調印直後に萌芽が見られるように、吉田の後輩である外務官僚によって、台湾の国民政府を「全中国を代表する唯一の正当政府と認める」という虚構に取って代わられてしまい、その後の歴代保守政権がそれを墨守したことで、政治的な断絶状態は永く続くことになった。

そこから抜け出して、日本政府が中国との国交正常化に動き出すのは、皮肉にも一九七一年七月、米キッシンジャー国務長官が極秘に北京に飛んで翌年のニクソン大統領訪中を決めるという離れ業を演じ、中国政策では米に追従し続けてきた日本が手痛い外交的屈辱を味わったことがきっかけであった。その間に二十年もの歳月が経過していた。

あとがき

個人的なことを書かせていただく。私がはっきり記憶している人生最初の場面は次のようなものだ。ある朝、目を覚ますと家に隣のオーモリさんのおじさんが居て、ぼろぼろ涙を流しながら、父親の手を握って「タバタさん、頑張ろう」と繰り返し、父親もちょっとてれたような顔をしながら、「うんうん、頑張ろう」と言っている――

この日が一九四一（昭和一六）年の一二月八日であったことは後で知った。日本軍がハワイの真珠湾に奇襲攻撃を加え、米英両国に宣戦を布告したことに、オーモリさんのおじさんは、興奮のあまり我が家に飛び込んできたものらしい。六歳の私はおじさんが涙を流して泣く意外さにびっくりして、この場面が最初の記憶として脳に焼付いたのだろう。だから私は太平洋戦争の始まりと同時に物心がついた。そして、一九四五（昭和二〇）年の敗戦は疎開先の神奈川県で迎えた。八月一五日、近所の家の縁側に置かれたラジオの前に大人たちが十人ほど並び、子どもがその後ろに立った。ラジオが何を言ったのかは分からなかったが、大人たちの話で戦争が終わり、日本が負けたと知った。

この時もびっくりした。その頃、毎夜のようにたくさんの米軍機が頭上を飛び越して東京へ爆撃に行くことは知っていたし、誰それが戦死したと大人が話しているのを聞いてもいた。しかし、「負けそうだ」などとラジオは言わなかったし、十歳の子ども相手に真面目に戦争の話をしてくれる大人はいなかったから、いつかはきっと勝つ、と信じていたのだ。

しかし、それよりもっと驚いたのはその後に起こった大人たちの変わりようだった。話すことは急にすっかり変わったし、子ども心には信じられないような光景をいくつも目にした。人間は変わるものだなあと驚き、感心し、どんなことを考えているのか知りたいと思ったが、だからといってその変化について考えこむほどの知恵はなかったし、大人に聞く勇気もなかった。ただ漠然とその変わりようを見ているだけの日々であった。

それから一、二年して東京に戻った頃、また不思議に思ったことがあった。当時の最大の楽しみは映画だったが、映画館では劇映画の前に短いニュース映画が映写された。それに時々、中国の国共内戦の場面が登場した。戦争は全部終わったはずなのに、なぜこの人たちは戦争をしているのだろうと訳が分からなかった。大げさに言えば、初めて抱いた社会的関心だった。しかし、その時もそんなことを教えてくれる大人は周りにいなかった。

後になって、日本敗戦の顛末や国共内戦については、歴史として一応の知識は得たが、大人たちがあのどんでん返しの時代をどう感じ、なにを考えて、どういう言葉を交わしながら日々を過ごしていたのか、という疑問は、しのこした宿題のように私の中に残った。

十年ほど前、二つ目の仕事の教師生活もいよいよ退職間近となり、さて、この後何をしようかと考えた時、ふとその宿題がよみがえってきた。そこで、もう一度、自分であの時代に戻ってみようと思いついた。そして時折、国会図書館の新聞資料室に出かけて当時の新聞を読み返し始めた。

縮刷版もマイクロフィルムもひどく読みにくかったが、その読みにくさこそ数十年の時間の流れをさかのぼるための通行料だと思って、埃の中の活字に目を凝らした。時々、うっすらと記憶に残る紙面に遭遇したりして、結構楽しい時間だった。それがやがて仕事としてきた中国問題にも広がり、さらにそこに集中することになった結果が本書である。

そうなるきっかけはやはり敗戦を境にした論調の変化とくに一般読者からの投書を目にしたことである。特に投書にはまさに子どもの自分が聞いてみたかった当時の人々の思いがあった。

最近はメディアが多様になったせいかとんと耳にしなくなったが、「新聞は世界史の秒針である」という言い方があった。まさにその通りと思うが、もう一つ、新聞は時計の針を好きなところへ戻すことが出来る、と知った。

その頃、高良とみ氏の次女で詩人の高良留美子氏に新宿・中落合の高良邸でお目にかかった。「破天荒な女性議員」として高校生の私の記憶にも残っていた高良とみ氏の中国入りについてお話を聞き、著書を教えていただいた。そして高良とみ氏の行動が、長い戦争のあとの日中断絶期にピリオドをうつ出来事であったことを知り、まとまりかかっていた本書の最後が見えてきたのであった。

ところが、肝心の作業は遅々として進まず、いたずらに時が過ぎた。その間に日中関係は尖閣諸島、歴史認識をめぐって国交回復以来初めてといっていいほどの緊張状態を経験した。今年、二〇一五年は戦争終結七十周年にあたるが、緊張の余波はまだ引ききっていない。

とはいえ、今年の春の日中関係はきわめて興味深い様相を呈した。

二月一九日の春節（中国の新年）の連休に中国から大勢の観光客が日本を訪れ、大量の買い物をした結果、百貨店主力店の免税売上高が前年の二〜四倍に増え（『日本経済新聞』二月二六日）、毎日のようにテレビや新聞に、買い物をする中国人と応対する日本人店員のともに上機嫌の表情が登場した。中国メディアの統計ではその間の訪日客は約四十五万人と、史上最高を記録、炊飯器や高級時計などを大量購入した額は一〇〇〇億円以上に達したという（『産経新聞』二月二六日）。

一方、同時期の二月二三日、ニューヨークの国連本部で中国の王毅外相は二月が安全保障理事会の議長国であるのを利用して、自ら「国際平和と安全」をテーマとする公開討論会を主宰して、反ファシズム戦争の勝利から生まれた国連と国連憲章の意義を称える演説をおこなった。

王毅外相は「中国は第二次大戦の主要戦勝国であり、中国の青年男女は侵略に対する反抗で大きな犠牲を払った。中華民族は平和をもたらすために歴史的貢献をした」と述べるとともに、「反ファシズム戦争の歴史的事実については、当時からすでに議論は定まっているにもかかわらず、ある人々はそれを承認せず、侵略についての結論を覆し、罪業から逃れようとしている」と、明らかに日本批判、安倍晋三首相批判と取れる発言をおこなった。

もっとも王毅外相は記者団にその点を問われて、「大国の一つとして中国は広い心を持っており、特定の国を非難することはありえないし、その必要もない。どこかの国が自ら相手として名乗り出てくることも望まない」と対日批判説を否定した。しかし、中国がこういう批判を日本以外の国に行った前例はないから、実質、対日批判であることは間違いない。（引用した発言は中国外交部ＨＰから）

来日観光客と王毅外相の姿を重ね合わせると、政府の対日姿勢とは無関係な行動をする中国の民衆を今年われわれは見ることができた。普通の国ならなんでもないことであるが、日本政府が尖閣諸島の国有化を閣議決定したあの二〇一二年秋の全国的な騒ぎを思えば、ちょっとした異変と見える。しかし、日本政府の円安政策のおかげで欲しい日本製品が格安で買えるとなれば、政府の言うこととは無関係に買いに行こうと考えるのは極めて自然なのだから、中国でも政府と民衆との関係が自然な形へと変化しつつある兆候ではないだろうか。

一方の王毅外相の国連演説にはあらためて中国における外交というものを考えさせられる。本書で扱った時期において は「反ファシズム戦争」の当事国は中華民国であり、戦後の東西対立で米がその中華民国を支持したことで、共産党が打ち立てた新政権は米と激しく対立した。「米帝国主義は世界人類共通の敵」は建国以来長い間、中国外交の第一のスローガンであった。その後、ソ連との対立が深まると今度は「ソ連覇権主義」が第一の敵となり、その反動で米、日本との関係は正常化された。そのソ連とも鄧小平の主導でゴルバチョフの時代に脱イデオロギーで関係を正常化し、一九九〇年代以降、中国は全方位外交の時代にはいった。必要に応じて味方を代え、敵を代えることに躊躇はなかった。

その間、わが国は中国にとって「戦略的互恵関係の相手」と「歴史修正主義者」の間を往ったり来たりしているようである。たしかに日本側にも首相の靖国神社参拝のような戦争被害国の国民感情を害する事例がしばしば発生するため、やむをえないともいえるが、同時に中国の政権が自らの正統性、威信、求心力を高めるための悪役にいつまでも日本を利用していることも否定できない。今年は前掲の王毅発言の論調が繰りかえされるであろう。

しかし、中国外交のこれまでの変転を見れば、いずれそれもまた終わりのない大河小説のエピソードの一つとなる日が必ず来る。大事なことは中国政権の外交利用にいちいち過剰に反応して、対立をエスカレートさせないことだ。日本の政権の中にも必要以上の「毅然たる外交」で威信や求心力の足しにしようとする傾向があるのが気がかりである。ナショナリズムに手を出すことの危険さは「暴支膺懲」に始まった歴史であまりにも明らかなのだから。

余生の暇つぶしで始まったものが、こういう形になるについては多くの方のお世話になった。まず『神奈川大学評論』は一退職教員のいつ終わるともはっきりしない原稿を寛容にも五年にわたって連載してくれた。『神奈川大学評論』という場がなければ、おそらく途中で根気が続かなくなっただろう。当時の神奈川大学事務局長・小林孝吉氏（現・神奈川大学常務理事）、編集担当・村井丈美氏に心から感謝申し上げる。

また、きびしい出版事情の中で本書の出版を引き受けてくれた御茶の水書房の橋本盛作社長、文字通り労の多い編集の任に当たってくれた原田克子氏、うるさい注文に忍耐強く応じてＤＴＰで組版してくれた長内経男、小高真由美の両氏、この方がたにはかねてからのお付き合いに甘えて、大きなご協力を得た。あつくお礼を申し述べたい。

二〇一五年三月

田畑光永

日中関係年表（一九四五年～一九五二年）

一九四五年

	日本
三月 九日	東京大空襲
四月 一日	米軍 沖縄本島に上陸
八月 六日	広島に原爆投下
八月 九日	長崎に原爆投下
八月一四日	ポツダム宣言受諾決定
八月一五日	天皇 戦争終結の詔勅を放送 鈴木貫太郎内閣総辞職
八月一七日	東久邇宮稔彦内閣成立
八月三〇日	マッカーサー 厚木に到着
九月 二日	東京湾上で降伏文書調印
九月 六日	米大統領 初期の対日方針承認
九月一一日	東条英機以下三九人の戦犯容疑者に逮捕命令
九月一八日	東久邇首相 中国へ謝罪使派遣の意向表明
九月二七日	天皇 マッカーサーを訪問
一〇月 五日	東久邇宮内閣総辞職
一〇月 九日	幣原喜重郎内閣成立

	中国 その他
二月 四日	ヤルタ会談開く（米・英・ソ首脳が戦後処理を協議）
五月 八日	独軍 連合国へ無条件降伏
六月二六日	連合国五一か国 国連憲章に調印
七月一七日	ポツダム会談 開く
七月二六日	ポツダム宣言発表
八月 八日	ソ連対日宣戦布告・満洲に進攻
八月一四日	中（華民国）ソ（連）友好同盟条約調印
八月一五日	蒋介石 全国に抗日戦勝利のラジオ放送
八月三〇日	蒋介石・毛沢東会談（重慶）
九月 二日	マッカーサー 三八度線で朝鮮の米ソ分割占領を発表
九月 九日	日本支那派遣軍投降式（南京）
一〇月 一日	蒋介石・毛沢東会談 政協会議招集決定
一〇月二四日	国際連合成立
一〇月二五日	台湾省返還式典
一一月二七日	米トルーマン大統領 マーシャル元帥を特使に任命

一九四六年	一月　一日	天皇　神格化否定の詔書
	一月　四日	ＧＨＱ　軍国主義者を公職からの追放指令
	一月一二日	野坂参三　中国から帰国
	一月一九日	マッカーサー　極東国際軍事裁判所設置を命令
	一月二九日	ＧＨＱ　奄美大島・尖閣諸島を含む南西諸島への日本の行政権を停止
	四月一〇日	新選挙法による第二二回衆議院選挙　自由党第一党
	四月二二日	幣原内閣総辞職
	五月　三日	極東国際軍事裁判所開廷
	五月二二日	第一次吉田茂内閣成立
	六月二一日	ポーレー米特使　対日賠償方針発表
	一一月　三日	日本国憲法公布
一九四七年	一月三一日	マッカーサー　２・１ストの中止を命令
	三月三一日	衆議院解散
	四月二〇日	第一回参議院選挙　社会党第一党
	四月二五日	第二三回衆議院選挙　社会党第一党
	五月　三日	日本国憲法施行
	五月二〇日	吉田内閣総辞職
	六月　一日	片山哲内閣成立（社会・民主・国民協同の三党連立）

一九四六年	一月一〇日	国共両党間で停戦協定　三人委（マーシャル・張群・周恩来）発足
	一月一〇日	重慶で政治協商会議開く
	二月一六日	ソ連　千島・樺太の領有布告
	五月　一日	国民政府　南京に遷都
	八月一〇日	マーシャル米特使とスチュアート米駐華大使　国共調停は困難と声明　国共内戦　本格化
	一一月一五日	南京で国民大会開く　共産党は否認
	一二月一四日	国連本部のニューヨーク設置決定
一九四七年	二月二八日	台湾で反国民党暴動起こる
	三月一二日	トルーマン・ドクトリン発表　東西冷戦へ
	三月一九日	国府軍　共産党の根拠地・延安占領
	五月二〇日	南京・天津・北平などで学生の内戦反対デモ激化
	六月　五日	マーシャル・プラン（欧州復興計画）発表
	七月　七日	中共中央「七七宣言（民主連合政府と土地改革）」
	九月一二日	新華社「人民解放軍総反攻宣言」
	一一月二一日	国府　国民大会代表選挙

一九四八年	二月一〇日	片山内閣総辞職
	三月一〇日	芦田均内閣成立
	三月二〇日	米ドレーパー賠償調査団来日
	四月　六日	同調査団　日本再建四か年計画発表
	五月一八日	同調査団報告書　日本の賠償額は一九三九年円価で六億六〇〇〇万円と報告
	八月二一日	国府　張群前行政院長来日（～九月一三日）
	一〇月　七日	昭和電工事件で芦田内閣総辞職
	一〇月一九日	第二次吉田茂内閣成立
	一一月一二日	極東国際軍事裁判所　東條英機ら七人に死刑判決（一二月二三日死刑執行）
一九四九年	一月二三日	第二四回衆議院選挙　民主自由党が第一党
	二月一六日	第三次吉田茂内閣成立
	四月二三日	一ドル三六〇円の単一為替レート決定(四月二五日実施)
	五月一二日	米政府　日本からの中間賠償取立て中止を指令
	七月　五日	下山定則国鉄総裁　轢死体で発見（下山事件）
	七月一五日	中央線三鷹駅で無人電車暴走（三鷹事件）
	八月一七日	東北本線金谷川・松川間で転覆事故（松川事件）
	九月一五日	（日本の税制改正への）シャウプ勧告発表

二月一八日	米トルーマン大統領　対華援助を議会に要請
三月二九日	国府　国民大会開催　蔣介石を総統に選出(四月一九日)
四月　一日	ソ連によるベルリン封鎖始まる
四月　三日	米議会　対華援助法（四・六億ドル）を可決
五～六月	対日政策を巡り中国で学生の反米デモ激化
六月　四日	米スチュアート大使　学生のデモに警告
六月　六日	中国各民主党派　米の対日援助政策に反対表明
七月　三日	米華経済援助双務協定調印（南京）
七月一七日	大韓民国成立　大統領に李承晩
八月二〇日	国府　通貨改革
九月　九日	朝鮮民主主義人民共和国成立　首相に金日成
九月一二日	共産党軍　遼瀋戦役開始(～一一月二日)東北地区を制圧
一一月　六日	共産党軍　淮海戦役開始(～四九年一月六日)淮河以北を制圧
一一月二九日	共産党軍　平津戦役開始(～四九年一月三一日)北平・天津を制圧
一月一四日	毛沢東　和平八項目提示
一月二一日	蔣介石　国民政府総統辞職を表明
一月二二日	国府李宗仁総統代理　毛八項目を基礎に交渉の用意あり
一月二六日	国府軍事法廷　岡村寧次に無罪判決
一月三一日	共産党軍　北平（北京）に正式入城
四月　一日	国共和平会談始まる（北京）　～四月二〇日　会談決裂
四月二一日	共産党軍　全国に進撃命令　四月二三日　南京に入城
五月二七日	共産党軍　上海に入城

	一一月一一日	吉田茂首相「単独講和でも応ずる」
	一二月一四日	社会党　全面講和・中立・軍事基地反対の「平和三原則」
一九五〇年	一月　六日	コミンフォルム　日共・野坂参三を批判
	一月一二日	日共　コミンフォルム批判に「所感」発表
	三月　一日	自由党発足（民主自由党と民主党連立派が合同）
	六月　六日	マッカーサー　日共中央委員二四人の公職追放を指令
	七月　八日	マッカーサー　警察予備隊の創設を指令
	七月二八日	報道機関のレッドパージ始まる
	八月一〇日	警察予備隊令　公布　即日施行
	九月　一日	公務員のレッドパージを決定
一九五一年	一月二五日	米ダレス特使来日　講和について会談のため
	四月一六日	マッカーサー　離日
	八月二二日	講和会議全権六人を任命　首席　吉田茂

九月二一日	中国人民政治協商会議開く
九月二九日	政協会議　新国家建設の共同綱領採択
一〇月　一日	中華人民共和国　成立宣言
一二月　七日	国民政府　台北に遷都　蒋介石　総統に事実上復帰
一二月一六日	毛沢東　モスクワを訪問　〜五〇年三月四日
一月　六日	英　中国新政府を承認
一月一三日	国連安保理　ソ連の国府追放案否決　ソ連代表退席
一月三一日	中国軍司令部　チベット以外の全土解放終了を宣言
二月一四日	中ソ友好同盟相互援助条約　調印　モスクワ
六月二五日	朝鮮戦争始まる　北朝鮮軍三八度線を越えて南下
六月二七日	国連安保理　北朝鮮の武力攻撃撃退決議　採択
六月二八日	北朝鮮軍　ソウル占領
七月　八日	マッカーサー　国連軍最高司令官に就任
九月一五日	国連軍　仁川上陸　反撃開始　九月二六日ソウル奪回
一〇月　三日	韓国軍　三八度線を越えて北進　一〇月八日　国連軍も
一〇月一九日	中国義勇軍　鴨緑江を超えて北朝鮮へ
一〇月二〇日	国連軍　平壌に入城
一一月三〇日	トルーマン　朝鮮戦争で原爆使用もあり得ると発言
一二月　五日	北朝鮮・中国軍　平壌を奪回
一二月一四日	国連総会　朝鮮停戦決議案と停戦三人委設置を決定
一月　一日	北朝鮮・中国軍　三八度線を越えて南下
二月　一日	国連総会　中国非難決議を採択
三月二四日	マッカーサー　中国本土攻撃も辞せずと言明

	九月　四日	サンフランシスコ講和会議開く	四月一一日	マッカーサー罷免　後任にリッジウェイ中将
	九月　八日	対日講和条約・日米安保条約調印	五月一四日	国連　中国への戦略物資禁輸決議採択
	一〇月二六日	衆議院　講和・安保両条約批准　参議院は一一月一八日	七月一〇日	朝鮮休戦会談　開城で開く（～八月二三日）
	一二月一〇日	ダレス特使来日　中国問題で吉田首相と会談	九月一八日	中国・周恩来首相　中国不参加の対日講和条約は無効と声明
	一二月二四日	吉田首相　ダレス宛書簡で国府との条約を約束		
			一〇月二五日	朝鮮休戦会談　板門店で再開　戦局膠着
			一二月　一日	中国人民解放軍　チベット・ラサへ進駐
			一二月　七日	中国政府　三反（汚職・浪費・官僚主義）運動開始
一九五二年	一月　初	モスクワ経済会議への招請状届く	一月一八日	韓国政府　李承晩ライン設定
	一月一六日	吉田書簡公表		
	二月二〇日	日華平和条約交渉　開始（台北）	四月　三日	モスクワ経済会議　開く
	四月　六日	高良とみ　モスクワ着　経済会議に出席		
	四月二八日	対日講和条約発効・日華平和条約調印		
	四月二九日	帆足計、宮越喜助　モスクワ着		
	五月　一日	血のメーデー事件		
	五月一五日	高良とみ、帆足計、宮越喜助ら北京に入る		
	六月　一日	日中民間貿易協定調印（北京）	六月二三日	米空軍　北朝鮮の水豊ダムを爆撃
	七月　七日	帆足計・宮越喜助の報告会終了後　デモ隊と警官隊衝突		
	七月三一日	警察予備隊を保安隊に編成替え		
	一〇月　一日	第二五回衆院選　第一党は自由党	一一月　四日	米大統領選　アイゼンハワー（共和党）当選

参照文献

『朝日新聞』一九四五年〜一九五二年
『毎日新聞』一九四五年〜一九五二年
『読売報知』一九四五年〜一九四六年四月
『読売新聞』一九四六年五月〜一九五二年
福沢諭吉『改訂　福翁自伝』岩波文庫、岩波書店、一九七八年
高杉晋作『遊清五録』（現在、単著として発行されているものはないようであるが、高杉晋作関連の著作の多くに引用されている。著者はネット上に公開されている横山宏章「文久二年幕府派遣『千歳丸』随員の中国観—長崎発中国行き第1号は上海で何をみたか—」県立長崎シーボルト大学（現・長崎県立大学シーボルト校）国際教報学部紀要第3号　二〇〇二年ほかを参照）
生方敏郎『明治大正見聞史』中央文庫、中央公論社、一九七八年
野田正彰『陳真　戦争と平和の旅路』岩波書店、二〇〇四年
蔣介石『蔣介石秘録—日中関係八十年の証言』改訂特装版、上下、サンケイ新聞社、一九八五年
毛沢東『毛沢東選集』全五巻、外文出版社（北京）、一九六八年
軍事科学院軍事歴史研究部編

『中国人民解放軍六十年大事記（１９２７―１９８７）』軍事科学出版社（北京）、一九八八年
森下修一編　『国共内戦史』三州書房、一九七一年（初一九七〇年）
高田富佐雄編訳
『星火燎原』〈6〉「国共内戦―中国人民解放軍戦史」新人物往来社、一九七一年
張群　『日華・風雲の七十年―張群外交秘録』古谷奎二訳、サンケイ出版、一九八〇年
城野宏　『山西独立戦記』雪華社、一九六七年
石井明・朱建栄・添谷芳秀・林暁光編
『記録と考証　日中国交正常化・日中平和友好条約締結交渉』岩波書店、二〇〇三年
押川俊夫　『戦後日中貿易とその周辺―体験的日中交流』図書出版、一九九七年
金学俊　『朝鮮戦争―原因・過程・休戦・影響』Hosaka Yuji 訳、論創社、二〇〇七年
朱建栄　『毛沢東の朝鮮戦争―中国が鴨緑江を渡るまで』岩波現代文庫、岩波書店、二〇〇四年
吉田茂　『回想十年』一～四、東京白川書院、一九八三年。中公文庫、中央公論社、一九九八年
下田武三　『下田武三　戦後日本外交の証言―日本はこうして再生した』上下、永野信利編、行政問題研究所出版局、一九八四年
高良とみ　『高良とみの生と著作』第6巻「和解への道　１９５１―５４」、ドメス出版、二〇〇二年

人名索引

あ行

か行

さ行

た行

な行

は行

ま行

や行

ら行

わ行

田畑光永（たばた　みつなが）
1935年　東京生まれ
1960年　東京外国語大学中国語科卒業
ラジオ東京（現・東京放送）入社
1977年～　北京・香港支局長、ニュース・アンカーなど
1996年　神奈川大学教授（～2006年）
著書　『中国を知る』岩波ジュニア新書、『鄧小平の遺産―離心・流動の中国』岩波新書、『中国のしくみが手短にわかる講座』ナツメ社など
訳書　スターリング・シーグレーブ『宋家王朝―中国の富と権力を支配した一族の物語』、梁恒/ジュディス・シャピロ『中国の冬―私が生きた文革の日々』、ジェームズ・ラル『テレビが中国を変えた』、ジム・マン『北京ジープ―夢の合弁から失望へ　アメリカンビジネスの挫折』、聶衛平『聶衛平　私の囲碁の道』など

勝《か》った中国《ちゅうごく》・負《ま》けた日本《にっぽん》
―記事《きじ》が映《うつ》す断絶八年《だんぜつはちねん》の転変《てんぺん》―（一九四五年～一九五二年）

2015年4月1日　第1版第1刷発行

著　者――田畑光永　
発行者――橋本盛作
発行所――株式会社 御茶の水書房
〒113-0033 東京都文京区本郷5-30-20 電話03-5684-0751

編集・構成――地人社・原田克子
装　丁――近藤桂一
校　正――びいどろ企画・上柿昭夫、氏家弘雅
ＤＴＰ――長内経男、小高真由美
索　引――竹内香子

印刷・製本――東港出版印刷株式会社

Printed in Japan　ISBN978-4-275-02011-6　C3031